Wohlers - Kants Theorie der Einheit der Welt

Herrn Prof. U. Wergin

mit freundlichen Grüßen
auch an Ihre Frau,

CHR Wohlers

EPISTEMATA

WÜRZBURGER WISSENSCHAFTLICHE SCHRIFTEN

Reihe Philosophie

Band 269 — 2000

Christian Wohlers

Kants Theorie der Einheit der Welt

Eine Studie zum Verhältnis von Anschauungsformen,
Kausalität und Teleologie bei Kant

Königshausen & Neumann

Die Deutsche Bibliothek — CIP-Einheitsaufnahme

Ein Titeldatensatz für diese Publikation
ist bei Der Deutschen Bibliothek erhältlich.

D 18

© Verlag Königshausen & Neumann GmbH, Würzburg 2000
Gedruckt auf säurefreiem, alterungsbeständigem Papier
Umschlag: Hummel / Lang, Würzburg
Bindung: Rimparer Industriebuchbinderei GmbH
Printed in Germany
ISBN 3-8260-1778-1

Kant n'est pas prisonnier d'un vocabulaire figé;
mais sa pensé, qui évolue, est ferme.

Jean-Louis Vieillard-Baron.

INHALTSVERZEICHNIS

EINLEITUNG.
KANTS THEORIE DER EINHEIT DER WELT.

„Kant sah das Phänomen der Welt nicht." In diesem Ausspruch Martin Heideggers[1] scheint die theoretische Philosophie Kants treffend in dem beschrieben zu sein, was sie nicht ist und auch nicht sein will: Kants theoretische Philosophie ist eine Gnoseologie, sie ist keine Ontologie oder Kosmologie. Der Philosoph selbst – die Person, die dort philosophiert – mag weltgewandt und welterfahren gewesen sein, die Philosophie, die der Philosoph hervorgebracht hat, ist es deshalb noch lange nicht, zumal es in ihr nicht darum geht, etwas zu beschreiben, sondern die Bedingungen des Beschreibens selbst aufzuzeigen, also das, was vom menschlichen Geist her immer schon vorausgesetzt werden muß, damit Beschreibung von etwas möglich wird. Beschreibung als Aufgabe der Philosophie ist eine Sache der Doktrin, die auf die Kritik des menschlichen Erkenntnisvermögens erst folgt. Kant hat diese Doktrin, von wenigen Ansätzen in den „Metaphysischen Anfangsgründen der Naturwissenschaft" und im „Opus postumum" abgesehen, nicht mehr verfaßt, und deshalb ist seine Hinterlassenschaft eine Gnoseologie, keine Ontologie, von der sie sich gerade abzuheben sucht.

Die hier vorliegende Studie vertritt die These, daß die eben skizzierte Ansicht nur teilweise zutreffend ist, nämlich nur insoweit, als die Gnoseologie Kants in der Tat eine Wendung gegen die tradierte Ontologie im Sinne einer Lehre von dem Seienden als solchen beinhaltet, ja gerade sich aus dieser Wendung versteht. Welt bei Kant ist – das steht in jedem Lexikon – Welt im Sinne einer absoluten Gesamtheit aller *erscheinenden* Dinge, und deshalb verbietet es sich, von Ontologie in einem Sinne zu sprechen, in dem diese Restriktion wieder aufgegeben ist. Wenn Ontologie diese Restriktion anerkennen muß, dann muß das Verständnis dessen, was Ontologie ist, in den kritischen Schriften angelegt, wenn vielleicht auch nicht ausgeführt sein. Die hier vorliegende Studie stellt die Behauptung auf, daß die Philosophie der Welt – die Ontologie – primär nicht etwas ist, was auf die Philosophie des Erkennens – die Gnoseologie – ebensogut hätte folgen wie ausbleiben können, sondern daß die Ontologie Fragen vorstellt, die in der Gnoseologie die Methode finden, durch die sie beantwortbar werden. Das beinhaltet, daß die Antworten nicht offen zutage liegen, sondern daß diese Antworten eine Sache der Rekonstruktion sind und damit der Reflexion über die gnoseologischen Schriften. Das ist etwas anderes, als die in erster Linie philologische Aufgabe der Rekonstruktion eines Werkes (einer Schrift) zu verfolgen, das Kant vielleicht hatte schreiben wollen, denn es bedeutet, die Antworten, die in der Gnoseologie geliefert werden, als Antworten zu verstehen, die ursprünglich der ontologischen Frage nach einem theoretischen Verständnis von Welt entstammen. Ein solches Verständnis der Gnoseologie setzt jedoch voraus, daß das Problem der Welt zuvor klar vor Augen geführt wird.

---

[1] Sein und Zeit, S. 321.

Der angeführte Ausspruch Martin Heideggers ist sicherlich dann falsch verstanden, wenn er als Behauptung gelesen wird, Kant habe sich das Problem der Welt nie als philosophisches Problem vor Augen geführt; Kants Dissertation „De mundi sensibilis atque intelligibilis forma et principiis" ist der Gegenbeweis. In De mundi behandelt Kant das Thema der Welt, den „Weltbegriff überhaupt", indem er die Formen der Sinnen- und Verstandeswelt untersucht. Dieses genuin ontologische Thema wird schon in De mundi auf eine Weise behandelt, die nur im Rückgriff auf eine Theorie des menschlichen Erkennens verständlich gemacht werden kann. Die Formen, von denen Kant in De mundi spricht, sind Anschauungs- und Denkformen, die der Welt zukommen, weil die Welt eine von uns erkannte ist. Weil Kant ein ontologisches Problem auf eine gnoseologische Weise behandelt, ist die Theorie der Welt in De mundi nicht eine „naive" Ontologie. Was Welt ist, kann nur im Rückgriff auf die Art und Weise, wie wir Welt erfahren und in diesem Erfahren konstituieren, verständlich gemacht werden: De mundi ist Ausdruck einer gnoseologischen Ontologie.

Von hier aus ist es nur ein kurzer Schritt bis zur ontologischen Gnoseologie, wie sie dann in der KdrV vorliegt. Hierin liegt ohne Zweifel eine Veränderung, aber diese Veränderung ist nicht größer als die perspektivischen Verschiebungen zwischen beliebigen anderen Werken der Transzendentalphilosophie. Insgesamt liegt dem Phänomen dieser perspektivischen Veränderungen das Problem der Bestimmung des systematischen Ortes dieser Schriften zugrunde. Den systematischen Ort des Fragens nach der Welt einzunehmen, wie er am deutlichsten eben in De mundi sich niederschlägt, bedeutet also, die KdrV von dieser Schrift her zu lesen, und nicht – wie es zumeist geschieht – gerade umgekehrt von der KdrV her kommend dasjenige in De mundi aufzuspüren, was bereits „kritisch" ist und dasjenige abzusondern, was noch „dogmatisch" ist. Die Forschungsliteratur kennt De mundi zumeist nur als Gegenstand des Problems der Genese der kritischen Philosophie, nicht als Beitrag zu einem Problem der Kantschen Philosophie, das sich jenseits dieser letztlich bloß chronologischen Problematik durchhält. De mundi kommt so die Rolle zu, gleichermaßen chronologischer Ausgangspunkt des Fragens nach der Welt wie systematisches Leitmotiv der Theorie selbst zu sein, nämlich einer Theorie des theoretischen Weltverständnisses auf der Basis der Transzendentalphilosophie.

Die Interpretation der KdrV als gnoseologischer Ontologie wird nicht schon dadurch unsinnig, daß Kant eine Ontologie in dem traditionellen Sinne einer Lehre vom Seienden als solchen gar nicht mehr vertreten kann. Der Einschätzung von Wilfried Hinsch[2], daß „die Möglichkeit einer ontologischen Auflösung des Einheitsproblems [deshalb] grundsätzlich in Frage gestellt" ist, weil der Rekurs auf eine „höchste Ursache alles Wirklichen zwar gedacht, nicht aber bewiesen werden kann" und deshalb „an ihre

---

[2] Erfahrung und Selbstbewußtsein. Zur Kategoriendeduktion bei Kant. Hamburg 1986, S. 1.

Stelle (...) bei Kant eine Reflexion auf die Bedingungen der Erkenntnis von Wirklichkeit" tritt, ist uneingeschränkt zuzustimmen. Um so mehr gilt es, den Begriff der Ontologie neu und gerade in Abhebung von der von Aristoteles her tradierten Form zu bestimmen. Der Vorschlag von Karen Gloy[3], Ontologie als „unangewandte Transzendentalphilosophie" zu verstehen, ist indes abzulehnen, weil zufolge dieser Ineinssetzung Ontologie nur noch ein leeres Wort, eine bloß andere Bezeichnung für Gnoseologie wäre – also im Grunde gar nichts mehr. Eine solche Ontologie wäre, versuchte man, ihr dennoch einen Gehalt zuzuschreiben, nur möglich als Theorie des Seienden bezüglich jeweils bestimmter Erkenntnisvermögen. So wäre etwa das, was dem Verstand als Material seiner Handlungen vorliegt (die Anschauungen) etwas Seiendes, nämlich ein bloß wahrgenommenes Seiendes. Das, was der Vernunft wiederum als Material vorliegt (die Verstandeserkenntnisse) wäre seinerseits etwas Seiendes, nämlich ein verstandenes Angeschautes usf. Man sieht leicht, daß eine solche Sichtweise im Grunde nur den auf allen Stufen der menschlichen Erkenntnis wiederkehrenden Gegensatz von Materie und Form in neue Worte kleidet. Damit ist nicht nur nicht viel gewonnen, sondern auch die falsche Tatsache suggeriert, die in der Analyse der menschlichen Erkenntnisfähigkeit auseinandergelegten Teilvermögen seien jeweils Grund für je eigene ontische Bezirke. Dies treibt die Ansicht auf die Spitze, Kant habe mit seinen Darlegungen sowohl in De mundi als auch der KdrV eine Theorie verschiedener Welten vertreten wollen, nämlich einer Sinneswelt jener Dinge, die wir bloß anschauen, und einer Verstandeswelt jener Dinge, die nur denkend erfaßt werden können.

Die Ansicht, Kant vertrete wenigstens in De mundi eine Zweiweltentheorie im Sinne eines schlechten Platonismus, halte ich für nicht diskussionswürdig, und zwar schon allein deshalb, weil ein solches Verständnis Metaphysik mit Metaphorik verwechselt. Die Platonische Rede von einem Ideenhimmel, von einer für sich bestehenden Welt ansichseiender Dinge, die von den Dingen in unserer Welt durch einen unüberbrückbaren Graben getrennt sind, und die dennoch auf die Dinge in unserer Welt (man wüßte nur gern, wie) einen bestimmenden Einfluß nehmen, mag für das griechische Denken ein geeignetes Mittel gewesen sein, sich die Struktur der uns umgebenden Welt hinreichend zu erklären (obwohl mir scheint, daß schon Aristoteles der Konstruktion einer solchen Über-, Hinter- oder Nebenwelt nichts hat abgewinnen können): für uns jedenfalls beginnt die eigentliche philosophische Aufgabe erst in der philosophischen Analyse dieses Bildes, nicht durch das bloße Abmalen desselben. Das Thema der Zweiweltentheorie bezeichnet den Ort eines Scheingefechtes, das fechten mag, wer will. Die Ineinssetzung von Ontologie und Gnoseologie ist jedoch aus einem viel gewichtigeren Grund zu vermeiden, nämlich deshalb, weil das Verständnis von Ontologie als einer

---

[3] Die Kantische Theorie der Naturwissenschaft. Eine Strukturanalyse ihrer Möglichkeit, ihres Umfangs und ihrer Grenzen. Berlin/New York 1976, S. 173.

Lehre von dem Seienden, insofern es Material für ein Erkenntnisvermögen ist, das, was dem Anschauungsvermögen vorliegt, als Seiendes ausweisen müßte. Ein solches Seiendes wäre das, was vor aller Erfassung durch die Sinne den Sinnen gegenübertritt – und genau über dieses Seiende können wir, obwohl wir es immerzu voraussetzen müssen, keinerlei es näher bestimmende Aussage treffen. Damit führte die Ineinssetzung von Ontologie und Gnoseologie, wenn man in ihr denn mehr vermutet als die Auflösung von Ontologie, zurück zu einer vorkritischen Ontologie, die Aussagen zu treffen versucht über ein Seiendes als solches. Eine solche Ontologie wäre die Reformulierung der von Kant bekämpften dogmatischen Metaphysik in Kantscher Terminologie, aber ohne Kant.

Dennoch ist die Rede von einer Ontologie im Rahmen der Kantschen Philosophie sinnvoll, und zwar dann, wenn Ontologie als Leerstelle verstanden wird, als Chiffre für das, wozu die Analyse des menschlichen Erkenntnisvermögens dienen soll. Ontologie in diesem Sinne verstanden ist gerade nicht unangewandte, sondern angewandte Transzendentalphilosophie. Wenn Peter Plaas[4] feststellt, daß die kritischen Schriften nur die Propädeutik der Ontologie sind, dann meint das nicht, Ontologie sei etwas ganz anderes als Transzendentalphilosophie, sondern es meint gerade umgekehrt, daß Ontologie aus der kritischen Philosophie heraus verstanden werden kann und muß: „Immerhin aber enthält die Kritik der reinen Vernunft die Prinzipien der Ontologia, und daß sie noch nicht selbst diese Ontologia ist, liegt nur daran, daß dazu noch die vollständige Analysis der reinen Erkenntnis, die in der transzendentalen Analytik vorgetragen ist, gehören würde, (...) also die vollständige Darstellung auch der abgeleiteten Vernunfterkenntnis, z.B. das System der Prädikabilien als der reinen abgeleiteten Begriffe des Verstandes und der Sinnlichkeit". Wenn derselbe Peter Plaas feststellt, daß die so gedachte Ontologie Kants nirgends zu finden sei (ebd.), dann liegt darin, daß weder die „Metaphysischen Anfangsgründe der Naturwissenschaft" noch die aus dem handschriftlichen Nachlaß rekonstruierbare „Physik" jene Ontologie sind. Ontologie bei Kant ist in theoretischer Hinsicht eine Lehre von der Welt. Darin ist sie mehr als eine Theorie der Naturwissenschaft, ja sogar – wie hoffentlich plausibel werden wird – mehr als eine Lehre von der Möglichkeit der Natur selbst, auch wenn Kant in den „Prolegomena" (§ 36) gerade dies als den „höchsten Punkt" bezeichnet, „den transzendentale Philosophie nur immer berühren mag" (A 109/110). So eindeutig die Leistung der unangewandten Transzendentalphilosophie hierin beschrieben ist, so eindeutig ist darin gesagt, daß Ontologie nur im Rückgriff auf die gnoseologischen Schriften verständlich gemacht werden kann: Es kann keine Rede davon sein, daß der systematische Ort der alten Ontologie bei Kant von der Grundlegung der Physik Naturwissenschaft eingenommen wird.

---

[4] Kants Theorie der Naturwissenschaft. Eine Untersuchung zur Vorrede von Kants „Metaphysischen Anfangsgründen der Naturwissenschaft". Diss. Hamburg 1965, S. 67.

Das Programm einer auf die Theorie der Welt reflektierenden Interpretation der theoretischen Philosophie Kants soll sich in drei Teilen vollziehen. Zu Beginn des ersten Teils soll die Zielvorstellung einer Theorie der Welt umrissen werden. Im zweiten Abschnitt des ersten Teils geht es um die Theorie der Sinnenwelt und deren Verhältnis zur Theorie der sinnlichen Erfahrung. Der zweite Teil thematisiert in Anlehnung an den Sprachgebrauch von Kants Dissertation die Verstandeswelt. Dies beginnt mit einer Rekonstruktion des theologischen Ansatzes von De mundi. In einem zweiten Schritt soll die Bestimmung des Verhältnisses von Zeit und Kausalität, wie es die KdrV vornimmt, hinsichtlich seines Beitrags zur Theorie der Einheit der Welt behandelt werden, und zwar in zwei Schritten, nämlich zunächst negativ im Ausgang von den Antinomien, sodann positiv im Ausgang von den Analogien der Erfahrung. Abschließend thematisiert dieser Teil die Frage nach dem Unterschied von Natur und Welt; diese Frage wird im Rahmen einer Theorie der Welt im Ausgang vom Verstandesvermögen offen bleiben müssen. Dies motiviert die Thematisierung des Vermögens des teleologischen Urteilens, mit der der dritte Teil beginnt. Teleologisches Urteilen ist Denken des Organischen und darin selbst organisiertes Denken, also die Fähigkeit der Selbstorganisation der Vernunft durch Ideen. In einem letzten Schritt gilt es, diese Fähigkeit auf die Welt zu beziehen, d.h. die Welt als systematisches Ganzes zu denken. Ich füge eine etwas ausführlichere Synopsis der einzelnen Teile an.

Die Rekonstruktion von Kants Theorie der Welt beginnt im ersten Teil mit einer Erörterung des „Weltbegriffs überhaupt" zufolge der §§ 1 u. 2 von De mundi. Die Welt ist nicht einfach ein Gegenstand von ausgezeichneter Größe, genausowenig wie das Atom ein Gegenstand von ausgezeichneter Kleinheit ist, sondern Welt ist dasjenige, woran das synthetische Vermögen des Denkens ein Ende findet. Welt in dieser Bedeutung ist nicht etwas, was vorliegt, sondern ein Bestandteil des Denkens; sie ist – in der späteren Terminologie der KdrV ausgedrückt – eine Vernunftidee. Die Theorie der Sinnenwelt, die Kant in De mundi auf diese erste Analyse des Weltbegriffs folgen läßt, ist so gekennzeichnet als Theorie einer Welt, die nicht einfach eine „Sinneswelt" ist, sondern eine solche, in die bereits Handlungen eingehen, die dem Vermögen des verstandesmäßigen Denkens zugesprochen werden müssen. Unter dem Titel einer Theorie der Sinnenwelt behandelt Kant in De mundi das Problem des Auseinanderklaffens von Vernunftidee der Welt und Anschauung. Welt als die Idee einer absoluten Gesamtheit aller Dinge, die absolut ist, weil sich über sie hinaus nichts größeres denken läßt, ist nichts, was sich anschauen ließe, weil in der Anschauung immer nur Dinge sind, über die hinaus noch größere vorgestellt werden können.

Alles, was angeschaut wird, ist weltlich; die Welt selbst, in ihrer Gänze und Absolutheit, ist aber kein Gegenstand der Anschauung. In bezug auf das Vermögen der Anschauung stellt sich deshalb die Frage, inwiefern Welt überhaupt möglich ist. Wenn Welt nur als absolute Einheit gedacht werden kann, dann kommen als Kandidaten der spezifischen und allein anschaulichen Form der Erfassung der Welt nur die Formen der Anschauung selbst in Frage, also Raum und Zeit. Alles, was ist, ist in Raum und Zeit. Ist vielleicht das, was die Vernunft Welt nennt, nichts anderes als Raum und Zeit, insofern diese Einheiten bilden? Der Verfolg dieser These zeigt den hohen Preis, den diese Ineinssetzung fordert: Wenn die Welt qua Vermögen der Anschauung nichts anderes ist als Raum und Zeit, dann ist die Welt leer. Vermieden ist hierdurch die unendliche Synthese der Einzeldinge in Raum und Zeit zu einer bloß propagierten Gesamtheit, deren Absolutheit immer nur Idee bleiben muß. Nun aber, im Verfolg des Auswegs, der allein offenbleibt, nämlich die Veranschaulichung der Vernunftidee selbst aus bloßer Sinnlichkeit ohne vorgeschaltete empirische Synthesis, ist die Welt ein leeres Ding. Die Formen, in denen sich die Welt anschaulich in ihren Teilen präsentiert, sind nicht die Welt selbst, denn die Welt ist absolute Einheit des Vielen, das Viele aber geht verloren, wenn nur die Formen, in denen das Viele vorgestellt wird, als Welt angesprochen werden, nicht jedoch die Dinge, die in diesen Formen sich finden. Wenn in dem Begriff einer Sinnenwelt nicht auf die bloßen Anschauungsformen, sondern auf die von Dingen erfüllte Welt, insofern sie angeschaut werden kann, rekurriert wird – und in diesem Sinne versteht Kant den Begriff der Sinnenwelt durchgängig –, dann hat die Identifikation von Anschauungsformen und Welt sich schuldig gemacht, ein Erkenntnisvermögen isoliert betrachtet zu haben. Für ein adäquates Verständnis dessen, was Sinnenwelt ist, ist ein Rekurs wenigstens auf die elementaren Leistungen des Verstandes nötig.

Wie kommen die Gegenstände in Raum und Zeit? Blickt man auf die Transzendentale Ästhetik allein, dann wird man zu der Einschätzung gelangen müssen, die Gegenstände gelangten in Raum und Zeit auf eben die Weise, in der ein Stein in einen ruhigen See fällt, nämlich indem er hineingeworfen wird. Hiergegen erhebt sich ein Bedenken, das zunächst den Eindruck erweckt, Ausdruck bloßer Pedanterie und Wortklauberei zu sein, das aber ganz entscheidend ist, nämlich das Bedenken, daß dadurch das Anschauungsvermögen als ein absolut passives Vermögen charakterisiert würde, also als ein Unvermögen. Kant hat einiges zu dieser ja nicht schlicht falschen, aber stark verkürzten Lesart beigetragen durch einschlägige Textstellen der KdrV, etwa den Beginn der Transzendentalen Logik, in denen er gerade auf die Unterschiedlichkeit von Sinnlichkeit und Verstand abhebt. Hier aber geht es nicht um diese Unterschiede, sondern um ein adäquates Verständnis von Sinnenwelt, und daß diese Sinnenwelt allein durch das, was die Transzendentale Ästhetik darlegt, beschrieben werden könne, ist eine Behauptung, die ihrer Bestätigung harrt.

Auf diese Bestätigung wird sie – wenn meine Interpretation zutreffend ist – vergeblich warten. Das Anschauungsvermögen muß gerade dann, wenn es als Grund der Form der Sinnenwelt angesehen wird – denn Sinnenwelt ist die Einheit des angeschauten Vielen, sie ist die empirische Welt – auf Leistungen des Verstandes zurückgreifen, nämlich genau jene Leistungen, durch die der Verstand in der Anschauung (in

Raum und Zeit) Gegenstände konstituiert. Diese Leistungen drückt Kant in der Trias der Vermögen der Apprehension, Reproduktion und Rekognition aus. Diese Trias bildet eine Einheit, die nur für die Darstellung, die unausweichlich sukzessive erfolgen muß, getrennt wird. Das, was diese Einheit der Apprehension, Reproduktion und Rekognition vermag, ist ohne Zeit nicht möglich. Apprehension ist das Vermögen, das in den Sinnen immer schon enthaltene undifferenzierte Ganze der Sinnesdaten aufzutrennen und in eine Ordnung bloßer Sukzession zu bringen. Dieses Moment der Trennung bedarf eines ihm korrelierenden Momentes des Sich-Durchhaltens, weil durch die bloße zeitliche Trennung jedes einzelne Datum verschwände. Das Vermögen der Rekognition ist dieses korrektive Moment, das die einzelnen Daten festhält. Durch dieses Festhalten wird aber noch nichts wahrgenommen, sondern erst dadurch, daß der Verbund apprehensiver und rekognitiver Handlungen auf eine Zielsetzung bezogen wird, die durch einen die Apprehension leitenden Begriff gegeben ist. Dieser Begriff ist nicht die reine Verstandeskategorie, denn diese kann als solche nicht wahrgenommen werden: Wir sehen nicht bloße Quantitäten, sondern Dinge von einer bestimmten Größe, nicht bloße Qualitäten, sondern ein Ding von einer bestimmten Farbe usw.

Das für diesen ersten Schritt Entscheidende ist, daß durch das Vermögen der Apprehension Anschauungsvermögen und Verstandeshandlungen so eng aufeinander bezogen werden, daß Gegenstandskonstitution – sicherlich noch nicht in Gänze, aber in ihren entscheidenden Momenten – verständlich wird. Das, was diesen Bezug möglich macht, ist die Zeit. Der Verstand bedient sich der Zeit umwillen der Gegenstandskonstitution. Dasselbe gilt für den Raum. Kant zeigt dies in seiner Philosophie der Mathematik, die er in De mundi und den Prol. sehr deutlich direkt an die Darlegungen der Sinnlichkeit und Einbildungskraft angliedert. Kants Philosophie der Mathematik ist weniger der Versuch einer transzendentalen Grundlegung der Wissenschaft der Mathematik als eine Philosophie des Mathematischen. Das Mathematische ist von der Mathematik dadurch unterschieden, daß es den Grund bildet nicht nur für die konkrete Mathematik, anhand derer Kant seine Überlegungen darstellt (die Euklidische Geometrie), sondern auch für die empirische Gegenstandskonstitution. Diese ist ein Fall der Konstruktion eines Gegenstandes in der Anschauung, nur daß sie sich der empirischen Anschauung bedient, während die Mathematik in engerer Bedeutung sich immer nur der reinen Anschauung bedient. Die Sinnenwelt ist also ein Konstrukt empirisch-mathematischer Einbildungskraft. Sie bildet jedoch noch keine Einheit: Die Kandidaten, die hoffnungsvoll als Garanten der Einheit auftraten, Raum und Zeit, ergaben im Rückgriff auf das bloße Vermögen der Anschauung eine leere Welt bloßer Formen, also strenggenommen gar nichts, was den Titel einer Welt verdiente. Als Funktionen der Gegenstandskonstitution sind Raum und Zeit jedoch gerade Momente der Auftrennung jener leeren Einheit; durch diesen Bezug mag philosophisch verständlich gemacht sein, daß alles, was ist, in derselben Zeit und demselben Raum ist; daß aber dieses Viele eine

Einheit bilde jenseits der Tatsache, daß alles in demselben Raume versammelt ist, ist ein nach wie vor offenes Problem.

Der zweite Teil der Rekonstruktion der Theorie der Welt setzt – der Gliederung von De mundi folgend – dort ein, wo die Sinnenwelt von Dingen erfüllt ist. De mundi gibt sich nicht dem Versuch hin, an dieser Stelle wiederum von neuem anzufangen, und das Viele durch einen Akt empirischer Synthesis zu einer Einheit zusammenfassen zu wollen, deren Absolutheit eine bloße Zielvorstellung bleiben muß, die sich nicht wird anschaulich einlösen lassen. Die Welt als Einheit zu zeigen bedarf des Rückgriffs auf ein höheres Vermögen, von dem her es gestattet ist, dieselbe Welt mit einem anderen Namen anzusprechen, nämlich dem der Verstandeswelt. Der Bezeichnung zum Trotz handelt es sich bei dem Vermögen, auf das nun zurückgegriffen werden muß, um die Vernunft. Wenn die Einheit der Welt nicht in der Weise einer empirischen Synthesis und auch nicht im Rekurs bloß auf das Vermögen der Anschauung verständlich gemacht werden kann, dann muß sie im Rückgriff auf eine Vernunftidee gezeigt werden. Diese Vernunftidee ist im Rahmen von De mundi Gott, der, anders als man es von einer Philosophie eines Zeitalters erwarten würde, das sich einem mechanistischen Weltbild verpflichtet fühlt, kein oberster Regent ist, der den Mechanismus „Welt" einem mechanischen Uhrwerk vergleichbar geschaffen hat, es kontrolliert und erhält. Gott ist stattdessen der Bezugspunkt einer jeden weltlichen Substanz, die sich auf ihn in der Weise einer analogia attributionis beziehen. Alles, was weltlich ist, hat eine je eigene Beziehung zu Gott, d.h. die Einheit der Welt ist durch etwas vermittelt, was selbst dieser Welt nicht angehört. Der Raum ist die sinnliche Allgegenwart Gottes. Wie alles, was ist, derselben Welt zugehört, weil es in demselben Raum versammelt ist, so ist im Rahmen dieser ontologischen Theologie alles, was ist, derselben Welt zugehörig, weil Gott der Raum ist. Auf der Basis dieser Theologie greift – dies ist ein entscheidender Vorteil – das Argument nicht, es möge viele verschiedene Welten geben, nämlich andere Welten, die in einer anderen Zeit und einem anderen Raum sind, von denen wir nichts wissen, denn auch die Dinge in diesen Zeiten und Räumen wären auf Gott bezogen und über ihn wiederum derselben Welt zugehörig. Die Theologie von De mundi – ergänzt durch Passagen aus Kants Schrift „Nova Dilucidatio" – bleibt indes spekulativ. Sie muß es sein, weil sie von dem Postulat Gottes abhängig ist, dem theoretische Erklärungskraft zugesprochen wird, ohne selbst theoretisch erklärbar zu sein. Dennoch ist durch die Theologie von De mundi die entscheidende Frage aufgeworfen, wie die Realität der Vernunftidee der Einheit der Welt aus Vernunft dargetan werden kann, d.h. ohne sich in einem unendlichen Prozeß empirischer Synthesis zu verfangen.

Der aus heutiger Sicht wohl am deutlichsten ins Auge springende Zug der Kantschen Theorie von der Verstandeswelt in De mundi ist das völlige Fehlen einer Thematisierung intern-weltlicher Kausalbezüge. Diese Erörterung findet erst im Rahmen der KdrV statt, und zwar negativ in den Antinomien und affirmativ in den „Analogien der

Erfahrung". Bis zu diesem Punkt hatte es zwei ganz verschiedene Versuche gegeben, die Welt als Einheit zu denken, nämlich als Einheit *von* Raum und Zeit selbst, und als Einheit der Vielheit *in* Raum und Zeit vermittels einer externen vermittelnden Instanz (Gott). Unter dem Titel der Antinomien der Vernunft verbirgt sich – auf die hier vorliegende Fragestellung zugespitzt – ein dritter Versuch, nämlich das Denken der Welt *als Gegenstand in* Raum und Zeit. Der Aufweis des notwendigen Scheiterns eines solchen Denkens führt auf die Frage nach dem Verhältnis von Zeit und Kausalität. Dem naiven Bewußtsein scheint die Sache klar zu sein: Das eine ist die Zeit, das andere die Kausalität. Die Zeit verfließt ganz unabhängig davon, was sich in der Zeit bewegt, verändert, entsteht und vergeht. Weil dies so ist, wäre es ganz falsch, alles, was zeitlich früher als etwas anderes ist, als Ursache dessen, was später ist, anzusehen. Das kausale Verhältnis zwischen Dingen ist eine besondere Sache, die besonderer Akte der Erkenntnis bedarf. Deswegen ist der Tag nicht die Ursache der auf ihn folgenden Nacht. Darin hat das naive Bewußtsein recht – und greift nichtsdestoweniger zu kurz. Es zeigt sich nämlich, daß Zeit und Kausalität enger verbunden sind, als es zunächst den Anschein hat, nämlich in der Weise, daß nicht die Zeit die Kausalität, sondern die Kausalität die Zeit bestimmt. Kausalität ist damit nicht etwas, was im Rahmen der Thematisierung einer Welt, die durch Zeit und Raum gekennzeichnet ist, fehlen und durch anderes ersetzt werden könnte, etwa durch eine Theologie, sondern ein adäquates Verständnis der Kausalität ist gleichzeitig auch ein adäquates Verständnis der Zeit und damit ein entscheidender Bestandteil einer Theorie der Welt.

Um ein solches adäquates Verständnis von Kausalität zu erreichen, gilt es sich zunächst klarzumachen, daß wir uns in der Folge des immer weiter Umsichgreifens des naturwissenschaftlich-mathematischen Denkens angewöhnt haben, unter Kausalität nur noch das Verhältnis von wirkender Ursache und Wirkung zu verstehen, darüber aber die anderen drei Bedeutungen von Ursache, die von Aristoteles her überliefert sind – Stoffursache, Formursache und Zweckursache –, zu vergessen. Hier soll nicht einer kruden Wissenschaftsfeindlichkeit Tür und Tor geöffnet werden, aber es soll sehr wohl davor gewarnt werden, Kants Philosophie immer schon im vorhinein allein als philosophische Grundlegung der sogenannten exakten Naturwissenschaften zu verstehen. Das ist sie zweifelsohne auch, aber nicht ausschließlich. Kausalität bezeichnet zunächst einmal ein Verhältnis der Bedingung zwischen zwei Dingen. Der menschliche Verstand vermag sich eine solche Bedingung nur so vorzustellen, daß das, was bedingt, dem, was bedingt wird, zeitlich vorangeht. Insofern ist der Verstand der Ort des Denkens der causa efficiens und der causa materialis. Die Vernunft jedoch unterliegt diesen Einschränkungen nicht, sie ist das Vermögen, nach Zielvorstellungen zu handeln, und damit ist sie auch das Vermögen, die Welt hinsichtlich einer ganz anderen Kausalität zu betrachten, nämlich der Teleologie (causa finalis und causa formalis).

Kant zeigt in der Zweiten Analogie der Erfahrung, daß die Zeitfolge der bloßen Wahrnehmung eines Vorgangs immer dem Begriff von diesem Vorgang entspricht. So ist in dem Begriff eines Schiffes, das sich stromabwärts bewegt, enthalten, daß das Schiff zu einem früheren Zeitpunkt oberhalb und zu einem späteren Zeitpunkt unterhalb eines mittleren Punktes am Flußlauf wahrgenommen werden wird. Das klingt zunächst so, als sei die Zeitfolge in der Weise eines analytischen Urteils a priori im Begriff enthalten; das ist aber nicht der Fall, denn die Zeitfolge ist ein synthetisches Produkt der Apprehension zufolge des Grundsatzes der Kausalität. Analoges läßt sich in bezug auf simultane Wahrnehmungen zeigen. Kant ersetzt seine gewagte und spekulative Theologie, in der er Gott und Raum identifiziert, durch eine Theorie der Zeitordnung, in der Zeit und Kausalität analog zueinander sind. Er erreicht damit eine Theorie der Welt als Einheit qua Verstand: Alle kausalen Verhältnisse sind in eine allgemeine Zeitordnung integrierbar, die ihrerseits wiederum Ausdruck allgemeiner kausaler Verhältnisse ist. Überall, wo Zeit ist, sind auch kausale Verhältnisse, und überall, wo kausale Verhältnisse sind, ist Zeit. Weil dies so ist, ist überall, wo Zeit ist, Welt. Welt ist die Einheit des zeitlich-kausal aufeinander bezogenen Vielen. Dies ist immer noch die Sinnenwelt, deren Einheit zu verstehen Kants ursprüngliches Vorhaben war: Welchen Teil der Welt auch immer wir anschauen, stets sind wir bei derselben Einheit von Zeit und Kausalität.

Diese Einheit von Zeit und Kausalität ist das, was Kant Natur nennt und was er zunächst undeutlich von der Welt unterscheidet. Natur ist die ontologische Einheit, die der Verstand herstellt. Demgegenüber ist Welt mehr, nämlich die ontologische Einheit qua Vernunft. Wenn Vernunft das Vermögen ist, nach Zielvorstellungen zu handeln, dann bedeutet Welt nichts anderes als die Einheit der Natur nach teleologischen Gesichtspunkten. Freilich hält Kant die begriffliche Unterscheidung von Natur und Welt nicht streng durch: dennoch gibt es einen Unterschied zwischen dem verstandesmäßigen und dem vernünftigen Erfassen der Welt als Einheit. Was dieser Unterschied sei, thematisiert der dritte Teil, der mit einer Erörterung des teleologischen Urteils als einer Fähigkeit des Menschen beginnt. Teleologie meint zunächst eine besondere Bedingtheit von etwas in der Natur, etwa die Bedingtheit der Früchte eines Obstbaumes, die ihre Existenz dem Wunsch des Bauern verdanken, sie zu ernten (äußere Teleologie). Kant zeigt jedoch, daß es Dinge in der Natur gibt, deren Existenz ganz unabhängig von Gesichtspunkten der äußeren Teleologie nur im Rückgriff auf eine besondere Kausalität verständlich gemacht werden kann. Diese Naturdinge sind die Lebewesen; indes ist Kants Philosophie der teleologischen Kausalität mehr als ein Erklärungsmuster für organische Substanzen. Fast härter noch als im Falle der KdrV hält sich die Ansicht, Kants KdtU sei der Versuch einer philosophischen Grundlegung einer besonderen Wissenschaft, nämlich in diesem Falle der Biologie. Das ist sie auch, aber nicht nur. Vor allem nämlich ist sie die Grundlegung einer Denkungsart, ohne die Natur nicht als System begriffen werden kann. Die teleologische Denkungsart zeigt sich dem Menschen zunächst in seiner Praxis, nämlich in der Bestimmung seiner Willkür nach Zwecken, in hypothetischen Imperativen, im technisch-praktischen Vernunftgebrauch. Die Übertragung dieser Denkungsart auf die Natur scheint zunächst eine bloß gewagte Unterstellung, ihre Kraft, die organischen Naturdinge zu erklären, großes Glück für die menschliche Vernunft, darüber hinaus aber scheint sie schlicht gar nichts mehr zu sein. Das ist aber nicht so, denn es läßt sich zeigen, daß nur aufgrund der Fähigkeit zum organischen Denken, zum Denken von durchgängig wechselseitigen Zweck-Mittel-Relationen, die Vernunft eine Einheit der Natur als System herzustellen vermag.

Natur ist unzureichend beschrieben, wenn sie nur allgemein als Einheit qua Analogie von Zeit und Kausalität verstanden wird, und zwar deshalb, weil schon der Verstand vermag, eine Vielzahl von empirischen Naturgesetzen festzustellen. Die Einheit, nach der die Vernunft fragt, ist nicht mehr die Einheit des bloß substantiellen Vielen, sondern die Einheit einer Vielzahl von Naturgesetzen, die aus dem Verstand allein nicht abgeleitet werden können. Die Einheit der vielen Naturgesetze kann nur als System begriffen werden. Das System der Naturgesetze ist zunächst nur ein System, in dem sich die Einheit der Vernunft erfüllt. Wenn die Einheit der Vernunft als Einheit der Welt (systematische Natureinheit) gelten soll, dann muß die Vernunft unterstellen, daß die Natur in den Naturgesetzen getroffen ist, daß also das Sosein der Natur in den Naturgesetzen Ausdruck findet. Die Vernunft, das ist die Kehrseite derselben Problematik, muß den Begriffen des Verstandes die Geltungskraft bestimmen, sie muß, so formuliert Kant, den Verstandesbegriffen die größte Einheit neben der größten Ausdehnung verschaffen. Hierfür bringt die Vernunft die Ideen hervor, die den Verstandesgebrauch leiten, und das wiederum verlangt, einen Gebrauch dieser Ideen zu bestimmen, der sich nicht im dialektisch-überschwenglichen Verfolg dieser Ideen erschöpft. Vernunft muß in ihrem internen Ideengebrauch zweckmäßig agieren, und das heißt, sie muß sich selbst in ihrem Zusammenwirken mit dem Verstand als Organ begreifen. Der Modus dieses vernünftigen Agierens ist nicht in den Ideen selbst gelegen, denn diese können – sonst wären alle Ausführungen der „Transzendentalen Dialektik" gegenstandslos – sehr wohl unzweckmäßig, und das heißt: überschwenglich und dialektisch verwandt werden, sondern in besonderen Maximen der reflektierenden Urteilskraft. Der höchste Punkt der Ontologie ist das System der Naturgesetze, das die Vernunft im Rückgriff auf Maximen der reflektierenden Urteilskraft schafft. Damit ist nicht die Vernunft im allgemeinen, sondern die Vernunft als reflektierende Urteilskraft die höchste Instanz, durch die eine Theorie der Einheit der Welt möglich wird. Das Selbstverständnis der Vernunft als Organ, von dem her das Verständnis der Natur als organisches System möglich wird, wirft die Frage nach einer theoretischen Selbstverortung der Vernunft als Naturzweck auf; diese Frage soll im letzten Abschnitt genauer gefaßt und eine Antwort versucht werden.

Eine Theorie der Einheit der Welt ist nur als eine Theorie der systematischen Einheit der intelligentia des Menschen möglich. Intelligentia – diesen Ausdruck übernehme ich aus Kants Dissertation – bezeichnet die Einheit der nicht-anschaulichen Erkenntnisvermögen, also die Einheit von Verstand, Vernunft und Urteilskraft. Die Theorie der Einheit der Welt muß auf eine Theorie der Einheit der intelligentia zurückgreifen, die mehr ist als als eine Theorie des bloßen Selbstbewußtseins. Das „Ich denke", das alle meine Vorstellungen muß begleiten können, ist in der Konzeption Kants zwar mehr als ein bloßes cogitare, von dem her ein Übergang von den Einzelakten des Denkens zu einem sich im Denken durchhaltenden Ich unmöglich würde, es ist aber weniger als die theo-retische Selbstorientierung des individuellen Menschen in der Welt: „Kant vermied zwar die Abschnürung des Ich vom Denken, ohne jedoch das ‚Ich denke' selbst in seinem vollen Wesensbestande als ‚Ich denke etwas' anzusetzen und vor allem ohne die ontologische ‚Voraussetzung' für das ‚Ich denke etwas' als Grundbestimmtheit des Selbst zu sehen. Denn auch der Ansatz des ‚Ich denke etwas' ist ontologisch unterbestimmt, weil das ‚Etwas' unbestimmt bleibt. Wird darunter verstanden ein innerweltliches Seiendes, dann liegt darin unausgesprochen die Voraussetzung von Welt (...) Kant sah das Phänomen der Welt nicht und war konsequent genug, die ‚Vorstellungen' vom apriorischen Gehalt des ‚Ich denke' fernzuhalten. Aber damit wurde das Ich wieder auf ein isoliertes Subjekt, das in ontologisch völlig unbestimmter Weise Vorstellungen begleitet, zurückgedrängt" (Martin Heidegger, Sein und Zeit, S. 321).

Ich halte Heideggers Analyse für zutreffend[5]. Sie besagt jedoch nur, daß Kants Theorie der Welt nicht aus einer Theorie des Selbstbewußtseins deduzierbar ist, weil dies dem Versuch gleichkäme, dem „Ich" jene inhaltlichen Bestimmungen aufzubürden, die erst dort auftreten können, wo das Ich sich theoretisch auf die Welt bezieht. Das kann ein bloßes Ich nicht leisten, sondern nur eine schon verfaßte Vernunft, die die Welt nur als Einheit begreifen kann, indem sie Natur als System begreift. Die Einheit der Natur als System ist nicht die Einheit des Gefüges der transzendentalen Grundsätze, weil sie jene Grundsätze immer schon in ihrem Bezug zur Welt – als angewandte Transzendentalphilosophie, Ontologie – begreifen muß. Sie ist deshalb auch mehr als eine transzendentale Grundlegung der Naturwissenschaft, sie ist eine Theorie der Natur als System, die nur möglich ist auf der Basis eines zweckmäßigen Gebrauches der Vernunftideen, der seinerseits nur denkbar ist auf der Basis eines Verständnisses der Vernunft (intelligentia) als eines organischen Ganzen. Der zweckmäßige Gebrauch der

---

[5] Kant sagt es selbst: „„Ich bin': ist dieses ein analytisches oder synthetisches Urteil? A, ein Objekt überhaupt existiert, ist immer ein synthetisches Urteil, und kann nicht a priori erlangt werden: ‚Ich bin' ist also kein Erkenntnis des Subjekts, sondern bloß das Bewußtsein der Vorstellung des Objekts überhaupt" (AA, Bd. XXIII, S. 42).

Vernunftideen muß unterstellen, daß die Natur den Ideen der Vernunft entspricht: Nicht eine vermeintliche interne Struktur eines bloßen Ich, sondern das interne Selbstverhältnis der Vernunft als Organ findet die Vernunft als Struktur der Welt wieder, die als eine Unterstellung der Vernunft aus Vernunft nur als Akt der reflektierenden Urteilskraft möglich ist.

Vor dem Hintergrund dieser Sichtweise wird – so hoffe ich – deutlich, weshalb das Verständnis der theoretischen Philosophie Kants als einer Theorie des Selbstbewußtseins nicht zu einer Theorie der Welt gelangen und konsequenterweise dieses Ziel auch nicht verfolgen kann. Mit der Theorie der Welt, die ich hier versuche, soll aus demselben Grunde auch nicht gegen jene Theorien gesprochen oder gar polemisiert werden, auch wenn – den Ansätzen von Henrich, Hinsch und einer Vielzahl anderer entgegen – in meinem Entwurf das Thema der Deduktion der Katgeorien keine Rolle spielt. Auf der Basis einer Lektüre der Kantschen theoretischen Philosophie von dem Problemkreis Selbstbewußtsein-Deduktion der Kategorien her, also auf der Basis eines Verständnisses der kritischen Philosophie als einer reinen Gnoseologie, kann eine Theorie der Welt nur als eine Theorie der reinen Verstandesgrundsätze verständlich gemacht werden. Eine solche Theorie der Welt ist nur als Theorie der metaphysischen Anfangsgründe der Natur*wissenschaft* möglich, d.h. als ein Verständnis der theoretischen Philosophie Kants als einer Wissenschaftstheorie. Eine Theorie der Welt im Ausgang von Kants Philosophie muß deshalb von vornherein einen anderen Weg einschlagen.

Dieser Weg kreuzt jene Deutung der theoretischen Philosophie Kants als Wissenschaftstheorie bei dem Thema der Verstandesgrundsätze; während aber jener Weg weiter zu den „Metaphysischen Anfangsgründen der Naturwissenschaft" führt, bedeutet der Verfolg einer möglichen Theorie der Welt den Einbezug der Theorie des teleologischen Urteils als Vollendung des Denkens der Welt als Einheit. Dies beinhaltet eine schon zielgerichtete und damit einschränkende Interpretation dieses Kantschen Theorems, nämlich das Verständnis des teleologischen Urteils als Beitrag zu einem theoretischen Weltverständnis allein. Demgegenüber ist von einschlägiger Forschung der Zusammenhalt der teleologischen Urteilskraft mit der ästhetischen betont und damit die Urteilskraft als ein gegenüber Verstand und Vernunft eigenständiges Vermögen interpretiert worden. Als Beobachtung eines bloß technischen Sachverhalts ist die Bemerkung richtig, in meiner Interpretation werde – anderen Rekonstruktionen zum Trotz – die KdtU wiederum nur als Anhang zur KdrV gelesen; einen hierin eventuell enthaltenen Vorwurf indes möchte ich nicht gelten lassen, weil ich eine adäquate Deutung der KdU in Gänze gar nicht anstrebe, ja noch nicht einmal den Versuch mache, die KdtU vollständig zu erfassen. Die KdU ist dem Kantschen Selbstverständnis nach der Abschluß des Kritischen Geschäfts. Deshalb handelt die „Erste Einleitung in die KdU" von der *Philosophie* als einem System, nicht von der *Natur* als einem System. Nur das letztere ist im Rahmen meines Entwurfes interessant, nicht jedoch die Lektüre der KdU als einer Wissenschaftstheorie der (doktrinalen) Philosophie auf der Basis der kritischen Philosophie als ihrer Propädeutik. Die Einschränkung der Lektüre der KdU auf die KdtU, und hierin sogar nur auf jene Passagen, die im Rahmen der Fragestellung einer möglichen Theorie der Einheit der Welt als einem in sich teleologischen Vernunftsystem der Natur relevant sind, bringt es mit sich, daß das Verständnis gerade des zweiten Teils der KdU als einer Theorie des Brückenschlags der disparaten Vernunftvermögen der theoretischen und praktischen Vernunft hier nicht thematisiert wird. So geht etwa Gerhard Krämlings diesbezüglicher Entwurf[6] davon aus, daß „bereits aus den Einleitungen in die KdU deutlich [wird], daß Kants dritte Kritik geradezu einer moralphilosophischen Problemstellung entspringt. Kant bezeichnet ihre Intention als die Überbrückung einer ,unübersehbaren Kluft' zwischen theoretischer und praktischer Philosophie" (S. 17). Gerade diese Kluft ist hier nicht Thema, ebensowenig wie die besondere Stellung der KdU als einer Art von reflexiver Wissenschaftstheorie der Philosophie selbst.

Angesichts der unübersehbaren Zahl von Veröffentlichungen zum *Gegenstand* „Kant" muß ich es an dieser Stelle bei der eben skizzierten Einordnung meines Entwurfes in die generellen Richtungen der Forschungsliteratur belassen. Ich werde stattdessen versuchen, in Anmerkungen zu speziellen Fragestellungen, die in ihrem Umfang das übliche Maß überschreiten, das hier möglicherweise vermißte Ritual des Forschungsberichts gleichsam sukzessive nachzuliefern. Ich bitte um Nachsicht, wenn ich gleichwohl keinem der von mir zu Rate gezogenen Forscher – auch wenn ich es, besonders im Falle eines Lewis White Beck, bedaure – gerecht werden kann. Weiterhin bitte ich um Nachsicht dafür, daß ich sämtliche Entwürfe, die anhand des Gegenstandes Kant erfolgreich eigene philosophische Zielsetzungen verfolgen – der Traum wohl jedes Philosophen – ausklammern muß; dies gilt für Martin Heidegger nicht weniger als für Ernst Cassirer (mit einer Ausnahme) und ebenso für Peter Strawson. Was das *Thema* einer Theorie der Einheit der Welt betrifft, so komme ich nicht umhin, festzustellen, daß mir abgesehen von Gottfried Martins Interpretation[7] kein ähnlicher Versuch einer Gesamt-*interpretation* – nicht bloß Gesamt*darstellung* – der theoretischen Philosophie Kants von De mundi bis zur KdtU bekannt ist, und so schwankt mein Gefühl angesichts der Tatsache, einen solchen Entwurf nun zu übergeben, zwischen dem Eindruck, im Grunde nur Selbstverständliches gesagt zu haben, und dem Bedenken, sich bei dem Versuch der Verwirklichung einer richtigen und guten Idee überhoben zu haben. Aber das mögen andere beurteilen.

---

[6] Die systembildende Rolle von Ästhetik und Kulturphilosophie bei Kant. München 1985.

[7] Immanuel Kant. Ontologie und Wissenschaftstheorie. Berlin 1969.

ERSTER TEIL.
KANTS THEORIE DER EINHEIT DER SINNENWELT.

Die Frage nach der Welt ist in ihrer ursprünglichen Form die Frage nach dem Charakter des Universums. Was ist die Struktur des Kosmos, was ist das Wesen der Welt, in der wir leben? In diesem Sinne verstanden markiert die Frage nach der Welt einen Bereich naturphilosophischer Probleme, mit dessen Behandlung der denkende Mensch natürlicherweise seine theoretische Erfassung der Welt beginnt; innerhalb dieses Bereiches beginnt im Denken der Vorsokratiker nicht nur die Philosophie überhaupt, sondern auch die Philosophie Kants. Kosmologische Fragestellungen markieren eine chronologische Etappe im Kantschen Denken, die sich am deutlichsten in der Abfassung eines Textes mit dem Titel „Allgemeine Naturgeschichte und Theorie des Himmels" (1755) manifestiert. Die kosmologische Frage nach der (physikalischen, astronomischen) Struktur des Universums ist immer auch die Frage nach dessen Grenzen, und so entspringt aus der Frage nach dem Wesen des uns umgebenden Äußeren, dessen Gesamtheit wir „Welt" nennen, schon sehr bald eine andere Frage, die für eine befriedigende Beantwortung der Frage nach der Struktur der Welt nicht ohne Belang sein kann, nämlich die nach der Möglichkeit mehrerer solcher Welten: Ist diese Welt einheitlich-zusammenhängend, und ist sie einzig, oder gibt es mehrere solcher Welten? In welchem Sinne aber könnte überhaupt davon gesprochen werden, daß es mehrere Welten gebe, wenn nicht in bezug auf den Zusammenhalt von Gegenständen, die, auf welche Weise auch immer, eine Welt bilden? Damit ist die Frage nach der Struktur des Universums schon zu einer ontologischen Frage geworden, zu einer Frage, die umwillen des großen Zusammenhanges, der Welt genannt wird, sich der ontologischen Frage nach dem einzelnen Seienden, das die Welt erfüllt, stellen muß.[8]

Die Frage nach der Welt ist damit nicht nur immer auch, sondern vor allem anderen die nach dem Zusammenhang der Gegenstände, also immer eine Frage nach der Einheit der Welt als einer Gesamtheit des Vielen. Dieses Viele ist ein von uns wahrgenommenes Vieles, die Gegenstände, deren Gesamtheit wir Welt nennen, sind wahrgenommene Gegenstände, und deshalb – so scheint es – ist auch die Gesamtheit eine solche, die wir durch unsere Sinne wahrnehmen. Welt ist damit etwas, für dessen Verständnis es des Rückgriffs auf ein gesichertes Wissen um das Vermögen bedarf, durch

---

[8] Diese chronologische Abfolge von Kosmologie und Ontologie und die Motivation, zur letzteren überzugehen, findet sich ausdrücklich noch in Kants Ankündigung seiner Vorlesung über Metaphysik für das Wintersemester 1765/66 (M. Immanuel Kants Nachricht von der Einrichtung seiner Vorlesungen in dem Winterhalbenjahre von 1765-1766). Als Ausgangspunkt dieser Vorlesung kündigt Kant die empirische Psychologie an, auf die an zweiter Stelle die Kosmologie folge, „da von der Materie gehandelt wird" (A 9), sowie an dritter die Ontologie, d.h. die „Wissenschaft von den allgemeinen Eigenschaften aller Dinge, deren Schluß den Unterschied der geistigen und materiellen Wesen, imgleichen beider Verknüpfung und Trennung, und also die rationale Psychologie enthält" (ebd.).

das die Welt erkannt werden soll. Damit hat – es ist die unbestrittene Leistung Kants, dies gezeigt zu haben – die kosmologische Frage nach der Welt nicht nur ontologische, sondern vor allem auch gnoseologische Implikationen, weil wir es sind, die die Welt sinnlich und denkend-urteilend zu erfassen suchen, so daß die Welt insgesamt ein Gegenstand unseres Erkenntnisvermögens ist, der deshalb, wie auch die einzelnen Gegenstände in ihr, von unserer Erkenntnisfähigkeit abhängig ist. Ontologie wie Kosmologie sind so auf die Gnoseologie verwiesen, die, weit davon entfernt, eine bloße Zutat zu sein, die Grundlage schafft, auf der die Fragen der Kosmologie und Ontologie beantwortbar werden. Das Thema der Einheit der Welt ist ein kompliziertes Geflecht aus ontologischen und kosmologischen Fragen einerseits und gnoseologischen Fragen anderseits, deren wechselseitige Abhängigkeit es gegenüber der vereinseitigenden Auffassung, Kant habe in seiner reifen Philosophie alle Ontologie und Kosmologie, wie überhaupt alle Metaphysik, fallengelassen, gerade zu betonen gilt. Die Unterscheidung einer vorkritischen von einer kritischen Epoche des Kantschen Denkens kann sich deshalb nicht auf den Unterschied eines Fragens nach der Welt (vorkritische Epoche) von einem Fragen nach dem menschlichen Erkenntnisvermögen (kritische Epoche) stützen, sondern, wenn überhaupt, auf die Unterschiedlichkeit der Anordnung, möglicherweise auch der Hierarchie, von Kosmologie, Ontologie, Theologie und Gnoseologie.

Zu Beginn ist die Frage nach der Einheit der Welt eine Frage der Physik, der „Wahren Schätzung der lebendigen Kräfte" (1746), d.h. eine Frage der Wirkungen, die Gegenstände aufeinander ausüben; diese mesokosmische Mechanik findet ihre Fortsetzung in der schon genannten makrokosmischen Theorie des Himmels (1755), der Kant im selben Jahr die „Neue Erhellung der Ersten Grundsätze metaphysischer Erkenntnis" beistellt, so, als sei das eine ohne das andere unvollkommen. Im folgenden Jahr thematisiert Kant, wiederum in Auseinandersetzung mit Leibniz, den „Gebrauch der Metaphysik (...) in der Naturphilosophie" (1756). Den umgekehrten Weg beschreitet Kant 1758, wenn er den „Neuen Lehrbegriff der Bewegung und Ruhe" auf dessen Folgerungen in den ersten Gründen der Naturwissenschaft hin, also hinsichtlich einer gnoseologisch verstandenen Metaphysik, befragt. Die Weltabgewandtheit manchen Philosophierens, wie sie sich etwa in der „Falsche[n] Spitzfindigkeit der vier syllogistischen Figuren" offenbart, hat Kant offensichtlich schon 1762 geärgert, der „Einzig mögliche Beweisgrund zu einer Demonstration des Daseins Gottes" dagegen ragt mit seinen vier Auflagen (1763, 1770, 1783 und 1794) bis weit in die kritische Epoche hinein. Bereits 1764 paart sich die theoretische Frage nach dem Dasein Gottes mit der „Untersuchung über die Deutlichkeit der Grundsätze der natürlichen Theologie und Moral", angeregt sicherlich nicht nur durch die Frage der Königlichen Akademie der Wissenschaften zu Berlin, sondern durch eine innere Konsequenz des Kantschen Denkens: Kants Denken pendelt schon in der sog. „vorkritischen Epoche" zwischen der physikalischen Erklärung der

Welt und den Bedingungen der Möglichkeit einer solchen Erklärung, es bewegt sich zwischen Physik, Metaphysik und Theologie.

Die Bewegung, die das Kantsche Denken schon in dieser Phase vollführt, weist eine innere Tendenz auf, die Grundlage von Physik, Metaphysik und Theologie in der Gnoseologie zu suchen, und diese Tendenz bricht sich Bahn, indem zunächst Physik und Metaphysik immer enger zusammenrücken: Den „Versuch, den Begriff der negativen Größen in die Weltweisheit einzuführen" (1763), motiviert das Verlangen, „den obersten Grund zu finden" (A III), aus dem sich die in der Metaphysik erörterte Möglichkeit physikalischer Grundbegriffe, „z.E. die Natur des Raumes" (ebd.), einsehen läßt. Eine Sicherheit der metaphysischen Erkenntnis umwillen der Möglichkeit wahrer Erkenntnis der Welt bedarf aber, daß „man zuverlässig erwiesene Data" – und das sind metaphysische Grundsätze von derselben Kraft wie die der Mathematik, nicht empirische Daten![9] – „irgend woher entlehnen kann, um sie in seiner Betrachtung zum Grun-

---

[9] Data sind keine Facta, wie gemeinhin verstanden wird; vgl. zu Kants Wortverwendung von „Data" auch Kants die Unterschiedlichkeit mathematischer und metaphysischer Erkenntnis thematisierenden Ausführungen in der „Untersuchung über die Deutlichkeit der Grundsätze", die Kant dahingehend zusammenfaßt, daß „in beiden (...) unerweisliche Sätze [sind], die die Grundlage zu Schlüssen machen. Nur da die Definitionen in der Mathematik die ersten unerweislichen Begriffe der erklärten Sachen sind, so müssen an deren Statt verschiedene unerweisliche Sätze in der Metaphysik die ersten Data abgeben, die aber eben so sicher sein können, und welche entweder den Stoff zu Erklärungen oder den Grund sicherer Folgerungen darbieten" (A 93). – In diesem Zusammenhang muß ich der Deutung dieser Textstelle durch Ernst Cassirer widersprechen. Cassirer deutet in seiner Schrift „Zur Einsteinschen Relativitätstheorie" den Ausdruck „Data" in dem Sinne, daß es nach der Ansicht Kants der Mathematik, also genauer der Geometrie, obliege, die Eigenschaften von Raum und Zeit festzulegen. Die Gesamtheit der Eigenschaften von Raum und Zeit seien dann der Metaphysik zugrunde zu legende „Daten". In diesem Verfahren folge Kant ganz der Ansicht Eulers in dessen 1748 erschienenem Werk „Réflexions sur l'espace et le temps". Wenn aber Kant die Aufgabe der Metaphysik dahingehend bestimme, „die Natur des Raumes und den obersten Grund zu finden, daraus sich dessen Möglichkeit verstehen läßt" (bei Cassirer, Zur Modernen Physik, S. 3), so bedeutet dies einerseits eine Bestimmung der Aufgabe der Metaphysik, der Kant sehr wohl zustimmt, es bedeutet aber vor allem eine Wendung gegen den Versuch, die Natur von Raum und Zeit aus logischen Denkprozessen zu abstrahieren, die möglicherweise der Anschauung von Raum und Zeit zuwiderlaufen, d.h. es gilt festzuhalten, daß die Geometrie, deren „Data" die Metaphysik zugrundezulegen hat, selbst eine metaphysische Wissenschaft ist in dem Sinne, daß sie keiner empirischen (physikalischen) Forschung bedarf, um die Struktur von Raum und Zeit zu erkennen. Kant konnte die Geometrie als eine in diesem Sinne „metaphysische" Wissenschaft unterstellen, weil sie zu seiner Zeit Strukturen beschrieb, die denen des natürlichen Anschauungsvermögens des Menschen entsprach. Heute stehen wir vor dem Problem, daß die nichteuklidische Geometrie das nicht mehr tut; die Pointe jedoch ist, daß es Kant auch dort, wo er physikalische Theorien zu Raum und Zeit zum Gegenstand nimmt, überhaupt nur um die Struktur des menschlichen Anschauungsvermögens geht. Das bedeutet, daß keine Rede davon sein kann, Kant betreibe seine Erkenntnistheorie in der Weise einer nachträglichen Systematisierung eines inzwischen als historisch-kontingent erwiesenen Standes physikalischer und mathematischer Forschung (vgl. Cassirer, S. 7/8). Wenn die „Data", die Kant zugrundegelegt haben will, mit denen der ihm zeitgenössischen Mathematik und Physik isomorph sind, bedeutet

de zu legen" (A III). Diese Gründe sind fähig, etwa den „Unterschied der Gegenden im Raume" (1768) verständlich zu machen, den der Mensch im Ausgang von sich selbst bestimmt und dessen Grund er in sich selbst findet. Was Kant vor 1770 veröffentlicht, ist mehr als eine Reihe von Einzeluntersuchungen, die er erst in seiner reifen Philosophie zu einem Ganzen zusammenfaßt, es ist vielmehr bereits Arbeit an diesem Ganzen selbst: der Frage nach der Möglichkeit von Welt, sofern sie durch unser Denken konstituiert wird. Den Durchbruch zur Erkenntnis der gnoseologischen Relevanz allen Fragens nach der Welt[10] schafft Kant möglicherweise also schon vor 1768, spätestens jedoch 1770 in seiner Dissertation „De mundi sensibilis atque intelligibilis forma et principiis" – und damit in jedem Falle vor der KdrV. Der Ausgangspunkt der Dissertation ist deshalb nicht eine vermeintliche Welt „als solche", sondern die Frage nach der Denkmöglichkeit des „Weltbegriffs überhaupt".[11]

---

dies nicht, daß sie nach seiner Auffassung allein von dieser Mathematik und dieser Physik abhängig wären, sondern es bezeichnet nur den Umstand, daß Kant es zu seiner Zeit in dieser Hinsicht leichter hatte als wir es heute haben.

[10] Der Ausdruck „Kritik der Vernunft" findet sich schon der Vorlesungsankündigung von 1765, und zwar im Rahmen der Logik, die Kant als die „Kritik und Vorschrift des gesunden Verstandes" einerseits, und der der „eigentlichen Gelehrsamkeit", d.i. die Metaphysik, begreift. Letztere führt auf eine Methodenlehre, in der die „schon erworbenen Kentnisse" (A 11) der Philosophie auf die „Geschichte der menschlichen Meinungen" (ebd.) so bezogen werden, daß es möglich wird, „Betrachtungen über den Ursprung ihrer [der Menschen] Einsichten sowohl, als Irrtümer anzustellen, und den genauen Grundriß zu entwerfen, nach welchem ein solches Gebäude der Vernunft dauerhaft und regelmäßig soll aufgeführt werden" (ebd.). Kritik der Vernunft bedeutet also anfänglich ein Ineinander von Gnoseologie und Doxographie.

[11] Die These, daß das Kantsche Denken mit der Kosmologie anhebt, wird nicht zuletzt aufgrund der Forschungen von Josef Schmucker wohl allgemein anerkannt. Schmucker erkennt in dem, was die KdrV dann später die „Antinomien" nennt, den genetischen Ausgangspunkt des Kantschen Denkens überhaupt: „Mit dem auch unter Kantforschern weit verbreiteten Glauben oder Dogma, daß mit der Dissertation von 1770 und mit dem Brief an Markus Herz vom 21.2.72 eine schlechterdings neue Epoche der Philosophie Kants anbreche, die alles Vorausgegangene hinter sich lasse und endgültig überwinde, ein Glaube, an dem freilich Kant selber bekanntlich nicht unschuldig ist, und mit der Tendenz, alle an diese neue Epoche gemahnenden Stellen der vorkritischen Zeit bzw. der sechziger Jahre möglichst in die siebziger Jahre zu transferieren, verbaut man sich die Sicht auf eine der erstaunlichsten Phasen der ‚vorkritischen' Entwicklung Kants, in der wir auf die Ursprünge fundamentalster Prinzipien und Elemente seines späteren ‚kritischen' Systems stoßen: die Idee und die Grundprinzipien seiner Kritik der reinen Vernunft bzw. seiner kritischen Ideenlehre auf Grund der in den Schlüssen der reinen Vernunft wesenhaft implizierten Dialektik" (Das Weltproblem in Kants KdrV. Kommentar und Strukturanalyse des ersten Buches und des zweiten Hauptstücks des zweiten Buches der transzendentalen Dialektik. Bonn 1990, S. 232). Der Fortschritt der KdrV gegenüber den Schriften der sechziger und siebziger Jahre besteht demzufolge weder in dem Moment der Kritik, noch in den kritisierten Gegenständen, sondern in der systematischen Durchführung dieser Kritik und dem daraus abgeleiteten Anspruch ihrer Vollständigkeit. – Natürlich steht Schmucker mit seiner Einschätzung nicht allein. So kehrt etwa

I. Die Problematik eines Denkens der Welt als Einheit. Die Theorie „Vom Weltbegriff überhaupt" in De mundi.

1. Analysis und Synthesis (§ 1).

„Vom Weltbegriff überhaupt" zu handeln, ist etwas anderes, als von der Welt zu handeln, denn es bedeutet, die Welt zu thematisieren, insofern sie erkannt ist oder doch wenigstens erkannt werden kann. Damit ist alles Sprechen von der Welt immer auch ein Sprechen von der Erkenntnis – wie tief auch immer dieses Sprechen in die Gegenstände eindringen mag. Und es ist alles Sprechen von Erkenntnis ein Sprechen von der Erkenntnis der Welt – wie weit auch immer sich dieses Sprechen von der Welt zu entfernen scheint. Kant beginnt in diesem Spannungsbogen zwischen Erkenntnis und Welt (§ 1): „Wie die Zergliederung beim substantiellen Zusammengesetzten nur in dem Teil ihre Grenze findet, der kein Ganzes ist, d.i. dem Einfachen: so die Verbindung nur in dem Ganzen, das kein Teil ist, d.i. der Welt." Damit beginnt § 1 aber gar nicht einmal bei derjenigen Erkenntnis, deren Vollzug uns die Welt erkennen läßt, sondern bei der Erkenntnis überhaupt. § 1 sagt: Alle Erkenntnis kann nur entweder zergliedern oder zusammensetzen. Alle Erkenntnis geschieht nicht irgendwie, sondern nach zwei Prinzipien, nämlich denen der Zergliederung (Analysis) und der Zusammensetzung (Syn-

---

Lothar Kreimendahl (Kant – Der Durchbruch von 1769. Köln 1990) das Argument der stofflichen Identität der frühen Schriften und der KdrV („Es ist – in der Sprache der KdrV – das Feld der transzendentalen Dialektik, auf dem sich Kant in [den sechziger] Jahren bewegt" (S. 3)) um und gewinnt so eine besondere Lesestrategie für die KdrV, die indes gerade dann, wenn deren besondere Leistung in der kritischen Systematisierung des Stoffs gesehen wird, ihr konsequenterweise den Erfolg einer solchen besonderen Leistung geradezu absprechen müßte: „Viele der Schwierigkeiten, mit denen sich der Interpret konfrontiert sieht, gründen nämlich in dem Umstand, daß es sich bei der KdrV nicht um einen monolithischen Block von konzeptioneller Geschlossenheit handelt, sondern im Sinne der ‚Patchwork-Theorie‘ um ein Textkonglomerat, das in verschiedene Phasen des Kantischen Denkens zurückweist und Lehren präsentiert, die aus unterschiedlichen Gesichtspunkten bei nicht immer gleichbleibenden Absichten von Kant entwickelt worden sind, ohne daß es ihm gelungen wäre, bei der 1780 vorgenommenen Schlußredaktion die Brüche gänzlich zu verfugen" (S. 2). So wenig schmeichelhaft diese Einschätzung für die KdrV auch letztlich sein mag, so deutlich folgt aus ihr eine Bewertung von De mundi, die dieser Schrift einen hohen Stellenwert zubilligt: „So erweist sich die Schrift von 1770 nicht bloß irgendwie auch mit dem späteren Antinomieproblem befaßt, sondern sie gilt diesem Problem ganz und gar und entwickelt mit der Unterscheidung zweier Vorstellungsweisen der Dinge ‚uti apparent‘ durch das sinnliche Erkenntnisvermögen und ‚sicuti sunt‘ durch die Verstandeserkenntnis den Schlüssel zur Lösung der mathematischen wie der dynamischen Antinomien. In der Lehre vom ‚dissensus‘ haben wir also entgegen einem weitverbreiteten Mißverständnis nicht die Präsentation des Antinomieproblems oder einer seiner Vorformen vor uns, sondern das grundsätzliche Instrument zu seiner Lösung" (S. 241). Die Problematik der zumindest mißverständlich-verfänglichen Ausdrucksweise eines Erkenntnisvermögens, das vermag, die Dinge zu erkennen, wie sie sind, wird noch thematisiert werden.

thesis). Zergliederung geht auf das Einfache, das, was nicht weiter zergliedert werden kann, das Atom, den Urbaustein alles Seienden. Zusammensetzung geht auf das Ganze, das, was nicht unter einem noch Umfassenderen begriffen werden kann, und das ist der Kosmos.

Kosmos und Atom sind besondere Gegenstände, nämlich jene, an denen die für sich selbst betrachtet unabschließbaren Tätigkeiten der Analyse oder Synthese eine Grenze finden. Das scheint eine ganz „naive" Ontologie zu sein, nämlich eine solche, die in Welt und Atom äußere Gegenstände von ausgezeichneter Größe bzw. Kleinheit postuliert. Gerade einer solchen „naiven" Ontologie bzw. Kosmologie widerspricht Kant jedoch. Wenn es richtig ist, daß Analysis und Synthesis eine Grenze nur in bezug auf ein von ihnen Analysiertes bzw. Synthetisiertes haben, dann bedeutet das, daß Analysis und Synthesis auf etwas aus sind, was jenseits ihrer selbst liegt, und woran sie eine Grenze finden – damit aber ist über den Status dieses Begrenzenden nur gesagt, daß es etwas von der Analyse oder Synthese selbst Verschiedenes ist, es ist jedoch noch nicht gesagt, ob dieses Begrenzende (Atom und Kosmos) physischer oder metaphysischer Natur (empirisch oder transzendental) ist. Für die Beantwortung des Status des Begrenzenden ist es wichtig, zwischen dem Anfangspunkt und dem Endpunkt der Analyse bzw. Synthese genau zu unterscheiden. Offenbar beginnen Analyse und Synthese bei etwas von ihnen Verschiedenem, das etwas Empirisches ist, etwas, das für alle Analyse oder Synthese vorauszusetzen ist und das analysiert bzw. synthetisiert werden kann. Aber das ist gerade dann weder das Einfache noch die Welt, wenn Einfaches und Welt das sind, woran die Tätigkeit der Analyse oder Synthese ihr Ende findet, denn bei dem zu beginnen, woran sich das Ende findet, bedeutete nichts anderes als überhaupt nicht zu beginnen, und dann wären Welt und Atom empirische Gegebenheiten, die, weil sie gar keiner Synthese oder Analyse fähig wären, nur intuitiv erfaßt werden könnten. Aber Analyse und Synthese beginnen eben nicht bei Atom und Welt, sondern sind auf Atom und Welt aus. Atom und Welt sind deshalb nicht einfache, wenn auch ausgezeichnete empirische Gegenstände, sondern Zielvorstellungen der Erkenntnis selbst; sie sind also nicht Dinge von derselben Art wie es diejenigen sind, mit denen Analysis und Synthesis beginnen, sondern Gegenstände, die nur in der Erkenntnis gegeben sind. Damit aber folgt die inhaltliche Bestimmung dessen, was Atom und Welt sind, aus dem Vermögen der Erkenntnis selbst. Erkenntnis ist, zumindest insofern sie auf Einfaches und Welt aus ist, etwas, was ohne Zielvorgabe, damit aber auch ohne Vorgaben, die gar nicht im Gegenstand, sondern im Erkenntnisvermögen selbst liegen, undenkbar ist.

Analysis und Synthesis können ihr Ziel verfehlen, weil sie, wenn auch geeignete, so doch bloße Mittel des Erreichens von Zielen sind. Analysis und Synthesis als Mittel zu charakterisieren, bedeutet, ihnen den Status eines Werkzeuges zuzusprechen, das bestimmt wird, gewisse Zwecke zu erzielen; deshalb gibt es in bezug auf Analysis und Synthesis, verstanden als Erkenntnismittel, etwas, womit begonnen wird, und etwas anderes, worauf der Gebrauch des Mittels abzielt, und das sind die Ziele oder Zwecke, die analysierend bzw. synthetisierend verfolgt werden. Solcher Zwecke gibt es unendlich viele, nämlich genau so viele, wie es Zwecksetzungen gibt, die aufgrund der Erkenntnisinteressen gebildet werden, die der Mensch jeweils aus den unterschiedlichsten Motivationen und Bedingungen heraus verfolgt. Analysis und Synthesis können also sehr wohl untergeordnete Ziele verfolgen, d.h. sie können ein vorläufiges Ende an einem relativ Einfachen bzw. einem relativ Ganzen finden, aber sie können ihre letzten Grenzen nur an dem finden, was ein absolut Einfaches bzw. ein absolut Ganzes ist. Atom und Welt sind die beiden Zwecke, die ein absolutes Ende von Analysis und Synthesis bestimmen, und damit sind sie überhaupt keine Gegenstände einer empirischen Analyse bzw. empirischen Synthese.

Was auch immer der Ursprung des „Weltbegriffs überhaupt" ist: Die Welt, verstanden als Idee einer abgeschlossenen Synthesis, ist von der Welt, verstanden als Summe ihrer Teile, grundverschieden, denn Welt so zu verstehen, bedeutet, Welt als Ergebnis einer empirischen Synthesis anzusehen, die bei dem einen oder anderen Gegenstand, der einen oder anderen Gruppe von Gegenständen beginnen mag; eine solche empirische Synthesis ist jedoch grundsätzlich unabschließbar. Das bedeutet nicht, daß es nicht möglich wäre, über eine sich an empirischen Gegenständen festmachende Synthese zu einer relativ übergeordneten Ganzheit dieser Gegenstände zu gelangen. Eine solche Synthese ginge von den äußeren Gegenständen aus und bestimmte die Welt als das, was alle diese Gegenstände verbindet. Auch dieser Weltbegriff ist „abstrakt", weil hier die Welt nicht wie ein beliebiger Gegenstand der äußeren Sinne wäre, sondern umfassender und insofern ungreifbar. Dennoch ist dieser Weltbegriff dadurch, daß er abstrakt ist, nicht weniger empirisch, denn er legt eine beobachtete und damit endliche Menge von Gegenständen zugrunde, von denen her das, was Welt ist, bestimmt wird. Dieser Weltbegriff ist jedoch nicht der „Weltbegriff überhaupt", sondern der einer Menge empirisch zusammengehöriger Gegenstände oder Gegenstandsgruppen in der Welt, die, als den Gegenständen selbst übergeordnete relative Gesamtheit, so etwas wie eine subalterne Welt innerhalb der Welt überhaupt ausmachte. Die Behauptung der Möglichkeit mehrerer Welten stützt sich, wie sich zeigen wird, auf die Verwechslung dieser beiden Weltbegriffe, nämlich des empirisch-abstrakten Weltbegriffs mit dem „Weltbegriff überhaupt", der nicht aus der Beobachtung von Gegenständen entspringt, sondern eine Vernunftidee ist.

Das größte Zusammengesetzte, an dem die Synthesis ihre Grenze findet, wird nicht nur erst dadurch erkannt, daß die Synthesis ihre Grenze findet, sondern es ist auch überhaupt nur dadurch, daß die Synthesis begrenzt wird. Der Weltbegriff überhaupt ist damit die Idee der Grenze von Synthesis überhaupt, die für das synthetisierende Erkennen immer schon vorausgesetzt werden muß. Diese Idee ist die Idee von der Welt, nach deren Herkunft nur sinnvoll gefragt werden kann in bezug auf die Natur der Erkenntniskraft. Deshalb ist es nicht denkbar, daß das Erkenntnisvermögen die Welt unter dem Gegebenen auffindet; viel weniger noch ist es denkbar, daß das Erkenntnisvermögen die Welt überhaupt suchen könnte, ohne eine Vorstellung von dem zu haben, was es sucht: Die Welt ist eine ebenso unausweichliche wie empirisch unerfüllbare Vernunftaufgabe, die Welt ist eine Idee. Demzufolge stellt sich nicht mehr die Frage, welcher empirisch gegebene Gegenstand die Welt ist, sondern aufgrund welchen Erkenntnisvermögens die Realität der Vernunftidee der Welt gezeigt werden kann. Wenn ein empirisches Anschauen nicht möglich ist, bleiben hierfür nur die anschauliche Ausführung oder die logische Demonstration des Weltbegriffs; Kant sagt das in der langen Erläuterung, die der Behauptung von § 1 folgt. Kant führt in dieser Erläuterung deshalb zunächst (1) die schon angedeutete Trennung von Verstand und Anschauungsvermögen ein, und zum anderen (2) zeigt er, daß die Welt nicht als konkrete Anschauung gegeben werden kann.

Kant spricht in der Behauptung von § 1 von zwei Ideen. Das ist zum einen die Idee eines Teils, der kein Ganzes ist („parte quae non est totum"). Diese Idee nennt er das Einfache (simplicium). Zum anderen spricht er von der Idee eines Ganzen, das kein Teil ist („toto quod non est pars"). Diese Idee nennt er die Welt (mundo). Ein Ganzes kann, wie wir gesehen haben, auch ein untergeordnetes Ganzes sein. Ebenso kann ein Teil ein übergeordneter Teil sein, d.h. er muß nicht kleinster, nicht weiter zerteilbarer Teil (Atom) sein. Das Ganze jedoch, das schlechterdings nicht mehr Teil eines anderen ist, ebenso der Teil, der schlechterdings nicht weiter teilbar ist: das sind besondere Dinge, die beide, so ist zu vermuten, ganz unabhängig voneinander als Ideen in der Erkenntniskraft schon vorliegen müssen. Zu Beginn der Erläuterung von § 1 spricht Kant jedoch von nur *einem* „zugrundegelegten Begriff (conceptus substrati)". Das kann nur der Begriff der Welt sein, denn der gesamte Abschnitt soll handeln „vom Weltbegriff überhaupt". Diesen Begriff zu denken, bedeutet je nach dem Vermögen, durch das der Denkakt vollzogen wird, Unterschiedliches, nämlich in bezug auf das Verstandesvermögen, „die Zusammensetzung eines Ganzen durch einen abgesonderten (notionem abstractam intellectus) Begriff des Verstandes sich zu denken", und in bezug auf das Anschauungsvermögen, „diesen allgemeinen Begriff (...) durch das sinnliche Erkenntnisvermögen auszuführen, d.i. ihn sich in concreto mittels einer deutlichen Anschauung vorzustellen" (§ 1). Es ist anzunehmen, daß dasselbe analog für den Begriff des Einfachen gilt, den Kant hier zunächst nicht weiter beachtet, den er jedoch später, am Ende von § 1, in seine zusammenfassenden Sätze einbezieht. Insofern Verstand und Anschauungsvermögen die Orte der Demonstration oder Ausführung des Begriffs der Welt sind, ist dieser Begriff selbst einem Vermögen zuzuordnen, das weder Verstand noch Anschauungsvermögen ist; der Begriff der Welt ist das, was Kant später einen Vernunftbegriff nennen wird. Er ist, in der Terminologie von De mundi, die den genauen Unterschied von Verstand und Vernunft, wie er in der KdrV entwickelt wird, noch nicht kennt, ein abstrakter Verstandesbegriff. Es gilt deshalb, zunächst in einem Vorgriff auf den § 6 die Bedeutung von „abstrakt" zu klären.

Ein Verstandesbegriff, so sagt Kant dort (§ 6), abstrahiert „von allem Sinnlichen und wird nicht vom Sinnlichen abstrahiert". Ein Verstandesbegriff ist von allem Sinnlichen abgesondert – das ist gerade das Gegenteil von dem, was man gemeinhin unter einem „abstrakten Begriff" versteht; der Alltagssprache gilt der abstrakte Begriff als ein solcher, der sich aus dem prallen phänomenalen Leben in die luftleeren Höhen des bloß Gedachten erhoben hat, bzw. der in diese Höhen gezogen (abstrahiert) wurde. Damit geht eine Wertung einher, nämlich die, daß die bodenständigen Begriffe, die sich eng an Phänomene anlehnen und deshalb reich an Merkmalen sind, brauchbarer, lebensnäher und überhaupt insgesamt besser sind als die, die von den Phänomenen weiter entfernt sind und die deshalb arm an Merkmalen sind. Kant meint all dies nicht, wenn er einen Verstandesbegriff abstrakt nennt, denn als abstrakt gilt ihm ein Verstandesbegriff deshalb, weil er ihn in einer besonderen Hinsicht betrachtet, nämlich insofern er ohne alle Sinnlichkeit ist. Das bedeutet nicht, daß sich der Verstandesbegriff überhaupt nicht auf sinnliche Phänomene beziehen ließe. Ganz im Gegenteil: Kant wird große Mühe darauf verwenden, gerade diese Möglichkeit zu zeigen. Aber es bedeutet, daß der Verstand wie auch die Sinnlichkeit über Begriffe verfügt, die ganz für sich alleine betrachtet werden können. Ein Verstandesbegriff ist also abstrakt in dem Sinne, daß er ganz ohne sinnliche Phänomene ist und betrachtet werden kann; „vielleicht sollte man ihn richtiger abstrahierend als abstrakt nennen" (ebd.), nämlich alles Phänomenale ausschließend. Dasselbe gilt analog für die Sinnlichkeit, denn auch sie läßt sich hinsichtlich abstrakter Charaktere thematisieren, die nicht empirisch sind und die auch nicht aus dem Verstand entsprungen sind. Kant wird diese Art abstrakter Charaktere reine Anschauungen nennen und im weiteren Verlauf scharf von Begriffen jeglicher Art unterscheiden.

Hier jedoch, in der Erläuterung zu § 1, spricht Kant von einem „abgesonderten Begriff des Verstandes", und darin ist gesagt, daß der der Untersuchung zugrundegelegte Begriff der Welt ein Begriff von besonderer Art ist, nämlich ein solcher, der aus der Natur der Erkenntniskraft entsteht, insofern sie nicht Anschauungsvermögen ist. Der Begriff der Welt ist weder ein empirischer Begriff, noch ist er eine reine Anschauung, und zwar ist er letzteres in einer doppelten Bedeutung nicht: Er ist es nicht, weil er kein ursprünglich der Anschauung entstammender Begriff ist – das sagt schon seine Bezeichnung als „abgesonderter Begriff des Verstandes" – und er ist es nicht, weil sich der Vernunftbegriff der Welt durch keine zeitlich abgeschlossene Konstruktion in der Anschauung verwirklichen läßt. Der Unterschied zwischen Sinnlichkeit und Verstand, den Kant jetzt darlegt, wird das deutlich machen. Diesen Unterschied macht Kant fest an der Unterscheidung von „Denken" (concipere) und „Ausführen" (exequi) des Begriffs der Welt. Das erste „geschieht durch den Begriff der Zusammensetzung im allgemeinen" (ebd.), das zweite bedeutet „eine Art von Vernunftaufgabe" (rationis problema), nämlich die Aufgabe, sich den „allgemeinen Begriff" (notionem generalem) „in concreto mittels einer deutlichen Anschauung vorzustellen" – und eben das ist in bezug auf den Begriff der Welt unmöglich, denn die Vernunftaufgabe, den Begriff der Welt auszuführen, bedeutete, die Welt in der Anschauung zu synthetisieren. Einen Vernunftbegriff in der Anschauung auszuführen, ist nun nicht generell unmöglich, wenigstens aus Kantscher Sicht, denn, diese Behauptung hält sich als zentrales Lehrstück von De mundi über die KdrV bis zu den Prolegomena durch, die reine Mathematik (Geometrie und Arithmetik) kann es. Was also hindert, den Begriff der Welt anschaulich auszuführen, ihn kon-kret als Anschauung darzustellen?

Sowohl Synthese als auch Analyse in der Anschauung beruhen, so führt Kant aus, „auf den Bedingungen der Zeit". Eine Analyse, die unter der Bedingung der Zeit steht, zerlegt nicht Begriffe in ihre logischen Bestandteile, sondern geht von einem gegebenen substantiellen Zusammengesetzten (composito substantiali) zu nächstkleineren Teilen, und eine Synthese, die unter den Bedingungen der Zeit steht, verbindet nicht Merkmale zu einem logischen Ganzen, sondern fügt in der Zeit einen Teil zu einem anderen. Hierfür gibt es zwei Möglichkeiten: Entweder nämlich ist die Zeit der Analyse oder Synthese endlich und deshalb anzeigbar, oder sie ist unendlich und deshalb nicht anzeigbar – und eben letzteres ist bei dem Einfachen und der Welt der Fall, denn durch eine endliche Zeit der Analyse oder Synthese entsteht nur ein relativ Einfaches bzw. ein relativ Ganzes, Welt und Atom sollen aber gerade als das absolut Ganze bzw. das absolut Einfache vorgestellt werden. Deshalb werden „nach den Gesetzen der Anschauung (...) weder die Zergliederung noch die Verbindung [von Begriffen] vollständig sein, und folglich wird weder durch die erste der Begriff des Einfachen, noch durch die letztere der Begriff des Ganzen (totius) herauskommen". Anders als die logische Analyse oder Synthese, die von dem ebenfalls in der Zeit stattfindenden Prozeß des Analysierens oder Synthetisierens abstrahieren und bloß auf das Ergebnis schauen kann, ist die sinnliche Ausführung eines Vernunftbegriffs wesentlich an die Zeit gebunden: Etwas sinnlich ausführen, bedeutet, es in der Anschauung, also in der Zeit, zu konstruieren. Dieser Prozeß führt auf ein Einzelnes in der Anschauung, das immer nur ein relativ Ganzes und gerade kein absolut Ganzes ist. In der sinnlichen Anschauung ist die Idee eines absoluten Ganzen, das gleichwohl Ergebnis einer abgeschlossenen Synthesis ist, absurd, denn die Synthesis geschieht in der Zeit, zeitlich aufeinander Folgendes ist aber nur als Unendliches ein absolutes Ganzes. Die Synthesis, die auf die Anschauung der Welt führen sollte, ist also genötigt, in der Anschauung unendlich lange zu synthetisieren – und das bedeutet, daß die Synthesis nicht in einer endlichen Zeit geschehen kann. Die Welt kann ebensowenig durch einen Prozeß empirischer, wie durch einen Prozeß transzendental-anschaulicher Synthesis anschaulich gegeben werden.

Kant ist deshalb bemüht, die Ansicht abzuwehren, aus dem Grunde, daß die konkrete Anschauung der Welt als Einheit unmöglich ist, sei die Einheit der Welt überhaupt unmöglich. Freilich ist sie unmöglich, sofern man sie von einer Synthesis abhängig macht, die in der Anschauung stattfindet – dasselbe gilt für die kleinsten Einheiten: Weder ein „Ganzes in Ansehung [seiner] Zusammensetzung" (totum compositionem), noch ein „Zusammengesetztes in Ansehung [seiner] Ganzheit" (compositum totalitatem) ist „nach den Gesetzen der Anschauung" (secundum leges Intuitus) zu denken möglich. Diese Unmöglichkeit meint Unvollständigkeit, denn wäre es schier unmöglich, Zusammensetzung und Ganzheit zu denken, könnte es überhaupt keine Analyse und Synthese in der Anschauung geben – und das wäre identisch damit, daß auch keine äußeren Gegenstände angeschaut werden könnten. Kant behauptet also nicht, daß Analysis und Synthesis in der Anschauung unmöglich sind, sondern daß die Grenzen, die einer Analyse bzw. einer Synthese gesetzt werden, weder einer konkreten Analyse oder Synthese, die in der Anschauung vorgenommen wird, entspringen noch aus ihr verständlich gemacht werden können. Das heißt nicht, daß Welt und Einfaches überhaupt nicht gedacht werden könnten; sie können es, „wenn man den Beweis von Gründen des Verstandes herleitet" (§ 1), und diesem Aufweis, daß diese Möglichkeit durch das Gesagte nicht schon ausgeschlossen ist, dient der Rest der Erläuterung („Hinc patet ..."). Hierfür beginnt Kant bei zwei Begriffen, ohne daß er darin „die Sache dieser aus nicht wenigen Schulen verwiesenen Begriffe" (§ 1) betreiben wolle. Es sind die der Stetigkeit (Continuus) und Unendlichkeit (Infinitus). Was Kant hier vor allem interessiert, ist die „verkehrte Beweisart" (perversa argumentandi ratio), die zu dem Verweis geführt hat.

Diese verkehrte Beweisart besteht in der Ineinssetzung von „unvorstellbar" und „unmöglich", die auf eine bloß alltagssprachliche Gewohnheit zurückgreift, die philosophisch nicht haltbar ist. Unvorstellbar ist das, dessen Vorstellung „nach den Gesetzen der anschauenden Erkenntnis (secundum leges cognitionis intuitivae) [,] völlig unmöglich ist" (repraesentatio plane est impossibiles). Diese Aussage bezieht sich auf die „Vernunftaufgabe" (rationis problema) der Ausführung einer Idee in der Anschauung, denn ein äußerer Gegenstand, dessen Anschauung völlig unmöglich wäre, wäre überhaupt kein Gegenstand: Wir könnten von ihm überhaupt keine Notiz nehmen. Hier jedoch geht es um einen durch die Vernunft als Problem aufgegebenen Begriff, den Begriff der Welt, der weder empirisch noch transzendental-synthetisch angeschaut zu werden vermag. Wer das Unvorstellbare und das Unmögliche ineins setzt, bedient sich einer perversen Argumentation, nämlich des Schlusses von der Unmöglichkeit eines exsequi auf die Unmöglichkeit des Begriffes überhaupt, dergegenüber es festzuhalten gilt, daß das, was unvorstellbar ist, deshalb nicht schon unmöglich ist. Wie indes die Idee der Welt, die doch mehr sein soll als eine bloße Idee – deren der menschliche Geist doch eher zu viele als zu wenige produziert – wirklich sein kann, hat Kant damit noch nicht erklärt. Dennoch ist er mit der Bestimmung der Welt als „abgesonderte[r] Vorstellung" des Verstandes, als, wie Kant ganz ausdrücklich sagt, idea abstracta, einen entscheidenden Schritt weiter. Die Welt als idea abstracta ist nicht nur durch ein exsequi nicht darstellbar (also weder empirisch noch rein anschaubar), sondern sie ist auch mehr als ein conceptus, also auch durch ein concipere nicht zu erfassen. Wenn die Welt weder empirisch-anschaulich, noch transzendental-anschaulich, und auch nicht durch verstandesmäßiges Denken zu erfassen ist, dann stellt sich die Frage nach der Erkenntniskraft, die der Idee der Welt eine reale Gestalt zu geben vermag, um so stärker.

2. Momente einer Definition der Welt (§ 2).

Die Welt ist kein empirischer Gegenstand, sondern die Vernunftidee einer abgeschlossenen Synthesis. Alles Fragen nach der Welt ist damit immer das Fragen nach Einheit, und zwar einer Einheit, die sich nicht von sich aus den Sinnen darbietet, sondern die durch die Vernunft postuliert wird. Als eine solche Vernunftidee ist die Welt sowohl jenseits empirischer und reiner Anschauung, als auch jenseits bloß verstandesmäßigen Denkens. Wenn die Welt eine Vernunftidee ist, dann ist dieser Begriff nicht abhängig von empirischer Forschung, sondern er ist umgekehrt ein Begriff, durch den die empirische Forschung bestimmt wird, und damit folgen die Momente, durch die die Welt charakterisiert wird, aus der Vernunftaufgabe der Welt als Einheit. Diese Momente lassen sich benennen, wenn der Begriff der Welt unabhängig von dem Sinnlich-Konkreten betrachtet wird, das er erklären soll: Welt als Vernunftaufgabe der Einheit des Mannigfaltigen (als abgeschlossene Synthesis) ist eine unbedingte Gesamtheit von Substanzen; sie ist die Idee von einem Stoff (materia), der in einer Ordnung (forma) vorliegt, durch die eine absolute Gesamtheit (universitas) gegeben ist. Dies sind die drei „bei der Erklärung der Welt zu beachtenden Punkte" (§ 2). Die Frage nach der Einheit der Welt ist eine „nach Gesetzen der Vernunft entsprungene Aufgabe", nämlich die Frage, „wie denn mehrere Substanzen in eines zusammenwachsen könnten, und auf welchen Bedingungen es beruhe, daß dieses Eine nicht Teil eines anderen sei". Wie kann gedacht werden, daß Verschiedenes eine absolute Gesamtheit bilde, d.h. eine solche Gesamtheit, die nicht Teil einer umfassenderen Gesamtheit ist? In dieser Vernunftaufgabe sind zwei Schritte angesprochen, nämlich (1) wie es möglich ist, daß Verschiedenes als Einheit gedacht werden könne, und (2) wodurch es gewiß gemacht werden könne, daß diese Einheit eine Einzigheit sei.

a) Materielle Einheit der Welt. Substanzenlehre.

Die Frage nach der Möglichkeit der Einheit des Verschiedenen läßt sich auch, von der Seite des Materiellen her betrachtet, als die Frage nach den Teilen des möglichen Ganzen formulieren: Welches sind die Teile, die in der Vernunftaufgabe als Welt zusammengefaßt werden sollen? Das ist alles andere als trivial, denn zum einen zeigt sich, daß einiges von dem, was ist, an anderem gleichsam anhängt (Substanz - Akzidenz), zum anderen zeigt sich, daß alles, was ist, in der Zeit wechselt, so daß schon durch die Setzung von Zeitabschnitten Teile entstehen, nach deren Zusammenhalt gefragt werden kann. Was also kann der Vernunftaufgabe weltlicher Einheit als Teil gelten? Kant zeigt, daß nur die Substanzen als Substanzen, nicht jedoch ihre Akzidenzen, und zwar sowohl, insofern sie Merkmale an derselben Substanz sind, als auch, insofern sie von einer zeitlichen Veränderung an den Substanzen Zeugnis ablegen, als Teile der Welt gelten können. Damit ist jede zeitliche Veränderung der Substanzen als akzidentielle Veränderung charakterisiert. Kant ist es um die Einheit der Welt als Einheit der Substanzen „in transzendentalem Sinne" zu tun, und dem widerspricht nicht nur nicht, sondern das bestätigt auch der „gemeine Gebrauch" des Begriffs der Welt, der sehr wohl zwischen Teilen und Akzidenzen zu unterscheiden weiß: „Denn niemand rechnet Akzidenzen, als Teile, der Welt zu, sondern, als Bestimmungen, ihrem Zustande" (ebd.).

Das Argument Kants wird deutlicher anhand des Abweises zeitlicher Abschnitte (Epochen) als Teile der Welt; es ist logischer Natur und im Grunde einfach: Wer davon spricht, die Welt bestehe aus zeitlich getrennten Teilen, hat die Welt bereits gesetzt. Das logische Subjekt, dessen Getrenntsein behauptet wird, muß wenigstens in der Idee bereits vorhanden sein, „denn Veränderungen sind nicht Teile eines [logischen] Subjekts, sondern etwas durch es Begründetes" (S. 21). Die Rede von Epochen der Welt macht nur Sinn, wenn die Welt als Einheit jenseits ihrer Epochen existiert, so daß die Epochen selbst auf eine Einheit zurückgreifen müssen, deren Grund von woandersher zu zeigen ist. Epochen als Akzidenzen des Subjekts Welt zu setzen, bedeutet also, die Vernunftaufgabe zu umgehen. Der Vollzug der Vernunftaufgabe ist von ganz anderer Natur, als es eine Betrachtung des Bezuges von Substanz und Akzidenz ist, und zwar ganz unabhängig davon, ob der akzidentelle Wechsel in der Zeit, oder die Akzidenz als solche betrachtet wird: Welt als Einheit zu erkennen, ist etwas anderes, als einem Seienden eine Eigenschaft zuzuordnen. Der Abweis der Akzidenzen läßt sich jedoch positiv wenden: Was sich als Substanz und nicht als Akzidenz erweist, ist bei der Erklärung der Welt in Betracht zu ziehen. Damit ist die Vorstellung ausgeschlossen, alle Substanzen ließen sich letzlich als Akzidenzen einer einzigen einheitlichen Substanz erweisen, die allein als Welt gelten könne. Diese Vorstellung von einer monolithischen Welt – im Sinne eines zu einfach verstandenen Parmenides oder Leibniz – geht an der Vernunftaufgabe der Einheit des Mannigfaltigen im Sinne eines gleichberechtigten Nebeneinanders des Verschiedenen vorbei. Dasselbe Argument läßt sich auch gegen die Vorstellung einer „egoistischen Welt" (mundus egoisticus) anführen. Der etwas unglückliche Ausdruck einer „egoistischen Welt" meint die Vorstellung, daß die Welt eine Phantasie sei[12], daß also die fragliche Einheit allein dadurch schon gegeben sei, daß alle Substanzen als Vorstellungen einem einzigen Subjekt zugehörten. Auch diese Vorstellung trägt nichts zur Lösung der Vernunftaufgabe bei, denn, mögen auch alle Substanzen der Welt Vorstellungen des Subjekts sein – und gerade diese Behauptung wird·Kant ja spätestens in der KdrV aufstellen –, so ist damit nur der Ort benannt, an dem die Lösung der Vernunftaufgabe vonstatten zu gehen hat, nicht jedoch die Lösung selbst.

b) Formale Einheit der Welt. Koordination und Subordination.

In Abschnitt I von § 2 erläutert Kant, daß die Welt als ein Ganzes aus Teilen betrachtet werden muß, und zwar solcher Teile, die voneinander nicht bloß zeitlich oder sonstwie akzidentell, sondern substantiell unterschieden sind.[13] Die Einheit der Welt kann aus den Substanzen, auch wenn diese in „transzendentalem Verstande" (in sensu tran-

---

[12] Die Bedeutung von „hinc Mundus sic dictus Egoisticus" (S. 20) in De mundi ist mit letzter Sicherheit nicht eindeutig auszumachen. Es wäre durchaus möglich, „Mundus Egoisticus" als den Gedanken von Substanzen, die je für sich eine Welt ausmachen, zu verstehen. „Mundus Egoisticus" wäre also eine von deutlicher Distanz zeugende Umbenennung für „Monade". Hiergegen spricht jedoch, daß die Diskussion der Substanzen, die je für sich eine Welt ausmachen, in den Rahmen der Diskussion der Mehrweltentheorie gehört und deshalb hier eigentlich schon ein Vorgriff auf die Formenlehre wäre. Ich verstehe „Mundus Egoisticus" deshalb in Anlehnung an die Bestimmung von „Egoist", die Kant in der VMPh vornimmt: „Der da behauptet, daß außer ihm kein Wesen existiere, ist ein Egoist" (S. 99). – Als Auseinandersetzung mit der Leibnizschen Monadenlehre verstanden, fiele Kants Abweis indes nicht weniger deutlich aus. Eine Monade verdiente deshalb nicht den Namen einer Welt, weil in den Ausdruck der Welt immer schon die Frage nach einem Verschiedenes umgreifenden Ganzen eingeht. Die Vorstellung von einer eine Welt ausmachenden einzelnen Substanz thematisiert Kant ja vor dem Hintergrund seiner Überlegung, daß die Akzidenzen dieser Substanz gar nichts zu dem wesentlichen Ganzen, das Welt genannt werden kann, beitragen können, weil sie immer nur Zustände und nicht für sich beständige Teile der Substanz, und damit auch der vermeintlichen Welt, die sie ausmachen soll, sind. Die Vorstellung einer „egoistischen Welt" betrachtet Welt aber gerade als ein Ganzes aus einer einzelnen Substanz, in die Verschiedenheit nur durch ihre Akzidenzen eingeht; und das ist entschieden zu wenig für die Konstitution einer Welt, wie Kant in der Formenlehre in Aufnahme früherer Überlegungen in Nova Dilucidatio zeigen wird. Deshalb ist in der Vorstellung, eine einzelne Substanz mache für sich selbst bereits eine Welt aus, die Vernunftaufgabe, die in dem Begriff der Welt enthalten ist, verfehlt. Zudem ist ja von einer Mehrzahl solcher Monaden auszugehen, so daß schon von daher die einzelne Monade nicht die Welt im Sinne der Vernunftaufgabe ausmachen könnte.

[13] Das liest sich zunächst wie ein Abweis der Relevanz des Zeitbegriffs für die Frage nach der Einheit der Welt; das Gegenteil jedoch ist der Fall, denn wenn die Welt kein monolithischer Block, sondern ein Ganzes aus Substanzen ist, dann ist darin zunächst nur gesagt, daß die akzidentelle Veränderung, die mit den Substanzen in der Zeit geschieht, für die Frage nach der Einheit der Welt ohne Belang ist, nicht jedoch die zeitliche Veränderung der Welt selbst. Diese zeitliche Veränderung bedarf der Erklärung, und die Notwendigkeit einer solchen Erklärung wird Kant in § 2 (III) dartun.

scendentali) genommen werden, nicht erwiesen werden. Kant hat aber gerade gezeigt, daß die Substanzen die einzige Materie sind, aus der die Welt besteht. Die Darlegungen von § 2 (I) können deshalb als Erweis der Unmöglichkeit gelten, die Einheit der Welt aus materiellen Gründen darzutun. Dies führt auf den Gedanken von der Einheit der Welt in formaler Hinsicht, und diesem Gedanken geht Kant in § 2 (II) nach. Die Form der Welt ist die Ordnung der Substanzen in ihr, denn die Welt ist die Vorstellung von einem Ganzen verschiedener Teile, und diese Teile, das hat Kant gezeigt, sind Substanzen. Die Substanzen können nun auf zwei verschiedene Weisen geordnet (formiert) sein, nämlich durch Beiordnung (coordinatio) oder durch Unterordnung (subordinatio).

Kant legt dar, daß die Form der Welt überhaupt die Beiordnung, nicht die Unterordnung ist. Die Form der Welt überhaupt muß eine Form sein, aus der heraus ein geordnetes Beieinander der Teile verständlich wird, und das kann nur eine solche Form sein, die nicht schon die Unterordnung von Substanzen beschreibt, denn eine solche Beschreibung hebt aus dieser allgemeinen Beiordnung Besonderes heraus. Darum aber ist es hier noch nicht zu tun, sondern zunächst darum, die Substanzen „wie die Ergänzungsstücke zum Ganzen" zu betrachten. Als ein Ergänzungsstück ist jede Substanz auf jede andere Substanz bezogen, und es ist darin noch ganz unausgemacht, inwiefern sich innerhalb dieser allgemeinen Beiordnung Besonderes ausweisen lasse und auf welche Weise dies dargetan werden könne. Die beiordnende Form steht nicht unter dem Anspruch, Besonderes in der Welt erklären zu können, und auch nicht unter dem Anspruch, die Unbedingtheit der Welt, die aus einer Beiordnung der Substanzen besteht, darzulegen, sondern nur, zu erklären, durch welche Form es denkbar ist, daß alles Substantielle in der Welt derselben Welt zugehöre. Dieser Anspruch ist hoch genug, denn er beinhaltet die Behauptung, die Beiordnung des Substantiellen in der Welt sei „real und objektiv" und deshalb nicht bloß ideal „und auf die bloße Willkür des Subjekts gestützt". Dies ist ein deshalb um so schwerer zu erfüllender Anspruch, als Kant die Form der Welt, aus der ihre Einheit verständlich wird, in die Erkenntniskräfte des Individuums zieht. Es gilt also, die beiordnende Form der Welt aus der Erkenntniskraft des Individuums zu entwickeln, ohne daß diese Form deshalb „auf die bloße Willkür des Subjekts gestützt" wäre, denn durch die Willkür kann „man jede beliebige Menge nach Gefallen zusammennehmen und so ein Ganzes bilden". Kant spitzt seinen Gedanken zu: „Denn dadurch, daß man mehreres zusammenfaßt, bringt man ohne Mühe ein Ganzes der Vorstellung zustande, deshalb aber nicht schon die Vorstellung eines Ganzen". Der Vorstellung eines Ganzen soll also objektive Gültigkeit zukommen, was gleichbedeutend damit ist, daß der Grund dieser objektiven Gültigkeit subjektiv notwendig ist. Das Ganze der Vorstellung, von dem Kant sagt, es lasse sich leicht, nämlich durch Willkür, zustande bringen, ist ein Ganzes in der Vorstellung. Ein solches, bloß der Willkür entspringendes Ganzes interessiert hier aber gar nicht, sondern nur ein solches Ganzes, von dem aufgrund einer Verbindung von Substanzen gesprochen wird, die notwendig ist, und eine solche notwendige Verbindung ist auf zweierlei Weise denkbar, nämlich entweder objektiv, d.h. aus der Betrachtung wirklicher Verhältnisse von Substanzen untereinander, oder subjektiv, d.h. aus einer Eigenschaft unserer Erkenntniskraft heraus, die gleichwohl nicht bloß subjektiv im Sinne einer Willkürlichkeit, sondern subjektiv-notwendig sind. Kant will auf das letztere hinaus.

Die Widerlegung einer Theorie mehrerer Welten dient damit dem Erweis, daß die Einheit der Welt in der Anschauung nicht durch die Beobachtung objektiv-notwendiger Verbindungen von Substanzen in der Anschauung erweisbar ist, denn eine objektiv-notwendige Verbindung ist eine Verknüpfung von Ursache und Wirkung, also eine Unterordnung, nicht eine Beiordnung. Das will nicht sagen, die Verbindung von Substanzen nach Ursache und Wirkung sei nur scheinbar objektiv und notwendig, sondern nur, daß eine solche Verbindung in bezug auf die Frage nach der Einheit der Welt durch das Anschauungsvermögen fehlplaziert ist, weil sie eine Einheit der Welt in der Anschauung schon in Anspruch nimmt. Sofern bloß auf den Kausalnexus geblickt wird, ist die Existenz mehrerer Welten keineswegs unmöglich; diese Behauptung findet sich in De mundi nicht weniger als 1746 in den „Gedanken von der wahren Schätzung der lebendigen Kräfte": „Wenn sich (...) etwa gewisse Ganze von Substanzen fänden, die durch keine Verknüpfung miteinander verbunden wären, so würde ihre Zusammenfassung (...) nichts weiter besagen als eine Mehrzahl von Welten" (§ 2 (II)), und deshalb ist es „nicht richtig geredet, wenn man in den Hörsälen der Weltweisheit immer lehrt, es könne, im metaphysischen Verstande, nicht mehr als eine einzige Welt existieren" (Gedanken, A 10/11). Die Ergänzung „im metaphysischen Verstande" ist wichtig, denn sie verhindert, den Begriff der „Welt" einfach in dem Sinne von „ferner Planet oder Galaxie", d.h. astronomisch, zu verstehen. Kants Überlegung geht tiefer, er bestimmt Welt als „rerum omnium contingentium simultanearum et successivarum inter se connexarum series" (A 11, Anm.). Die Welt ist eine „Reihe aller gleichzeitigen und aufeinander folgenden unter sich verknüpften zufälligen Dinge"; und es ist durch diesen Weltbegriff in der Tat keineswegs ausgeschlossen, daß sich nicht eine Mehrzahl solcher [Kausal-]„Reihen" finden könne, damit aber eine Mehrzahl nebeneinander bestehender Welten, die untereinander nicht verbunden wären. Kant betont schon 1746, daß es für die Zugehörigkeit eines Dinges zu einer Welt nicht ausreiche, anwesend (existent) zu sein, sondern darauf, „mit den übrigen Dingen in einer wirklichen Verbindung" (A 11) zu stehen; und diese „wirkliche Verbindung" ist die von Ursache und Wirkung, also der Kausalnexus. Kant hält es also 1746 für gar nicht selbstverständlich, daß schlechterdings alle Substanzen der Welt untereinander kausal verknüpft seien, sondern er hält es gerade umgekehrt für durchaus möglich, daß es Gruppen (kausale Reihen) von Substanzen gebe, die zwar „gegen einander eine Relation [und zwar eine Kausalrelation!] haben" (A 10), jedoch

„mit keinem Dinge [unserer] Welt in Verknüpfung stehen". Eine solche Verknüpfung von Substanzen könnte „Welt" genannt werden.[14]

1746 ist sich Kant jedoch der Tragweite gar nicht bewußt, die eine mögliche Lehre von einer Relation zwischen den Substanzen haben könnte, die nicht schon eine Kausalrelation ist. In der Tat blendet er die Möglichkeit einer solchen Koordination aus; sie fristet das Schattendasein einer Zusammenfassung „bloß in Gedanken", und der Hinweis, selbst eine Substanz, die mit gar keiner anderen Substanz durch einen Kausalnexus verbunden sei, könne dennoch „in Gedanken" mit anderen Substanzen verbunden, und damit als Teil der Welt betrachtet werden, gilt Kant nicht als Beweis, daß die Kraft der Vernunft zur Synthese einer einzigen Welt ausreicht, sondern als Beweis der Möglichkeit, „daß Gott viel Millionen Welten, auch in recht metaphysischer Bedeutung genommen, erschaffen habe" (A 11). Da nun die Dinge dieser anderen Welt zwar „gegeneinander eine Relation haben" (A 10), nicht jedoch eine solche zu beliebigen Dingen unserer Welt, bleibt diese Welt für uns unerkennbar, d.h. die Unerkennbarkeit der Dinge der anderen Welt bedingt die Tatsache, daß sie einer anderen Welt angehören. Aufgrund derselben Bedingung, d.h. der notwendigen Unerkennbarkeit der Existenz von Gegenstandsgruppen als anderer Welten, bleibt freilich „unentschieden, ob sie auch wirklich existieren, oder nicht" (A 11), wenn es auch, das sagt Kant später (§ 11), der Vollkommenheit von Gottes Werk widerspricht, in mehrere Welten gespalten zu sein, weswegen es „also nicht wahrscheinlich [ist], daß viele Welten existieren (ob es gleich an sich möglich ist)" (A 14/15).

Kants Hinweis auf die unwahrscheinliche Möglichkeit der Schöpfung vieler Welten durch Gott ist ohne weiteres zuzugeben, d.h. es ist nicht von vornherein zu unterstellen, daß alle Substanzen untereinander kausal verknüpft sind, so daß die Möglichkeit voneinander distinguierter Bereiche kausal verknüpfter Substanzen besteht. Aber es ist mit dem Kant von 1770 darauf hinzuweisen, daß es für die Frage nach der Einheit der Welt durch das Anschauungsvermögen auf all das überhaupt nicht ankommt, denn die Forschung nach verschiedenen Welten in dem Sinne voneinander abgetrennter Kausal-

---

[14] Die besondere Leistung der Untersuchung des „Weltbegriffs überhaupt" in De mundi gegenüber den frühen Schriften Kants liegt also darin, daß ein solche Gruppe von Substanzen, die zwar untereinander in einer Kausalbeziehung stehen, jedenfalls nicht die Bezeichung „Welt" verdient: Welt ist mehr als objektive Kausalrelation, und zwar deshalb, weil Kausalrelation nicht einfach objektiv ist wie die Dinge, die in dieser Relation stehen, sondern erst aus dem menschlichen Erkenntnisvermögen verständlich gemacht werden kann. Der Begriff der Welt erhält so eine strenge Bedeutung, die es nötig macht, ihn von dem der Natur zu unterscheiden. Ob es innerhalb der Natur solche „Partikularsphären" gibt oder nicht, ist eine Frage der Physik, nicht der grundlegenden Ontologie. Das an dieser Stelle zu thematisierende Verhältnis von Kantscher Theorie und Einsteinscher Relativitätstheorie müßte also klären, inwiefern in der grundlegenden Ontologie Kants bereits eine bestimmte Verfassung der Natur enthalten ist, bzw. inwiefern die Einsteinsche (spezielle) Relativitätstheorie eine bestimmte (der Kantschen widersprechende) Ontologie beinhaltet. (Diesen Hinweis verdanke ich Prof. Werner Diederich).

systeme ist eine Frage, die ihren Ort innerhalb einer Erörterung der Frage nach der Einheit der Verstandeswelt[15] hat. Was jedoch die Frage nach der Einheit der Welt in räumlicher Anschauung betrifft, so ist die Lehre von verschiedenen nach dem Prinzip des Kausalnexus betrachteten Weltsystemen fehl am Platze, und zwar weil die Möglichkeit, auch diese verschiedenen Welten „in Gedanken" (A 10) zusammenzufassen, sehr viel schwerer wiegt, als es Kants lapidare Apposition von 1746 ahnen läßt. Das, wofür Kant in den „Gedanken" vehement streitet, stellt sich aus der Sicht von 1770 als eine Menge von Partikularsphären innerhalb der Welt heraus. Selbst unter der Voraussetzung, daß sich tatsächlich „gewisse Ganze von Substanzen fänden, die durch keine Verknüpfung miteinander verbunden wären", bleibt doch diese „Mehrzahl von Welten" immer noch eine Mehrzahl, die „von einem Gedanken umgriffen" (De mundi, § 2 (II)) ist, durch den diese Mehrzahl wiederum in ein Ganzes zusammengezwungen wird („mens multitudinem cogit in unum ideale").

Der Fehler der Argumentation, die die Möglichkeit der Einheit der Welt durch den Hinweis auf die Möglichkeit von Separatwelten kausaler Verknüpftheiten zu widerlegen sucht, besteht in einer Verwechslung der Ebenen der Betrachtung. Auf der Ebene, die nach der Ordnung der Welt überhaupt fragt, ist die Forschung nach ausgezeichneten Bereichen innerhalb der Welt fehl am Platze. Die Aufgabe, besondere Sphären innerhalb der Welt ausfindig zu machen, ist eine Aufgabe, die erst angegangen werden kann, nachdem die Einheit der Welt dargetan ist. Diese grundlegendere Einheit der Welt ist jedoch durch eine Verknüpfung der Substanzen gegeben, die vor aller Diskussion von Partikularwelten „die wesentliche Form der Welt ausmacht"; und darin ist gesagt, daß die Partikularwelten, ebensowenig wie auf einer niedrigeren Stufe die einzelnen Substanzen mit ihren Akzidenzen, nichts über diese „wesentliche Form" der Welt insgesamt verraten. Die Frage ist also gar nicht, ob es solche Partikularwelten gebe, sondern was der Grund ist, der verschiedene Erscheinungsformen der Welt, deren eine die Existenz von Partikularwelten sein mag, möglich macht. Gefragt ist damit aber gar nicht nach den wirklichen Verknüpftheiten von Substanzen in der Welt, sondern nach der Verknüpfung, die den Grund für die Möglichkeit konkreter Verknüpftheiten abgibt. Dieser Grund ist der Raum, insofern er nicht der relative Raum ist, der durch die Anwesenheit gewisser Substanzen bestimmt ist, sondern der absolute Raum, der immer schon vorausgesetzt werden muß, um überhaupt Substanzen anzuschauen. Der Raum in dieser Bedeutung ist aber keine empirische Gegebenheit, sondern eine in dem menschlichen Erkenntnisvermögen liegende Bedingung der Möglichkeit empirischer Erkenntnis.

---

[15] Mit dem Ausdruck „Verstandeswelt" ist hier und in der gesamten vorliegenden Studie stets „mundus intelligibilis", nicht die „Welt der Verständigen", d.i. der miteinander in Verbindung tretenden vernünftigen Wesen, wie Kant sie im Rahmen der Praktischen Philosophie thematisiert, gemeint.

Wenn Kant also in § 2 (II) von De mundi nicht mehr nach einzelnen Substanzen, sondern nach einer notwendigen Verbindung verschiedener Substanzen fragt, dann fragt er damit nach dem Status des Raumes als einem Teil des Erkenntnisvermögens.

Die wesentliche Form der Welt ist der Raum, der als der Grund aller möglichen Einflüsse der die Welt ausmachenden Substanzen gedacht wird, und durch den deshalb das gegeben ist, was seinerseits die Voraussetzung dafür bildet, daß die Substanzen, deren „Subsistenz im übrigen voneinander unabhängig ist, sich wechselweise aufeinander beziehen" können, denn „geht man von diesem Grund ab, so läßt sich eine übergehende Kraft in der Welt nicht als möglich annehmen". Dies gemahnt an die von der Physik verworfene Äthertheorie; indes sind Kants Überlegungen anderer Art, denn der Äther wird als eine reale Substanz gedacht, nämlich als ein stoffliches Medium, durch das hindurch die Übertragung von Kräften möglich sein soll, während der Grund, von dem Kant spricht, eine gedankliche Annahme ist, die besagt, daß es nicht möglich ist, sich eine Welt von voneinander getrennten, dennoch aber wechselweise aufeinander bezogenen Substanzen zu denken ohne die Annahme einer wesentlichen Form, die „unveränderlich und keinem Wechsel ausgesetzt" ist. Dieser Grund ist kein selbst realer (empirisch angeschauter), sondern ein logischer Grund, nämlich der, daß „eine jede Veränderung die Identität des Subjekts voraussetzt, während die Bestimmungen aufeinander folgen". Diese Aussage macht Kant in der Sprache der Logik, d.h. er spricht von einem logischen Subjekt, dem Prädikate zu- oder abgesprochen werden. Dieses logische Subjekt ist deshalb nicht das Subjekt, das die Welt erkennt, sondern das Objekt, das erkannt wird, also die Welt selbst. Weil nun das logische Subjekt logisch früher ist als die Prädikate, die ihm zu- oder abgesprochen werden, ist über die Welt die Aussage möglich, daß sie „durch alle aufeinander folgenden Zustände hindurch dieselbe Welt [bleibt] und (...) dieselbe Grundform" bewahrt.

Kant unterscheidet von diesem „logischen Grund" noch einen „realen Grund": Er nennt den „innere[n] Grund aller wandelbaren Bestimmungen" der Welt die „Natur der Welt". Das Wesen der Welt kann sich selbst „nicht entgegengesetzt sein", denn was in sich widersprüchlich ist, kann nicht wirklich sein, von der Wirklichkeit einer irgendwie gearteten Welt gehen wir aber notwendigerweise aus, wenn wir ihr verschiedene Zustände zusprechen. Die Frage ist aber gerade, ob die Verschiedenheit dieser Zustände berechtigt, von verschiedenen Welten zu sprechen, „denn zur Identität des Ganzen genügt nicht die Identität der Teile, vielmehr wird dazu die Identität der charakteristischen Zusammensetzung gefordert", wie Kant schon in der Erörterung des logischen Grundes sagt. Diese „charakteristische Zusammensetzung" ist nichts anderes als die bloße Form der Beiordnung, d.h. die Natur der Welt ist eine „charakteristische Zusammensetzung", die bloß formal ist. Deshalb können wir aus der Tatsache, daß die Welt verschiedene Zustände hat, schlußfolgern, daß ihr Wesen einheitlich ist, denn dieses Wesen ist nichts anderes als die Form der Beiordnung aller Substanzen, die gar nicht verändert werden kann, ohne die Welt selbst aufzuheben. Gerade also wenn wir die reale Existenz von Zuständen der Welt unterstellen, ist damit immer auch behauptet, daß die Welt eine widerspruchslose Natur hat. Und diese Natur macht, daß „es in einer jeden Welt eine gewisse ihrer Natur zuzurechnende Form, beständig, unwandelbar, als den beharrlichen Grund einer jeden zufälligen und vorübergehenden Form, die zum Zustand der Welt gehört", gibt.

Dieses letzte Argument von § 2 (II) ist als eine Aussage über den Charakter einer real, d.h. im menschlichen Erkenntnisvermögen, existierenden Vorstellung zu verstehen, nicht als eine Aussage über die „Welt an sich". Nichtsdestoweniger ist es jedoch von geringer Überzeugungskraft, nämlich deshalb, weil es entgegen der Behauptung Kants, er bringe nun einen „realen Grunde" für die Einheit der Welt bei, dieselbe bloß logische Operation vornimmt, die er bereits angeführt hat. Das bedeutet, daß dieser „reale Grund" von der Idee einer einzigen Welt her argumentiert und deshalb den Übergang von der Existenz der Idee von einer einzigen Welt zur wirklichen Existenz einer einzigen Welt nicht verständlich machen kann. Sicherlich ist es so, daß jedes Sprechen von verschiedenen Zuständen der Welt die Idee einer unveränderlichen, und in ihrer Unveränderlichkeit einheitlichen, Welt unterstellt; Kant hat aber bisher nur gezeigt, daß die Erkenntniskraft durch die Vorstellung des Raumes fähig ist, alle Substanzen der Welt und alle möglichen Welten in der Idee einer einzigen Welt zusammenzufassen, er hat jedoch nicht gezeigt, daß dieser Idee ein realer Gegenstand entspricht. Es geht aber gerade darum, zu zeigen, daß die uns real gegenübertretende Welt eine einheitliche Welt ist, d.h. daß sie nicht bloß begrifflich, logisch oder in der Idee nicht in eine Vielzahl von Welten zerfällt, sondern daß sie es real nicht tut – und das kann nur erwiesen werden, wenn die Form der Beiordnung, die den Grund der Einheit der Welt abgibt, also der absolute Raum, aus dem menschlichen Erkenntnisvermögen dargetan wird. Hierfür liefert Kant an dieser Stelle nicht mehr als eine Vorerinnerung, die in der Warnung besteht, daß diejenigen, „die diese Untersuchung für überflüssig halten, (...) von den Begriffen des Raumes und der Zeit hintergangen" werden: Die Untersuchung, aus der die Notwendigkeit der Idee einer einheitlichen Welt in der Anschauung, d.h. ihre objektive Gültigkeit, entspringt, ist zu groß, als daß sie im Rahmen einer ersten Betrachtung der „bei der Erklärung der Welt zu beachtenden Punkte" geleistet werden könnte.

c) Die Welt als Gesamtheit (universitas).

Der dritte der bei der Erklärung der Welt zu beachtenden Punkte ist die „universitas". Wie ist es möglich, die Welt als eine von materiellen Substanzen erfüllte unbedingte Ganzheit, als „omnitudo compartium absoluta" anzusehen? Es fällt auf den ersten Blick schwer, in der Frage nach der Welt als „omnitudo compartium absoluta" überhaupt etwas Neues zu erblicken, vielmehr scheint hierin die Vernunftaufgabe, die ja immer schon aufgibt, die Welt als eine unbedingte Einheit der Vielheit zu erfassen, bloß wiederholt zu sein. Vernunftaufgabe und universitas sind so gesehen einerlei, und deshalb ist es die universitas, die die Unterscheidung von Koordination und Subordination, die Kant unter dem Titel „Form" bereits verhandelt hat, überhaupt motiviert, so daß die universitas nicht nur die Grundlage für die Betrachtungen unter dem Titel der Form der Welt ist, sondern sich in diesen Betrachtungen auch zu erfüllen scheint. Dennoch will Kant die universitas als einen ganz eigenständigen Punkt neben Materie und Form verstanden wissen, und hierin liegt die Behauptung, daß dieser Punkt weder hinter den Stand dessen zurückzugehen, was unter den Titeln der Materie und der Form bereits erreicht wurde, noch daß er eine bloße Zusammenfassung ist. Was ist das Neue, das Kant als universitas entwickelt? Unter den drei Titeln der Materie, der Form und der Gesamtheit betrachtet Kant dieselbe Vernunftaufgabe unter verschiedenen Gesichtspunkten. Die Vernunftaufgabe ist die Frage nach der Möglichkeit, die Einheit des Verschiedenen zu erfassen, und materiell verstanden ist die Frage auf die Teile des Ganzen, formal verstanden auf die geeignete Form, durch die diese Teile zusammengefügt werden können, aus. Die Einheit, die durch die geeignete Form (die Koordination der Substanzen) entsteht, kann aber selbst noch bedingt sein, und hiernach, nämlich nach der Möglichkeit, diese Einheit als unbedingt zu betrachten, fragt die universitas. Kann das räumlich-koordinative Nebeneinander der Substanzen im Raum als unbedingt angesehen werden? Kant weist die gängige Antwort zurück, die Unbedingtheit der Welt sei durch ihre zeitliche Unendlichkeit gegeben.

Die unbedingte Ganzheit, die die Welt selbst ist, wirft das Problem auf, „wie eine niemals zu vollendende Reihe von in Ewigkeit aufeinander folgenden Zuständen des Alls in ein Ganzes gebracht werden könne, das schlechthin jeden Wechsel umgreift" (§ 2 III). Das Problem besteht darin, die Reihe der Zustände der Welt gleichermaßen als unbegrenzt, nämlich als ins Unbestimmte, in aeternum, laufend, wie als begrenzt, nämlich als abgeschlossen, zu betrachten. Dies widerspricht dem Begriff der Unendlichkeit, und zwar, wie in Anlehnung an Aristoteles' Analyse dieses Begriffs (Physik, 202b30ff.) formuliert werden kann, dem der potentiellen Unendlichkeit, die in der Vorstellung besteht, daß die Möglichkeit des Fortganges der Reihe stets eingeräumt werden muß. Deshalb ist es auch notwendig, anzunehmen, daß es „keine Reihe des aufeinander Folgenden [gibt], die nicht Teil einer anderen ist". Nun ist es deshalb unmöglich, alle diese Teile zugleich zu betrachten, weil sie Reihen in der Zeit sind. Das bedeutet, so kann hier ergänzt werden, daß nur ein Vermögen, das alle Zeit setzte, auch die Reihe vollständig setzte, und dieses Vermögen ist nicht der Verstand, der stets nur Reihen in der Zeit verfolgt, sondern das Anschauungsvermögen, insofern es die Zeit überhaupt setzt, und die Vernunft, insofern sie die Idee der universitas ist. Für den Verstand aber, so argumentiert Kant, ist es völlig unmöglich, den Begriff der unendlichen Reihe mit dem Begriff eines Letzten in dieser Reihe, durch das allein diese Reihe eine abgeschlossene sein könnte, zu kombinieren. Nun gibt es auf der anderen Seite ein „gleichzeitiges Unendliches", das „die Zusammenfassung von allem in derselben Zeit (...) auszusprechen scheint"; das ist nichts anderes als das Aristotelische aktual Unendliche, das in der Vorstellung der Unerschöpflichkeit der Merkmale oder Teile eines aktual gegebenen Ganzen besteht. Dieses aktual Unendliche stellt die unendliche Anzahl der Teile als wirklich gegeben vor, muß aber gleichzeitig einräumen, daß der Vorgang der Auffassung dieser Teile eine in der Zeit unendliche Reihe ausmacht, die deshalb nicht vollendbar ist. Beide Unendlichkeitsbegriffe stehen nicht unverbunden nebeneinander, denn „wenn man ein gleichzeitiges Unendliches zuläßt, so muß man auch die Ganzheit des aufeinander folgenden Unendlichen einräumen", und zwar weil der Prozeß der verstanesmäßigen Auffassung in beiden Fällen identisch ist. Er ist der Prozeß der unab-schließbaren Verkettung: Die bloße Koordination der Substanzen in Raum und Zeit wird dadurch, daß der Verstand sie durchführt, zu einem Nachvollzug des Koordinierten in der Form einer Reihe und damit letztlich zu einer Auffassung des Koordinierten als Subordination. Für die Unausweichlichkeit der Umwandlung des Koordinierten in ein Subordiniertes durch den Verstand spielt es keine Rolle, ob das ursprünglich bloß Kordinierte die Teile eines aktual ganz gegebenen Weltzustandes, oder die aufeinander folgenden Zustände des Alls sind. Die Vernunftidee der Einheit des Vielen kann also nur anschaulich so gegeben werden, daß entweder das Viele als im Raum beigeordnet oder als in der Zeit folgend angeschaut wird, keine dieser beiden Weisen gibt jedoch einen für den Verstand hinreichenden Grund ab, die Welt als unbedingte Ganzheit anzusehen, weil die Synthesis des Verstandes in der Anschauung keinen Abschluß findet, und deshalb noch nicht einmal zu einer Ganzheit gelangen kann, geschweige zu der Erkenntnis der Unbedingtheit dieser Ganzheit. Sowohl Beiordnung als auch Folge sind Modi des Seienden in der Zeit, und damit ist klar, daß die „nacheinander folgende wie die gleichzeitige Beiordnung von mehrerem (weil sie auf Begriffen der Zeit beruhen) nicht zum Verstandesbegriff des Ganzen gehören", und zwar des Verstandesbegriffes, insofern er Idee ist, „sondern nur zu den Bedingungen der sinnlichen Anschauung" dieses Verstandesbegriffs. Die Paradoxien des Unendlichen entstehen aus dem Versuch, den Gehalt eines Vernunftbegriffs durch das Verstandesvermögen in der Anschauung zu synthetisieren.

Kants Darlegungen in §§ 1-2 sind nicht als Abweis der Möglichkeit einer Erörterung der Einheit der Welt in der Anschauung zu verstehen, sondern als erster Schritt in Richtung einer Gliederung der nur scheinbar einfachen Frage nach der Einheit der Welt in eine Mehrheit von Fragen, die sich aus der Mehrheit der Einzelvermögen ergibt, in die sich das menschliche Erkenntnisvermögen unterteilt. Was Kant bisher gezeigt hat, ist, daß die Einheit der Welt in der Anschauung nicht durch eine Synthesis erbracht wer-en kann, die in der Anschauung vorgenommen wird, weil die Synthesis der Welt von der Synthesis eines einzelnen Gegenstandes grundverschieden ist. Deshalb ist die

Frage nach der Einheit der Welt im Hinblick auf die Anschauung noch nicht erledigt, sondern es ist nur gezeigt, daß die Synthesis von den Teilen her nicht realisiert werden kann, weil die Synthesis einzelner Teile zu einem allumfassenden Ganzen, die hierfür zu leisten ist, eine Funktion des Verstandes ist, die in der Anschauung nicht vollendet werden kann. In bezug auf diese Form der Synthesis des Verstandes in der Anschauung zeigen sich Zeit und Raum als Hemmnisse; etwas ganz anderes ist die Synthesis, die durch Raum und Zeit als solche immer schon gegeben ist. Damit zeigt sich die Frage nach der Einheit der Welt als zweifach, nämlich als geteilt in die Frage der Einheit der Welt als Einheit des Vielen *in* Raum und Zeit einerseits und die Frage nach der Einheit der Welt *durch* Raum und Zeit anderseits. Die Unterscheidung einer Synthesis in Raum und Zeit von einer Synthesis durch Raum und Zeit kann nur vor dem Hintergrund einer Abstraktion des Anschauungsvermögens vom Verstand verständlich gemacht werden.

In § 2 (I) hat Kant die Vorstellung widerlegt, einzelne Substanzen könnten je für sich als Welt gelten. Er hat demgegenüber einen Weltbegriff stark gemacht, der die Vorstellung von der Einheit der Mannigfaltigkeit verschiedener Substanzen als Teile der Welt ist. In § 2 (II) hat Kant gezeigt, daß es verschiedene Formen der Einheit von Substanzen gibt, die Koordination und die Subordination, von denen erstere als grundlegend betrachtet werden muß. In § 2 (III) hat Kant gezeigt, daß Koordination und Subordination die Modi desjenigen Denkens der Welt als Einheit sind, das den Gehalt der Vernunftidee anschaulich zu erfassen sucht, einem Denken, das nicht vollendet werden kann. Koordination und Subordination sind deshalb die immer schon unvollkommen gegebenen Formen der Idee der Welt als Einheit und haben also ihren Grund in der Diskursivität des menschlichen Erkenntnisvermögens; sie beruhen damit letztlich auf dem Unterschied von Sinnlichkeit und Verstand/ Vernunft. Subordination der Substanzen bedeutet Betrachtung des Seienden nach dem Paradigma der Kausalität. Insofern die Möglichkeit voneinander abgetrennter, je für sich bestehender kausal bedingter Gesamtheiten eingeräumt werden muß, muß auch die Möglichkeit mehrerer für sich subsistierender Welten eingeräumt werden, und damit scheint die bloße Koordination der Substanzen im Raume den einzigen Weg anzuzeigen, die Realität der Vernunftidee der Welt als Einheit in der Anschauung zu verfolgen; und in der Tat wird Kant gerade diesen Pfad in De mundi unter dem Titel einer Verstandeswelt beschreiten. Aber die bloße Koordination, die bloß das Vermögen der Sinnlichkeit anzusprechen scheint, näm-ich als räumliche Anschauung des Vielen, insofern es gleichzeitig existiert, kann nur in der Weise der sukzessiven Auffassung, damit aber der verstandesmäßigen Subordination des einen unter das andere – auch wenn diese Subordination nicht als kausales Verhältnis gedeutet wird – gedacht werden, und damit ist klar, daß die bloße Beiordnung der Substanzen ohne weiteres nicht als anschauliche Form des Gegebenseins der Welt als Einheit gedacht werden kann. Eine solche Einheit wäre nur dadurch möglich, daß das Anschauungsvermögen allein die Beiordnung des Vielen denkt.

Aber das Anschauungsvermögen denkt nicht, es schaut bloß an. Was das Anschauungsvermögen als eigene Leistung zu der Frage nach der Welt als Einheit beiträgt, ist somit noch nicht einmal die Vielheit des Seienden in Raum und Zeit, sondern einzig Raum und Zeit selbst, nämlich der absolute Raum und die absolute Zeit als die Bedingung der Möglichkeit des realen Daseins von Substanzen. Raum und Zeit in dieser Bedeutung sind von einem bloß relativen Raum, der als durch die reale Anwesenheit bestimmter Substanzen bedingt gedacht (von ihr abstrahiert) wird, und einer eben solchen Zeit zu unterscheiden. Das Anschauungsvermögen, soviel ist an dieser Stelle bereits klar, verbürgt die Einheit der Welt, insofern diese Welt absoluter Raum ist; als absoluter Raum ist die Welt unabhängig von allen Substanzen in ihr genommen, denn der absolute Raum ist die Bedingung der Möglichkeit aller substantiellen Realität, diese substantielle Realität selbst jedoch ist immer nur verstandesmäßig zu erfassen. Damit zeigt sich, daß das Anschauungsvermögen eine einheitliche Welt verbürgt, die leer, also bloß formal ist, das Verstandesvermögen jedoch einen Zugriff auf die Welt bedeutet, der zwar material ist, indem er von der Anwesenheit bestimmter Substanzen ausgeht, der aber niemals zu einem unbedingten Ganzen aufsteigen kann. So vermag der Mensch die Welt als absolut formal-einheitlich anzuschauen, und er vermag Teile dieser Welt als material-zusammenhängend zu denken, er vermag jedoch nicht, die Welt als absolut material-einheitlich anzuschauen.[16]

---

[16] Zurückweisen muß ich an dieser Stelle Sadik Al-Azms Deutung der Bestimmung des Weltbegriffs in § 1 als verkappte Vorstellung des Laplaceschen Dämons: „Kant seems to think, here, that if the aggregate of things forming the material universe is to form ‚a whole which is not a part‘, i.e. a world in the strict sense (or a totality in the language of the Critique) the synthesis of its parts (...) must end at a point where the aggregate is ‚viewed‘ as ‚a given whole of coexisting things‘. In order to give a less abstract and more imaginative account of Kant's thoughts of this question I shall resurrect Laplace's famous image of a superhuman intellect which looks at the universe through the medium of Newton's Principia and sees its entire past, present, and future in one glance" (Al-Azm, Sadik: The Origins of Kant's Arguments in the Antinomies. Oxford 1972, S. 10). Inwiefern Kants Weltbegriff in der KdrV und der KdtU mit der als Laplacescher Dämon bekannt gewordenen Überhöhung des mechanistischen Denkens übereinkommt, wird noch zu untersuchen sein; in bezug auf die ersten beiden Paragraphen von De mundi halte ich eine solche Identifizierung für schlicht abwegig.

3. Welteinheit als Zugehörigkeit der Substanzen. Raum und Zeit (§§ 13 - 15).

Nach der Zusammengehörigkeit der Substanzen in der Welt kann nur sinnvoll gefragt werden, wenn die Zugehörigkeit dieser Substanzen zu einer einzigen Welt gegeben ist. Diese Lehre von der Zugehörigkeit der Substanzen ist die Lehre von Raum und Zeit, die Kant in den §§ 13 - 15 darlegt. Raum und Zeit sind keine „rationalen und objektiven Vorstellungen irgendeiner Verknüpfung", und damit sind sie keine für sich ausreichenden Gründe, irgendetwas über eine wirkliche Verknüpfung, die Zusammengehörigkeit, von Substanzen in der Welt auszusagen. Aus Raum und Zeit kann über das Sosein der Welt nichts gefolgert werden. Aber Raum und Zeit sind sehr wohl der Grund, der Zugehörigkeit aller Substanzen zu einer gemeinsamen Welt versichert zu sein, denn es kann gesagt werden, daß Raum und Zeit „irgendeinen gemeinsamen Grund einer allgemeinen Verknüpfung (...) bezeugen", wenn auch „nicht auseinandersetzen" (§ 2 II). Raum und Zeit sind also durchaus als Funktionen der Einheit anzusprechen. Kant zeigt dies in Form einer Entfaltung dieser beiden Begriffe. „Grund der Form des Alls ist", so beginnt Kant § 13, „was den Grund für die allgemeine Verknüpfung enthält, wodurch alle Substanzen und deren Zustände zu demselben Ganzen gehören, das man Welt nennt". Der Grund der Form des Alls ist transzendental, und weil er das ist, ist er wiederum zweifach, und zwar nicht, weil zwei unterschiedliche Welten wären, sondern weil das Erkenntnisvermögen, durch das wir uns der Welt zu bemächtigen suchen, zweifach ist. Es ist deshalb nötig, einen Grund der Sinnenwelt von einem Grund der Verstandeswelt zu unterscheiden; ersteren nennt Kant subjektiv, letzteren objektiv: „Forma mundis intelligibilis agnoscit principium obiectivum, h.e. causam aliquam, per quam existentium in se est colligatio" (§ 13).[17] Kant geht es um die subjektiven Gründe Zeit und Raum.

---

[17] Ich zitiere hier den lateinischen Text, weil ich von der Übersetzung der Weischedel-Ausgabe in diesem Fall abweichen muß. Bei Weischedel ist übersetzt: „Die Form der Verstandeswelt kennt einen objektiven Grund, d.i. irgendeine Ursache, durch die eine Verbindung des an sich Daseienden zustande kommt" (S. 45). Ich vermag den lateinischen Text nicht so zu lesen, daß Kant hier eine höchst verfängliche Aussage über ein „an sich Daseiendes" gemacht haben sollte; Kant spricht vielmehr über eine Verbindung, die in der empirischen Welt vorhanden ist in Abhebung von einer Verbindung, die wir bloß hypothetisch annehmen. Es ist daher zu lesen: Ein Grund, der anzunehmen nötig ist, damit dem Daseienden eine Verbundenheit zugesprochen werden kann, die in der Welt wirklich vorliegt, d.h. das „in se est" ist auf „colligatio" zu beziehen, nicht auf „existentium".

a) Die Zeit (§ 14).

Der § 14 erörtert die Zeit in sieben Behauptungen:
1. Die Zeit ist nicht von den Erscheinungen abstrahiert, sondern sie ist die Bedingung, daß angeschaut werden kann. 2. Die Zeit ist eine einzelne Vorstellung. 3. Die Zeit ist eine reine Anschauung. 4. Die Zeit ist eine stetige Größe. 5. Die Zeit ist kein Objekt. 6. Die Zeit ist ein wahrer Begriff. 7. Die Zeit ist ein allererster Grund der Sinnenwelt. Diese Behauptungen erläutert Kant wie folgt.
1. Kant nimmt den Unterschied von ratio essendi (Seinsgrund) und ratio cognoscendi (Erkenntnisgrund) in Anspruch, um das psychologische Phänomen, daß die Zeit uns an der Aufeinanderfolge von Erscheinungen bewußt wird, von der logischen Notwendigkeit zu unterscheiden, daß Zeit immer schon zugrunde gelegt werden muß, damit etwas (und sei es bloß in der Anschauung) als früher oder später daseiend in Relation zu etwas anderem erkannt werden kann. Die Vorstellung eines Nacheinanders setzt die Vorstellung der Zeit voraus. Dies bedeutet nicht, daß die Begriffe des Nacheinanders und des Zugleichseins aus dem Begriff der Zeit logisch deduziert wären. Kant behauptet nicht, die Begriffe des Nacheinanders und Zugleichseins seien in dem Begriff der Zeit enthalten, sondern er behauptet, daß ich nur verstehen kann, „was das Wörtchen <nach> bedeutet, wenn der Begriff der Zeit schon vorhergeht" (§ 14, 1).
2. Es gibt nur eine einzige Zeit. „Denn jede beliebige Zeit wird nur als Teil einer und derselben unermeßlichen Zeit gedacht" (§ 14, 2). Auch diesen intuitiv einleuchtenden Satz belegt Kant nicht durch eine logische Deduktion aus dem Begriff der Zeit, sondern aus der Art, wie wir Zeit anschaulich denken. Er sagt, daß alle Teile der Zeit (Zeitabschnitte) nur dadurch gedacht werden können, daß man sie entweder als direkt aneinander grenzend denkt, oder dadurch, daß man eine Zeit zwischen ihnen vorstellt. Dann ist in allen drei Abschnitten (dem frühen, dem späten und ggf. dem mittleren) Zeit. Man kann aber nur dadurch entscheiden, welcher der Abschnitte der frühere, welcher der spätere (folgende) und welcher der mittlere ist, daß man eine einzige Zeit zugrunde liegt, auf der sich die Zeitabschnitte befinden, oder, was in diesem Fall dasselbe ist, auf die sie sich beziehen lassen. Diese paradigmatische Zeit muß notwendigerweise eine einzige sein.
3. Die Begründung für die dritte Behauptung liefert Kant noch im Rahmen der Erläuterung zur zweiten. Alles Wirkliche, so argumentiert Kant, stellt man sich in der Zeit vor. Es hat wenig Sinn, sich die Zeit als ein Merkmal dessen zu denken, was man anschaut. Sicherlich ist ein Liter Milch, der vier Jahre lang im Kühlschrank vergessen war, kaum noch mit einem wohlerhaltenen Molkereiprodukt zu vergleichen. Auch gibt es Menschen, die eine Ansammlung urzeitlicher Steine einfach aufgrund ihres Alters für bedeutend halten, und es gehört ebenso zweifellos zu dem Gegenstand Nero hinzu, daß er schon lange tot ist, so daß kein Besucher Roms fürchten muß, von ihm angeknödelt zu

werden. Wer aber daraus schließt, die Zeit sei ein Merkmal der Substanzen, irrt, denn das Alter eines Gegenstandes, ebenso der Zeitpunkt seiner Entstehung oder seines Vergehens mögen für den Menschen wichtige Merkmale sein und sogar sich bestimmend auf das allgemeine Wohlbefinden, die kulturelle Interessiertheit oder die Reiselust auswirken, aber sie sind – das liegt schon in dem, was Kant in § 2 gesagt hat – als Akzidenzen für die Bestimmung der Einheit der Welt, also hier die Einheit der Zeit, völlig irrelevant. Sie sind es, weil alle Begriffe wie Entstehungsdaten, Verfallsdaten, Halbwertszeiten usf. (die allesamt darüber hinaus Verstandesbegriffe sind) immer schon der Zeit als ihrer Grundlage bedürfen. Deshalb ist die Zeit eine Anschauung, kein Merkmal einer Substanz, und sie ist, weil es nichts Sinnliches gibt, was ihr nicht unterliegt, eine reine Anschauung.

4. Die Behauptung, die Zeit sei eine stetige Größe, steht in großer Nähe zu der Behauptung 2, nach der nur eine einzige Zeit ist. Auch die Stetigkeit entwickelt Kant nicht aus dem Begriff der Zeit, sondern er entfaltet ihn und zeigt, daß dieser Begriff der Zeit als Eigenschaft zugesprochen werden muß. Stetig ist, was „nicht aus Einfachem besteht"[18]. Die Zeit ist der Grund, sich Relationen des Nacheinanders oder Zugleichseins zu denken. Hebe ich einen Teil einer Relation auf, dann hebe ich die gesamte Relation auf. Alle Zeitpunkte beziehen sich auf alle anderen Zeitpunkte. Hebe ich auch nur einen einzigen dieser Punkte auf, dann hebe ich die gesamte Zeit auf. Es kann, Kant hat es schon in 2. gesagt, nichts zwischen zwei Zeitabschnitten (oder Punkten) geben, was nicht selbst Zeit wäre. Deshalb kann es keine Lücken in der Zeit geben, und ich muß die Zeit als absolut stetig vorstellen.

5. Die Erläuterung zu der Behauptung, die Zeit sei nicht „etwas Objektives und Reales" (§ 14, 5) sondern eine reine Anschauung, zerfällt in zwei Teile. Im ersten Absatz erweitert Kant die Behauptung, die Zeit müsse immer schon vorausgesetzt werden, um sagen zu können, zwei Substanzen folgten einander oder seien zugleich, auf die Akzidenzen. Die diesbezügliche Aussage ist mißverständlich: „Die Substanzen ebenso wie die Akzidenzen ordnen wir", so sagt Kant, „nur durch den Begriff der Zeit einander bei". Dies bedeutet nicht: Die Zeit macht, daß wir wissen, welche Akzidenzen welcher Substanz zukommen; denn das kann nur der Verstand wissen, dessen Operationen zwar Zeit beanspruchen, dessen Erkenntnisse jedoch nicht deshalb Erkenntnisse aus dem Begriff der Zeit sind, weil sie in der Zeit geschehen. Sondern sie bedeutet: Auch die Akziden-

---

[18] Die Zeit, insofern sie aus dem Vermögen der reinen Sinnlichkeit entspringt, kann keine Teile haben, und alle diesbezüglichen Äußerungen sowohl in De mundi als auch in der Transzendentalen Ästhetik sind Vorgriffe: „Die Grenzen, die das Kontinuum in Teile zerlegen, sind keine echten, immanenten Grenzen des Kontinuums, sondern nachträgliche, äußerliche Anbringungen des Verstandes; mit ihnen wird ein anderes Strukturmoment eingeschaltet." (Gloy, Karen: Die Kantische Theorie der Naturwissenschaft. Eine Strukturanalyse ihrer Möglichkeit, ihres Umfangs und ihrer Grenzen. Berlin/New York 1976, S. 78).

zen können nur dadurch zugleich sein oder aufeinander folgen, daß die Zeit immer schon ist. Die eigentlich neue Erläuterung bringt Kant im zweiten Absatz vor, der ganz einer Auseinandersetzung mit anderen Lehren über die Zeit gewidmet zu sein scheint. Aber Kant liefert zumindest einen Hinweis auf ein ganz neues Argument für seine Behauptung, Zeit sei eine reine Anschauung, also nichts Objektives oder von Erscheinungen Abgezogenes. Kant spricht sich dagegen aus, „die Zeit selbst, in Ansehung ihrer Natur, durch das an der Bewegung oder einer beliebigen Reihe innerer Veränderungen Wahrgenommene [zu] bestimmen" (§ 14, 5). Sein Argument ist knapp: Hierdurch würde, so sagt er, „alle Gewißheit der Regeln völlig zunichte gemacht" („omnis regularum certitudo plane aboletur"). Denn wenn bei den Gesetzen der Bewegung die Zeit eine zentrale Rolle spielt, diese Zeit aber nicht den Grund für das Gesetz abgibt, sondern die Bewegung, die das Gesetz beschreibt, den Grund für die Zeit (was Kant für offensichtlich absurd hält), dann ist die Zeit keine sichere Größe, sondern eine, die in einer Abhängigkeit steht von einem Gesetz, das, weil es von der Beobachtung abhängt, ebenfalls nicht sicher ist. Es ist wichtig, sich klarzumachen, daß Kant hier nicht der empirischen Methodik der naturwissenschaftlich-mathematischen Physik eine Absage erteilen will, sondern nur auf der Zeit als einer reinen Anschauung besteht, die, weil sie Grundlage aller empirischen Beobachtung überhaupt ist, aus dieser Beobachtung nicht gewonnen werden kann. In dieser Weise verstanden macht die Vorstellung, man solle „die Zeit selbst, in Ansehung ihrer Natur, durch das an der Bewegung oder einer beliebigen Reihe innerer Veränderungen Wahrgenommene bestimmen" in der Tat nicht den geringsten Sinn. Die Ausweitung „oder einer beliebigen Reihe innerer Veränderungen" ist wichtig, denn sie verdeutlicht, daß Kant den grundlegenden Charakter der Zeit sogar für logische Gesetze in Anspruch nimmt, denn vielmehr setzt „selbst der Satz des Widerspruchs [den Begriff der Zeit] voraus und legt ihn seiner Bedingung zugrunde. Denn A und Nicht-A widerstreiten sich nur, wenn man sie zugleich (d.i. zu derselben Zeit) von demselben denkt, nacheinander aber (in verschiedenen Zeiten) können sie demselben zukommen". Der Grundsatz, daß die Zeit Grundlage der Bewegung sei und nicht umgekehrt, ist deshalb sogar auf alle Veränderungen auszudehnen.

6. Die Behauptung, die Zeit sei ein wahrer Begriff, ist nur scheinbar eine Behauptung des „trotzdem". Die Zeit ist nicht ein wahrer Begriff unbeschadet seiner transzendentalen Ausweisung, sondern einzig aufgrund dieses Ausweises, denn die Pointe liegt gerade darin, daß die Zeit deshalb ein wahrer Begriff ist, weil sie eine subjektiv notwendige Form unserer reinen Anschauung ist. Die Zeit ist damit gezeigt als eine Bedingung, die immer schon gegeben sein muß, damit Gegenstände in den Sinnen beigeordnet sein können. Daß nun einer dieser Gründe die Zeit ist, läßt sich nicht weiter herleiten, denn eine Herleitung könnte nur durch den Verstand oder die Vernunft erfolgen. Aber selbst die Vernunft nimmt die Zeit immer schon in Anspruch; denn auch sie bedient sich des Satzes vom Widerspruch.

7. Den zweiten Teil der Zusammenfassung der Behauptungen 1-5 nennt Behauptung 7: Wenn alles Sensible nur als verschieden von anderem Sensiblen (als sinnliche Einzelheit, d.i. Erscheinung) gedacht werden kann, indem es zugleich oder nacheinander gesetzt, und mit allem anderen in einer einzigen Zeit befindlich gedacht wird, dann ist die Zeit die Vorstellung von einem Ganzen, das über eine bloße Ansammlung von Vorfindlichem (totalitas comparativa) hinausgeht: Sie ist totalitas absoluta und damit ein Moment der Einheit der Welt.

b) Der Raum (§ 15).

In dem § 15 erörtert Kant den Begriff des Raumes in Behauptungen, die denen über die Zeit analog gebildet sind:
1. Der Begriff des Raumes ist kein von empirischen Erscheinungen abstrahierter Begriff. 2. Der Begriff des Raumes ist ein einzelner Begriff. 3. Der Raum ist eine reine Anschauung. 4. Der Raum ist eine stetige Größe. 5. Der Raum ist keine objektive Gegebenheit, sondern ein subjektiv notwendiges Schema der Anschauung. 6. Der Begriff des Raumes ist nicht bloß erdacht, sondern eine Wahrheit. '
Auch diese Behauptungen erläutert Kant.
1. Der Begriff des Raumes kann nicht von äußeren Empfindungen abstrahiert sein, weil die Vorstellung, etwas sei außerhalb meiner selbst, bereits eine räumliche Vorstellung ist (§ 15, A). Auch dies ist keine logische Deduktion, d.h. aus dem Begriff des Raumes läßt sich die Behauptung nicht herleiten, das Verhältnis von Subjekt und Objekt setze immer schon Räumlichkeit voraus. Kants Behauptung ist gerade in umgekehrter Weise zu verstehen. Wenn so etwas wie das Verhältnis von Subjekt und Objekt stattfindet, dann legt dieses Verhältnis bloß Zeugnis von der Realität des Raumes ab.
2. Die Erläuterung zu der Behauptung, daß der Raum nur ein einziger sein könne, argumentiert ganz analog zu der über die Einheit der Zeit (§ 15, B): Einen bestimmten Raum kann ich mir nur dadurch als bestimmt vorstellen, daß er begrenzt ist. Diese Grenzen jedoch kann ich mir nur vorstellen als an diesen bestimmten Raum angrenzende andere Räume. Eine Raumgrenze, hinter der kein Raum ist, ist unvorstellbar.
3. Der Begriff des Raumes überhaupt ist eine reine Anschauung (§ 15, C). Nur als reine Anschauung ist der Raum absolut. Kants Zielrichtung ist zweifach. Zum einen geht es darum, den Begriff des Raumes als reine Anschauung ebenso wie schon den der Zeit von den Verstandesbegriffen zu unterscheiden, zum anderen geht es um den Erweis der Gültigkeit des Raumes als desjenigen Begriffs, ohne den die Axiome der Geometrie keine Gültigkeit haben, d.h. es geht letztlich um die Gültigkeit dieser Axiome. Das bedeutet nicht, daß Kant die Lehrsätze der Geometrie aus dem Begriff des Raumes abzuleiten versuchte, denn die können „nicht aus irgendeinem allgemeinen Begriff des Raumes geschlossen, sondern nur in ihm gleichsam in concreto geschaut werden". Eben

dafür aber muß der Raum schon vorausgesetzt werden, und zwar als klassischer drei-dimensional-absoluter Raum. Der Raum ist dreidimensional und absolut, d.h. nicht durch die je bestimmte Anordnung von Gegenständen bedingt, nicht deshalb, weil er im Sinne Newtons eine äußere absolute Gegebenheit wäre, sondern weil er eine reine An-schauung ist, d.h. die Dreidimensionalität und die Absolutheit des Raumes ist eine Ge-gebenheit unseres Anschauungsvermögens, nicht einer vermeintlichen „Welt an sich". Zur Erläuterung dieses Punktes bedarf es eines Exkurses.

Kant greift an dieser Stelle auf die Erkenntnisse zurück, die er aus seiner Abhand-lung „Von dem ersten Grunde des Unterschiedes der Gegenden im Raume" (1768) gezogen hat. Diese Schrift ist überaus interessant nicht nur in bezug auf den in ihr ver-tretenen Standpunkt, sondern auch in bezug auf die Argumentationsweise, derer Kant sich in ihr bedient. Die Schrift untersucht, „ob nicht in den anschauenden Urteilen der Ausdehnung, dergleichen die Meßkunst [=Geometrie] enthält, ein evidenter Beweis zu finden sei, daß der absolute Raum unabhängig von dem Dasein aller Materie und selbst als der erste Grund der Möglichkeit ihrer Zusammensetzung eine eigene Realität habe" (S. 994). Die Frage, die die Schrift verfolgt, greift in die Auseinandersetzung um den ab-soluten Raum ein, d.h. in die Frage, ob der Raum etwas sei, was durch die Anwesenheit von Substanzen in welcher Weise auch immer bedingt ist, oder ob er wie auch immer schon vor der Anwesenheit von Substanzen vorhanden ist. Kant ergreift Partei für die „eigene Realität" des Raumes; indes ist diese „eigene Realität" kaum von der Art, daß Kant als Vertreter einer Theorie des absoluten Raumes im Sinne einer dinghaften An-wesenheit gelten könnte, denn das, woraus Kant den Beweis des absoluten Raumes entwickelt, ist genuin erkenntnistheoretischer Art.

Kant beginnt bei dem menschlichen Subjekt: „Da wir alles, was außer uns ist, durch die Sinne nur insofern kennen, als es in Beziehung auf uns selbst steht, so ist kein Wunder, daß wir von de[m] Verhältnis dieser Durchschnittsflächen zu unserem Körper den ersten Grund hernehmen, den Begriff der Gegenden im Raume zu erzeugen". Kant geht also von einer ganz einfachen Subjekt-Objekt-Dichotomie des „in mir" vs. „außer mir" aus. Alles, was außer mir ist, kann unter Bezugnahme auf drei Flächen in seiner Lage bestimmt werden, nämlich der horizontalen Fläche (d.i. der Boden, auf dem wir stehen), der vertikalen Fläche, die den Horizont in rechte und linke Gegenden teilt, so-wie der (ebenfalls vertikalen) Fläche, die ein „vor uns" von einem „hinter uns", also ein Vorne von einem Hinten, teilt. Der Punkt, an dem sich diese drei Flächen treffen, liegt im Subjekt; fast ist man versucht zu sagen: er ist das Subjekt, denn ganz offensichtlich ist die Einteilung des uns Äußeren nach Maßgabe dieser Flächen undenkbar ohne das Subjekt, das über den Zentralpunkt die Flächen, und damit die Gegenden, definiert. Die Gegenden des Raumes sind vom Subjekt her und in Beziehung auf es entwickelt und können deshalb als „subjektiv" im ganz alltäglichen Sinne dieses Wortes gelten: Was für mich rechts von mir ist, kann für ein anderes Subjekt links von ihm sein, und dasselbe gilt selbstredend für alle anderen Richtungen. So allgemein die Richtungen sind, so wenig scheinen sie einen Beweis absoluter Gegenden im Raume zu ermöglichen.

Kant macht an dieser Stelle den von ihm schon eingangs gemachten Unterschied von „Gegend" und „Lage" geltend. Eine Lage definiert sich aus der Relation zweier Gegenstände, eine Gegend jedoch bedarf eines grundlegenderen Maßstabs, denn „was wir sonsten am Himmel und auf der Erde unabhängig von diesem Grundbegriffe an Verhältnissen erkennen, das sind nur Lagen der Gegenstände unter einander". Deshalb nützt uns die beste Landkarte nichts, wenn wir nicht wissen, wie herum wir sie halten sollen, d.h. die bloße relative Lage der Orte zueinander bedarf des Bezugs zu uns als Subjekt, wenn es möglich sein soll, sich anhand dieser Karte zu orientieren. Das hört sich indes noch sehr pragmatisch an, wie philosophische Handreichungen an Wanderer oder Pfadfinder, die nicht ganz den Überblick verlieren wollen; aber es steckt mehr dahinter, denn Kant führt das Phänomen der sog. „Inkongruenten Gegenstücke" ins Feld. Ein Paar inkongruenter Gegenstücke sind etwa die linke und die rechte Hand. Vergleicht man die linke und die rechte Hand bloß anhand der relativen Lagen ihrer jeweiligen Teile, so sind rechte und linke Hand nicht unterscheidbar. Einen normalen Wuchs vorausgesetzt kann man die linke Hand sogar als die Spiegelung der rechten (et vice versa) betrachten. Das bedeutet, daß, allein aufgrund der Relation der Lagen der Gesamtheit ihrer jeweiligen Punkte betrachtet, rechte und linke Hand austauschbar sein müßten – was sie offenkundig nicht sind, was jedem bekannt ist, der einmal in winterlicher Eile seine Handschuhe vertauscht hat. Dasselbe Phänomen findet sich bei den verschiedensten Gegenständen, etwa bei Schrauben u.a.

Den fast schon komödiantischen Absatz einmal ausgespart, in dem Kant dem Gedanken nachgeht, daß die „rechte Seite einen ungezweifelten Vorzug der Gewandtheit und vielleicht auch der Stärke vor der linken" hat, nämlich u.a. weil man „seinen Körper leichter von der Rechten gegen die Linke als diesem entgegen [bewegt], wenn man aufs Pferd steigt" (S. 997), so dient für Kant das Phänomen der inkongruenten Gegenstücke dem Beweis, „daß der vollständige Bestimmungsgrund einer körperlichen Gestalt nicht lediglich auf dem Verhältnis und Lage seiner Teile gegen einander beruhe, sondern noch überdem auf einer Beziehung gegen den allgemeinen absoluten Raum" (S. 997). Kant hat aber bisher nur gezeigt, daß der Unterschied inkongruenter Gegenstücke auf einem „inneren Grund" beruhen müsse, nicht daß es dafür noch des Rückgriffs auf den absoluten Raum bedarf: Der Grund, der macht, daß die linke Hand eine linke ist und eben keine rechte, ist deshalb ein „innerer Grund", weil der Unterschied der linken von der rechten Hand ein wirklicher ist, d.h. er ist nicht bloß eingebildet oder auf eine Unfähigkeit zurückzuführen, die inkongruenten Gegenstücke doch zur Deckung bringen zu können. Die Eigenschaft einer Hand, eine linke Hand zu sein, ist auf eine Ursache zurückzuführen, die von der Ursache grundverschieden ist, die zu einer rechten Hand führt: „Es ist hieraus klar, daß nicht die Bestimmungen des Raumes Folgen von den Lagen der Teile der Materie gegeneinander, sondern diese Folgen von jenen sind, und daß also in der Beschaffenheit der Körper Unterschiede angetroffen werden können und zwar wahre Unterschiede, die sich lediglich auf den absoluten und ursprünglichen Raum beziehen" (S. 1000). Dies ist der interessanteste Punkt: Kant bezeichnet den Raum nicht nur als absolut, sondern auch als ursprünglich, und zwar aus zwei Gründen, nämlich zum einen, weil „nur durch ihn das Verhältnis körperlicher Dinge möglich ist", und zum anderen weil der Raum „ein Grundbegriff" ist. Die Aussage, der Raum sei ursprünglich, ist also nicht dahingehend zu verstehen, daß im Raum der Grund für die Unterschiedlichkeit inkongruenter Gegenstücke im Sinne einer wirkenden Ursache gelegen wäre, sondern dahingehend, daß die inkongruenten Gegenstücke von der Absolutheit des Raumes ein Zeugnis ablegen, das uns, „weil der absolute Raum kein Gegenstand einer äußeren Empfindung" ist, ansonsten verborgen bliebe. Nun ist die Absolutheit des Raumes als „Grundbegriff" von ganz anderer Art als die Absolutheit des Raumes als äußerer Gegenstand. Deshalb kann nicht gesagt werden, daß Kant hier einer Theorie eines absoluten Raumes das Wort redet, wie sie Leibniz im Sinn gehabt hatte.[19]

---

[19] Kants Schrift „Über die Gegenden im Raume" ist hinsichtlich ihrer Aussage und ihres Verhältnisses zur späteren Transzendentalen Ästhetik – wie sollte es anders sein – äußerst verschieden diskutiert worden. Generell können zwei Lager unterschieden werden, nämlich auf der einen Seite Forscher, die in ihr ein Plädoyer für eine Newtonische Auffassung vom Raum erblicken, d.h. ein innerhalb der physikalischen Diskussion stattfindendes Votum für einen absoluten Raum. So Jill Vance Buroker (Space and Incongruence. Dordrecht 1981.): „In general he argues that left- and right-handed objects are evidence that the Newtonian theory of absolute space is preferable to its competitor, the relational theory of space" (S. 3). Als Beitrag innerhalb der Newton-Leibniz (Clarke)-Kontroverse interpretiert eine ganz Reihe von Forschern Kants Schrift (vgl. etwa: Earman, John: Kant, Inkongruente Gegenstücke und das Wesen der Zeit und Raum-Zeit. Ratio 13 (1971), S. 1-18. Mühlhölzer, Felix: Das Phänomen der inkongruenten Gegenstücke aus kantischer und heutiger Sicht, in: Kantstudien 83, 1992, 436-453.). Nun beinhaltet die Kant in bezug auf die Gegenden-Schrift zurecht zugeschriebene Aussage, daß die Newtonische Raumauffassung der Leibniz-Clarkeschen vorzuziehen sei („In his essay of that year (...) he explicitly breaks with the Leibnizian views he held for the preceding 20 years." (Buroker, S. 50).), noch gar nicht, daß Kant auch die Auffassung Newtons von einer substantiellen Abolutheit des Raumes teilt. Deswegen ist Burokers Feststellung, daß die spätere Ansicht in der KdrV, „that space is merely subjective and ideal, apparently contradicts Kant's first conclusion from incongruent counterparts, that space has an absolute reality of its own" (S. 4) unzutreffend. Nun besteht zwischen der Gegenden-Schrift und der Transzendentalen Ästhetik zweifellos schon deshalb eine offenbare Differenz, weil Kant in der Transzendentalen Ästhetik das ja schon ausgearbeitete und später in den Prol. auch wieder angeführte Argument nicht erwähnt. Diese Tatsache allein ist aber kein hinreichender Grund, einen Gegensatz aufzubauen; demgegenüber ist schon in bezug auf die Gegenden-Schrift eine Differenz zwischen Kant und Newton feststellbar: „Bei Newton liegt noch ein Stück vom mittelalterlichen Realismus, den er auf den Raum angewandt hat, vor. Ein in Wahrheit abstrakter Begriff, wie der eines unendlichen Behälters, wird als absolute Realität gesetzt. In bezug auf den Raum ist Newton ein Realist, in bezug auf die Dinge ist er skeptischer Empiriker. Kant ist kein ‚Realist' des Raumes, obwohl er dessen Realität behauptet. Realität heißt allerdings für ihn:

absolute Position des von mir angeschauten Phänomens. Raum sowohl wie auch Ding im Raume werden von ihm der erscheinungsmäßigen Realität zugewiesen." (Kaulbach, Friedrich: Die Metaphysik des Raumes bei Leibniz und Kant. Köln 1960, S. 106). Zu einem ähnlich vorsichtigen Ergebnis kommt Michael Friedman: „It is important to note that Kant is here leaving the manner in which space thus has autonomous reality entirely open. In particular, he is not here endorsing a Newtonian conception of the autonomous reality of ‚absolute space‘" (Friedman, Michael: Kant and the Exact Sciences. Cambridge (Mass.)/London (engl.) 1992, S. 29). Mit französischer „clarté" stellt schließlich Jean-Louis Vieillard-Baron (L'espace et le temps chez Kant: Difficultés et critique. Kant-Studien 89 (1998)) fest: „L'équivalence entre les adjectifs pur et absolu est la même que celle de l'article de 1768" (S. 132). Offensichtlich hat es bis ins Jahr 1998 gedauert, bis festgestellt werden konnte, daß „Kant n'est pas prisonnier d'un vocabulaire figé; mais sa pensé, qui évolue, est ferme. On peut même admirer la maitrise très grande de l'article de 1768. On peut penser que, lorsqu'il s'adresse aux physiciens, Kant préfère employer l'expression d'espace absolu – que Newton utilisait en un sens dogmatique – pour montrer qu'il faut présupposer un espace quelconque non empirique pour penser le mouvement" (S. 132). – Aber natürlich ist damit die sachliche Problematik nicht erledigt, sondern eigentlich erst ermöglicht. Meines Erachtens führt nichts an der Notwendigkeit vorbei, die Gegenden-Schrift als eine Frühform dessen zu interpretieren, was über die Zwischenstufe De mundi in der KdrV als Transzendentale Ästhetik erscheint. Dies ist nicht trivial, denn es beinhaltet das Verbot, die Erörterungen der Gegenden-Schrift als einen Beitrag zu der erwähnten physikalischen Diskussion zu verstehen; mehr noch: Es scheint mir auch vergeblich zu sein, die Erörterungen Kants für den Nachvollzug jener Diskussion fruchtbar machen zu wollen, ohne den Bezug auf den Kontext des Kantschen Denkens mitzubedenken: Die Antwort auf die Frage nach der für die Physik zugrundezulegenden Grundstruktur des Raumes enthalten frühestens die Analogien, im Grunde aber erst die MAdN. Deshalb scheinen mir auch Jill Vance Burokers für sich genommen natürlich interessante Erörterungen etwa des Verhältnisses von Euklidischem und Kantschem Kongruenzbegriff („According to Euclidean geometry (...) two triangles are said to be congruent if they have equivalent sides and angles. But it does not follow from this that all such figures could be made to coincide (...) For Kant, two figures would be congruent only if in addition to the above, some continous rigid motion could make them identical objects, objects which can be superimposed on one another" (S. 53).) schlicht fehlplatziert zu sein, weil sie eine Diskussion des Dreiecksverhältnisses von Raumbegriff der Transzendentalen Ästhetik, dem Raumbegriff der transzendentalen Grundlegung der Physik (MAdN) und dessen (angeblicher oder wirklicher) Verpflichtung auf die Euklidische Geometrie voraussetzt; das so bestimmte Verhältnis wäre dann in Beziehung zur gegenwärtigen oder historischen Physik zu bestimmen. Erst vor dem Hintergrund dieser Bestimmung – die einer Reformulierung entscheidender Teile der KdrV gleichkommt – wäre zu entscheiden, ob etwa das Argument, daß Kants zweidimensionale inkongruente Gegenstücke in einem dreidimensionalen Raum dennoch ineinander überführbar seien, und also doch kongruent in einem Kantschen Sinne sind, wirklich stichhaltig ist (S. 54-56). Die Diskussion des Verhältnisses von Kantschem Raumbegriff und Moderner Physik und Mathematik kann ich hier aber beim besten Willen und trotz einiger Vorüberlegungen zu diesem Thema nicht leisten. – Kants Gegenden-Schrift ist also die Erörterung einer transzendentalen Fragestellung. Freilich ist auch die Zugrundelegung dieser Interpretationsmaxime noch kein Garant für eine ertragreiche Interpretation. So scheint mir Jonathan Bennetts Beitrag (The Difference between Right and Left. American Philosophical Quaterly 7 (1970), S. 175-191) die Fragestellung zugrundezuliegen, weshalb Kant den Gegensatz von „links" und „rechts" als nur anschaulich verständlich zu machenden Unterschied bezeichnen kann, und dennoch diesen Gegensatz in Worten – also begrifflich – zu erörtern vermag. Dies ist nun ein Scheinproblem in Reinkultur, denn alles, was wir uns verständlich machen wollen, müssen wir uns im Modus des Verstandes verständlich machen. Es ist eine der – richtigen – Grundthesen Kants,

4. Der Raum ist eine stetige Größe (§ 15, C, Anm.), denn alle Teile des Raumes sind nur dadurch Teile, daß sie an andere Teile desselben Raumes grenzen. Das, was zwischen benachbarten Räumen vorgestellt wird, kann nichts anderes sein als wiederum ein Raum. Also gibt es nichts im Raum, was nicht selbst wiederum Raum ist. Alle diese Teile gehören einem einzigen Raum an, denn zwei Räume können nur dadurch als benachbart betrachtet werden, daß die Vorstellung eines einzigen Raumes immer schon in Anspruch genommen wird.

5. Der Raum ist keine objektive Gegebenheit, sondern ein subjektiv notwendiges Gesetz der Beiordnung alles Angeschauten. Der Raum ist deshalb weder eine Substanz noch ein Akzidenz. Er ist auch kein aus der Anschauung von Substanzen oder Akzidenzen abstrahierter Verhältnisbegriff (§ 15, D). Kant kann von seiner Position her zwei miteinander im Widerstreit liegende Ansichten über die Natur des Raumes verwerfen, denn sowohl die Vorstellung, der Raum sei eine Art immer schon objektiv vorhandenen großen Behältnisses aller Gegenstände überhaupt, als auch die Vorstellung, der Raum sei nur dadurch real, daß Gegenstände in ihm seien, er verschwinde aber, sobald auch die Gegenstände verschwinden, sind Behauptungen der äußeren (gegenständlichen) Realität des Raumes. Mit der Vorstellung des Raumes als äußerer Kramkiste setzt Kant sich gar nicht eigens auseinander. Wichtiger dagegen ist, die Vorstellung, der Raum hänge von der Existenz der in ihm vorhandenen Gegenstände ab, von der Kantschen Position abzuheben. Hierbei ist es Kant gar nicht um den „offenkundigen Zirkel" (§ 15, D) zu tun, der entsteht, wenn man den Raum von etwas herleiten will, was als in ihm befindlich vorgestellt wird, sondern um die Folgen, die eine solche Vorstellung für die Gewißheit der Geometrie hätte. Die Geometrie als eine der Grundlagen der Physik muß absolut gewiß sein, und das kann sie nur sein, wenn sie nicht aus der Beobachtung gewonnen ist, sondern wenn ihre Grundsätze gerade umgekehrt die Beobachtung erst möglich machen.

6. Schließlich (§ 15, E) muß noch erläutert werden, weshalb der Raum eine wahre Vorstellung ist und keine bloße Erdichtung. In bezug auf alles Sensible ist der Raum absolut wahr in dem Sinne, daß nichts Sensibles vorstellbar ist, das nicht im Raum wäre. Nicht im Raum zu sein, und: überhaupt nicht sensibel zu sein ist demnach einerlei. Deshalb ist der Raum „die Grundlage aller Wahrheit in der äußeren Sinnlichkeit". Die Wahrheit, die

---

daß erst durch Diskursion der Erkenntnisvermögen Erkenntnis möglich werden kann. Dies macht es unausweichlich, auch Phänomene, die bloß der Sphäre des Sinnlichen angehören, mit den Mitteln des Verstandes zu beschreiben. Das Verstandene ist nun aber nicht allein deshalb, weil es verstanden ist, schon ein ursprünglich Verständliches: Die wahrgenommene Farbe ist nicht einfach deshalb eine Verstandeskategorie oder auch nur ein empirisches Konzept, weil der Verstand die korrespondierende Empfindung mit einem Begriff belegt. Deshalb sind auch Raum und Zeit nicht einfach dadurch schon Verstandeskonzepte, weil ihre Erörterung im Modus der Vernunft stattfindet – wäre dem so, dann bedürfte es keiner zweiten Grundlegung von Raum und Zeit in den „Analogien der Erfahrung".

dem Raum zugesprochen werden muß, fließt nicht aus einem logischen Urteil über den Raum, sondern aus der Überlegung, daß es nichts Wahres geben könnte, wenn nicht der Raum selbst gewiß (wirklich, d.i. auf alles Sensible zutreffend) wäre. Die Gewißheit des Raumes hat ihren Ursprung darin, daß der Raum eine Gesetzmäßigkeit der menschlichen Anschauung ist, eine „Kraft des Gemüts, (...) das alle Empfindungen nach einem festen und seiner Natur eingepflanzten Gesetz einander beiordnet" (§ 15, E). Der Raum muß deshalb gewiß sein, weil die Wahrheit, die Kant sucht, die Wahrheit anschaulicher Erkenntnis ist. In der Anschauung kann nichts enthalten sein, was den Prinzipien der Räumlichkeit (und nicht minder denen der Zeitlichkeit) widerspricht. Die Gewißheit des Raumes darf nicht mit der Behauptung verwechselt werden, die Anschauungen im Raum seien eben dadurch, daß sie im Raum sind, schon wahr. Dalís Erscheinungen von Lenin auf einem Klavier sind ohne jeden Zweifel im Raum, aber sie sind deshalb nicht weniger phantastisch. Es ist durch die Realität dieser Erscheinungen im Raum nur gesagt, daß diese Erscheinungen da sind. Es ist nichts darüber gesagt, von woher sie stammen, d.h. die Tatsache der räumlichen Anwesenheit gibt, als eine bloß formale conditio sine qua non der Wahrheit, kein hinreichendes Unterscheidungsmerkmal für die Unterscheidung von Traum und Wirklichkeit, Einbildung und Realität ab; dennoch: Die Behauptung, alles Sinnliche sei in ein und demselben Raum, und die Behauptung, der Raum sei die Einheit der Welt durch die Anschauung, sind einerlei.[20]

---

[20] Eine genaue Analyse der Zeit- und Raumargumente nimmt Ernst Henke (Zeit und Erfahrung. Eine konstruktive Interpretation des Zeitbegriffs der Kritik der reinen Vernunft. Meisenheim am Glan 1978. S.77-121) vor. Das Problem der internen Stimmigkeit der einzelnen Argumente verfolge ich hier nicht weiter, erwähnen will ich jedoch die Behandlung des sog. Trendelenburg-Einwandes bei Klaus Tetling (Raumanschauung, Deduktion und Grundsätze. Zu einem Problemzusammenhang in Kants KdrV. Diss. Wuppertal 1990) Es heißt dort (S. 34): „Gegen Kant läßt sich also einwenden, daß selbst unter der Voraussetzung, daß der Raum als Form des Anschauens nicht aus der Wahrnehmung äußerer Erscheinungen abgeleitet werden kann, daraus nicht die exklusive Subjektivität des Raumes folgt. Von einer apriorischen Disposition zur Raumanschauung ausgehend kann dessen Subjektivität nicht erschlossen werden, weil sich diese Disposition als rein passive Aufnahmefähigkeit des Anschauungsgegebenen interpretieren läßt. Danach läge aber der Grund dafür, daß wir die Objekte immer nur räumlich erfahren, darin, daß diese an sich selbst genau so beschaffen sind, wie die Subjekte sie wahrnehmen. Eine im streng rezeptiven Sinne gedeutete Disposition würde nämlich dem Angeschauten weder Bestimmungen wegnehmen noch hinzufügen oder verändern" (S. 34). Dieser Einwand steht und fällt allerdings mit dem Verständnis der reinen Anschauungsformen als absolut passiver Vermögen, eine Ansicht, die m.E. nach nicht haltbar ist. Darüber hinaus stellt der Trendelenburg-Einwand auch eine seltsame Travestie der Kantschen Skeptizismus dar, nämlich das Argument, es könne doch sehr wohl sein, daß die ansichseiende Welt von Raum und Zeit bestimmt ist. Das jedoch bestreitet Kant gar nicht, sondern stellt es als Aussage über die Welt an sich als unbeweisbar dar; und das ist völlig richtig, weil äußere Erfahrung immer schon in den Modi von Raum und Zeit stattfindet, so daß über den Charakter der Welt an sich weder positiv noch negativ etwas zu entscheiden ist. Kant behauptet die subjektive Unausweichlichkeit von Raum und Zeit im Zusammenhang mit äußerer Erkenntnis, er behauptet jedoch nicht so etwas wie eine exklusive Subjektivität beider.

II. Die Idee einer Transzendentalen Ästhetik: Kants Theorie von Raum und Zeit in der KdrV (§§ 1 und 2).

Die Erörterungen der Transzendentalen Ästhetik sind Teil einer Erörterung dessen, was Kant in De mundi unter dem Titel einer Sinnenwelt darlegt. Dennoch geht die Theorie der Sinnenwelt nicht einfach in der Transzendentalen Ästhetik auf: Sinnenwelt enthält, wie sich zeigen wird, sehr viel mehr als eine Lehre von den bloßen reinen Anschauungsformen, sie beinhaltet ein Gutteil dessen, was im Rahmen der Elementarlehre der KdrV als Leistung dem Verstand zugesprochen werden muß. Das Verhältnis von Sinnenwelt und Transzendentaler Ästhetik ist also nicht symmetrisch: Eine Theorie der Sinnenwelt bedarf des Rückgriffs auf die Transzendentale Ästhetik insgesamt, die ihrerseits aber nicht schon die vollständige Theorie der Sinnenwelt ist. Was diese „vollständige Theorie der Sinnenwelt" also eigentlich ist, d.i. auf welche Funktionen des Erkenntnisvermögens eine solche Theorie zurückgreifen muß, um das, was Sinnenwelt ist, verständlich zu machen, wird sich erst an späterer Stelle sagen lassen. Zwischen der Transzendentalen Ästhetik und der Theorie der Sinnenwelt gibt es eine Schnittmenge, nämlich die Lehre von Raum und Zeit, die so etwas wie den Kern der Theorie der Sinnenwelt bildet und sich von De mundi über die beiden Auflagen der KdrV bis zu den Prolegomena durchhält. Ich verzichte an dieser Stelle auf den Nachweis, daß sich dies wirklich so verhalte, und nicht schon das pure Wortverständis dessen, „was Raum und Zeit sind", in De mundi und KdrV verschieden sei.[21] Hier geht es vielmehr darum, im Vorwege einen viel

---

[21] Eine Lokalisation dieses Kernbereichs in bezug auf die beiden Auflagen der KdrV scheint mir dennoch angebracht zu sein. Die augenfälligste Veränderung der B-Auflage der KdrV gegenüber der A-Auflage ist die Paragraphierung ihrer Abschnitte. Diese Neuerung ist jedoch nur äußerer Natur und zudem nicht ganz konsequent durchgehalten: Kant trennt in der B-Auflage den Abschnitt „Von dem Raume" (A 22/B 37) in zwei §§ auf, nämlich die §§ 2 und 3, während er den analogen Abschnitt „Von der Zeit" in drei §§, nämlich in die §§ 4 - 6, aufteilt. Der Sache nach sind beide Abschnitte jedoch völlig analog, und der Unterschied besteht nur darin, daß Kant den auf die Erörterung des Raumes folgenden Unterabschnitt „Schlüsse aus obigen Begriffen" nicht mit einer eigenen Paragraphennummer versieht, während er es im Fall der Zeit (A 32/B49) tut; von einer anderen Anordnung der Abschnitte in der B-Auflage kann jedoch nicht die Rede sein, und ich werde mir deshalb erlauben, mich der Paragraphierung generell zu bedienen. In dieser Paragraphen-Einteilung ausgedrückt ist die A-Auflage in folgender Weise gegliedert: § 1 handelt allgemein von der Transzendentalen Ästhetik. Die §§ 2 - 3 handeln vom Raum, die §§ 4 - 6 von der Zeit. Die §§ 7 und 8 umfassen die „Erläuterung", die sich jedoch nicht allein auf die Zeit bezieht, und die „Allgemeinen Anmerkungen". Beide §§ setzen sich mit Einwänden und möglichen Mißverständnissen auseinander, die die Statuslehre von Raum und Zeit insgesamt betreffen, die aus der Idee der Transzendentalen Ästhetik fließt. Der Grundbestand der Kantschen Lehre von der Sinnenwelt, das Verständnis von Raum und Zeit als im erkennenden Subjekt angelegter reiner Anschauungen, findet sich in den §§ 2 und 4 wieder, d.h. in denjenigen Paragraphen, die Kant in der B-Auflage unter den Titel einer „Metaphysischen Erörterung" stellt. So zeigt sich der Kern der Lehre von Raum und Zeit schon in der A-Auflage als eingerahmt von zwei mehr grundsätzlichen Betrachtungen, nämlich von der Ideenlehre des § 1 und von der Statuslehre in den

stärkeren Einwand abzuwehren, nämlich den, daß der Status der Lehre von Raum und Zeit in De mundi und KdrV von grundsätzlich verschiedener Natur sei, und daß es deshalb zwar auf der Hand liege, Raum und Zeit im Rahmen der ontologischen Frage nach den „Formen und Prinzipien" der Welt zu untersuchen, daß aber es etwas ganz anderes sei, Raum und Zeit im Rahmen einer doch offensichtlich gnoseologischen Untersuchung zu thematisieren, wie es die nach der Möglichkeit von Erfahrung ist, die in der KdrV gestellt wird.

Diese Behauptung einer grundsätzlich verschiedenen Behandlungsart von Raum und Zeit in De mundi und der KdrV trifft deshalb nicht, weil sich bereits gezeigt hat, daß schon die ganz ontologisch ansetzende Frage nach der Welt überhaupt, mit der De mundi beginnt, im Rahmen der Frage nach den Formen der Welt eine Untersuchung der Begriffe von Raum und Zeit als Prinzipien erfordert, die als Prinzipien der Erkenntnis nicht ontologischer, sondern gnoseologischer Natur sind, und die auch nicht dadurch ihren gnoseologischen Charakter verlieren oder auch nur hintanstellen, daß sie in den Rahmen einer ontologischen Untersuchung gestellt sind. Dasselbe gilt umgekehrt: Die Transzendentale Ästhetik hat, diese Behauptung werde ich verfolgen, denselben ontologischen Bezugspunkt der Frage nach der Einheit der Welt, den Kant selbst nie aus den Augen verloren hat und den er für seine Darlegungen in der KdrV immer voraussetzt, den aber der mit De mundi nicht bekannte Leser der KdrV allzu leicht aus den Augen verlieren muß: Auch die Lehre von Raum und Zeit in der KdrV soll der Erklärung der Welt dienen und ist fähig, dies zu tun. Deutlicher als De mundi vermag die KdrV deutlich zu machen, daß für eine Theorie der Sinnenwelt der Rückgriff auf Leistungen des Verstandes nötig ist. Deshalb ist die nun folgende Erörterung zu einem Gutteil der Frage des Verhältnisses von Transzendentaler Ästhetik und Transzendentaler Logik gewidmet.

---

folgenden §§. Offenbar ist also diese Statuslehre selbst möglich, ohne die Unterscheidung einer „metaphysischen" von einer „transzendentalen" Erörterung wenigstens explizit gemacht zu haben. Was auch immer der Grund gewesen sein mag, die Transzendentale Ästhetik in der B-Auflage um die Unterscheidung von metaphysischer und transzendentaler Erörterung zu bereichern: Die Philosophie von Raum und Zeit läßt sich ohne diese Unterscheidung dartun, und das um so mehr, als eben diese Unterscheidung die Schlüsse aus diesen Begriffen, die Kant jeweils im Anschluß an das, was er in der B-Auflage „metaphysische Erörterung" nennt, zieht, bloß unter den neuen Titel einer „transzendentalen Erörterung" zu stellen scheint.

1. Erste Etappe: Von der Empirie der Gemütskräfte zur Frage nach der Wahrheit als transzendentaler Aufgabe.

Was Transzendentale Ästhetik ist, scheint sich aus ihrem Unterschied zur Transzendentalen Logik leicht bestimmen zu lassen. Transzendentale Ästhetik ist die Lehre von der menschlichen Sinnlichkeit, sie thematisiert die Fähigkeit des Menschen, Dinge anzuschauen, im Unterschied zu der Fähigkeit, Dinge zu denken, die in der Transzendentalen Logik thematisiert wird. Eine solche Bestimmung der Transzendentalen Ästhetik aus der Differenz zur Transzendentalen Logik liefert Kant jedoch erst im 5. Absatz des § 1, also erst im letzten Drittel desjenigen Paragraphen, an dessen Eröffnung man doch eine Klärung dessen erwarten würde, „was Transzendentale Ästhetik ist". Die auffällig späte Namenserklärung dieses doch nicht unbedingt geläufigen Begriffs lautet: „Eine Wissenschaft von allen Prinzipien der Sinnlichkeit a priori nenne ich die transzendentale Ästhetik. Es muß also eine solche Wissenschaft geben, die den ersten Teil der transzendentalen Elementarlehre ausmacht, im Gegensatz mit derjenigen, welche die Prinzipien des reinen Denkens enthält, und transzendentale Logik genannt wird" (A 21). Hierin ist eine Nominaldefinition enthalten, nämlich in der Wendung „nenne ich", durch die das definiendum „Transzendentale Ästhetik" und das definiens „eine Wissenschaft von allen Prinzipien der Sinnlichkeit a priori" logisch aufeinander bezogen werden: Transzendentale Ästhetik ist der Name der Wissenschaft von der menschlichen Sinnlichkeit.

In dieser Namenserklärung liegt mehr als die Setzung einer Wortverwendung, nämlich, hierauf deutet nicht zuletzt der an vielen einleitenden Stellen der KdrV[22] verwendete, nie jedoch erläuterte Begriff des „Gemüts" hin, daß das, was die Wissenschaft der Sinnlichkeit untersucht, zunächst einmal eine anthropologische Gegebenheit ist. Der Mensch stellt an sich fest, daß er über ein Erkenntnisvermögen verfügt, das sich in zwei Teilvermögen unterscheiden läßt, nämlich in die Fähigkeit, äußere Gegenstände anzuschauen, und die Fähigkeit, über diese Gegenstände zu urteilen. Die Sinnlichkeit als bloße anthropologische Gegebenheit, die wir an uns im Gegensatz zur Fähigkeit zum Denken feststellen, läßt sich nicht herleiten, sondern nur bemerken, und deshalb ist das Gemüt ein Thema nicht der Transzendentalen Kritik, sondern der „pragmatischen Anthropologie" und damit der gleichnamigen Schrift, die am systematischen Ende des Philosophierens steht. Dort heißt es: „Das Gemüt (animus) des Menschen (...) hat einen Umfang (sphaera), der die drei Grundstücke Erkenntnisvermögen, Gefühl der Lust und Unlust und Begehrungsvermögen befaßt, deren jedes in zwei Abteilungen, dem Felde der Sinnlichkeit und der Intellektualität zerfällt" (Anthropologie in pragmatischer Hinsicht, handschr. Ergänzung, S. 429). Die anthropologische Feststellung, das Erkenntnis-

---

[22] Etwa im folgenden § 2, aber auch in dem analogen Abschnitt „Idee einer Transzendentalen Logik" (B 74/A 50).

vermögen sei als eine Eigenschaft unseres Gemüts in genau zwei Abteilungen unterschieden, beinhaltet noch keinen transzendentalen Standpunkt, denn diese Tatsache ist hinzunehmen als etwas, das jeder Mensch, der ein wenig Acht auf sich hat, beobachten kann. Deutlich spricht Kant diesen Sachverhalt in Abschnitt III der Ersten Fassung der Einleitung in die KdU aus: „Wir können", so heißt es dort unter dem Titel „Von dem System aller Vermögen des menschlichen Gemüts", „alle Vermögen des menschlichen Gemüts ohne Ausnahme auf die drei zurückführen: das Erkenntnisvermögen, das Gefühl der Lust und Unlust und das Begehrungsvermögen" (S. 18). In der umgearbeiteten veröffentlichten Fassung vermeidet Kant zwar den anthropologischen Begriff des Gemüts, fügt dafür aber seiner Aufzählung die Bemerkung hinzu, alle drei genannten Seelenvermögen ließen „sich nicht ferner aus einem gemeinschaftlichen Grunde ableiten" (KdU, B XXII).

Damit ist die transzendentale Wissenschaft negativ vorbestimmt als eine Wissenschaft, deren Aufgabe nicht darin bestehen kann, den Charakter des menschlichen Gemüts abzuleiten. Freilich wird, die Möglichkeit der transzendentalen Kritik einmal zugestanden, nicht nur der Unterschied von Transzendentaler Ästhetik und Transzendentaler Logik präfiguriert, sondern auch die Programmatik der Transzendentalen Ästhetik selbst deutlicher sichtbar. Das Programm besteht aus einem Abstraktionsprozeß im Sinne des § 11 von De mundi, der sich hinsichtlich dreier Momente unterscheiden läßt: „In der transzendentalen Ästhetik also werden wir", sagt Kant zu Beginn des letzten Absatzes von § 1 (A 22), „zuerst die Sinnlichkeit isolieren, dadurch, daß wir alles absondern, was der Verstand durch seine Begriffe dabei denkt, damit nichts als empirische Anschauung übrig bleibe" – Transzendentale Ästhetik bedeutet Isolation der Sinnlichkeit vom Verstand. – „Zweitens werden wir von dieser [der empirischen Anschauung] noch alles, was zur Empfindung gehört, abtrennen, damit nichts als reine Anschauung und die bloße Form der Erscheinungen übrig bleibe, welches das einzige ist, das die Sinnlichkeit liefern kann" – Transzendentale Ästhetik bedeutet einen Abstraktionsprozeß, der das Vermögen der Sinnlichkeit überhaupt hinsichtlich der Anschauung eines uns äußeren Gegenstandes einerseits und dem Vermögen zur Anschauung überhaupt anderseits unterscheiden lehrt. – „Bei dieser Untersuchung wird sich finden, daß es zwei reine Formen sinnlicher Anschauung, als Prinzipien der Erkenntnis a priori gebe, nämlich Raum und Zeit" – Transzendentale Ästhetik thematisiert Raum und Zeit, nicht indem sie sie zu deduzieren versucht, sondern indem sie sie aus dem Prozeß der Absonderung des bloßen Anschauungsvermögens von der empirischen Anschauung gewinnt.

Dieser Abstraktionsprozeß bedeutet weder die Herleitung des reinen Anschauungsvermögens aus der empirischen Anschauung noch die Ableitung von Raum und Zeit aus einem höheren Prinzip. Der § 2 beginnt ganz im Gegenteil wiederum bei dem anthropologisch als „Inbegriff aller Vorstellungen, die [im Menschen] Platz haben"

(Anthropologie, handschr. Erg., S. 429) gegründeten „Gemüt", indem er den „äußeren Sinn" von dem „inneren Sinn" unterscheidet, beide jedoch jeweils als „Eigenschaft unsres Gemüts" (A 22) feststellt: „Vermittelst des äußeren Sinnes (...) stellen wir uns Gegenstände als außer uns, und diese insgesamt im Raume vor. (...) Der innere Sinn, vermittelst dessen das Gemüt sich selbst, oder seinen inneren Zustand anschauet, gibt zwar keine Anschauung von der Seele selbst, als einem Objekt; allein es ist doch eine bestimmte Form, unter der die Anschauung ihres innern Zustandes allein möglich ist, so, daß alles, was zu den innern Bestimmungen gehört, in Verhältnissen der Zeit vorgestellt wird" (A 22/23). Was auf diese, wohl kaum Deduktion zu nennenden Bemerkungen folgt, ist die Frage nach dem Wesen von Raum und Zeit, jedoch keine Erörterung, weshalb gerade Raum und Zeit, und nur sie, die Prinzipien a priori der Sinnlichkeit, die reinen Anschauungsformen, sind: „Was sind nun Raum und Zeit? Sind es wirkliche Wesen? Sind es zwar nur Bestimmungen, oder auch Verhältnisse der Dinge, aber doch solche, welche ihnen auch an sich zukommen würden, wenn sie auch nicht angeschaut würden, oder sind sie solche, die nur an der Form der Anschauung allein haften, und mithin an der subjektiven Beschaffenheit unseres Gemüts, ohne welche diese Prädikate gar keinem Dinge beigelegt werden können?" (A 23). Und was wiederum hierauf folgt, ist der schon anhand von De mundi dargelegte Kern der Lehre von Raum und Zeit.

Anders als die empirische Anthropologie, die die menschliche Fähigkeit zur Erkenntnis und die verschiedenen Formen dieser Fähigkeit bloß bemerkt, stellt die Transzendentale Wissenschaft die Frage nach der Möglichkeit wahrer Erkenntnis, die aus den als unterschiedlich immer schon gegebenen Teilvermögen des menschlichen Erkenntnisvermögens überhaupt gewonnen werden kann; die Transzendentale Ästhetik ist demzufolge die Frage nach einer möglichen Wahrheit der Sinnlichkeit. Diese Frage steht unter der doppelten Perspektive der Frage nach der Wahrheit des sinnlich aufgefaßten Gegenstandes, der Erscheinung, und derjenigen Funktion des menschlichen Erkenntnisvermögens, hier also der menschlichen Sinnlichkeit, durch deren Vermittlung wir überhaupt erst der Erscheinung Wahrheit zusprechen können. Nun ist Wahrheit in der traditionellen Bedeutung adaequatio, d.i. die Übereinstimmung von Urteil und Sachverhalt, und damit ist sie eine Sache allein des Verstandes. Die Aussage „Alle Osterhasen sind umgeschmolzene Weihnachtsmänner" ist dann wahr, wenn wirklich alle Osterhasen umgeschmolzene Weihnachtsmänner sind. Dies festzustellen, ist, wie man sofort einräumen wird, keine offensichtliche Sache, die aus dem bloßen Anschauen eines Osterhasen als wahre Erkenntnis entspringen könnte, sondern eine Sache der empirischen Forschung, die feststellt, daß wirklich alle Osterhasen als Weihnachtsmänner die Schokoladenfabrik betreten haben. Wahrheit in diesem Verständnis ist also eine Aussagenwahrheit, deren Wertigkeit, d.h. ob sie zutreffend ist oder nicht, nicht aus dieser Aussage allein abgeleitet werden kann, sondern nur im Rückgriff auf etwas, was jenseits dieser Aussage ist, nämlich der Sachverhalt, der, mag er seinerseits auch wieder nur in Urteilen gefaßt werden können, etwas bezeichnet, was der Aussage, deren Beurteilung ansteht, zugrunde liegt. Damit steht die Wahrheit der Aussage unter einer Bedingung, die ihrerseits auf einen Begriff der Wahrheit zurückgreifen muß, nämlich die Bedingung eines empirisch feststellbaren objektiven Verhältnisses zwischen Gegenständen in der empirischen Anschauung, also einem auf eine bestimmte Weise ausgestalteten Verhältnis zwischen Osterhasen und Weihnachtsmännern: Die Wahrheit der Aussage ist dann gegeben, wenn der in ihr ausgesprochene Sachverhalt für sich selbst wahr ist. Wenn dieses Verhältnis auf diejenige Weise vorliegt, die in dem Urteil ausgesprochen wird, sagen wir, das Urteil sei wahr, greifen darin aber auf einen Wahrheitsbegriff zurück, der gar nicht im Urteil zu liegen scheint, sondern die angeschaute Wirklichkeit betrifft.

Die angeschaute Wirklichkeit aber ist nicht weniger eine Sache des Verstandes als es das Urteil ist, das wir über diese Wirklichkeit fällen und das wahr oder falsch sein kann. Dort, wo nach einer möglichen „Wahrheit der Sinnlichkeit" gefragt ist, kann also nicht auf die Objektivität des Sachverhaltes verweisen und behauptet werden, diese Objektivität sei bloß anschaulich, das Urteil aber sei verständlich, weil beide, den Unterschied dieser beiden Ebenen zugegeben, nur im Rückgriff auf den Verstand möglich sind. Die alltägliche Versicherung der Wahrheit eines Urteils, die sich in die Worte kleidet „Aber ich habe es doch gesehen" trifft nicht die genuine Leistung der Sinnlichkeit, denn es ist der Verstand, der hier sieht, denn dieses „Sehen" ist ein „Bemerken", das in einem Akt des Urteilens besteht, nicht in einem bloßen Sehen. Die mögliche Wahrheit der Sinnlichkeit kann nicht in einem Bezug zwischen Gegenständen in der Anschauung liegen, der von dem Verstand unabhängig wäre, denn gerade ein solcher Bezug ist erst durch den Verstand möglich. Damit ist klar, daß die spezifische „Wahrheit" der Sinnlichkeit nur darin bestehen kann, Akte des Urteilens über Gegenstände möglich zu machen. Wenn es so etwas wie einen spezifischen Beitrag der Sinnlichkeit zu dem, was dann später auf der Ebene der Verstandesurteile als „Wahrheit" thematisiert wird, gibt, dann kann dieser Beitrag nur in dem Ausweis eines irgendwie gearteten Bezuges zwischen dem äußeren Gegenstand, der Anschauung von diesem Gegenstand und dem Vermögen der Sinnlichkeit gelegen sein. Dieses Gefüge thematisiert der erste Satz der Transzendentalen Ästhetik: „Auf welche Art und durch welche Mittel sich auch immer eine Erkenntnis auf Gegenstände beziehen mag, so ist doch diejenige, wodurch sie sich auf dieselbe[n] unmittelbar bezieht, und worauf alles Denken als Mittel abzweckt, die Anschauung" (A 19/B 33).

Als Antwort auf die Frage nach einer möglichen Wahrheit der Sinnlichkeit ist diese Aussage eigentümlich, denn wenn Kant zwar einerseits offenläßt, „auf welche Art und durch welche Mittel sich (...) eine Erkenntnis auf Gegenstände beziehen mag", so sagt er dadurch anderseits doch nicht weniger, daß ein solcher Bezug vorhanden ist, nämlich durch die Anschauung selbst, die er charakterisiert als „diejenige [Art], wodurch sie [die Erkenntnis] sich auf dieselbe[n] [nämlich die Gegenstände] unmittelbar bezieht". Nun vermag nicht recht einzuleuchten, inwiefern die Anschauung einen unmittelbaren Bezug von Erkenntnis und äußerem Gegenstand zu gewährleisten vermöchte, denn ein Bezug, dies wäre der naheliegende Einwand, ist nie etwas Unmittelbares, sondern verweist gerade auf ein Mittel. Kants Behauptung kann deshalb nur so verstanden werden: Die Anschauung ist von allen möglicherweise vorhandenen Mitteln, durch die sich die Erkenntnis auf Gegenstände bezieht, diejenige, von der gesagt werden kann, daß durch sie die Erkenntnis sich unmittelbar auf Gegenstände beziehe – und das ist nur dann verständlich, wenn die Anschauung als Anschauung eines äußeren Gegenstandes selbst der Gegenstand ist, auf den die Erkenntnis sich *unmittelbar* bezieht, oder, was dasselbe ist, wenn der Gegenstand, auf den die Erkenntnis sich bezieht, ein angeschauter Gegenstand ist. Wenn die Anschauung jedoch Anschauung eines äußeren Gegenstandes ist, dann ist der Bezug zwischen Erkenntnis und Anschauung „unmittelbar" in dem Sinne, daß sich das Urteilen nicht auf die äußeren Gegenstände selbst, sondern auf die Anschauungen, die wir von ihnen erlangen, richtet. Hierdurch jedoch werden Anschauung und äußerer Gegenstand auseinandergerückt, d.h. der Gegenstand, insofern er angeschaut wird, ist von dem Gegenstand, wie er für sich selbst ist, zu unterscheiden. Das lehren uns nun nicht nur schon die einfachsten Erfahrungen des philosophischen Zweifels und der Sinnesphysiologie, sondern das liegt auch schon in der Rede von der Anschauung als Erkenntnis selbst. Anschauung ist diejenige Erkenntnis, die sich auf die äußeren Gegenstände nicht vermittels weiterer Instanzen der Erkenntnis bezieht, sie ist die Erkenntnis selbst, insofern sie sich direkt, d.h. ohne Umschweife, auf äußere Gegenstände bezieht. Darin ist gesagt, daß Erkenntnis überhaupt in zwei Hinsichten zu verstehen ist, nämlich in der Hinsicht, in der sie den äußeren Gegenständen am nächsten ist, d.i. Anschauung, und in der Hinsicht, in der die Anschauung selbst unmittelbarer Gegenstand des denkenden Erkennens ist. Bei all dem ist von Anschauung im Sinne reiner Anschauungsformen noch gar nicht die Rede, sondern immer nur von dem erkennenden Bezug von Erkenntnissubjekt und Erkenntnisobjekt.

Diesen Bezug hat Kant jedoch nicht unbedingt vereinfacht, noch viel weniger ihn der Antwort auf die Frage nach der spezifischen Wahrheit der Sinnlichkeit als Vermögen näher gebracht, denn wenn die Anschauung diejenige Erkenntnis sein soll, die deshalb den äußeren Gegenständen am nächsten ist, weil sie sich nicht durch weitere vermittelnde Instanzen auf sie bezieht, sondern dies direkt tut, dann ist damit die Frage nach der Wahrheit im Sinne der Übereinstimmung von Urteil und Sachverhalt in die im selben Atemzuge als unzugänglich ausgewiesenen Regionen des Bezuges von äußerem Gegenstand und dessen Anschauung verschoben. Gerade dieser Bezug ist jedoch nicht unmittelbar, sondern durch die Sinne vermittelt, so daß wir nur sagen können, daß wir aus der Tatsache, von einem Gegenstand eine Anschauung zu besitzen, auf die Anwesenheit eines äußeren Gegenstandes schließen können, der als die Ursache des Sinneseindrucks gelten muß, während uns seine „wahre" Gestalt und sein „wahres" Wesen un-

bekannt bleiben müssen. Dann aber läßt sich die Wahrheit unserer Anschauungen überhaupt nicht thematisieren, denn das könnte nur durch einen Vergleich von äußerem
Gegenstand und Anschauung geschehen, was unmöglich ist. Deshalb ist Wahrheit auch,
so sagt Kant ganz unmißverständlich, „nicht im Gegenstande, so fern er angeschaut
wird, sondern im Urteile über denselben, so fern er gedacht wird" (KdrV, B 350).
Anderseits läßt sich die Frage nach der Wahrheit eines Gegenstandes nicht gänzlich in
das Urteilsvermögen hineinzuziehen, denn die Wahrheit eines Gegenstandes als Wahrheit
des Urteils über ihn zu verstehen bedeutet, immer schon vorauszusetzen, daß der Gegenstand, über den geurteilt wird, vorhanden ist. Sicherlich läßt sich über ein Traumge-
bilde dann mit einem nicht geringeren Anspruch auf Wahrheit urteilen als über jeden
beliebigen Gegenstand in der Anschauung, wenn das Urteil nicht darauf geht, zu unterscheiden, ob es sich nun um Traum oder Wirklichkeit handle, sondern den Gegenstand
davon ganz unabhängig nimmt; dennoch läßt sich die Frage nicht vorderhand als neben-
sächlich abtun, woher, wenn Wahrheit allein im Urteil ist, das schon auf durch die Anschauung vermittelte Gegenstände zurückgreifen muß, ich der Wirklichkeit meiner Anschauung versichert sein könne, d.h. mit welchem Recht ich eigentlich unterstelle, nicht
bloß über ein mehr oder weniger beständiges Ensemble von Trugbildern zu urteilen –
sei dieses Urteilen als Urteilen noch so richtig und insofern wahr. Und in der Tat ist
Kant weit davon entfernt, die Frage nach der Wahrheit mit der Frage nach der Gültigkeit unserer Urteile einfach zu identifizieren, denn in Ansehung der Wahrheit entstehen
drei Fragen, nämlich erstens, „ob die Vorstellung eine Sensation sei (ob ihr Gegenstand
wirklich sei), (...) [zweitens] ob die Vorstellung eine Erkenntnis sei (ob ihr Gegenstand
möglich sei), [und drittens] (...) ob die Vorstellung eine Erkenntnis einer schon gegebenen Erkenntnis sei (Wahrheit der Urteile)"[23]. Die Frage, ob eine Vorstellung eine Sensation sei, ist nichts anderes als die Frage, ob der Empfindung ein wirklicher Gegenstand entspreche, und das ist eine Bestimmung der Wahrheit als adaequatio, wenn auch
unter dem Namen der Frage nach der Wirklichkeit.

Die adaequatio von äußerem Gegenstand und Anschauung ist nicht logisch zu
traktieren, weil die Wahrheit, nach der hier gefragt ist, keine Wahrheit des logischen
Urteils, keine Wahrheit im Sinne einer logischen Konsistenz ist. Das aber bedeutet, daß
die Frage danach, „ob die Vorstellung eine Sensation sei (ob ihr Gegenstand wirklich
sei)" als eine logisch unbeantwortbare Frage nicht durch den Verstand zu beantworten
ist, denn das Verstandesvermögen auf Erscheinungen anzuwenden, bedeutet zu urteilen,
und die Erkenntnis, die aus einem Urteil über die Erscheinung entspringt, ist nicht die
Wahrheit der Erscheinung selbst, sondern die Wahrheit der Erscheinung, insofern diese
durch den Verstand gedacht ist, weil die urteilende Tätigkeit des Verstandes die Erscheinung nicht in dem beläßt, was sie für sich selbst ist. Dadurch jedoch, daß die Frage

---

[23] Nr. 2128. Kants handschriftl. Nachlaß – Logik. AA Bd. XVI, S. 245. Berlin und Leipzig 1924.

nicht durch den Verstand beantwortet werden kann, ist sie als Frage noch nicht illegitim; das ist nur die Wahl der Instanz ihrer Beantwortung, die den Unterschied wegnimmt, um den es hier gerade zu tun ist, nämlich den Unterschied einer Wahrheit der Anschauung von einer Wahrheit im Urteil. Kant hat die Legitimität dieser Frage immer wieder betont: „Mögen die Phaenomena aber auch eigentlich Abbilder, nicht Urbilder der Dinge sein und keine innere und unbedingte Beschaffenheit der Gegenstände ausdrücken: so ist doch nichtsdestoweniger die Erkenntnis von ihnen ganz wahr", und zwar nicht, weil ihre Beurteilung als solche ganz wahr wäre, mögen sie selbst auch Trugbilder sein, sondern, weil sie „als verursacht, von der Gegenwart eines Gegenstandes Zeugnis" (De mundi, § 11) ablegen. Indes ist diese Versicherung nicht nur unbefriedigend, sondern verfänglich. Unbefriedigend ist sie, weil sie keinen Grund abgibt, Wirklichkeit und Traum zu unterscheiden, denn der „Unterschied (...) zwischen Wahrheit und Traum wird nicht durch die Beschaffenheit der Vorstellungen, die auf Gegenstände bezogen werden, ausgemacht, denn sie sind in beiden einerlei, sondern durch die Verknüpfung derselben nach Regeln" (Prol., § 13 Anm. III, A 65/66), verfänglich jedoch ist sie, weil sie der Beziehung von äußerem Gegenstand und Anschauung den Charakter einer Kausalbeziehung zuzusprechen scheint, die Kant gerade als eine apriorische Funktion dem Verstand zuweisen wird.

Ist also doch Verstand schon nötig, um bloß anzuschauen? Oder können wir schlichtweg nicht anders, als die Wirklichkeit unserer Anschauungen immer schon zu unterstellen, weil man „zwar richtig sagen [könne]: daß die Sinne nicht irren, aber nicht darum, weil sie jederzeit richtig urteilen, sondern weil sie gar nicht urteilen" (KdrV, B 350)? Muß die Frage nach der Wahrheit aus der Thematisierung der menschlichen Sinnlichkeit herausgelöst werden? Muß sich, denn das wäre die notwendige Folge, die Transzendentale Ästhetik mit einer Beipflichtung zu dem doch längst empirisch-anthropologisch gesicherten Tatbestand zufriedengeben, daß der Mensch eben so geartet sei, einerseits anschauen zu können – und hierin der Unwahrheit nicht weniger blind ausgeliefert zu sein als der Wahrheit – anderseits aber denken zu können – und zwar durchaus mit dem Anspruch auf Wahrheit, deren Geltungsanspruch allerdings nicht ausreichte, etwas über die Wirklichkeit des Angeschauten auszusagen? Läßt sich Transzendentale Ästhetik in empirische Anthropologie auflösen und damit letztlich als ein von der physiologischen Forschung abhängiges Unternehmen ganz aus der Transzendentalphilosophie ausschließen?

2. Zweite Etappe: Wendung der Frage nach der Wahrheit der Gegenstände in der Anschauung in die Frage nach dem Beitrag der Sinnlichkeit zur Wirklichkeit des Angeschauten. Raum und Zeit als vereinheitlichende Prinzipien.

Transzendentale Ästhetik ist die Wissenschaft von der menschlichen Sinnlichkeit. Sie geht von dem anthropologischen Tatbestand der Unterschiedlichkeit von Sinnlichkeit und intelligentia aus und stellt die Frage nach der Wahrheit der Sinnlichkeit, die nicht die logische Wahrheit des Verstandesurteils sein kann. Die Wahrheit der Sinnlichkeit kann aber auch nicht die Übereinstimmung von Erscheinung und äußerem Gegenstand sein, die, das ist die wohl bekannteste Aussage der Kantschen Philosophie, prinzipiell nicht feststellbar ist. Damit ist die Wahrheit der Sinnlichkeit weder eine Wahrheit des Urteils, noch eine, die auf dem Rücken einer empirischen Empfindung in die Anschauung geriete; die Frage nach der Wahrheit der Sinnlichkeit muß auf eine andere Art behandelt werden. Nun unterscheiden wir „sonst wohl, unter Erscheinungen", so führt Kant in den „Allgemeinen Anmerkungen" aus (§ 8, A 45/B 62), „das, was der Anschauung derselben wesentlich anhängt (...) von demjenigen, was derselben nur zufälliger Weise zukommt". Diese alltägliche Unterscheidung ist richtig; so nennen wir mit einer gewissen Berechtigung den Regenbogen eine bloße Erscheinung, den Regen jedoch die „Sache an sich selbst", denn das Lichterspiel des Regenbogens ist eine Erscheinung, die mit dem Regen nicht unzertrennlich verbunden ist, und auch sich keineswegs unausweichlich ergibt, wenn während des Regens auch noch die Sonne scheint, sondern die dann eintritt, wenn zusätzlich das erkennende Subjekt zu dem Regen und dem Sonnenschein in ein bestimmtes Verhältnis tritt, das weder für den Regen noch den Sonnenschein und auch nicht für die Erkenntnis, daß es regnet und die Sonne scheint, notwendig ist. Eine solche kontingente Erscheinung, die von dem zufälligen Ort des Beobachters abhängt, nennt man im Unterschied zu jenen Erscheinungen, die davon ganz unabhängig sind, „bloße Erscheinungen". Der Regen selbst ist verglichen mit dieser bloßen Erscheinung – der optischen Täuschung des Regenbogens – eine Sache an sich selbst. Dieser Unterschied ist zutreffend, er gibt aber keinen Grund ab, die „Sache an sich selbst" nicht als Erscheinung anzusprechen, denn sowohl der Sonnenregen wie der Regenbogen sind empirische Erscheinungen und in dieser Hinsicht voneinander gar nicht unterschieden. Sicherlich besteht ein Unterschied an Realität zwischen Regenbogen und Regen, nämlich der, daß der Regenbogen eine Erscheinung ist, deren Gültigkeit sich „auf eine besondre Stellung oder Organisation dieses oder jenes Sinnes" gründet, nämlich der Augen, die als ein besonderer menschlicher Sinn in einer besonderen Situation aus einem besonderen Blickwinkel Wassertropfen in der Luft als Regenbogen erblicken. Eine optische Täuschung wie etwa ein Regenbogen ist ein bloßer Schein und als solcher ein gegenüber einer Erscheinung Minderes, indes gehört beides dem Bereich der empirischen Anschauung an und ist, von dieser Warte aus betrachtet, keineswegs fundamental verschieden.[24]

Erscheinungen hinsichtlich ihres Realitätsgehaltes zu unterscheiden, ist also nicht nur aus bloßer Sinnlichkeit unmöglich, sondern nimmt immer schon, wenn auch in undeutlicher Weise, Funktionen des Verstandes in Anspruch[25]. Wie auch immer es mit der Möglichkeit, den scheinbaren Charakter etwa einer optischen Täuschung von der Wahrhaftigkeit der Sache an sich selbst zu unterscheiden, bestellt sein mag, aus bloßer Sinnlichkeit ist dies nicht möglich; soll die Frage nach der Wahrheit der Sinnlichkeit befriedigend beantwortet werden, so muß sie weder das Verhältnis von Erscheinung und äußerem Gegenstand, noch die Unterschiedlichkeit „unter Erscheinungen", sondern das Verhältnis von Angeschautem und dem Urteilsvermögen überhaupt thematisieren: „Nehmen wir aber dieses Empirische überhaupt, und fragen, ohne uns an die Einstimmung desselben mit jedem Menschensinne zu kehren, ob auch dieses [Empirische überhaupt] einen Gegenstand an sich selbst (...) vorstelle, so ist die Frage von der Beziehung der Vorstellung auf den Gegenstand transzendental" (§ 8, A 45/B 63). Auffällig ist hier zunächst die seltsam negative Bestimmung von „transzendental": Transzendental ist die Frage von der Beziehung der Vorstellung auf den Gegenstand dann, wenn sie die

---

[24] Der Unterschied zwischen Ding an sich und Ding als solchem gibt den Schlüssel her für ein m.E. adäquates Verständnis der mißverständlichen Aussage Kants in De mundi, der Verstand könne die Dinge erkennen, „sicuti sunt": Der Begriff eines physikalischen Dinges an sich selbst (das, was dem Regenbogen zugrundeliegt) ist zu unterscheiden von dem transzendental-philosophischen Begriff eines solchen Dinges (das, was dem dem Regenbogen Zugrundeliegenden zugrundeliegt). „Für die Naturwissenschaften, und besonders für die Physik, besteht das eigentliche Wesen der Dinge nicht in dem, was sich der von den subjektiven Merkmalen abgelösten Wahrnehmung überhaupt darbietet, sondern sie sucht alle Eigenschaften der Dinge letztlich in reine rational schematisierte Maß- und Beziehungsbestimmungen aufzulösen, die ihrerseits, ohne Transformation auf gewählte und veränderbare Bezugseinheiten, direkt überhaupt nicht mehr wahrnehmbar sind. Aber Kant geht es nicht um diese physikalische Unterscheidung von ‚Dingen an sich' und ihren Erscheinungen, in der die Dinge an sich das materiell Reale, die Erscheinungen aber das nur unter Voraussetzung willkürlich gewählter Maßeinheiten und -kriterien Geltende sind. Der transzendentale Begriff der Erscheinung umfaßt auch den physikalischen des Ding an sich. Das Ding an sich, im Sinne der physikalischen Theorie, hält Kant für durchaus erforschbar; aber, völlig erforscht, würde es vom erkenntniskritischen Standpunkt immer und prinzipiell Erscheinung bleiben. (...) Unsere Kenntnis der Dinge wird immer durch das Medium räumlicher und zeitlicher Formen gewonnen und bleibt prinzipiell an die Vorstellung und Umformung in diesen Formen gebunden, wenn das im Begriff als Erkenntnis Gewonnene und Ausgesprochene von den wirklichen Objekten gelten soll" (Hinderks, Hermann: Über die Gegenstandsbegriffe in der Kritik der reinen Vernunft. Basel 1948, S. 61).

[25] „Wahrheit und Schein residiert im Verstand. In meinem Urteil ist entweder Wahrheit oder Schein, aber nicht in der Erscheinung. Wenn ich sage, die Sonne bewegt sich, so ist in dem Urteil ein Schein, sage ich aber, sie bewegt sich nicht, so ist darinnen Wahrheit und kein Schein. Ein Urteil, was aus der falschen Anleitung des Verstandes entspringt, heißt Schein" (Philosophische Enzyklopädie, AA Bd. XXIX, 1, S. 14).

Frage nach einer möglichen Einstimmung des Empirischen mit jedem Menschensinne ausklammert. Als Sache an sich selbst gilt dem alltäglichen Denken das, „was der Anschauung [der Erscheinung] wesentlich anhängt", und deshalb „für jeden menschlichen Sinn überhaupt gilt" (A 45/B 62). Der Ausdruck „jeder menschliche Sinn überhaupt" meint nicht, daß wir allen sinnesphysiologischen Erfahrungen zum Trotz in der Lage sein sollten, den Regen von dem Regenbogen etwa anhand eines besonderen Geruchs zu unterscheiden; Kant hebt auf eine Konsenstheorie der Wahrheit ab: Dasjenige hängt der Anschauung einer Erscheinung wesentlich an, was von der Mehrzahl verschiedener Menschen als gleich angesehen wird, wenn auch nicht aufgrund einer bloßen Willkür, sondern aufgrund einer Gleichheit der sinnlichen Auffassungen, über die in einer für den alltäglichen Gebrauch ausreichenden Verläßlichkeit Übereinkunft festgestellt worden ist. Dafür ist jedoch Verstand nötig, und deshalb ist eine konsensuale Auffassung der Wahrheit, und sei sie auch nur – ihrem Namen entsprechend – eine Übereinkunft darüber, was man sieht unabhängig davon, wie das Gesehene zu bewerten ist, keine Theorie der Wahrheit, die eine spezifische Wahrheit der Sinnlichkeit verständlich machen könnte. Gerade wenn der Unterschied zwischen einer „Sache an sich selbst" und dem „Ding an sich" erst durch den Verstand feststellbar ist, dann gilt jene Wahrheit bloßer Sinnlichkeit sowohl für die Erscheinung als Sache an sich selbst wie für die Erscheinung als scheinbare Sache: sie gilt sowohl für den Regen wie für den Regenbogen, weil beide dadurch, daß sie keine Dinge an sich sind, gleichwohl aber etwas sind, Erscheinungen genannt werden müssen. Die alltägliche Unterscheidung – so richtig sie sein mag –, hilft also nicht weiter: Weil sowohl der Regen wie der Regenbogen Träume sein könnten.

Es stellt sich deshalb die Frage, ob der Anspruch, den Unterschied zwischen Traum und Wirklichkeit durch den Rückgriff auf eine Theorie der Wahrheit der Sinnlichkeit erkennbar machen zu können, überhaupt einzulösen ist. Nun lautet die Bestimmung von „transzendental" positiv gewendet: Transzendental ist die „Frage von der Beziehung der Vorstellung auf den Gegenstand" deshalb, weil sie nach der Möglichkeit fragt, das „Empirische überhaupt" als „Gegenstand an sich selbst" vorzustellen. Man mache Kant hier nicht den Vorwurf, nach der Möglichkeit einer Erkenntnis des Dinges an sich zu fragen, eine Möglichkeit, die sich zudem im Bereich bloßer Anschauung erfüllen solle; Kant ersetzt vielmehr hier die Frage nach dem Verhältnis von äußerem Gegenstand und dessen Erscheinung durch die Frage nach den Bedingungen, unter denen Erscheinungen (=Gegenstand) Objekte des Denkens werden können. Die „Frage von der Beziehung der Vorstellung auf den Gegenstand" sieht ab von dem einen oder anderen Gegenstand, sie ist nicht die Frage danach, ob der Regen nicht seinerseits nur Erscheinung einer ganz anderen Sache an sich selbst sei, nämlich der Regentropfen – was zwar richtig ist, aber keine transzendentale Perspektive eröffnet, denn die Regentropfen „sind denn schon, als Erscheinungen, empirische Objekte" (A 46/B 63) –

sondern sie stellt die Frage nach den Bedingungen, unter denen Erscheinungen denkbar werden. Das hinter den Überlegungen Kants stehende Interesse bezieht sich also nicht auf die Frage nach dem Verhältnis von äußerem Gegenstand und Erscheinung, viel weniger noch auf alltägliche Unterscheidungen verschiedener Stufen von vorgeblich bloß angeschauter Realität, sondern auf die nach dem Verhältnis von Erscheinung und Denkakt; daß der Verstand mit nichts als bloßen Erscheinungen operiere, ist die bloß geläufigere negative Formulierung des Sachverhaltes, daß die Sinnlichkeit die Erscheinungen in einer Form darbieten müsse, in der sie dem Verstand als Objekt seines Urteilens dienen können.

Dementsprechend interessiert Kant die sinnesphysiologische Frage nach dem, was zwischen dem Sinnesreiz, den der äußere Gegenstand auf unsere Sinnlichkeit ausübt, und dem Produkt der Sinnlichkeit, der Erscheinung eines einzelnen äußeren Gegenstandes, an ja nicht unerheblicher Aktivität vor sich geht, nur nach Maßgabe der Frage nach dem aktiven Anteil der Sinnlichkeit, der macht, daß Erscheinungen potentiell durch den Verstand bestimmbar werden. Wenigstens im § 1 widmet Kant dem, was zwischen dem Sinnesreiz und der Konstitution der Erscheinung geschieht, nicht mehr als terminologische Klärungen, deren sachlicher Gehalt in dem § 1 in der lapidaren Formulierung zusammengefaßt ist, Anschauung finde nur statt, „so fern uns der Gegenstand gegeben" werde, dies aber sei nur dadurch möglich, „daß er das Gemüt auf gewisse Weise affiziere" (A 19). Mit einem erstaunlichen Tempo steuert Kant auf den Ansatzpunkt zu, von dem aus er seine eigentliche Frage, ob das Empirische überhaupt „einen Gegenstand an sich selbst vorstelle" (nämlich einen Gegenstand, der dem Verstand als Objekt seiner Urteilskraft dienen kann), behandeln kann; das ist der dritte Absatz, der mit der Unterscheidung von Form und Materie beginnt. Was Kant vorher leistet, sind Worterklärungen, die gegenüber der Problembeladenheit des ersten Satzes geradezu leicht anmuten: Sinnlichkeit ist die „Fähigkeit (Rezeptivität), Vorstellungen durch die Art, wie wir von Gegenständen affiziert werden, zu bekommen" (B 33). Sinnlichkeit besitzt ein spezifisches Produkt, die Anschauungen, im Unterschied zum Verstand, dessen Produkt die Begriffe sind. Die Wirkung, die die Anwesenheit eines Gegenstandes auf uns hat, ist zunächst die Empfindung. Weiter: „Diejenige Anschauung, welche sich auf den Gegenstand durch Empfindung bezieht, heißt empirisch" (B 34); und: „Der unbestimmte Gegenstand einer empirischen Anschauung heißt Erscheinung" (B 34).

Erscheinung ist der „unbestimmte Gegenstand einer empirischen Anschauung". Damit ist die Erscheinung der Gegenstand, wie er durch die Sinnlichkeit vermittelt (aufgefaßt) ist; sie ist Gegenstand für den Verstand, denn nur aus der Perspektive des

Verstandes hat es Sinn, ihn als „unbestimmt" zu bezeichnen;[26] was die andere Perspektive angeht, die Beziehung von äußerem Gegenstand und Erscheinung, so ist diese gerade durch Bestimmtheit gekennzeichnet, denn der angeschaute Gegenstand, die Erscheinung, legt „als verursacht, von der Gegenwart eines Gegenstandes Zeugnis" ab (De mundi, § 11). Gleichwohl wäre es falsch, von der Erscheinung als dem genuinen Produkt der Sinnlichkeit zu sprechen: Die Erscheinung ist der äußere Gegenstand, wie er durch die Sinne vermittelt ist und dem Verstand als Material für seine Urteilskraft zur Verfügung steht. Erscheinung ist kein Begriff allein der Sinnlichkeit, sondern wird von Kant viel allgemeiner auf die menschlichen Erkenntniskräfte insgesamt bezogen. Erscheinung als der durch den Verstand noch unbestimmte Gegenstand ist kein Konglomerat bloß beliebig oder zufällig aufeinander bezogener Sinnesdaten, sondern die nur verstandesmäßig noch unbestimmte Erscheinung eines distinkten äußeren Gegenstandes. Deshalb ist die Erscheinung von der bloßen Empfindung dadurch unterschieden, daß sie potentiell durch den Verstand bestimmbar ist, während das bloße singuläre Sinnesdatum, die Empfindung (von der, um genau zu sprechen, eigentlich gar nicht in Form einer diskreten Größe gesprochen werden dürfte, sondern nur in der Form des bloßen Empfindens) es nicht ist.

Eine Erscheinung hat Materie, insofern sie sich auf einen konkreten Gegenstand bezieht. Die Materie ist deshalb das, was in der Erscheinung „der Empfindung korrespondiert" (B 34), sie ist ein Mannigfaltiges, das es zur Erscheinung zu formen gilt. Die Form ist demgegenüber das, „welches macht, daß das Mannigfaltige der Erscheinung in gewissen Verhältnissen geordnet werden kann" (B 34). Das Mannigfaltige, von dem Kant hier spricht, ist das Mannigfaltige innerhalb einer einzelnen Erscheinung, und Kant geht es also hier (§1 (3)) zunächst um die Form einer einzelnen Erscheinung, die macht, daß eine Erscheinung von einer anderen abgegrenzt ist. Eine Erscheinung ist nur dann Erscheinung, wenn das Mannigfaltige in ihr „in gewissen Verhältnissen geordnet" ist, sie also über eine gewisse innere Beständigkeit verfügt und sie deshalb als eine diskrete Größe betrachtet werden kann. Die Empfindungen, Kant sagt es im nächsten Satz, „in gewisse Form" zu stellen, bedeutet, bloße Empfindungen in Erscheinungen zu

---

[26] Die Tatsache, daß Kant für die Charakterisierung der Erscheinung, wie sie bloß in der Anschauung ist, auf Leistungen des Verstandes zurückgreifen muß, um durch deren Negation die Erscheinung zu charakterisieren, wie sie gerade nicht im Verstand, sondern durch bloße Sinnlichkeit ist, markiert ein Problem der Darstellung, das mit dem Verfahren der transzendentalen Abstraktion unausweichlich verbunden ist, nämlich die Unausweichlichkeit, die voneinander abstrahierten Erkenntnisvermögen durch Begriffe zu erläutern, die dem so beschriebenen Vermögen selbst noch gar nicht zur Verfügung stehen können. Es ist nicht möglich, ein Werk über Teilvermögen des menschlichen Erkenntnisvermögens insgesamt so zu schreiben, daß die Beschreibung eines Teilvermögens gleichsam aus der Perspektive dieses Vermögens selbst erfolgt; wie könnte die bloße Sinnlichkeit, die noch nicht einmal urteilt, das Selbstbewußtsein aufbringen und inhaltlich so füllen, daß eine Selbstbeschreibung der Sinnlichkeit gelingen könnte?

verwandeln. Damit ist die Form der Erscheinung nichts bloß Passives, das durch die Sinnlichkeit nur aufgegriffen wäre, sondern verweist auf eine der Sinnlichkeit spezifische Aktivität, die gar nicht, das ist darin gelegen, der Empfindung selbst zugesprochen werden kann: „Da das, worinnen sich die Empfindungen allein ordnen, und in gewisse Form gestellet werden können, nicht selbst wiederum Empfindung sein kann, so (...) [muß] die Form derselben (...) zu ihnen insgesamt im Gemüte a priori bereits liegen" (B 34). Das, was die Empfindungen ordnet, kann nicht selbst Empfindung sein – und das, was die Empfindungen ordnet, kann nichts sein, was selbst als Ergebnis des Ordnungsprozesses entspringt.

Der Untersuchungsgegenstand der Transzendentalen Ästhetik ist nicht die Erscheinung, sondern die Formung der Empfindungen, aus der Erscheinungen entspringen. Dies bedeutet Urbarmachung des Feldes der Empfindungen für den Verstand. Was ist nun diese Formung, worin besteht, wenn Formung der Empfindungen die Leistung der Sinnlichkeit ist, die genuine Leistung der Sinnlichkeit im Unterschied zu der des Verstandes? Formung bedeutet die Bildung einer einzelnen Erscheinung aus Empfindungen, und damit die Formung der Empfindungen zu etwas, was in Raum und Zeit ist. Kant ist es um die spezifische Leistung der Sinnlichkeit in transzendentaler Hinsicht zu tun, und das bedeutet zunächst, daß die Sinnlichkeit als Vermögen der Rezeptivität kein passives Vermögen sein kann; ein passives Vermögen ist als die Vorstellung einer unfähigen Fähigkeit oder einer unkräftigen Kraft ein schieres Unding. Kant entwickelt im Absatz 4, daß, „wenn ich von der Vorstellung eines Körpers das, was der Verstand davon denkt, (...), imgleichen, was davon zur Empfindung gehört (...) absondere, (...) mir aus dieser empirischen Anschauung noch etwas übrig [bleibt], nämlich Ausdehnung und Gestalt. Diese gehören zur reinen Anschauung, die a priori, auch ohne einen wirklichen Gegenstand der Sinne oder Empfindung, als eine bloße Form der Sinnlichkeit im Gemüte stattfindet" (A 20, B 35). Der Abstraktionsprozeß des 4. Absatzes führt auf reine Anschauungen (Ausdehnung und Gestalt), er führt jedoch nicht auf die reinen Anschauungsformen von Raum und Zeit; dies tut erst der 6. Absatz: „Bei dieser Untersuchung wird sich finden, daß es zwei reine Formen sinnlicher Anschauung, als Prinzipien der Erkenntnis a priori gebe, nämlich Raum und Zeit" (A 22, B 36). Was ist der Unterschied zwischen dem Abstraktionsprozeß in § 1 (4), der auf reine Anschauungen führt, und der auf § 1 (6) folgenden „Untersuchung", die doch auch als Abstraktionsleistung erklärt ist, durch die die reinen Anschauungsformen entdeckt werden?

Aufschlußreich ist ein Blick auf die ähnliche Denkbewegung, die Kant in der Einleitung zur B-Auflage vornimmt. Dort heißt es: „Lasset von eurem Erfahrungsbegriffe eines Körpers alles, was daran empirisch ist, nach und nach weg: die Farbe, die Härte oder Weiche, die Schwere, selbst die Undurchdringlichkeit, so bleibt doch der Raum übrig, den er (welcher nun verschwunden ist) einnahm, und den könnt ihr nicht weglassen" (B 5/6). Am Ende des Abstraktionsprozesses bleibt vom Körper nur „der

Raum übrig, den er einnahm" – und genau darin besteht der Unterschied zu der Untersuchung, die auf die reinen Anschauungsformen führt, nämlich darin, daß die Abstraktion der Verstandesleistungen und der bloßen Empfindungen von der Vorstellung
eines Körpers auf die reine Anschauung eines Körpers (der Raum, den er einnahm,
bzw. den er in der reinen Anschauung einnimmt = Ausdehnung und Gestalt) führt,
während die „Untersuchung" Prinzipien der Erkenntnis entdeckt. Die reine Anschauung eines Körpers ist die reine Vorstellung von Ausdehnung und Gestalt; Ausdehnung
und Gestalt sind der Körper selbst, insofern er rein angeschaut (und nur geschaut, nicht
gedacht) wird, Raum und Zeit jedoch sind die Bedingungen, die immer schon vorliegen
müssen, damit selbst Ausdehnung und Gestalt rein angeschaut werden können. Ausdehnung und Gestalt sind keine Prinzipien der Erkenntnis a priori, obwohl sie der
reinen Anschauung angehören, denn sie sind die reinen Formen der Vorstellung
„Körper" und nur in bezug auf diese Vorstellung gültig. Raum und Zeit jedoch sind
Prinzipien, weil ihre Gültigkeit sich auf alles Angeschaute überhaupt erstreckt.

Der Abstraktionsprozeß, der „von der Vorstellung eines Körpers das, was der
Verstand davon denkt (...), imgleichen, was davon zur Empfindung gehört" (B 35)
absondert, ist also von ganz anderer Art als der, durch den „wir (...) die Sinnlichkeit
isolieren" (B 36), denn der erste Absonderungsprozeß abstrahiert von den Merkmalen
eines konkreten Gegenstandes in der Anschauung und führt auf „Ausdehnung und
Gestalt" (B 35), der zweite jedoch isoliert ein menschliches Vermögen, „dadurch, daß
wir alles absondern, was der Verstand durch seine Begriffe denkt, damit nichts als
empirische Anschauung übrigbleibe" (B 36). Dabei aber kann der Isolierungsprozeß
nicht stehenbleiben, gerade weil er nicht auf die empirische Anschauung eines konkreten Gegenstandes, sondern auf die empirische Anschauung als ein Vermögen geht,
also nicht auf sie, insofern sie gerade anschaut, sondern auf sie, insofern sie die Möglichkeit zum Anschauen, selbst der reinen Anschauung von Ausdehnung und Gestalt,
enthält. Deshalb werden wir zweitens „von dieser [empirischen Anschauung] noch alles,
was zur Empfindung gehört, abtrennen, damit nichts als reine Anschauung und die
bloße Form der Erscheinungen übrigbleibe" (B 36). Erst dann ist die Sinnlichkeit in
dem gezeigt, was sie „a priori liefern kann" (ebd.), und das ist etwas, was nicht aus der
konkreten „Vorstellung eines Körpers" entspringt. Dann aber ist das Beispiel, mit dem
Kant beginnt, und an dessen Ende „Ausdehnung und Gestalt" (KdrV, B 35) übrig-
bleiben, gerade kein Beispiel für die Methode der Untersuchung, die er vorhat, denn es
gibt keinen Weg von dem, was der Abstraktionsprozeß der Vorstellung eines Körpers
übrigläßt (Ausdehnung und Gestalt), zu dem, was sich bei der Untersuchung der Vermögen finden wird, nämlich „daß es zwei reine Formen sinnlicher Anschauung" (B 36)
gebe. Ausdehnung und Gestalt sind bestimmte Teile des Raumes überhaupt; was die
Sinnlichkeit als Wahrheit liefern kann, sind nichts als Formen, die als notwendige Bedingungen empirischer und selbst reiner Anschauungen unter einem Wahrheitsanspruch

stehen, den ein bloßer Abstraktionsprozeß nicht liefern könnte, denn ein Abstraktionsprozeß (von der empirischen Anschauung eines Körpers über deren reine Anteile zu
den Grundlagen der Möglichkeit reiner Anschauung) wäre ein Induktionsprozeß und
damit ein Prozeß des Lernens, der den grundlegenden.Charakter von Raum und Zeit
didaktisch verständlich machen kann, ohne ihn dadurch schon hergeleitet zu haben,
denn durch Induktion „bekommt man wohl generale, aber nicht universale Sätze"
(Logik, § 83, Anm. 3, A 208).[27] Raum und Zeit aber sollen dargetan werden „als Prinzipien der Erkenntnis a priori" (KdrV, B 36). Hierfür ist eine andere Methode notwendig
als die der Induktion. „Bei dieser Untersuchung", sagt Kant (KdrV, B 36), „wird sich
finden, daß es zwei Formen sinnlicher Anschauung, als Prinzipien der Erkenntnis a
priori gebe, nämlich Raum und Zeit". Das Futur „wird sich finden" löst Kant nun in
der Transzendentalen Ästhetik nicht ein, denn am Beginn des nächsten Abschnitts
(KdrV, § 2, B 37ff.) ist Kant schon im Besitze von Raum und Zeit, die er also nicht
mehr logisch herleitet, sondern nur noch erörtert.

3. Dritte Etappe: Die Wahrheit der Sinnlichkeit. Die Notwendigkeit einer Inanspruch-
nahme des Verstandes zur Konstitution der Sinnenwelt.

Die Wahrheit der Sinnlichkeit ist keine sinnliche Wahrheit intuitiven Erfassens, sondern
die Notwendigkeit der reinen Anschauungsformen Raum und Zeit. Notwendig sind
Raum und Zeit in dem Sinne, daß alles, was in die Sinne gerät, unausweichlich in Raum
und Zeit ist, und zwar in stets derselben Zeit und demselben Raum. Von daher können
Raum und Zeit als Einheiten angesprochen werden, deren Wahrheit darin besteht, Bedingung des Einzelgegenstandes zu sein. Diese Wahrheit ist nicht logisch, sondern bloß
ästhetisch, ohne es in der Weise zu sein, die in einem ästhetischen Urteil ausgesprochen
werden könnte. Als Bedingung des Einzelgegenstandes sind Raum und Zeit umgekehrt
jedoch gerade Bedingungen der Vielheit; die Wahrheit der Sinnlichkeit ist somit die
Gewißheit, daß alles Seiende in ein und demselben Raum und in ein und derselben Zeit
ist, und das bloße Dasein der Substanzen als ein Dasein in Raum und Zeit beschrieben
werden muß. Die Wahrheit der Sinnlichkeit hat somit eine transzendentale Seite, die in
dem Erweis der Einzigkeit, Allumfassendheit und Unausweichlichkeit von Raum und
Zeit besteht, und eine ontologische, die Raum und Zeit als Modi des bloßen Daseins
der Gegenstände erkennt. Erst dort, wo Raum und Zeit als Modi des Daseins von Ge-

---

[27] vgl. KdrV A94/B 126: „Begriffe, die den objektiven Grund der Möglichkeit der Erfahrung
abgeben, sind eben darum notwendig. Die Entwickelung der Erfahrung aber, worin sie angetroffen
werden, ist nicht ihre Deduktion (sondern Illustration), weil sie dabei doch nur zufällig sein
würden."

genständen – nicht als für sich bestehende Einheiten – begriffen werden, ist es sinnvoll, von einer Sinnenwelt zu sprechen: Ohne den Rückgriff auf den Verstand ist Sinnen*welt* nicht verständlich zu machen. Wenn Kant in De mundi von der Sinnenwelt spricht, so hat er hierin also schon den Verstand wenigstens in dessen Fähigkeit, einzelne Gegenstände zu konstituieren, miteinbegriffen; und insofern Kant in der KdrV die Sinnlichkeit unabhängig vom Verstand thematisiert, muß er sich den Ausdruck einer Sinnenwelt verbieten. Die Konstitution von Anschauungen kann nur empirisch erfolgen durch eine Funktion des Verstandes, durch die dieser sich unmittelbar auf die reine Sinnlichkeit bezieht, nämlich die Apprehension. Damit ist klar, daß die Anschauung äußerer Gegenstände ohne Beteiligung des Verstandes (Apprehension) nicht möglich ist. Diesem Erweis dient die nun folgende Analyse des als etwas kryptisch bekannten Abschnitt 1 „Von der Synthesis der Apprehension in der Anschauung" der A-Auflage (A 98-100).

Dieser Abschnitt endet mit einer Behauptung, die stark mißverständlich ist und von Kant in der völlig neu bearbeiteten Fassung für die B-Auflage in dieser Form nicht wiederholt worden ist. Sie lautet: „Diese Synthesis der Apprehension muß nun auch a priori, d.i. in Ansehung der Vorstellungen, die nicht empirisch sein, ausgeübet werden. Denn ohne sie würden wir weder die Vorstellungen des Raumes, noch der Zeit a priori haben können: da diese nur durch die Synthesis des Mannigfaltigen, welches die Sinnlichkeit in ihrer ursprünglichen Rezeptivität darbietet erzeugt werden können" (A 99/100). In einer oberflächlichen Interpretation besagt die Behauptung, daß ohne die Verstandesfunktion der Apprehension die Einheit von Raum und Zeit nicht möglich ist: Raum und Zeit sind auf dieselbe Verstandesfunktion zurückzuführen, die die Erscheinungen apprehendiert. Aber es wäre ein zu krasser Gegensatz zu der Behauptung der Vorgängigkeit von Raum und Zeit als notwendiger Bedingungen empirischer Anschauung, wenn man dies so verstehen wollte, als würden Raum und Zeit auf der Basis einzelner äußerer Anschauungen gewonnen. Dennoch ist es befremdlich, daß Kant dieselbe Verstandesfunktion der Apprehension, die Erscheinungen apprehendiert, für die Einheit von Raum und Zeit als solcher verantwortlich machen sollte, denn dadurch würden Raum und Zeit von einer Handlung des Verstandes abhängig, so daß die Rede von Raum und Zeit als Prinzipien a priori der Sinnlichkeit unverständlich werden müßte: Raum und Zeit wären keineswegs Prinzipien der Sinnlichkeit, sondern gleichsam in die Sinnlichkeit ausgelagerte Prinzipien des Verstandes. Die Apprehension einzelner Erscheinungen durch den Verstand ist deshalb von einer „Apprehension", die in der Bereitstellung der reinen Anschauungsformen besteht, zu unterscheiden. Diese Unterschiedlichkeit zweier Apprehensiones mag man sich verdeutlichen, indem man den Ausdruck „diese Synthesis der Apprehension" schwächer versteht als „eine solche Synthesis wie die der Apprehension eines einzelnen Gegenstandes muß nun auch ...", denn durch diese Lesart wird die „Apprehension", die die Einheit von Raum und Zeit verbürgt, als das schon vorauszusetzende Gegenstück zur Apprehension einzelner Erscheinungen in der Anschauung charakterisiert.

Alles Mannigfaltige in einer Anschauung kann, so führt Kant aus, nur als mannigfaltig vorgestellt werden, weil die Zeit immer schon zugrunde liegt; denn „als in einem Augenblick enthalten, kann jede Vorstellung niemals etwas anderes, als absolute Einheit sein" (A 99). Die Zeit setzt diese absolute Einheit auseinander, sie stellt das, was undifferenziert ist, in eine Abfolge. Umgekehrt gilt es gerade, das aufeinander Folgende wieder zu vereinheitlichen, um auf diese Weise eine Vorstellung als Einheit des Mannigfaltigen herzustellen. Hierfür ist „erstlich das Durchlaufen der Mannigfaltigkeit und dann die Zusammennehmung desselben notwendig" (A 99). Dieses Durchlaufen und Zusammennehmen nennt Kant die „Synthesis der Apprehension". Die Synthesis der Apprehension ist also ein zweifacher Schritt, das zeitlich getrennte Material sinnlicher Daten wiederum zu einer Einheit zusammenzufassen: Erst durch die Apprehension, nicht schon durch die Zeit entsteht Anschauung, und, weil Apprehension bereits ein Prozeß des Einbildens ist, entsteht die Anschauung erst durch eine Handlung der Einbildungskraft. Die Notwendigkeit des Zusammennehmens ist eine Folge des Vorhandenseins der Zeit, so daß es nicht einzuleuchten vermag, daß die Zeit selbst durch eben den Prozeß der Apprehension überhaupt erst zustandegekommen sein sollte, der sie schon in Anspruch nehmen muß; einen Unterschied zwischen jener Apprehension, die auf die Auseinandersetzung durch die Zeit folgt, und jener anderen „Apprehension", durch die die Zeit selbst als Einheit entsteht, gilt es also in jedem Fall festzustellen. Nun sagt Kant, daß die Anschauung „zwar ein Mannigfaltiges darbietet" (A 99), die Anschauung selbst es aber als ein in einer Vorstellung zusammengefaßtes Mannigfaltiges, als Einheit, „niemals ohne eine dabei vorkommende Synthesis bewirken kann" (A 99). Diese Synthesis ist also eine solche, die sich auf die Anschauung richtet, ohne von der Sinnlichkeit (im Sinne eines Erkenntnisvermögens) vollzogen zu werden. Damit ist die Apprehension als eine Verstandesleistung in den Formen der Anschauung charakterisiert, die diese Formen bereits voraussetzt.

Das Durchlaufen des Mannigfaltigen kann nur unter der Voraussetzung der Zeit geschehen, es kann aber unter der alleinigen Voraussetzung der Zeit nicht enden: Weder Synthesis noch Analysis – das sagt schon der § 1 von De mundi – sind Vermögen, die von sich aus eine Grenze finden, und deshalb bedarf sowohl der analytische Akt der Apprehension, als auch der synthetische Akt der Reproduktion eines Begriffes, von dem her beiden Akten ein Ende gesetzt wird. Deshalb geschieht der Prozeß des Durchlaufens schon im Hinblick auf den des Zusammennehmens: Die Analyse (Auseinandersetzung) des Mannigfaltigen in der Zeit ist deshalb keine Funktion, die aus bloßer Sinnlichkeit, d.h. ohne die Zielvorstellung, die in der Apprehension, und, in weiterer Ferne, in der Erkenntnis des Gegenstandes besteht, denkbar wäre. Also ist nicht nur die Konstitution von Anschauungen, sofern sie durch Apprehension bereits geleistet ist, sondern selbst die Auseinandersetzung des Materials, das dann zu Anschauungen synthetisiert wird, die mit der Entstehung dessen, was „Mannigfaltigkeit" genannt werden kann, im Grunde genommen identisch ist, keine Leistung der puren Sinnlichkeit. In De mundi hatte Kant es in aller Deutlichkeit gesagt: „Außerdem aber gibt die Zeit der Vernunft (ratio) die Gesetze zwar nicht auf, aber sie gibt doch die vornehmsten Bedingungen an die Hand" (S. 67), nämlich die Bedingungen der Möglichkeit des Durchlaufens und Zusammennehmens des Mannigfaltigen, die selbst erst durch und im Hinblick auf Verstandesfunktionen erfolgen kann. Wenn Kant also sagt, daß Raum und Zeit „nur durch die Synthesis des Mannigfaltigen, welches die Sinnlichkeit in ihrer ursprünglichen Rezeptivität darbietet erzeugt werden können" (A 99/100), so bezieht sich diese Behauptung auf den Verstand, der Raum und Zeit als Vorstellungen denkt und dabei davon absieht, daß alles Vorstellen, damit aber auch alles Denken und Erkennen überhaupt, nur dadurch möglich sind, daß Raum und Zeit immer schon vorausgesetzt werden. Die Synthesis des Mannigfaltigen geschieht durch den Verstand in der Anschauung, nicht durch die Sinnlichkeit als solche, die lediglich das Forum bietet, auf dem diese Synthesis stattfinden kann.

Dem Verständnis der Apprehension als Funktion des Verstandes scheint die Textstelle A 94 zu widersprechen, in der Kant die Konstitution der Erscheinungen (die Apprehension) der Sinnlichkeit zuzusprechen scheint. Sie lautet: „Es sind (...) drei ursprüngliche Quellen (Fähigkeiten oder Vermögen der Seele), die die Bedingungen der Möglichkeit aller Erfahrung enthalten, und selbst aus keinem andern Vermögen des Gemüts abgeleitet werden können, nämlich, Sinn, Einbildungskraft, und Apperzeption. Darauf gründet sich 1) die Synopsis des Mannigfaltigen a priori durch den Sinn; 2) die Synthesis dieses Mannigfaltigen durch die Einbildungskraft; endlich 3) die Einheit dieser Synthesis durch ursprüngliche Apperzeption. Alle diese Vermögen haben, außer dem empirischen Gebrauch, noch einen transz., der lediglich auf die Form geht, und a priori möglich ist. Von diesem haben wir in Ansehung der Sinne oben im ersten Teile geredet, die zwei andre aber wollen wir jetzt ihrer Natur nach einzusehen trachten" (A 94). Deutlich scheint Kant hier dem Sinn (= Sinnlichkeit) die Fähigkeit der Apprehension (= Synopsis des Mannigfaltigen durch den Sinn) zuzusprechen. Zudem bezeichnet Kant am Ende von A 94 rückblickend die „Synopsis des Mannigfaltigen a priori durch den Sinn" als das bereits durch die Transzendentale Ästhetik erledigte Thema, dem nun die Behandlung der Synthesis der Einbildungskraft und der Einheit der Apperzeption folgen könne. Aber gegen diese Sichtweise spricht einiges, nämlich zunächst das Unbehagen, das angesichts der schiefen Komposition des Kantschen Textes entsteht, der in A 94 drei Synthesei anführt, deren erste er als erledigt bezeichnet (was ja noch angehen mag), um dann in A 98 genau diese drei (und zwar vollständig) zu erörtern – was im Falle der ersten Synthesis doch mehr als überflüssig wäre, sollte sie denn wirklich schon durch die Transzendentale Ästhetik dargetan worden sein. Wenn, wie es zumindest in kompositorischer Hinsicht auch naheliegt, die „Synopsis des Mannigfaltigen a priori durch den Sinn" der Apprehension, die „Synthesis dieses Mannigfaltigen durch die Einbildungskraft" der Reproduktion und die „Einheit dieser Synthesis durch ursprüngliche Apperzeption" der Rekognition im Begriffe entspricht, dann ist überhaupt nicht klar, inwiefern Kant behaupten kann, die Apprehension schon in der Transzendentalen Ästhetik dargetan zu haben. Weiter: Spricht man das, was Kant als „Sinn" bezeichnet, als „Sinnlichkeit", also als das Vermögen zur Anschauung, insofern es transzendentale Prinzipien enthält, an, dann ergibt sich eine Ordnung der Gemütskräfte, die sich mit der Einteilung der Gemütskräfte nicht vereinen läßt, die Kant sowohl zu Beginn der „Analytik der Grundsätze" (KdrV, A 131/B 170), als auch am Ende des Kritischen Geschäfts, d.h. in der Einleitung in die KdU, rückblickend keineswegs korrigierend, anführt. Die „oberen Erkenntnisvermögen" sind, in der KdrV wie in der KdU, „Verstand, Urteilskraft und Vernunft" (A 131/B 170). Wie also passen die drei als nicht weiter rückführbar behaupteten Erkenntniskräfte Sinn, Einbildungskraft und Apperzeption auf die Dreiheit von Verstand, Urteilskraft und Vernunft? Offenbar überhaupt nicht, denn durch diese Interpretation entstünde eine Dreiheit von Gemütskräften, nämlich Sinn=Sinnlichkeit auf der einen und Apperzeption=Verstand und Vernunft (intelligentia) auf der anderen, die durch ein Bindeglied, die Einbildungskraft, verbunden werden.

So schief die Komposition des so verstandenen Textes wäre, so richtig ist indes das Verständnis der Einbildungskraft als einer Verbindung von Sinnlichkeit und Verstand, die der Urteilskraft analog ist, die ihrerseits ja auch eine die Unterschiedlichkeit von Verstand und Vernunft, ja selbst von Vernunft und Sinnlichkeit überwindende Fähigkeit ist, so daß gefragt werden könnte, weshalb es eigentlich eine Kritik der Urteilskraft, nicht jedoch eine Kritik der Einbildungskraft gibt. Freilich ist die Antwort auf diese Frage leicht zu geben: Eine Kritik der Einbildungskraft existiert, sie ist nichts anderes als die Kritik der reinen Vernunft selbst, die ja wesentlich eine Lehre von der Korrespondenz der verschiedenen Erkenntniskräfte ist und schon von daher die Frage des Bindegliedes zwischen Verstand und Vernunft auf der einen und Sinnlichkeit auf der anderen Seite nicht ausparen kann; und dieses Bindeglied ist eben nichts anderes als die Einbildungskraft. Einbildungskraft ist dabei jedoch nicht als eine Funktion der Sinnlichkeit anzusehen, sondern als eine Kraft, in der Sinnlichkeit Anschauungen zu bilden.

Kant selbst fügt der B-Auflage eine in bezug auf die Frage nach dem Status der Einbildungskraft aufschlußreiche Bemerkung hinzu, in der er die Ambivalenz betont, die sich ihrer verbindenden Funktion ergibt, wodurch aber auch ihre Zuordnung zu Sinnlichkeit oder Verstand als eine Frage der Perspektive gekennzeichnet wird: „Da nun alle unsere Anschauung sinnlich ist, so gehört die Einbildungskraft, der subjektiven Bedingung wegen, unter der sie allein den Verstandesbegriffen eine korrespondierende Anschauung geben kann, zur Sinnlichkeit; so fern aber doch ihre Synthesis eine Ausübung der Spontaneität ist, welche bestimmend, und nicht, wie der Sinn, bloß bestimmbar ist, (...) so ist die Einbildungskraft so fern ein Vermögen, die Sinnlichkeit a priori zu bestimmen, und ihre Synthesis der Anschauungen, den Kategorien gemäß, muß die transzendentale Synthesis der Einbildungskraft sein, welches eine Wirkung des Verstandes auf die Sinnlichkeit ist" (§ 24, B 151). Die Einbildungskraft gehört insofern zur Sinnlichkeit, als sie den subjektiv-allgemeinen Bedingungen alles anschaulichen Denkens unterworfen ist; dies ist nichts anderes als die Behauptung, daß die Einbildungskraft sich immer auf die Sinnlichkeit richtet, gleichgültig, ob sie als produktive oder reproduktive Einbildungskraft wirkt. Dadurch, daß sie das tut, gehört sie selbst jedoch nicht zur Sinnlichkeit, sondern zum Verstand, auf den sie in ihren Akten angewiesen ist. Kant bezeichnet die Einbildungskraft schon in § 10 (A 78/B 103) als eine „blinde, obgleich unentbehrliche Funktion der Seele", und das verdeutlicht, daß die Einbildungskraft weder ein Vermögen der Sinnlichkeit ist, noch daß sie ohne Leitung des Verstandes agieren könnte. Aristoteles' Bildhauer ist das vielleicht am besten geeignete Beispiel für das Wirken der Einbildungskraft: Der Bildhauer bildet dem rohen Stoff, der Materie, eine Gestalt ein, indem er ihn bearbeitet. Er ist insofern der Materie, die er bearbeitet, verhaftet, aber nicht selbst diese Materie.

Wenn also die Einbildungskraft der Sinnlichkeit nur deshalb, weil sie an der Sinnlichkeit das Feld ihrer Tätigkeit und den Ort ihres Materials hat, zugerechnet wird, der Verstand jedoch die maßgebliche, handlungsbestimmende Instanz ist, dann kann die Einbildungskraft füglich dem Verstand zugerechnet werden. Nur im Falle der Identifikation von Sinn und Sinnlichkeit steht dann die „Synopsis des Mannigfaltigen durch den Sinn" den Verstandestätigkeiten der Einbildungskraft und der Apperzeption gegenüber, wodurch sich eine Zweiheit von Sinn=Sinnlichkeit auf der einen und Verstand (als Einbildungskraft und Apperzeption) auf der anderen Seite ergibt, die auf die Dreiheit der Erkenntnisvermögen, wie sie (beispielsweise) die Tafel vorstellt, mit der die Einleitung in die KdU schließt (B LVIII), und die besagt, daß die Erkenntnisvermögen Verstand, Urteilskraft und Vernunft seien, nicht vereinbar ist. Demnach liegt es nahe, die Identifikation von Sinn und Sinnlichkeit aufzugeben, und „Sinn" als eine Funktion des Verstandes zu verstehen, durch die dieser sich auf die Sinnlichkeit bezieht; dann wird die Aussage Kants in der KdrV, Sinn, Einbildungskraft und Apperzeption seien ursprüngliche Quellen und könnten aus keinem anderen Vermögen des Gemüts abgeleitet werden, als eine Aussage über den Verstand charakterisiert. Die Aussage der Nichtrückführbarkeit besagt dann, daß der Verstand nichts gegenüber den Fähigkeiten des Sinns, des Einbildens und der Apperzeption Grundlegenderes, sondern gerade umgekehrt die drei genannten Fähigkeiten die Grundlage für das sind, was zusammenfassend Verstand genannt wird. Die Spontaneität, durch die der Verstand im Gegensatz zur Sinnlichkeit gekennzeichnet ist, erfüllt sich in einer „dreifachen Synthesis", durch die sich „drei subjektive Erkenntnisquellen" erschließen, „welche selbst den Verstand und, durch diesen, alle Erfahrung, als ein empirisches Produkt des Verstandes möglich machen" (A 97/98). Aus all dem folgt dreierlei, nämlich: (1) „Sinn" ist eine Funktion des Verstandes, nämlich nichts anderes als die Apprehension; (2) Sinn ist etwas anderes als Sinnlichkeit, insofern in ihr transzendentale, bloß ästhetische Prinzipien angesprochen sind; und: (3) Sinnlichkeit als Einzelfähigkeit ist kein Erkenntnisvermögen, das auf Gesetzmäßigkeiten der Natur gerichtet sein kann. Die Folgerung (1) bedeutet, daß die Synopsis des Mannigfaltigen durch den Sinn bereits eine Handlung des Verstandes ist, die von dem, was bloße Sinnlichkeit dartut, zu unterscheiden ist.

„Sinn" als eine Funktion dem Verstand zuzusprechen, bedeutet nur im ersten Zugriff etwas ganz Einfaches und Naheliegendes, nämlich daß das, was Kant in A 94 die „Synopsis des Mannigfaltigen durch den Sinn" nennt, nichts anderes ist als die Apprehension, deren Erörterung in A 98 beginnt. Wenn aber, wie es umwillen der kompositorischen Einheit des Textes naheliegt, die Dreiheit der Gemütskräfte in der Tat nichts anderes als die Dreiheit der Synthesei des Verstandes ist, dann muß sich gegen diese Auffassung Protest erheben, und zwar ein Protest, der die einschlägigen Äußerungen Kants zur Unterschiedlichkeit von Sinnlichkeit und Verstand völlig zutreffend dahingehend zusammenfaßt, der menschliche Verstand sei wesentlich negativ gekennzeichnet durch die Unfähigkeit der Anschauung; zum Beispiel in der Formulierung von B 135: „Ein Verstand, in welchem durch das Selbstbewußtsein zugleich alles Mannigfaltige gegeben würde, würde anschauen; der unsere kann nur denken und muß in den Sinnen die Anschauung suchen" (§ 16); noch deutlicher in A 51/B 75: „Der Verstand vermag nichts anzuschauen, und die Sinne nichts zu denken. Nur daraus, daß sie sich vereinigen, kann Erkenntnis entspringen"; oder in: A 67/B 92: „Der Verstand wurde oben bloß negativ erklärt: durch ein nichtsinnliches Erkenntnisvermögen. Nun können wir, unabhängig von der Sinnlichkeit, keiner Anschauung teilhaftig werden. Also ist der Verstand kein Vermögen der Anschauung"; sowie B 138/139: Unser menschliche Verstand ist kein Verstand, „durch dessen Selbstbewußtsein zugleich das Mannigfaltige der Anschauung gegeben würde, ein Verstand, durch dessen Vorstellung zugleich die Objekte dieser Vorstellung existierten". Deutlicher noch spricht die Begriffsbestimmung der Apprehension in der KdU das Problem aus; dieser Textstelle zufolge ist Apprehension „Auffassung (...) [des Gegenstandes] vor allem Begriffe" (KdU, B XLVIII) und wäre schon von daher nicht als Funktion des Verstandes, dem Vermögen der Begriffe, anzusprechen. Dem entspräche, daß Kant in A 78/B 103 die „Synthesis überhaupt" als die „bloße Wirkung der Einbildungskraft" der Funktion, „diese Synthesis auf Begriffe zu bringen" gegenüberstellt und so Einbildungskraft und Verstand zu trennen scheint.

Die Behauptung eines Unterschiedes von Einbildungskraft und Verstand fällt in den Zusammenhang der Deduktion der Kategorien und damit in den Rahmen eines Abstraktionsprozesses, der dem der Isolation der reinen Sinnlichkeit nicht nur vergleichbar, sondern mit dem er im Grunde genommen identisch ist. Dieser Prozeß versucht, die reinen Anteile an einer jeden Verstandeserkenntnis darzutun und verlangt deshalb die Unterscheidung des Einbildens, das sich jederzeit auf die Sinnlichkeit als dem Ort der Einbildung, beziehen muß, von dem kategorialen Denken; darum geht es hier jedoch nicht, sondern um die Frage der Konstitution einer Sinnenwelt, die auf Leistungen des Verstandes zurückgreifen muß. Das ist es, was die Textstelle B 135 besagt, in der Kant den Verstand von der Sinnlichkeit abhebt, indem er auf die Notwendigkeit hinweist, daß der Verstand „in den Sinnen die Anschauung suchen" müsse: Dieser Suchprozeß ist nichts anderes als die Apprehension. Der Verstand bedarf einer Funktion, die in die Sinnlichkeit hineinlangt und hierin die reinen Formen der Sinnlichkeit immer schon in Anspruch nimmt. Der Suchprozeß der Apprehension eines Gegenstandes in der Anschauung ist gerade dadurch gekennzeichnet, daß er die strikte Trennung der Gemütskräfte, die in der transzendentalen Abstraktion vorgenommen wird, wieder fallenlassen muß: Er bedeutet nichts anderes, als den Prozeß der empirischen Anschauung zu verfolgen, und hierin ist eine Position eingenommen, die gleichzeitig transzendental ist und sich doch von der Darstellung der Sinnlichkeit in abstracto unterscheidet; dies verdeutlicht die Unterscheidung von empirischem und transzendentalem Gebrauch, mit dem Kant die Textstelle A 94 beschließt: „Alle diese Vermögen haben, außer dem empirischen Gebrauch, noch einen transz., der lediglich auf die Form geht, und a priori möglich ist. Von diesem haben wir in Ansehung der Sinne oben im ersten Teile geredet, die zwei andre aber wollen wir jetzt ihrer Natur nach einzusehen trachten" (A 94). Kant ist dahingehend zu verstehen, daß lediglich der transzendentale Gebrauch des Sinns durch die Transzendentale Ästhetik bereits abgehandelt ist, der empirische jedoch nicht. Nur im „transzendentale[n] Gebrauch" treten Sinnlichkeit und Verstand getrennt auf, weil sie hinsichtlich je eigener Prinzipien thematisiert werden. Gegenüber dieser Trennung gilt es aber, die Korrespondenz von Rezeptivität und Spontaneität zu betonen, sofern es um konkretes Erfahren geht.

Das eine ist es, die Sinnlichkeit im Hinblick auf ihre transzendentalen Prinzipien innerhalb eines Abstraktionsprozesses zu thematisieren, der von aller empirischen Erfahrung und allen Verstandesleistungen absieht, etwas ganz anderes aber ist es, gerade den Übergang von Sinnlichkeit und Verstand im Hinblick auf empirische Erfahrung zu thematisieren. Diesen Übergang thematisiert Kant in A 97, wenn er „dem Sinne deswegen, weil er in seiner Anschauung Mannigfaltigkeit enthält, eine Synopsis" beilegt; hier ist Sinn nichts anderes als die Apprehension in der zweifachen Bedeutung des Durchlaufens und Zusammennehmens. Dieser Synopsis (Auffassung vor dem Begriffe) korrespondiert deswegen „jederzeit eine Synthesis" (A 97), weil die Apprehension auf die kategoriale Erfassung des Gegenstandes aus ist. Wenn Kant im selben Satz fortfährt, daß „die Rezeptivität (...) nur mit Spontaneität verbunden Erkenntnisse möglich machen" (A 97) könne, so sind seine Begriffe der Rezeptivität und Spontaneität nicht eineindeutig auf Sinnlichkeit und Verstand abbildbar. Rezeptivität ist nicht nur die Sinn-

lichkeit, insofern sie reine Prinzipien enthält, denn als solche ist das Vermögen der sinnlichen Auffassung eines äußeren Gegenstandes überhaupt nur potentiell, sondern Rezeptivität ist Sinn, insofern wirkliche Eindrücke in ihm vorhanden sind und diese Eindrücke vom Verstand apprehendiert werden, d.h. „Sinn" ist eben der Verbund von
Sinnlichkeit und Verstand, wie er durch die Apprehension entsteht. In dem Gegensatzpaar „Rezeptivität vs. Spontaneität" ist gerade nicht auf die Unterschiedlichkeit von
Sinnlichkeit und Verstand abgehoben, wie sie sich darstellt, sofern allein auf die transzendentalen Prinzipien geachtet wird, die Erfahrung ermöglichen, sondern es ist von
einer Unterscheidung die Rede, die innerhalb des Verstandes stattfindet, und damit von
einer Synopsis, die bereits im Hinblick auf die Ermöglichung von Erfahrung „als ein
empirisches Produkt des Verstandes" geschieht und damit den Kategorien gemäß sein
muß.

Es ist deshalb auch die im und durch den Verstand stattfindende Verbundenheit
von Rezeptivität und Spontaneität, auf die Kant sich bezieht, wenn er zu sprechen fortfährt, es sei „diese (...) nun der Grund einer dreifachen Synthesis", nämlich der der Apprehension, der Reproduktion und der Rekognition, die eine Einheit bilden, in der die
starre analytische Trennung von Sinnlichkeit und Verstand aufgehoben ist[28]. Wenn sich

---

[28] Die Frage nach dem Zusammenhang der drei von Kant in der A-Deduktion aufgeführten Synthesei scheint auf den ersten Blick ein Problem von untergeordneter Bedeutung zu sein. Das ist
aber nicht so, denn es hängt eng mit der Problematik der Zweiten Analogie der Erfahrung
zusammen, die unbestrittenermaßen von zentraler Bedeutung für Kants theoretische Philosophie
ist. Das Problem ist, kurzgefaßt, folgendes: Wenn die drei Synthesei zeitlich aufeinander folgende
Etappen der Erkenntnis darstellen, dann gibt es eine eigene Zeitfolge der bloßen Apprehension,
die zeitliche Reihenfolge der Sinneseindrücke, die erst nachträglich durch Akte des Verstandes,
nämlich durch eine im Sinne der Zweiten Analogie gesteuerte Reproduktion der Eindrücke, die
ihrerseits auf einen Begriff zurückgreift, in eine Ordnung gebracht wird. Nun erscheint es kaum
glaubhaft, daß der Verstand vermögen sollte, eine bereits vorhandene zeitliche Ordnung gleichsam
nachträglich zu korrigieren: Wie sollte eine Reihenfolge der zeitlichen Auffassung von Sinneseindrücken nachträglich verändert werden können? Man müßte für diesen Fall zugestehen, daß
es innerhalb des erkennenden Subjekts prinzipiell immer zwei verschiedene Zeitordnungen gäbe,
nämlich die Zeitordnung bloßer Apprehension und die Zeitordnung zufolge des Kausalitäts-
gesetzes. Diese beiden Zeitordnungen wären zwar in vielen Fällen isomorph, jedoch in keinem
Falle identisch. Demgegenüber ist es einleuchtender, schon die bloße Apprehension als durch die
in der Zweiten Analogie dargestellte Gesetzmäßigkeit bestimmt anzusehen; dies setzt ein Ineinander der drei Synthesei voraus, also letztlich die Bestimmung der Zeitfolge in der Apprehension
durch den Begriff. Letzteres halte ich deshalb für zutreffend, allerdings nur unter der Voraussetzung, daß das, was Kant als „Rekognition im Begriffe" bezeichnet, nicht voreilig als „Rekognition durch die Kategorien" verstanden wird, denn dann gäbe es, weil alles Erkannte den Kategorien entsprechen muß, keine Möglichkeit, den Vorwurf Schopenhauers zu umgehen, Kant
identifiziere alles Aufeinanderfolgen als Auseinanderfolgen. Dies ist aber offensichtlich absurd:
Der Ziegel, der vom Dach herab auf meinen Kopf fällt, nachdem ich die Tür gerade hinter mir
geschlossen habe, fällt nicht aufgrund des Schließens der Tür herab – es sei denn, ich gehöre zu
jenen ungeschickten Menschen, die keine Tür schließen können, ohne die Bausubstanz eines
Hauses zu gefährden. Ich schlage also vor, die drei Synthesei in der Tat als getrennte Darstellung

der Unterschied zwischen Sinn und Sinnlichkeit an dem Unterschied eines empirischen von einem transzendentalen Gebrauch der „subjektiven Erkenntnisquelle" (nach A 115) festmacht, so ist „Sinn" der Begriff mit der größeren Extension, weil er in dem empirischen Sinn, der „die Erscheinungen empirisch in der Wahrnehmung" vorstellt (A 115), stets die transzendentale Funktion der Prinzipien der reinen Anschauung (Raum und Zeit) mitbegreift. Der innere Sinn enthält „die bloße Form der Anschauung, aber ohne Verbindung des Mannigfaltigen in derselben, mithin noch gar keine bestimmte Anschauung (...), welche nur durch das Bewußtsein der Bestimmung desselben durch die transzendentale Handlung der Einbildungskraft (synthetischer Einfluß des Verstandes auf den inneren Sinn) (...) möglich ist") (B 154). Wenn der innere Sinn nur eine bloß formale Anschauung enthält, dann ist eine bestimmte Anschauung, also die Apprehension eines Gegenstandes, nur dadurch möglich, daß der Verstand einen synthetisierenden Einfluß auf den inneren Sinn ausübt.

Der psychologischen Auffassung, „die Sinne lieferten uns nicht allein Eindrücke, sondern setzten solche auch so gar zusammen, und brächten Bilder der Gegenstände zuwege" (A 120) widerspricht Kant mit dem Argument, hierfür sei „noch etwas mehr [als Sinnlichkeit], nämlich eine Funktion der Synthesis" erforderlich. Erst für den Ver-

---

desselben Erkenntnisaktes zu verstehen, allerdings mit der Einschränkung, daß der Begriff, durch den der Gegenstand erkannt wird ein beliebiger Begriff sein kann: In der Zweiten Analogie wird auch nicht behauptet, es könne nicht ein Schiff zuerst stromabwärts und dann stromaufwärts wahrgenommen werden, sondern es wird nur behauptet, daß dasselbe, sich stromabwärts bewegende Schiff nicht beliebig apprehendiert werden könne. Der hier zugrundeliegende Begriff „stromabwärtsfahrendes Schiff" ist wohl kaum eine Kategorie im Kantschen Sinne zu nennen. – R. Hiltscher (Kant und das Problem der Einheit. Würzburg 1987) begeht m.E. nach genau diesen Fehler der unberechtigten Identifikation von „Begriff" und „Kategorie": Nach Hiltscher ist „ohne die reinen Begriffe des Verstandes nicht einmal die Synthesis der Apprehension, die direkt an der Anschauung ansetzt und das Moment der Unbestimmtheit des Urteils darstellt, möglich" (S. 19). Das ist im Allgemeinen richtig, nämlich in dem Sinne, daß jeder einen Akt der Apprehension leitende Begriff natürlich seinerseits den Kategorien entsprechen muß. Deshalb aber ist dieser Begriff nicht selbst eine Kategorie; so aber versteht Hiltscher die Rekognition im Begriffe: „Die Synthesis der Reproduktion ist als transzendentale Funktion eine nähere Begründung der reinen Synthesis der Apprehension, und die Synthesis der Apprehension ist nur vermittels der Synthesis der Reproduktion möglich. Das Zusammenfassen der [kein Zitatfehler] Mannigfaltigen der Anschauung ist nur möglich, indem im Durchlaufen des Mannigfaltigen das schon durchgelaufene [kein Zitatfehler] Mannigfaltige festgehalten wird und nicht einfach aus dem Blick gerät. Die Reproduktion kann aber nur stattfinden, sofern die Reproduktion gemäß eines sie leitenden Zusammenhangs geschieht. Die transzendentale Einbildung reproduziert die Mannigfaltigkeit nicht zufällig, wie sie ihr aufstößt, sondern sie benötigt einen transzendentalen Sinn-Grund der Reproduktion. Insofern sie sich gemäß einer Regel vollzieht und die Teilmerkmale gemäß dieses Sinns jeweils reproduziert, ermöglicht sie letztlich, daß in der Apprehension ein bestimmter Gegenstand in der Anschauung gegeben wird. Die Regel kann aber nicht mehr von der Reproduktion selbst stammen" (S. 23). – Vgl. zu diesem Problem auch Ernst Henkes Diskussion (Zeit und Erfahrung. Eine konstruktive Interpretation des Zeitbegriffs der Kritik der reinen Vernunft. Meisenheim am Glan 1978, S. 125-128).

stand findet innerhalb der absoluten Form von Raum und Zeit eine Mannigfaltigkeit statt, in die, auf der ersten Stufe des Apprehendierens, wiederum bloß synoptisch eingegriffen werden kann; diese Synopsis geschieht nicht durch Urteilskraft, aber sie geschieht im Hinblick auf die Ermöglichung empirischer Urteile. Von einer Synopsis durch bloße Sinnlichkeit zu sprechen, ist sinnlos: Weil es nichts gibt, was zusammengeschaut werden könnte. Raum und Zeit sind absolute Formen aller Empfindung überhaupt ohne jede Unterscheidung von Einzelnem in ihr, jedoch mit der Möglichkeit einer solchen Unterscheidung. Die Synopsis der Apprehension stellt die erste Bedingung zur Einheit einzelner Erscheinungen innerhalb der Welt bereit. Sinnlichkeit ist damit kein Vermögen der Erkenntnis von Gesetzmäßigkeiten der Natur. Der Raum ist, sagt Kant in der B-Auflage (§ 17), „noch gar kein Erkenntnis; er gibt nur das Mannigfaltige der Anschauung a priori zu einem möglichen Erkenntnis" (B 137).[29]

III. Übergang zur Verstandeswelt: Geometrie und Gegenstandskonstitution in den Prolegomena und der KdrV.

Die Prolegomena sind keine Korrektur, sondern eine Betrachtung des Gehalts der KdrV hinsichtlich dessen möglicher Anwendung. Das ist etwas ganz anderes als die Thematisierung einer Elementarlehre, wie sie die KdrV vornimmt, denn es bedeutet, das, was innerhalb einer Elementarlehre in seine Einzelteile (Elemente) zerlegt dargetan werden muß, unter einer Hinsicht zu betrachten, die die Verbindung dieser Einzelteile wiederum betont. Daher sind die vier Hauptthemen der Prol. den Abschnitten der KdrV analog, aber sie greifen weiter aus, als es der KdrV möglich ist. Wenn die Prol. nacheinander die Fragen nach der Möglichkeit von Mathematik, von Naturwissenschaft und von Metaphysik überhaupt, sowie von Metaphysik als Wissenschaft behandeln, dann folgt diese Vierteilung zwar der Gliederung der KdrV in Transzendentale Ästhetik, Transzendentale Logik - Verstand (Analytik), Transzendentale Logik - Vernunft (Dialektik) und Transzendentale Methodenlehre, die Betrachtungen der Prol. bedeuten jedoch keineswegs nur eine strenge Wiederholung des bereits in der KdrV Gesagten. Der Fortschritt von der Analyse des menschlichen Erkenntnisvermögens zu der Frage nach

---

[29] Der erste Absatz § 15 der B-Auflage liest sich wie eine Zusammenfassung der eben vorgetragenen Interpretation: Keine Art der Verbindung eines Mannigfaltigen, kann „durch Sinne in uns kommen, und kann also auch nicht in der reinen Form der sinnlichen Anschauung zugleich mit enthalten sein; denn sie ist ein Actus der Spontaneität der Vorstellungskraft, und, da man diese, zum Unterschiede von der Sinnlichkeit, Verstand nennen muß, so ist alle Verbindung, wir mögen uns ihrer bewußt werden oder nicht, es mag eine Verbindung des Mannigfaltigen der Anschauung, oder mancherlei Begriffe (...) eine Verstandeshandlung" (B 129 f.).

der Anwendung dieses Vermögens bedeutet einen Fortschritt von der Sichtung des vorhandenen zu der Frage nach der Relevanz des bereits gesichteten Materials. Dem entspricht, daß die Frage nach der Möglichkeit der Mathematik in der KdrV erst in der Methodenlehre, in den Prol. aber bereits in jenem ersten Hauptteil, der der Transzendentalen Ästhetik parallel ist, behandelt wird. Die Prol. können auf das in der KdrV ausgebreitete Material in einer Form Bezug nehmen, in der über eine isolierte Betrachtung der jeweiligen Teilvermögen der menschlichen Erkenntnis hinausgegangen werden muß, während die Aufgabe der KdrV gerade eine solche isolierte Betrachtung ist. In dieser Hinsicht stehen die Prol. den Erwägungen von De mundi näher, als es die KdrV tut. Deshalb ist in der Frage nach der Möglichkeit der Mathematik eine Thematik im Blick, die sich nicht allein von der Transzendentalen Ästhetik her behandeln läßt, sondern die gerade jene im vergangenen Abschnitt behauptete „Schnittmenge" zwischen Sinnlichkeit und Verstand betrifft.[30]

---

[30] Gerade wenn die Sinnlichkeit als bloß rezeptiv vorgestellt wird, ist in ihr überhaupt kein Gegenstand als enthalten denkbar, also gerade dann, wenn es um die wirkliche Erkenntnis geht. Deshalb bedarf es umwillen einer Sinnlichkeit, durch die Gegenstände umwillen faktischer Erkenntnis vorgestellt werden, der Deutung der Sinnlichkeit als eines produktiven Vermögens: „Sofern der (erscheinende) ‚Gegenstand' die Sinne affiziert, ist mit dem Ausdruck das transzendente Etwas, das wirkende Ding an sich gemeint, sofern aber in der Affektion der Sinne zugleich eine Vorstellung bewirkt wird, bedeutet er Erscheinung. So ist Erscheinung also das Ding an sich, soweit es erkennbar ist. Im erscheinenden Gegenstand müssen wir das auf die Sinne Wirkende von dem in den Sinnen und aus den reinen Formen des Anschauens Bewirkte unterscheiden. Nur in der ersten Bedeutung ist uns der ‚Gegenstand' der Sinne ‚anderswoher' gegeben, und nur diesem ‚Anderswoher' gegenüber ‚sind wir leidend', da wir von ihm wirkliche Eindrücke erfahren, während der Gegenstand in seiner erscheinenden Vorstellungsform, und zwar nur in diesem Sinne, von uns gemacht wird. Hier ist also die Sinnlichkeit auch in ihrer Rezeptivität nicht passiv, sondern zugleich aktiv; sie kann überhaupt nur passiv sein, indem das erkennend tätige Subjekt in ihr als re-produktive Einbildungskraft zugleich aktiv ist" (Hinderks, Hermann: Über die Gegenstandsbegriffe in der Kritik der reinen Vernunft. Basel 1948, S. 85). Demzufolge ist die Getrenntheit von Sinnlichkeit und Verstand nicht durchzuhalten: „„Unsere Erkenntnis entspringt aus zwei Grundquellen des Gemüts ...': aus der Rezeptivität der Eindrücke und der erkennenden Spontaneität der Begriffe. Diese Charakteristik bezieht sich in der schroffen Gegenüberstellung von Passivität und Aktivität nur auf die in der Analyse aufgezeigte Geschiedenheit des Ursprungs, nicht aber auf die tatsächliche Symbiose von Stoff und Form der Erkenntnis in den Aktbeziehungen, die den Gegenstand als solchen konstituieren, d.h. nicht auf den logischen Prozeß der Erkenntnis, in dem sich die Intellktualform des Gegenstandes gerade dadurch diesem einfügt, daß das Bewußtsein in der Rezeptivität auch zum Teil aktiv und in der Spontaneität auch zum Teil passiv ist" (Hinderks, S. 103); vgl. auch Ernst Henkes (Zeit und Erfahrung. Eine konstruktive Interpretation des Zeitbegriffs der Kritik der reinen Vernunft. Meisenheim am Glan 1978, S. 123) Rede von einer „künstlichen Trennung", sowie die etwas andere Pointierung bei Friedrich Kaulbach (Die Metaphysik des Raumes bei Leibniz und Kant. Köln 1960), der m.E. dem falschen Vermögen die richtige Funktion zuspricht, wenn er bemerkt, man müsse sich „hüten, das Modell: Form-Material zu dinglich zu verstehen. Es ist vor allem dabei an eine forma formans, eine in aktiver Formung sich auswirkende Form zu denken. Durch den Begriff des Formalen wird von Kant die Anschauung vor der Empfindung ausgezeichnet und damit dem Verstand als dem Vermögen der Sponta-

Dem entspricht, daß in den Prol. wiederum auffällig oft von einer „Sinnenwelt"
die Rede ist. Wenn für das Verständnis dessen, was Sinnenwelt ist, ein Rückgriff auf
Leistungen des Verstandes nötig ist – und dies scheint mir unabweisbar zu sein –, dann
ist die Rede von einer Sinnenwelt auch dort sinnvoll, wo die Betrachtung des Vermögens bloßer Anschauung schon in die Betrachtung der Verstandesleistungen übergegan-
gen ist. Dann ist es schon allein deshalb auch sinnvoll, das, was man hier wie dort als
Welt zu beschreiben sucht, als Sinnenwelt anzusprechen, weil in einer solchen Rede
betont wird, daß es sich in beiden Fällen um dieselbe Welt handelt, über die bloß auf
verschiedene Weise gesprochen wird. Mit demselben Argument verbietet sich dann jedoch der sprachliche Lapsus, diese Sinne*n*welt als Sinne*s*welt anzusprechen; Kant spricht
stets – d.h. in den Prol., der KdrV und, zumindest in einer Übersetzung, die sich an dem
Sprachgebrauch des kritischen Kant orientiert, auch in De mundi – von einer „Sinne*n*-
welt", nicht jedoch von einer „Sinne*s*welt". Eine Sinne*n*welt zu behaupten ist etwas ganz
anderes, als eine Sinne*s*welt, die ganz unabhängig von allen Leistungen des Verstandes
wäre, zumal, wenn diese Welt zudem als eine an sich existierende Welt vorgestellt
würde. Eine solche Welt wäre in der Tat gar nichts, denn sie wäre unerkennbar, und sie
verdiente – dies wird an einer späteren Stelle deutlich werden – noch nicht einmal den
Namen einer Welt. Die Behauptung der Existenz nun gleich zweier solcher an sich und
unabhängig voneinander existierender Welten, deren Unterschiedlichkeit auf wunder-
bare Weise der Gliederung unseres Erkenntnis-vermögens analog sein sollte, als von
dem ganz unabhängig existierend sie vorgestellt würden, ist eine Zumutung. Man halte

---

neität nähergebracht" (S. 122). – Etwas ganz anderes aber ist nun jene Handlung des Verstandes,
durch die Raum und Zeit selbst als Gegenstände möglich werden: „Die Form der Anschauung ist
im Falle des Raumes diejenige meiner ausgedehnten Selbstbewegung. Ich lege das in dieser Bewegung enthaltene unmittelbare Bewußtsein (Innesein) in einem Modell vom objektiven Raume aus,
der somit ‚als Gegenstand vorgestellt' wird. So geschieht es etwa in der Geometrie. Die objektive,
dingliche Einheit dieses Raumes nennt Kant die ‚formale Anschauung' im Gegensatz zur forma
formans, der ‚Form der Anschauung'. Von der letzteren sagt er, sie enthalte selbst noch keine Ordnung, sondern nur ein ‚Mannigfaltiges', sofern man sie nämlich isoliert und ganz für sich betrachtet, sie also nicht einbaut in das Gefüge der Synthesis, welche auch den Verstand enthält"
(Kaulbach, S. 122). „Mit dem Begriff der ‚formalen Anschauung' hat Kant im Unterschied zur
‚Form der Anschauung' eine Abhängigkeit der Anschauung vom Begriff postuliert. Die ‚Einheit'
des Raumes, welche die formale Anschauung darstellt, ist begrifflichen Ursprungs. Sie wird selbst
z.B. im Modell des Newtonschen Behälters ‚anschaubar', d.i. symbolisch erfaßbar. Auch der Raum
der Geometrie, welchen Kant kennzeichnenderweise immer als Beispiel und Illustration für seinen
Raumbegriff anführt, kann, wenigstens unter den von Kant gewählten Gesichtspunkten, als solch
ein idealisierter Behälter symbolisiert werden" (S. 125).

weder die Gliederung der KdrV für die Einteilung des menschlichen Geistes, noch die Gliederung von De mundi für die Einteilung der Welt.[31]

---

[31] Es ist nicht möglich, eine Darstellung der spezifischen Leistungen eines Erkenntnisvermögens allein mit den Mitteln dieses Erkenntnisvermögens selbst zu beschreiben, weil jede Form der Erkenntnis – das ist eine der zentralen Aussagen Kants – immer durch die Diskursivität verschiedener Erkenntnisvermögen zustande kommt. In bezug auf die Transzendentale Ästhetik ist jedoch unumwunden festzustellen, daß Kant in ihr eine Gesamtdarstellung dessen, was Raum und Zeit sind, versucht, die von dem Anspruch einer stufenweisen Darlegung der Erkenntnisvermögen her gedacht, zu schlicht unangemessenen Vorgriffen führt. So ist aus dem Charakter des Raumes als reiner Anschauungsform allein gerade nicht zu folgern, daß dieser Raum mit einer bestimmten geometrischen Struktur übereinstimmt, nämlich der des Euklidischen dreidimensionalen Raumes. Dies darf jedoch nicht zu dem falschen Urteil führen, Kant habe seine Transzendentale Ästhetik im Hinblick auf den Erweis eben einer solchen Struktur geschrieben, wie es Wolfgang Grabsch (Zum Begriff der Zeit bei Kant. Diss. Hamburg 1988) tut: „Wenn man die Strukturuntersuchung von Raum und Zeit heranzieht, die Kant bietet, so ist sehr bald sichtbar, daß ‚Raum' und ‚Zeit' von dem her konzipiert wurden, was Kant als ‚reine Mathematik' betrachtete, also Geometrie, Zahl und Mechanik. Obzwar an dieser Stelle ein Zitat aus der KdrV als unerlaubter Vorgriff erscheinen könnte (was mit Hilfe philosophischer Kriterien abgewiesen werden könnte), kann man als Kurzformel für dieses ‚sehr bald sichtbar' auf den Satz aus der Transzendentalen Ästhetik verweisen: ‚Geometrie ist eine Wissenschaft, welche die Eigenschaften des Raumes synthetisch und doch a priori bestimmt. Was muß die Vorstellung des Raumes denn sein, damit eine solche Erkenntnis von ihm möglich sei?' (B 41). Also Geometrie ist da, ist vorhanden mit einem bestimmten Gerüst von Aussagen über den geometrischen Raum, und nun wird durch die Äquivokation ‚Raum' gefragt, wie ‚der' Raum beschaffen sein muß, damit er zur Wissenschaft der Geometrie paßt. Bestenfalls erhält man unter solchen Prämissen einen Ausschnitt der Eigenschaften des Raumes, d.h. einen begrenzten Bereich innerhalb dessen, was als ‚Raum' anzusprechen wäre, nämlich genau den Bereich, der durch die Postulate bestimmter Geometrien abgesteckt wird" (S. 78). Wenn das zuträfe, gäbe es im Hinblick auf die Existenz der sog. „nichteuklidischen" Geometrien überhaupt keinen Grund mehr, Kants Transzendentale Ästhetik und alles, was aus ihr folgt oder sich auf sie bezieht, überhaupt zu lesen. Friedrich Kaulbach hat demgegenüber schon 1960 darauf hingewiesen, daß „der ideale Raum nicht der Gegenstand des vorwissenschaftlichen oder auch des einzelwissenschaftlichen Denkens [ist]. Vor mir habe ich in der naiven Einstellung immer den empirischen Raum. Auch der Raum der Geometrie gehört unter dem transzendentalen Gesichtspunkt auf die Seite des Empirischen: man müßte ihn als empirisch ideal bezeichnen und hätte dann den Sinn von Idealität, welchen Leibniz im Hinblick auf seine ‚Stellenordnung' im Auge gehabt hat. Für den Raum des Geometers gilt nämlich, daß ihm nur das empirische Material abgestreift worden ist, welches zu ihm gehört. Mag der vorgestellte Raum also empirisch ideal, wie derjenige der Geometrie, oder empirisch real, wie derjenige der Physik sein: er steht jedenfalls als empirischer Raum auf der Seite der Gegenständlichkeit" (Die Metaphysik des Raumes bei Leibniz und Kant. Köln 1960, S. 118).

1. Sinnlichkeit, Sinnenwelt und die Grundlegung der Geometrie in den Prolegomena.

Der erste Teil der Prol. steht unter der Fragestellung der Möglichkeit reiner Mathematik. Schon § 7, der zweite dieses Teils, macht klar, daß die Frage nach der Mathematik nach dem Zusammenspiel von Anschauungsvermögen und Vernunft fragt. Anhand der Verschiedenheit dieses Zusammenspiels lassen sich Philosophie und Mathematik unterscheiden, nämlich dadurch, daß „alle mathematische Erkenntnis dieses Eigentümliche habe, daß sie ihren Begriff vorher in der Anschauung (...) darstellen müsse, ohne welches Mittel sie nicht einen einzigen Schritt tun kann; daher ihre Urteile jederzeit intuitiv sind, an statt daß Philosophie sich mit diskursiven Urteilen aus Begriffen begnügen, und ihre apodiktische Lehren wohl durch Anschauung erläutern, niemals aber ableiten kann" (A 49)[32]. Kant fragt nach der reinen Mathematik und steht deshalb vor dem Problem, die Anschauung, in der die Mathematik ihren Begriff konstruiert, als reine Anschauung auszuweisen. Wie „ist es möglich, etwas a priori anzuschauen? Anschauung ist eine Vorstellung, so wie sie unmittelbar von der Gegenwart des Gegenstandes abhängen würde" (§ 8, A 50/51). Der mathematische Gegenstand wird nicht gegeben, sondern konstruiert und ist von daher von der Gegenwart eines äußeren Gegenstandes ganz unabhängig.

---

[32] Jaako Hintikka (Kant on the Mathematical Method. In: Beck, Lewis White: Kant Studies Today. LaSalle, Illinois 1969, S. 117-140) kritsiert das Verständnis von Intuition als „something you can put before your mind's eye, something you can visualize, something you can represent to your imagination. This is not at all the basic meaning Kant himself wanted to give to the word, however. According to his definition, presented in the first paragraph of his lectures on logic, every particular idea as distinguished from general concepts is an intuition. Everything, in other words, which in the human mind represents an individual is an intuiton. There is, we may say, nothing ,intuitive' about intuitions so defined. Intuitivity means simply individuality" (S. 119). Hintikka sieht in diesem Verständnis von Intuition eine grundlegende Bedeutung, und schlägt dementsprechend vor, die Transzendentale Ästhetik nicht als Grundlage der Philosophie der Mathematik zu lesen, weil dies dazu führte, Intuition so zu verstehen „as if it meant ,mental picture' or ,an image before our mind's eye'", denn dann „it becomes very difficult to understand why Kant refers to algebra and to arihmetic as being based on the use of intuitions" (S. 123). Diese Deutung erlaubt, den Anteil der Mathematik an der Gegenstandskonstitution näher zu kennzeichnen als die Konstruktion des Einzelnen, das noch gar nicht durch allgemeine Begriffe bestimmt sein kann. Es erlaubt auch, die Merkwürdigkeit zu erklären, daß Kant mitunter von „reiner" Mathematik spricht, obwohl Mathematik doch entweder „rein" oder überhaupt keine Mathematik sein kann, wie auch die Logik als angewandte Logik eigentlich nicht mehr die Logik selbst ist, sondern bereits Wissenschaft in ihrem Rückgriff auf Logik. Mathematik ist das, was auf Einzelnes geht, und deswegen sind auch die ersten beiden Kategorientitel mathematisch, weil sie auf Weltbegriffe führen, die Welt und Atom als einzelne Dinge in Raum und Zeit verstehen. Die Lehren der apriorischen Mathematik müssen deshalb der Struktur der Sinnlichkeit entsprechen, nicht in dem Kant untergeschobenen Sinne, daß die Mathematik und speziell die Geometrie diese Strukturen bestimmte, sondern weil die Mathematik als Fähigkeit der Konstruktion von Einzelnem nur möglich ist unter Zugrundelegung eben dieser Strukturen. Dementsprechend ergibt sich als Bestimmung von Konstruktion, daß „,construction' (...) only means ,the introduction of a new individual representation for a general concept'" (S. 138).

Die Anschauung eines mathematischen Gegenstandes kann nicht nur deshalb „vor dem Gegenstande selbst vorhergehen" (A 51), sondern muß es auch tun. Wenn die menschliche empirische Anschauung Gegenstände gar nicht so anschaut, wie sie an sich sind, dann bedarf sie vorhergehender Formen, die Anschauung ermöglichen, nämlich Raum und Zeit, sie bedarf aber auch bestimmter Verfahren, um innerhalb von Raum und Zeit Gegenstände zu konstruieren. Mathematik ist die Wissenschaft von diesen Verfahren vor aller empirischen Erfahrung. Das meint nicht, daß alle empirische Erfahrung in einem landläufigen Sinne mathematisch wäre – das kann nicht sein, weil strenggenommen kein empirisches Ding irgendeiner geometrischen Form entspricht. Gemeint ist hier nur eine Analogie zwischen dem, was reine Mathematik tut, und dem, was in der empirischen Anschauung geschieht.

In § 10 betrachtet Kant die Frage der Grundlegung der Mathematik anhand der Grundlegung der Geometrie. Raum und Zeit sind, so heißt es dort (§ 10, A 53), „diejenigen Anschauungen, welche die reine Mathematik allen ihren Erkenntnissen, und Urteilen, die zugleich als apodiktisch und notwendig auftreten, zum Grunde legt". Mathematik ist dadurch eine Wissenschaft apodiktischer und notwendiger Urteile – also synthetischer Urteile a priori –, daß sie sich der reinen Anschauungsformen von Raum und Zeit bedient.[33] Darin ist das Verhältnis der Grundlegung bestimmt, das in den

---

[33] Kants Behauptung des synthetischen Charakters mathematischer Urteile wird von der Seite der Mathematik allgemein bestritten: Mathematik ist demzufolge ein System von Sätzen, die analytisch aus Axiomen gefolgert werden können. Der Schlüssel zur Auflösung dieses Gegensatzes scheint mir weder eine Korrektur der Kantschen Ansicht, noch ein verändertes Verständnis des Gegensatzes von synthetischen und analytischen Urteilen zu sein, sondern ein adäquates Verständnis des Kantschen Begriffs von Mathematik. Entgegen einer weit verbreiteten Ansicht trifft Kants Aussage nicht die eine oder die andere mathematische Wissenschaft, obwohl Kants Beispiele unausweichlich aus einer konkreten vorliegenden Mathematik, nämlich (im Falle der Geometrie) der Euklidischen, herstammen müssen, sondern das Mathematische der Mathematik, das, was macht, daß die Mathematik Mathematik ist und nicht Philosophie oder gar empirische Naturwissenschaft (Physik). Das nun, was die Mathematik zur Mathematik macht, ist das Moment der apriorisch-anschaulichen Konstruktion, und eine solche Konstruktion kann nur synthetisch-apriori sein, weil sie aufgrund ihres Angewiesenseins auf die (wenn auch reine) Anschauung nicht allein auf den Satz vom Widerspruch aufbauen kann. Gottfried Martin hat auf diesen Sachverhalt zuerst hingewiesen: „Für die axiomatische Auffassung [der Geometrie] kann der Satz, daß die Winkelsumme im Dreieck zwei Rechte beträgt, nicht allein aus dem Satz des Widerspruchs bewiesen werden. Der Begriff der ‚Winkelsumme gleich zwei Rechten' ist nicht in dem Begriff des Dreiecks enthalten, er ist nicht logisch notwendig mit diesem Begriffe verbunden, mit dem Subjektsbegriff Dreieck können vielmehr auch die beiden anderen logisch möglichen Prädikate ‚Winkelsumme kleiner als zwei Rechte' und ‚Winkelsumme größer als zwei Rechte' als verbunden gedacht werden. Dann baut sich auf der Verbindung des Subjekts Dreieck mit dem Prädikat ‚Winkelsumme gleich zwei Rechten' die euklidische Geometrie auf, auf der Verbindung des Subjekts Dreieck mit dem Prädikat ‚Winkelsumme kleiner als zwei Rechte' baut sich die bolyai-lobatschewskysche Geometrie auf, und auf der Verbindung schließlich des Subjekts Dreieck mit dem Prädikat ‚Winkelsumme größer als zwei Rechte' baut sich die riemannsche Geometrie auf. Wir sehen also in der Axiomatik die Bestätigung der kantischen These vom synthetischen Charakter der geometrischen Urteile"

folgenden Sätzen sprachlich undeutlicher formuliert ist: Mathematik bedarf immer schon der reinen Anschauungsformen; auf der Basis dieser Anschauungsformen werden Handlungen der intelligentia möglich, die es erlauben, eine Wissenschaft apodiktisch gewisser Lehrsätze („mathemata") aufzustellen. Es kann also keine Rede davon sein, daß erst durch die Mathematik Raum und Zeit als reine Anschauungsformen zugrunde gelegt würden: „Geometrie legt die reine Anschauung des Raumes zum Grunde" – in diesem Satz ist, sofern auf das Grundlegungsverhältnis von Mathematik (Geometrie) als Wissenschaft und deren transzendentaler Bedingung, deren eine die reinen Anschauungsformen sind, geblickt wird, das Prädikat zu lesen als „liegt". Die Kantsche Formulierung „legt" deutet aber nicht weniger auf einen richtigen Sachverhalt, nämlich insofern es erst die Geometrie ist, die dem Verstand den Raum als durch ihn handhabbaren Gegenstand vorlegt. Dasselbe gilt qua Arithmetik für die Zeit: „Arithmetik bringt selbst ihre Zahlbegriffe durch sukzessive Hinzusetzung der Einheiten in der Zeit zu Stande" (A 53).

  Inwiefern ist nun Gegenstandskonstitution mathematisch? Das scheint unsinnig zu sein, weil Mathematik sich der Anschauung bedient, die Gegenstandskonstitution jedoch gerade dessen, was in der reinen Anschauung fehlen muß, nämlich der Materie: Das „Vermögen, a priori anzuschauen", sagt Kant (§ 11, A 54), betrifft „nicht die Materie

---

(Martin, Gottfried: Immanuel Kant. Ontologie und Wissenschaftstheorie. Berlin 1969, S. 22). Demzufolge zeigt sich der synthetische Charakter des Mathematischen an der Möglichkeit verschiedener Mathematiken. Nur wenn die Grundstruktur des mathematischen Denkens synthetisch ist, kann es verschiedene Mathematiken geben, und die Frage, ob innerhalb einer Mathematik Erkenntnis nun analytisch oder synthetisch funktioniert, ist demgegenüber von untergeordneter Bedeutung und im Grunde eine Frage der Bezeichnung. Für die Kantsche Bestimmung des synthetischen Charakters von Erkenntnis auch innerhalb der Mathematik (freilich auch in Kantscher Bedeutung!) spricht, daß eine bloß analytische Wissenschaft keinen Fortschritt machen könnte: weil ihre Sätze letztlich alle tautologisch sein müßten. Freilich argumentiert Kant diesbezüglich anders: „Es kann aber kein Zweifel sein, daß Kant sich darüber klar gewesen ist, daß auch in der Geometrie das logisch Mögliche über den Bereich der euklidischen Geometrie weit hinausgeht. Aber Kant hielt – wenn auch irrtümlicherweise – an einer These fest. Was über die euklidische Geometrie hinausgeht, ist zwar logisch möglich, es ist aber nicht konstruierbar, das heißt, es ist nicht anschaulich konstruierbar, und das heißt nun wiederum für Kant, es existiert mathematisch nicht, es ist ein bloßes Gedankending. Nur die euklidische Geometrie existiert im mathematischen Sinne, während alle nicht-euklidischen Geometrien bloße Gedankendinge sind" (Gottfried Martin, S. 27). – Dieser Bestimmung entspricht, daß Kant sich des Begriffs des Mathematischen auch dort bedient, wo von Mathematik im Sinne der bekannten verfaßten Wissenschaft keine Spur ist, wie etwa bei der Unterscheidung von mathematischen und dynamischen kosmologischen Ideen: „Kant unterscheidet die kosmologischen Ideen in solche mathematischen und solche dynamischen Charakters. Die mathematischen Ideen haben eine totale Verbindung gleichartiger Bedingungen im Auge, solcher also, die, so viel an ihnen auch im Regressus angetroffen werden mögen, allesamt Momente der Erscheinungswelt sind; in den dynamischen Ideen hingegen soll die Verbindung dieser gleichartigen Bedingungen mit einer ihnen gegenüber ungleichartigen Bedingung geschehen" (Bartuschat, Wolfgang: Zum systematischen Ort von Kants Kritik der Urteilskraft. Frankfurt a.M. 1972, S. 44).

der Erscheinung, d.i. das, was in ihr Empfindung ist, denn diese macht das Empirische aus, sondern nur die Form derselben, Raum und Zeit". Das bedeutet nun nichts anderes, als daß schon in bezug auf die „bloße" Erscheinung bereits materielle und formale Aspekte unterscheidbar sind, nämlich die Materie der empirischen Empfindung und die Form der Anschauung als solcher, d.s., nach der Kantschen Aussage, Raum und Zeit. Letztere aber können nun kaum als die reinen Formen der Anschauung in Verbindung mit Empfindung Gegenstände konstituieren, denn Raum und Zeit, als reine Anschauungsformen, sind einzig und ergäben somit lediglich einen Gegenstand, nämlich gerade jene undifferenzierte Erfülltheit, die durch die Transzendentale Ästhetik allein dargetan werden kann, bei der aber menschliche Erkenntnis nicht stehen bleiben kann. Gegenstandskonstitution ist nur denkbar als Empfindung, die durch bestimmte Räume und bestimmte Zeiten geformt wird und so in die Einheit des einen Raumes und der einen Zeit eine Differenz einträgt, aufgrund derer von einer Verschiedenheit gesprochen werden kann. Räume und Zeiten grenzen sich aber nicht von selbst ein, und sie tun es – empirisch – auch nicht einfach aufgrund von Empfindung, sondern es bedarf hierfür gewisser Handlungen des Verstandes: Mathematik, und zwar sowohl Geometrie in bezug auf den Raum als auch Arithmetik in bezug auf die Zeit, sind Beschreibungen jener Eingrenzung von Raum und Zeit, die unabhängig von konkreter Empfindung vorgenommen werden kann.

Weil reine Mathematik ohne Empfindung stattfindet – darauf hebt Kant in den Prol. vor allem ab –, ist diese Wissenschaft allgemeingültig. Dieser Versicherung dient auch der § 12, der die wichtige Unterscheidung zwischen Raum und Zeit als reiner Anschauungsformen, auf die die Mathematik zurückgreift, und dem Raum und der Zeit trifft, wie sie aus den Handlungen der Mathematik entspringen. „Daß der vollständige Raum (der selbst keine Grenze eines anderen Raumes mehr ist) drei Abmessungen habe, und Raum überhaupt auch nicht mehr derselben haben könne, wird auf den Satz gebaut, daß sich in einem Punkte nicht mehr als drei Linien rechtwinklig schneiden können" (§ 12, A 55/56). Das bedeutet nicht, den Raum als reine Anschauungsform aus der Mathematik zu deduzieren, sondern es bedeutet, aufgrund einer Konstruktion im Raum – in diesem Falle der Anschauung dreier sich rechtwinklig schneidender Linien – dem Raum das Charakteristikum der Dreidimensionalität zuzuschreiben. Diese Zuschreibung ist nur möglich, weil der Raum als Anschauungsform immer schon vorausgesetzt ist, denn die Behauptung der Dreidimensionalität „kann gar nicht aus Begriffen dargetan werden, sondern beruht unmittelbar auf Anschauung" (A 56). Dasselbe gilt analog für die Zeit, und deshalb „erklärt unsere transzendentale Deduktion der Begriffe im [!] Raum und Zeit zugleich die Möglichkeit einer reinen Mathematik" (A 56). Sie erklärt aber nicht nur die Möglichkeit der Mathematik, sondern unterscheidet den Raum als reine Anschauungsform von dem Raum der Mathematik, indem sie ersteren als Bedingung der Möglichkeit von Mathematik, und letzteren als Raum im Sinne einer mathematischen Größe, der bestimmte Eigenschaften zugesprochen werden können, aufzeigt. Dieser Unterschied fällt wieder weg in dem Augenblick, in dem von einer Isomorphie beider Räume ausgegangen werden kann, d.h. im Rahmen eines Standes der mathematischen Forschung, für den der Raumbegriff der Geometrie und der Begriff des Anschauungsraums ineins fallen.

Aufgrund der Isomorphie von geometrischem und ästhetischem Raumbegriff kann Kant wiederholt so sprechen, als sei nicht die Geometrie durch den ästhetischen Raumbegriff zugrunde gelegt, sondern der Raum überhaupt erst durch die Geometrie. „Die Sinnlichkeit, deren Form die Geometrie zum Grunde legt", sagt Kant nach dem ganz einer Wiederholung seiner Argumentation bzgl. der inkongruenten Gegenstücke vorbehaltenen § 13 in der Anm. I, „ist das, worauf die Möglichkeit äußerer Erscheinungen beruht" (A 60). Wenn Kant hier die Sinnlichkeit erst in der Weise, in der sie qua Geometrie erscheint, als Möglichkeit äußerer Erscheinungen bezeichnet, so ist dies die starke Behauptung, daß die äußeren Erscheinungen „niemals etwas anderes enthalten [können], als was die Geometrie ihnen vorschreibt" (A 60). Wenn Geometrie die Eingrenzung des Anschauungsraumes durch Handlungen der Vernunft a priori bedeutet, dann ist Gegenstandskonstitution eine Handlung, die auf jene Fähigkeit a priori zurückgreifen muß. Freilich geht Gegenstandskonstitution nicht in der Anwendung der Geometrie auf – denn das führte auf die kaum haltbare Konsequenz, daß alle empirisch erkannten Gegenstände geometrischen Formen genügen müßten – aber Gegenstandskonstitution muß als eine analoge Handlung des Verstandes zu der Konstruktion geometrischer Formen in der reinen Anschauung gelten. Insofern Kant die *reine* Mathematik thematisiert, legt er lediglich jenen Teil von Handlung der intelligentia in der Anschauung dar, der die Aufstellung apodiktisch wahrer Sätze erlaubt. Der andere Teil bedeutet räumliche und zeitliche Einschränkung analog zu jener konstruktiven Handlung, die aufgrund ihres apriorischen Charakters und der daraus resultierenden Regelhaftigkeit und damit Wiederholbarkeit es erlaubt, allgemeinverbindliche Sätze zu formulieren, „Mathemata", deren Gesamtheit deshalb „Mathematik" genannt wird[34]. Das, was von der reinen Mathematik nur durch das Moment des Bezuges auf Empfindungen unterschieden ist, ist Gegenstandskonstitution, deren Momente in der abstrakten Analyse als Apprehension, Reproduktion und Rekognition erscheinen. Letzteres, d.i. die Gegenstandskonstitution, könnte also durchaus als „angewandte Mathematik" angesprochen werden, wäre darin nicht das Mißverständnis angelegt, die Handlung der Gegenstandskonstitution mit der Anwendung der Lehrsätze der reinen Mathematik auf bereits konstituierte Gegenstände oder sogar Gegenstandsgruppen zu verwechseln. Dadurch, daß die Gegenstandskonstitution mathematisch ist, ohne deshalb der Wissenschaft der Mathematik anzugehören,

---

[34] So deutet auch Martin Heidegger (Die Frage nach dem Ding, S. 52) den Begriff der Mathematik bei Kant: „Mathematik ist selbst nur eine bestimmte Ausformung des Mathematischen".

wird verständlich, weshalb „alle äußeren Gegenstände unsrer Sinnenwelt notwendig mit den Sätzen der Geometrie nach aller Pünktlichkeit übereinstimmen müssen" (A 60); denn „der Raum, wie ihn sich der Geometer denkt, [ist] ganz genau die Form der sinnlichen Anschauung" (A 61).

2. Mathematik und Gegenstandskonstitution in der KdrV.

Einen Gegenstand als Eingrenzung von Raum und Zeit zu verstehen, geht über die triviale Feststellung, Gegenstand x befinde sich zu einem bestimmten Zeitpunkt an einem bestimmten Ort, hinaus, nämlich auf die Behauptung, der Verstand konstituiere einen Gegenstand, indem er aus den Einheiten von Zeit und Raum einen bestimmten Zeitpunkt und einen bestimmten Raum (Ort) heraushebt. Diese Lehre von der Gegenstandskonstitution durch Differenzierung von Raum und Zeit wird jedoch auf den Einwand treffen, ein Gegenstand sei durch seine bloß raumzeitliche Bestimmung alles andere als vollständig bestimmt, so daß durch diese Sichtweise die Verschiedenheit der Gegenstände gar nicht erklärbar sei. Diese Behauptung trifft zu, aber es ist demgegenüber festzuhalten, daß das Verständnis des Gegenstandes als Differenzierung von Raum und Zeit auch gar nicht behauptet, hierin schon den Gegenstand in der ganzen Fülle seiner Merkmale konstituiert zu haben. Die Differenzierung, die der Verstand vornimmt und durch die er eine Erscheinung konstituiert, ist mit der Konstruktion reiner geometrischer Figuren analog, aber nicht identisch, denn anders als die geometrische Figur ist der empirische Gegenstand nicht im Akt seiner Konstruktion schon vollständig bestimmt. Die Handlung, aus der eine empirische Erscheinung resultiert, ist deshalb eine Konstitution und nicht bloß eine Konstruktion, nämlich eine Handlung, die sich nicht auf die reine Anschauung, sondern auf die empirische richtet.

Um Gegenstände als Eingrenzungen von Raum und Zeit auffassen zu können, muß ein Vermögen gedacht werden, das mehr enthält als Raum und Zeit, die sich nicht füglich selbst eingrenzen können. Dieses Vermögen ist der Verstand, dem hier also zunächst die Funktion zukommt, empirische Gegenstände als solche wahrnehmbar zu machen, d.i. die Funktion des Sinns. Die erste, nur scheinbar einfache Bedingung dafür, daß der Verstand sich überhaupt ordnend dem, was als Mannigfaltiges in Raum und Zeit ist, also der Materie, zuwenden kann, ist, daß diese sich in demselben Raum befindet, der auf der Ebene der Sinnlichkeit als einheitlich erwiesen wurde. Der Raum – hier wie im folgenden ebenso die Zeit –, den die Sinnlichkeit als reine Anschauungsform kennt, muß also derselbe Raum sein, den der Verstand apprehensiv durchgeht und der als solcher undifferenziert-erfüllter Raum gar nicht „rein" ist in dem Sinne des Abstraktionsprozesses, durch den er als genuine Funktion der menschlichen Sinnlichkeit erkennbar wird. Der Unterschied zwischen Sinnlichkeit und Verstand besteht dann aber nicht in der Verschiedenheit der Räume, sondern in der Unterscheidung der Erkenntnishandlungen, die im Falle der reinen Sinnlichkeit den Raum als reine Anschauungsform erkennt, im Falle des Verstandes aber den Raum als Ort des Vollzuges einer konkreten Anschauung nimmt. Das Denken der Einheit des Vielen muß die Identität der reinen Anschauungsform des Raumes mit dem annehmen, was vom Verstand her – um einen Ausdruck von Carl Friedrich von Weizsäcker (Aufbau der Physik, S. 27) zu entlehnen – als „Ortsraum" bezeichnet werden könnte, nämlich als derjenige Raum (gleichgültig welcher Struktur), „in dem die Dinge sind", denn diese Identität muß als eine notwendige Bedingung dafür gelten, daß der Verstand sich überhaupt ordnend der Materie in Raum und Zeit zuwenden kann.

Gegenstände sind Differenzierungen des Raumes und der Zeit selbst, die der Verstand in seinen Handlungen der Apprehension und Reproduktion konstituiert: „Nun ist offenbar", sagt Kant innerhalb der Darlegung der Synthesis der Reproduktion (KdrV A 102) „daß, wenn ich eine Linie in Gedanken ziehe, oder die Zeit von einem Mittag zum anderen denken, oder auch nur eine gewisse Zahl mir vorstellen will, ich erstlich notwendig eine dieser mannigfaltigen Vorstellungen nach der andern in Gedanken fassen müsse. Würde ich aber die vorhergehende (die ersten Teile der Linie, die vorhergehenden Teile der Zeit, oder die nach einander vorgestellten Einheiten) immer aus den Gedanken verlieren, und sie nicht reproduzieren, indem ich zu den folgenden fortgehe, so würde niemals eine ganze Vorstellung". Kant benutzt den Begriff der „Vorstellung" sowohl auf der Seite dessen, was im Prozeß der Rekognition synthetisiert wird, als auch auf der Seite dessen, was als Ergebnis des abgeschlossenen Rekognitionsprozesses entspringt, d.h. es gibt offenbar zwei qualitativ verschiedene Arten der Vorstellung, nämlich die Vorstellung$_1$, die Element der Synthesis der Reproduktion ist, und die Vorstellung$_2$, von der aufgrund der durchgeführten Synthesis der Reproduktion von einer „ganzen" gesprochen werden kann. Nun ist es möglich, sich sowohl die Linie (also den Raum) wie die Zeit, deren Teile ich, um überhaupt eine ganze Vorstellung des Mannigfaltigen zu bekommen, einander hinzutun muß (was ein Erinnern der einzelnen Teile voraussetzt), als aus unendlich vielen Teilen zusammengesetzt vorzustellen. Die Zeit von Mittag zu Mittag – das wußte schon der Vorsokratiker Zenon – kann als eine Abfolge einer unendlichen Anzahl von Teilen vorgestellt werden, so daß ich eine vollständige Synthesis selbst der bloßen Reproduktion in dem Augenblick nicht durchführen kann, in dem ich versuche, *im Ausgang von den Teilen* bloß durch sukzessives Einanderhinzutun der Teile ein Ganzes zu erreichen. Hieraus zog Zenon in seinen Paradoxien den Schluß, die Bewegung sei unmöglich. Denn wenn die Strecke, die ein Pfeil im Flug zurücklegt, in unendlich viele Strecken unterteilbar ist, dann muß ein Pfeil, wenn er von A zu B geschossen wird, unendlich viele Strecken durchschreiten, und daß er für diese unendliche Anzahl an Strecken unendlich viel Zeit benötigt, leuchtet unmittelbar ein. Demgegenüber ist der fliegende Pfeil jedoch eine schlichte Tatsache, und die Diskrepanz zwischen der blamablen naturwissenschaftlichen Vorhersage Zenons und der Wirklichkeit hat ihren Grund darin, daß Zenon den Raum und die Zeit als reine Anschauungsformen mit dem Raum und der Zeit als durch den Verstand gesetzte Teilräume und Teilzeiten verwechselt. So mag man sich in der Tat die Flugstrecke des Pfeils als unendlich unterteilt vorstellen und argumentieren, daß der Pfeil für die unendliche Anzahl an Teilstrecken unendlich viel Zeit benötigte, aber dem ist entgegenzuhalten, daß diese Einteilung beliebig ist. Der faktisch fliegende Pfeil fliegt unverdrossen durch ein Kontinuum, in das der Verstand Differenzen eintragen mag, ohne daß er damit an dem kontinuierlichen Charakter des Raumes selbst etwas änderte.

Wenn das Kontinuum dem Vermögen der Anschauung zugehört, dann gehört die Fähigkeit, sich dieses Kontinuum als aus unendlich vielen Elementen (der Zeit oder des Raumes) bestehend vorzustellen, dem Vermögen des Verstandes an, und es ist dann nicht schwer, sich die Anzahl dieser Elemente nach Maßgabe des Verstandes, d.h. durch das Interesse der intelligentia, bedingt vorzustellen. Die Möglichkeit der Setzung von unendlich vielen Elementen schließt also die Möglichkeit des Setzens einer Grenze und damit der Setzung nur einer endlichen Anzahl von Elementen in sich. Kant kann also zurecht von Elementen der Zeit und des Raumes sprechen, und er kann ebenfalls zurecht die Anzahl der Teilräume und Teilzeiten auf dasjenige Maß beschränken, das eine Synthesis faktisch möglich macht, und unter dieser Voraussetzung liegen dem reproduktiven Erkenntnisakt in der Tat bereits kleinste Einheiten zur Synthesis vor. Das ist aus der Zeit als reiner Anschauungsform allein nicht abzuleiten, sondern bedarf einer Handlung des Verstandes. Kant sagt es selbst (A 209), daß nämlich „weder die Zeit, noch auch die Erscheinung in der Zeit, aus Teilen besteht, die die kleinsten sind, und daß doch der Zustand des Dinges bei seiner Veränderung durch alle diese Teile, als Elemente, zu seinem zweiten Zustand übergehe".[35] Nur dadurch, daß die undifferen-

---

[35] Derselbe Sachverhalt kann auch aus einer anderen Perspektive verdeutlicht werden. Weshalb, so ist zu fragen, kann Kant behaupten, daß „die transzendentale Logik ein Mannigfaltiges der Sinnlichkeit *a priori* vor sich liegen [hat], welches die transzendentale Ästhetik ihr darbietet, um zu den reinen Verstandesbegriffen einen Stoff zu geben, ohne den sie ohne allen Inhalt, mithin völlig leer sein würde" (A 76/77). Synthesis ist dasjenige, was „die Elemente zu Erkenntnissen sammlet" (A 77); aber diese Elemente sind im Rahmen der Darlegungen der „Transzendentalen Deduktion" offenbar nicht *empirische* Sinnesdaten, sondern „ein *Mannigfaltiges* der reinen Anschauung *a priori*" (A 76), sie sind ein Mannigfaltiges, das „nicht empirisch, sondern a priori gegeben ist" (A 77). Warum ist das Mannigfaltige ein Mannigfaltiges *der* reinen Anschauung und nicht einfach *in* der Anschauung? Das ergibt nur Sinn, wenn das Mannigfaltige Teile des bloßen Raumes und der bloßen Zeit sind, also der Raum und die Zeit unabhängig von in ihnen enthaltenen empirischen Daten für den Verstand in sich mannigfaltig sind; denn ein Mannigfaltiges, von dem gesagt würde, daß es bloß *im* Raum und *in* der Zeit ist, wäre ja gerade ein empirisches Mannigfaltiges, nämlich jene Rhapsodie bloßer Sinnesdaten, von der aber in bezug auf eine reine Anschauung gar nicht die Rede sein kann. Damit sind nicht die Gegenstände, sondern die Erkenntnis von ihnen a priori möglich. Deshalb fragt Kant nach dem, was umwillen der Erkenntnis „a priori gegeben sein muß"

zierte Erfülltheit des Raumes und der Zeit erst durch den Verstand differenziert wird, kann der Verstand Gegenstände überhaupt erkennend erreichen; würden ihm diese Gegenstände durch die Sinnlichkeit schon gegeben in einem Raum, der als reine Anschauungsform von ihm selbst ganz unabhängig ist, dann wären die Handlungen des Verstandes durch denselben Graben der Unerreichbarkeit von dem vermeintlichen Produkt der Sinnlichkeit, dem Gegenstand, getrennt, der die Sinnlichkeit von dem Gegenstand als solchem trennt. Der Verstand sieht sich nicht Gegenständen gegenüber, die ganz unabhängig von ihm selbst immer schon in Raum und Zeit sind, sondern er geht die absolute Einheit von Raum und Zeit durch und konstituiert so Gegenstände, die deshalb, weil sie von ihm raumzeitlich konstituiert sind, durch ihn erkennbar sind, die aber als Teile der reinen Anschauungsformen nicht weniger diesen zugerechnet werden können und insofern eine Einheit der Beiordnung bilden. Was diese Gegenstände im einzelnen sind, spielt hierbei keine Rolle, das ist eine Frage, die des Rückgriffs auf die Materie bedarf, die als solche sowohl der Sinnlichkeit wie dem Verstand äußerlich ist und auf etwas außerhalb des menschlichen Erkenntnisvermögens überhaupt verweist.

Kants Satz im Ersten Abschnitt der Einleitung in die Transzendentale Logik, durch die Sinnlichkeit würden die Gegenstände gegeben, durch den Verstand aber würden sie gedacht (A 50/B 74), ist also nicht dahingehend zu verstehen, daß mit dem thematischen Wechsel von der Ästhetik zur Logik, von den reinen Anschauungsformen zu den Regeln des Verstandes, immer schon sinnlich vorhandene Gegenstände thematisch würden. Der Übergang von der Ästhetik zur Logik wird vielmehr dadurch erforderlich, daß eine Lehre von der Gegenstandskonstitution erst im Rahmen der Transzendentalen Logik dargetan werden kann. In dieser Lehre ist derjenige Bereich der Elementarlehre betont, der so etwas wie eine Schnittmenge von Sinnlichkeit und Verstand in Anspruch

---

(A 78), und zwar (1) Raum und Zeit als in sich mannigfaltige reine Anschauungen, (2) eine Handlung der reinen Synthesis, die vor der Logik stattfindet und die er in die zwei Handlungen der Synthesis der Apprehension und der Reproduktion unterscheidet, und (3) Verstandesbegriffe der Einheit (Kategorien). Es ist also die Lesart eine Fehldeutung, die das „a priori" auf die Gegenstände bezieht: „Das erste, was uns zum Behuf der Erkenntnis aller {Gegenstände a priori} gegeben sein muß, ist das Mannigfaltige in der reinen Anschauung" (A 78). Vielmehr ist das „a priori" prädikativ zu lesen und gleichzeitig die Präposition „in" nicht im Sinne einer empirischen Attraktion zu verstehen: „Das erste, was uns zum Behuf der Erkenntnis aller Gegenstände {a priori gegeben} sein muß, ist das Mannigfaltige [wie es durch die] reine Anschauung [selbst immer schon gegeben ist]". Das Mannigfaltige ist nun ein noch näher zu bestimmender Inhalt der bloßen (reinen) Formen des Raumes und der Zeit, d.h. es ist gerade nicht der den reinen Anschauungsformen ganz fremde und nur empirisch zu gebende Stoff der Sinneseindrücke. Nun bestimmt Kant ja schon in A 77 diejenige Synthesis als rein, in der „das Mannigfaltige nicht empirisch, sondern a priori gegeben ist", d.h. er setzt als notwendige Voraussetzung einer reinen Synthesis das Vorhandensein reiner Elemente voraus, und damit bedarf es nicht nur einer reinen Synthesis, einer von aller Empirie unabhängigen Handlung des Verstandes, sondern auch reiner Elemente zu einer solchen Synthesis. Daß aber das Mannigfaltige in Raum und Zeit ein reines Mannigfaltiges sein soll, ist nur möglich, wenn es als Menge reiner Teilräume und -zeiten gedacht wird.

nehmen muß. Dies bedeutet, daß im Rahmen von De mundi der Terminus der Sinnen-welt sehr viel mehr enthält, als aus der späteren Transzendentalen Ästhetik verständlich gemacht werden könnte, nämlich Gegenstände, die schon als bloße Anschauungen ohne Rückgriff auf den Verstand nicht verständlich gemacht werden können. Wenn sich dies aber so verhält, dann ist es eine Frage der bloßen Perspektive, ob ich sage: durch die Sinnlichkeit werden uns Gegenstände gegeben (in der doppelten Bedeutung von: es wird ein äußerer Gegenstand dem Verstand vermittelt, und: es wird etwas raumzeitlich so fixiert, daß es für den Verstand ein Gegenstand ist), oder ob ich sage: die Konstitu-tion der Gegenstände für uns setzt die reinen Anschauungsformen immer schon voraus. Es ist dann auch einerlei, ob ich sage: Raum und Zeit sind Formen der Einheit von Ge-genständen der bloßen Möglichkeit nach, und: Alle dem Verstand vorliegenden Gegen-stände sind notwendigerweise in Raum und Zeit und gehören in dieser Hinsicht zu der-selben Welt. „Der Raum, als Gegenstand vorgestellt (...), enthält mehr, als bloße Form der Anschauung, nämlich Zusammenfassung des Mannigfaltigen, nach der Form der Sinnlichkeit Gegebenen, in eine anschauliche Vorstellung, so daß die Form der An-schauung bloß Mannigfaltiges, die formale Anschauung aber Einheit der Vorstellung gibt" (B 161, Anm.).

ZWEITER TEIL.
KANTS THEORIE DER EINHEIT DER VERSTANDESWELT.

Sinnenwelt ist – das ist das Ergebnis des gerade durchschrittenen ersten Teils der Rekonstruktion der Kantschen Theorie der Einheit der Welt – ohne einen Rückgriff auf die gegenstandskonstitutiven Leistungen des Verstandes nicht verständlich zu machen. Eine Theorie der Sinnenwelt ist deshalb mehr als eine Theorie des Vermögens der Sinnlichkeit; sie ist eine Theorie, die immer auch auf die Korrespondenz der bloß in der Analyse getrennten Erkenntnisvermögen abheben muß. Wenn für das Verständnis der Sinnenwelt immer auch schon ein Rückgriff auf den Verstand nötig ist, dann ist die Erörterung einer Verstandeswelt im Unterschied zur Sinnenwelt zunächst nur ein philologischer Tribut an die Gliederung von De mundi, das sich letztlich nicht philosophisch rechtfertigen läßt.

In der Tat ist diese Unterscheidung in dem Falle unsinnig, in dem der Terminus „Verstand" in einem Sinne verstanden wird, der von der KdrV entlehnt ist. De mundi erörtert unter dem Titel einer Verstandeswelt die Welt jedoch nicht im Rückgriff auf den Verstand sondern auf die Vernunft: In De mundi folgt auf die Theorie der Sinnenwelt eine Theologie, die nur im Ausgang von demjenigen Vermögen verständlich gemacht werden kann, das Kant später, nachdem er den Unterschied zwischen Verstand und Vernunft deutlicher herausgearbeitet hat, Vernunft nennen wird. Damit ist im Vorwege schon auf die Leistung dieser Theologie hingewiesen, und es ist darin auch schon angedeutet, was sie auspart: Sie leistet das Denken der Einheit der Welt von der Idee der Einheit selbst her, nämlich von Gott – mit welchem Erfolg, wird sich zeigen. Sie verzichtet dabei jedoch auf alles, was die KdrV unter dem Titel der Verstandesgrundsätze dartun wird, und damit verzichtet sie auch auf alles, was als metaphysischer Anfangsgrund der Naturwissenschaft gelten könnte; sie sieht von aller Erörterung innerweltlicher Bezüge zwischen den Gegenständen (Substanzen) in der Welt ab, und ignoriert so konsequent nicht nur jede Thematisierung von Physik, sondern suggeriert auch, daß es für eine Theorie der Welt als Einheit auf all das auch gar nicht ankomme – und dem wird man, unabhängig von einem eventuellen Gelingen des theologischen Ansatzes, wohl kaum zustimmen können. Die Darstellung dessen, was Verstandeswelt ist, muß also in einem zweiten Schritt diesen Mangel beseitigen; dies wird anhand der Antinomienproblematik und dem Thema der Analogien der Erfahrung geschehen, also im Ausgang von der KdrV. In diesen beiden Abschnitten ist das Thema des Verhältnisses von Zeit und Kausalität zentral. Es ist dieses Thema, anhand dessen deutlich wird, daß unter dem Titel einer Verstandeswelt nur auf eine andere Behandlungsart der Sinnenwelt abgehoben wird. Die Theologie von De mundi stellt sich aus dieser Perspektive als ein Versuch dar, im Handstreich ein Problem zu lösen, das viel weiter ausgreifender Untersuchungen bedarf: Die Frage, inwiefern die Vielheit des in Raum und Zeit Seienden eine Einheit bilde, die im Falle der Theologie von De mundi durch eine weltexterne vermittelnde Instanz beantwortet wird, deren Stelle in der Ontologie der KdrV eine weltinterne allgemeine Zeitordnung der Kausalität einnimmt.

I. Kants Theorie der Verstandeswelt in De mundi.

1. Gott als Grund der Einheit der Welt. Die Theologie von De mundi (§§ 16-22).

Sinnenwelt ist die Einheit des Vielen in Raum und Zeit. Das ist – dies ist das Ergebnis des vorherigen Abschnitts – etwas anderes als die Einheit von Raum und Zeit selbst. Raum und Zeit für sich genommen weisen keine innere Differenz auf und haben von daher gar nichts Welthaftes an sich. Von Welt zu sprechen ist erst sinnvoll dort, wo innerhalb von Raum und Zeit Mehreres ist; wenn dieses Mehrere als Differenzierung (Eingrenzung) von Raum und Zeit verstanden werden kann, dann ist es sinnvoll, von der Gesamtheit dieses Vielen als von einer durch die Notwendigkeit (Unausweichlich-keit/Einzigheit) von Raum und Zeit vermittelten Einheit zu sprechen. Ausgeklammert bleibt dabei alle Differenz, die zwischen dem Vielen stattfindet, weil es, verstanden bloß als Differenz von Raum und Zeit, hinsichtlich möglicherweise bestehender interner Verbindung zu anderem Einzelnen gar nicht in den Blick kommen kann.

Gerade eine solche Erörterung der Beziehung zwischen dem Vielen, die über die Tatsache, daß es mit anderem im selben Raum versammelt ist, hinausgeht, würde man nun von einer Theorie der Verstandeswelt erwarten. De mundi schlägt indes einen an-deren Weg ein; das ist konsequent, weil der Weg der empirischen Synthesis des Einzel-nen hin zu einer absoluten Gesamtheit schon in den ersten §§ von De mundi als un-durchführbar erkannt wurde. Möglich ist damit allein der Weg des Denkens der Einheit von der Idee der Einheit her, und damit tritt an die Stelle der naheliegenden Physik die Theologie. Darin ist ein Abweis der Physik enthalten, nämlich die Behauptung, Physik im Sinne einer Wissenschaft des Aufeinander-Einwirkens der Gegenstände in Raum und Zeit sei unfähig, die Einheit der Welt darzutun. Das kann nur eine Lehre, die die Ebene der Objekte auf ein Prinzip bezieht, das nicht selbst Teil derselben Ebene ist, der die Objekte angehören; und das Vermögen zu einer solchen Bezugnahme spricht Kant 1770 nur der Theologie, nicht der Physik zu. Im Rahmen von De mundi wird die Frage nach der Verstandeswelt also als Frage nach der Gesamtheit des In-der-Welt-Seienden verstanden, dergegenüber der Aspekt des Aufeinander-Einwirkens der Substanzen ganz zurücktritt; dies wird erst in der KdrV thematisch werden. Kant widmet seine Lehre von der Verstandeswelt in De mundi der Frage, „auf welche Art und Weise es denn möglich sei, daß mehrere Substanzen in wechselseitiger Gemeinschaft sind und auf diese Art zu demselben Ganzen gehören, das man Welt nennt" (§ 16, S. 71).[36]

Kant wendet sich mit der Betrachtung der Substanzen, insofern sie in wechselseitiger Gemeinschaft stehen, der Frage nach der Verfassung dessen zu, was man die materiale (physische) Welt der Substanzen im Unterschied zur bloß formalen Welt des leeren, undifferenziert-erfüllten Raumes nennen könnte. Dennoch ist die Unterscheidung einer materialen von einer formalen Weltbetrachtung, sofern in ihr der Anspruch erhoben wird, die Unterscheidung der Verstandeswelt von der Sinnenwelt adäquat wiederzugeben, letztlich unzutreffend, denn wenn es auch sicherlich richtig ist, daß Kant in der Thematisierung der Verstandeswelt zu dem fortschreitet, was innerhalb der Formen von Raum und Zeit stattfindet, so betont er doch anderseits, daß die Betrachtung der Verstandeswelt selbst wiederum formal ist: „Die Welt aber betrachten wir hier nicht in Ansehung des Stoffes, (...) sondern in Ansehung der Form, d.i. wie denn überhaupt zwischen mehreren Verknüpfung und zwischen allen Ganzheit statthabe" (§ 16, S. 71), sagt Kant in zwar nicht ausgesprochenem, nichtsdestoweniger aber deutlichem Bezug zu dem zweiten der „bei der Erklärung der Welt zu beachtenden Punkte", also in deutlichem Bezug zu § 2 (II), der von der Form spricht, und also gar nicht allein auf die Sinnenwelt zu beziehen ist. Es ist offensichtlich, daß die Dichotomie von Form und Materie eine Frage der Perspektive ist, die freilich nicht beliebig ist, sondern eine solche, die sich aus der Verschiedenheit der Erkenntnisvermögen ergibt, durch die erkannt, gesetzt oder bestimmt wird, was Form resp. Materie ist.

---

[36] Es ist vor einer Darlegung des der Lehre von der Verstandeswelt in De mundi analogen Teils der KdrV selbstredend nicht möglich, den Unterschied zwischen De mundi und der KdrV endgültig zu bestimmen. Dennoch sei an dieser Stelle auf die Voraussetzung hingewiesen, die in die Einschätzung eingehen muß, die in diesem Unterschied einen Gegensatz erblicken will, der De mundi und die KdrV unvereinbar macht, und denjenigen als Argument dient, die den Versuch einer synoptischen Lektüre beider Schriften von vornherein ablehnen wollen. Diese Voraussetzung besteht in der Ansicht, die KdrV versuche, unter dem in dieser Hinsicht auch mißverständlichen Titel einer „Elementarlehre" so etwas wie Welt aus ihren kleinsten Bestandteilen aufzubauen, nämlich zunächst die Einzelgegenstände, sodann deren Beziehungen und schließlich in der Ideenlehre die Gesamtheit. Selbstredend wäre eine so verstandene Elementarlehre nicht schon selbst eine Lehre von der Welt, sondern nur die transzendentale Seite einer solchen Lehre, und damit nur eine Art Schema, in einer doktrinalen Schrift eine solche Lehre von der Welt zu erbringen; dennoch kommt dieses Verständnis einem Denken entgegen, das die Einheit von der Vielheit her zu erfassen sucht, und so verstanden wäre die KdrV in der Tat nicht kompatibel mit den einem heutigen Leser in der Tat zunächst befremdlichen, sehr schnell in eine Theologie mündenden Darlegungen in De mundi. Ich werde im Folgenden deshalb zunächst diesen „Durchstart" in die Theologie in De mundi nachvollziehen, und darin zu zeigen versuchen, daß die Theologie von De mundi eine Ausprägung eines Gedankens ist, der auch in der KdrV noch Gültigkeit behält, nämlich die Erkenntnis der Notwendigkeit, die Einheit der Welt nicht von der Vielheit, sondern von der Idee der Einheit selbst her zu denken.

So erscheinen die Substanzen in der Perspektive der spezifischen Leistung des Anschauungsvermögens als undifferenzierbare Materie überhaupt innerhalb der Form, nämlich als das, was in Raum und Zeit ist und insofern den durch das Anschauungsvermögen selbst gar nicht differenzierbaren Inhalt der Form, die durch Raum und Zeit gegeben ist, bildet. Aus der Sicht des Verstandes betrachtet, der die Perspektive der reinen Anschauungsformen nicht haben kann, weil er immer schon innerhalb dieser Formen agiert, entsteht die Dichotomie von Form und Materie neu. Die Betrachtung der Substanzen als wechselseitig aufeinander bezogen ist formal, weil sie von der Unterschiedlichkeit der Substanzen – Kant sagt von den Naturen (der Physis) der Substanzen – ganz absieht; und das kann sie, weil sie, wie sich zeigen wird, keine Lehre von der Kausalität, sondern von der bloßen Kommerzialität der Substanzen ist. Der nächste Schritt wäre eine Lehre von der Kausalität, in der die Kommerzialität, das umfassende In-der-Welt-Sein aller überhaupt nur möglicher Substanzen, bereits vorausgesetzt ist. Eine Lehre von der Kausalität der Substanzen ist nun, vor dem Hintergrund der Kant zeitgenössischen Wissenschaft gedacht, nichts anderes als eine Physik, nämlich die Physik des mechanischen Weltbildes in Raum und Zeit anwesender Körper, die durch Kraft aufeinander einwirken, und diese Physik wäre, aus der Sicht der Grundlegung der Natur, eine Wendung zur Materie; indes bedarf es keiner großen Phantasie, sich auszumalen, daß diese Physik, als eine allgemeinverbindliche Lehre von den zwischen den Substanzen statthabenden Kräften, die sich in der Aufstellung allgemeiner Naturgesetze erfüllt, die Substanzen wiederum nur formal betrachtete, und so in sich wiederum eine Form von einer Materie unterschiede, um sich dann allein der Form zuzuwenden: Die Unterscheidung von Form und Materie initiiert einen unabschließbaren dialektischen Prozeß, dessen Movens wohl in der Tatsache zu suchen ist, daß eine jede (verstandesmäßig-logische) Erkenntnis stets nur formal ist.[37]

Die Wendung zur innerhalb der Formen von Raum und Zeit anwesenden Materie bedeutet also zwar eine Wendung zu den Substanzen, sie beinhaltet aber nicht notwendigerweise bereits den Versuch, eine Grundlegung der Physik als Wissenschaft vorzunehmen, sondern nur die Grundlegung dessen, was Gegenstand der Physik ist, also der Natur überhaupt. Natur in der allgemeinsten Bedeutung ist also eine Weise der Betrachtung des In-der-Welt-Seins von Substanzen, die fähig ist, nicht nur die Vielheit, sondern auch die Einheit der Substanzen erklärbar zu machen. Natur ist der Inbegriff aller Gegenstände der Erfahrung, sie ist die Welt, insofern sie durch die intelligentia erfaßt wird. Daß Kant unter dem Titel einer Lehre von der Verstandeswelt eine Grundlegung der Natur in allgemeinster Bedeutung vornimmt, die die notwendige Basis einer Grundlegung der Physik ist, ohne selbst diese Grundlegung zu sein, vermag die Auffälligkeit zu erklären, daß Kant von zwei Gründen der Sinnenwelt, jedoch nur von einem einzigen

---

[37] Vgl. auch VMPh, S. 75-77.

Grund der Verstandeswelt spricht. Im Sinne einer Grundlegung der Newtonischen Physik wäre das Gegenteil zu erwarten gewesen, denn der Unterschied von Sinnen- und Verstandeswelt stellt sich nach dem bisher Gesagten dar als die Unterschiedlichkeit der Perspektive, im Falle der sog. Sinnenwelt auf die Bedingungen der Möglichkeit der bloß räumlichen Koordination der Substanzen, die die Welt erfüllen, im Falle der sog. Verstandeswelt jedoch auf die je unterschiedlichen Beziehungen der Substanzen, insofern diese Beziehungen über eine bloße Koordination hinausgehen und insofern „real" sind, Acht zu haben; und diese realen Beziehungen müßten doch vielfach sein, nämlich entsprechend der Vielheit der Kräfte, von denen die Physik spricht. Das Gegenteil jedoch ist der Fall, jedenfalls wenn die Überschrift des Abschnitts den Inhalt dessen angibt, was Kant darlegen wird – und daran zu zweifeln besteht keinerlei Grund. Wenn aber der Grund der Verstandeswelt ein einziger ist, dann ist klar, daß Kant weder eine Lehre von den Grundprinzipien der Weltmechanik darzulegen beabsichtigt, noch die Metaphysischen Anfangsgründe der Naturwissenschaft und auch die erkenntnistheoretischen Grundlagen einer solchen Metaphysik hier nicht thematisiert.[38]

Was ist nun der offenbar einzige Grund der Verstandeswelt? Klar ist, daß Kant unter dem Titel des Grundes der Form der Verstandeswelt die Verhältnisse der aufeinander bezogenen Substanzen thematisieren muß, will er gegenüber dem Erweis der bloßen Möglichkeit solcher Verhältnisse, der schon durch die Lehre von Raum und Zeit gegeben ist, überhaupt etwas Neues sagen. Mit der Warnung, die Lehre von Raum und Zeit als Lehre von real gegebenen Formen, und diese realen Gegebenheiten schon für eine ausreichende Erklärung der Form der Welt zu halten, beginnt denn auch § 16: „Diejenigen", sagt Kant (S. 71), „welche Raum und Zeit für irgendein reales und unbedingt notwendiges Band gleichsam aller möglichen Substanzen und Zustände halten, glauben, es sei nichts anderes erforderlich (...) als [die] angestammte Bedingung der möglichen Einflüsse und Grund der wesentlichen Form des Alls [einzusehen], um

---

[38] Das macht sich an der äußeren Gestalt des Textes nicht nur durch einen im Vergleich mit der Transzendentalen Logik der KdrV hoffnungslos geringen Umfang des Vierten Abschnitts von De mundi, sondern auch durch die Tatsache bemerkbar, daß sich das Verhältnis der Umfänge von Sinnenwelt - Verstandeswelt, bzw. Transzendentaler Ästhetik - Transzendentaler Logik gerade umkehrt: Kant widmet dem Grund der Form der Verstandeswelt in De mundi die §§ 16 - 22. Das ist nur von der Anzahl der Paragraphen, nicht jedoch von der Textlänge her ein größerer Raum als Kant der Darlegung der Gründe der Form der Sinnenwelt, die er in den §§ 13 - 15 vorgenommen hatte, einräumt. Damit zeigt sich selbst dann, wenn man die Erörterungen der ersten beiden Abschnitte, nämlich die Entfaltung des Weltbegriffs überhaupt in den §§ 1 - 2 und die Unterscheidung des „Sensiblen und Intelligiblen überhaupt" in den §§ 3 - 12, als notwendige Vorbereitungen sowohl der Gründe der Sinnen- wie des Grundes der Verstandeswelt ansieht, die Darlegung der Gründe der Sinnenwelt als umfangreicher als die des Grundes der Verstandeswelt; und das ist ein ganz eklatanter Unterschied zur KdrV, denn dort kehrt sich das Verhältnis des Umfangs der Transzendentalen Logik zur Transzendentalen Ästhetik um.

zu begreifen: wie denn, wenn mehrere [Substanzen] da sind, diesen eine gewisse ursprüngliche Beziehung zukomme". Aber durch den Raum allein – denn nichts anderes
ist ja die „angestammte Bedingung der möglichen Einflüsse und Grund der wesentlichen Form des Alls" – kann die Gestalt der Welt nicht verständlich gemacht werden,
denn diese Gestalt ist durch wirkliche Substanzen bedingt. Deshalb geht es hier gerade
darum, zu erklären, weshalb davon gesprochen werden könne, daß die Substanzen „auf
bestimmte Art füreinander da" (S. 71) sind, der Raum jedoch, „wenn man ihm auch
noch so sehr Realität zuerteilen wollte" (S. 71), ist eben nur „die anschaulich gegebene
Möglichkeit einer allgemeinen Beiordnung". Inwiefern also kann der Verstand mehr
über die in Raum und Zeit anwesenden Substanzen aussagen als schon anschaulich
dadurch gegeben ist, daß diese Substanzen in Raum und Zeit sind? Dies kann der
Verstand nur auf zweierlei Weise tun, nämlich (1) indem er nach der Abhängigkeit der
Substanzen voneinander fragt, also in der Weise der Kausalität; (2) indem er nach der
Gemeinschaft der Substanzen fragt, also in der Weise der Kommerzialität.

Kants Frage fragt in der Weise der Kommerzialität, nämlich „quonam pacto pos-
sibile sit, ut plures substantiae in mutuo sint commercio": auf welche Art und Weise es
möglich sei, daß mehrere Substanzen in wechselseitiger Gemeinschaft sind. Gerade
diese Frage scheint aber schon längst durch die Lehre vom Raum beantwortet zu sein.
Kant sagt es selbst (VMPh, S. 110): „Man könnte aber sagen: Wir stellen uns alle Dinge
im Raume vor; und dann müssen die Dinge schon dadurch, daß sie in einem Raume
sind, doch miteinander in Commercio stehen. Allein im Raume existieren bedeutet
schon: in Gemeinschaft sein; denn der Raum ist ein Phänomenon der allgemeinen Verknüpfung der Welt". Aber das ist eben nicht alles, denn „von dieser Verknüpfung durch
den Raum wollen wir eben den Grund haben" (ebd.). Diese Frage ist keine Besonderheit des vielleicht unzuverlässigen Vorlesungstextes, sondern findet sich auch in De
mundi selbst, nämlich als Leitfrage, „auf welchem Grunde denn ebendieses Verhältnis
aller Substanzen beruhe, das anschaulich betrachtet Raum heißt" (§ 16, S. 71), die Kant
offenbar mit der schon genannten Frage nach dem Grund der wechselseitigen Gemeinschaft der Substanzen für identisch hält. Nun klingt auch das zunächst wie ein Rückgriff
auf in die Lehre von der Sinnenwelt Gehöriges, nämlich auf die Frage nach dem Grund
der Einheit von Raum und Zeit, den Kant in De mundi gar nicht, in der KdrV nur am
Rande im Rahmen seiner Darlegungen der spezifischen synthetischen Leistungen des
Verstandes streift, indem er ihn mit der Apprehension vergleicht, der aber als ein solcher Grund zwar die Einheit der reinen Anschauungsformen als solcher, nicht jedoch
die Einheit der Vielheit der Substanzen zu erklären vermocht hatte.

Wonach also fragt Kant, wenn er nach dem Grund forscht, auf dem ebendieses
Verhältnis aller Substanzen beruhe, das anschaulich betrachtet Raum heißt? Das kann
nichts anderes sein als die allgemeine Beiordnung der Substanzen, denn Kant spricht
ausdrücklich von dem Verhältnis überhaupt aller Substanzen, und damit spricht er zwar

von demselben Raum, den schon die Lehre von der Sinnenwelt kennt, nur daß dieser Raum nicht mehr undifferenziert-erfüllt oder leer ist, sondern von Substanzen erfüllt, von denen schon vorausgesetzt werden kann, daß sie alle in demselben Raum sind. Aufgabe der Lehre von der Verstandeswelt ist es dann also, einen Grund für dieses räumliche Beieinander beizubringen, der über die Tatsache der bloßen Möglichkeit des Erfülltseins des Raumes mit Substanzen, die dann notwendigerweise alle demselben Raum angehören, hinausgeht. Kant fragt nach der Kommerzialität der Substanzen, die anschaulich durch die Tatsache der Einheit des Raumes potentiell zwar immer schon gegeben ist, die sich aber durch den Verstand zunächst gar nicht realisiert, sondern gerade im Gegenteil durch ihn aufgelöst wird. Der Verstand als das Vermögen des Denkens des Einzelnen – worin auch immer dieses Vermögen bestehen mag, denn gerade diese Frage thematisiert Kant in De mundi nicht – ist deshalb, weil er vermag, ein Einzelnes zu denken, immer auch fähig, Einheit zu denken. Dieselbe Fähigkeit also, die vermag, Gegenstände zu konstituieren, treibt den Verstand über sich selbst hinaus auf die Frage nach der Gesamtheit aller dieser Gegenstände; und einen solchen Verstand nennt Kant in der KdrV dann Vernunft. Vernunft äußert sich in der Frage nach dem Grund des Zusammenhangs des Vielen, das insgesamt innerhalb eines einzigen Raumes anwesend ist. Gibt es jenseits der Tatsache, daß das Viele in einem einzigen Raume versammelt ist, einen Grund der Einheit dieses Vielen, deren anschauliche Gegebenheit der Raum selbst ist? Der Verstand, von dem Kant in De mundi spricht, ist die intelligentia, das selbst zweigeteilte Verstandesvermögen in allgemeiner Bedeutung, das in die undifferenzierte Erfülltheit des Raumes Differenz einträgt und so das Viele schafft, gleichzeitig aber immer auch bestrebt ist, dieses Viele zur Einheit zu bringen, nämlich genau zu derjenigen Einheit, die anschaulich als Einheit der reinen Anschauungsformen immer schon vorliegt, und insofern Vernunft ist.

Dort, wo nach der Kommerzialität der Substanzen gefragt wird, sind drei Gemeinschaften im Spiele, nämlich (1) die leere Einheit des Raumes, (2) die Gemeinschaft der Substanzen und (3) die Gemeinschaft der Substanzen, insofern sie anschaulich, d.h. räumlich erscheint. Wenn Kant von der „Verknüpfung durch den Raum" spricht, deren Grund er in Erfahrung bringen will, so ist dies wohl zunächst auf diejenige Gemeinschaft zu beziehen, die zwar anschaulich als räumliches Beieinander der Substanzen erscheint, deren nächster Grund aber in einer wechselseitigen Verknüpfung besteht, die gar nicht durch den Raum im Sinne der leeren Einheit des absoluten Raumes verständlich gemacht werden kann, also eine verstandesmäßig zu erfassende Einheit ist. Anderseits ist diese verstandesmäßig zu erfassende Einheit allumfassend, und dadurch erreicht sie eine Ausdehnung, die mit der des absoluten Raumes identisch ist. In diesem Sinne kann gesagt werden, daß der absolute Raum „ein Phänomenon der allgemeinen Verknüpfung der Welt" ist. Demzufolge ist es dann auch erlaubt, von dem Grund der allgemeinen Verknüpfung der Substanzen in der Welt – die doch zunächst einmal gar nicht bloß räumlich zu denken ist – als dem Grund der Verknüpfung durch den Raum zu sprechen. Der verstandesmäßig einzusehende Grund der allgemeinen Verknüpfung ist von der Art, daß alles, was überhaupt im Raum ist, auf die Weise verknüpft ist, die der Grund angibt. Deshalb ist die undifferenzierte Erfülltheit des formalen Raumes mit der verstandesmäßig verknüpften Welt der Substanzen nicht nur analog, sondern identisch.

Das ist etwas anderes, als nach der kausalen Verknüpfung zwischen Substanzen zu fragen, die gerade nicht des wesentlichen Bezuges zum Raum, sondern der Zeit bedürfte. Das jedoch wird erst Thema der KdrV sein, und damit ist Kant hier gar nicht auf das aus, was als spezifische Leistung des Verstandes in dem in der KdrV entwickelten Sinne gelten kann, nämlich die Konstitution einzelner Gegenstände einerseits und die Ursachenforschung nach dem Leitfaden reiner Verstandesbegriffe und -gesetze andererseits. Der § 17 macht den Ausschluß der Kausalität deutlich, indem er das Kausalverhältnis zwischen Substanzen als ein Verhältnis der Abhängigkeit (dependentia) bestimmt, das von der bloßen Gemeinschaft unterschieden ist. Damit ist zweierlei gesagt, nämlich zum einen, daß die Gemeinschaft der Substanzen noch eines anderen („besonderen") Grundes („ratione peculiari", A 25) bedarf, und zum anderen, daß dieser Grund selbst etwas von der Kausalität Grundverschiedenes ist.

Kant beschließt den § 17 mit dem zu erwartenden programmatischen Hinweis, daß von der Gemeinschaft der Substanzen her das Ganze der Welt erklärbar sein soll („commercii genus (...) a quo mundi Totum reale non ideale aut imaginarium dici meretur", A 25). Hierdurch scheidet zunächst die Vorstellung aus, die Welt sei ein Ganzes aus notwendigen Substanzen (§ 18). Notwendigkeit ist schlechterdings überhaupt kein Modus der Kommerzialität, denn eine notwendige Substanz ist gerade eine solche, deren Dasein unabhängig von allem anderen gegeben ist. Diese Behauptung ist so stark zu verstehen, wie Kant sie formuliert: Substanzen Notwendigkeit zuzusprechen, bedeutet, daß „für eine jede ihr Dasein vollauf feststeht, ohne jede Abhängigkeit von irgendeiner anderen" (§ 18, S. 73). Eine Substanz ist, das ist die Kantsche Behauptung, nur dann notwendig, wenn ihr Dasein von anderen Substanzen unabhängig ist. Von der Notwendigkeit einer Substanz zu sprechen bedeutet deshalb, sie aus allen Bindungen sowohl kausaler als auch kommerzieller Art zu lösen; damit ist die Gemeinschaft mit anderen Substanzen für die notwendige Substanz nicht nur entbehrlich, sondern sogar unmöglich: Jede Art der Gemeinschaft ist überhaupt nur Substanzen möglich, die nicht notwendig sind. Die notwendige Substanz ist deshalb stets auch die isolierte Substanz und damit eine solche, die nicht in der Welt ist, d.h. die notwendige Substanz ist göttlich. § 19 formuliert dieses Ergebnis positiv: „Ein Ganzes von Substanzen ist demnach ein Ganzes von Zufälligem, und die Welt besteht, ihrem Wesen nach, aus lauter Zufälligem" (§ 19, S. 75). Wenn die Welt aber intern wesentlich aus Zufälligen besteht, dann ist alles einzelne In-der-Welt-Seiende durch anderes In-der-Welt-Seiendes bestimmt, das nicht weniger zufällig ist, als es das jetzt gerade Anwesende ist, und die Forschung nach einer ersten Ursache muß, sofern sie innerhalb der Welt verbleibt, ins Unendliche laufen. Damit kann nichts von dem, was in der Welt ist, die Ursache der Welt sein und demzufolge auch nicht zur Erklärung der Welt dienen, sondern nur zu Teilen innerhalb der Welt. Wenn die Welt (als Ganzheit) nicht aus sich selbst begriffen werden kann, dann ist klar, daß die Ursache der Welt „ein außerweltliches Seiendes" sein muß, dessen „Gegenwart in der Welt (...) nicht örtlich, sondern virtuell" (§ 19, S. 75) zu denken ist.

Auffällig ist, daß Kant zwei zunächst verschiedene Argumente in dem § 19 zusammenlaufen läßt, nämlich zum einen die Tatsache, daß die Welt intern nur aus Zufälligem bestehen kann, und zum anderen die Tatsache, daß eine notwendige Substanz nur in der Form der Verursachung mit der Welt verknüpft sein kann. Die Erkenntnis, daß die Welt intern allein nur aus Zufälligem bestehen kann, ist mit der Behauptung identisch, daß eine notwendige Substanz überhaupt nur außerhalb der Welt „existieren" kann, so daß auch der Umkehr„schluß", daß alles außerhalb der Welt Existierende notwendig sein müsse (oder überhaupt nicht sei), zutreffend ist; aber diese Argumentation für die Notwendigkeit der außerweltlichen Substanz ist strenggenommen keine Schlußfolge, sondern nur eine Betrachtung derselben Definition von zwei verschiedenen Seiten, und stellt von daher keinen Beweis der Existenz einer solchen außerweltlichen, notwendigen Substanz dar. Die Existenz dieser notwendigen Substanz bleibt problematisch, d.h. die Notwendigkeit, die der außerweltlichen Substanz zugesprochen werden muß, beinhaltet nicht schon den Beweis ihrer Existenz, so daß aus den Begriffsbestimmungen des § 19 keineswegs schon folgt, daß eine solche notwendige Substanz auch wirklich existiert; und eine solche Behauptung stellt Kant auch keineswegs auf. Damit ist es aber voreilig, aus der Richtigkeit des Satzes „Die Welturursache ist außerhalb der Welt selbst" und der Richtigkeit des Satzes „Was außerhalb der Welt ist, ist notwendig" den Schluß zu ziehen „Außerhalb der Welt existiert ein Notwendiges, das Ursache der Welt ist" – nämlich Gott. Ganz offenbar ist es von hier aus zu der systematischen Untersuchung des Unterschieds von Existenz und Notwendigkeit, wie Kant sie in seiner Kritik des ontologischen Gottesbeweises vornimmt, nur noch ein kleiner Schritt.

Wo aber ist nun die erwartete Antwort auf die Frage, „auf welche Weise es denn möglich sei, daß mehrere Substanzen in wechselseitiger Gemeinschaft sind und auf diese Art zu demselben Ganzen gehören, das man Welt nennt" (§ 16, S. 71), wo ist die Lehre von der Kommerzialität der Substanzen? Kant scheint die diesbezügliche Forschung durch die Lehre des § 19, nach der alle Weltsubstanzen zufällig sind und nur eine außerweltliche (also göttliche) Substanz notwendig wäre – auch wenn die Existenz dieser Substanz durch derlei terminologische Festsetzungen noch nicht bewiesen ist –, also zugunsten einer Theologie fallenzulassen. Das aber legt nur dann nicht von grober Inkonsequenz Zeugnis ab, wenn entweder die erwartete Lehre von der Kommerzialität vor der Wendung in die Theologie bereits dargetan ist – das ist nicht zu entdecken –, oder wenn die Theologie selbst diese Lehre ist, oder doch wenigstens eine notwendige

Bedingung zu dieser Lehre enthält. „Die Weltsubstanzen", so beginnt Kant den § 20, „sind von einem anderen her Seiende, aber nicht von verschiedenen, sondern alle von Einem" (§ 20, S. 75). Die Einheit der Welt ist eine Folge der Einzigkeit der Weltursache, d.h. eine Welt, deren Ursache einzig (und in sich einheitlich) ist, kann nicht anders als einheitlich sein. Nur in der Identität der Ursache aller Substanzen liegt die Gewißheit, daß auch „die Wirkungen, deren Ursachen allem wechselseitigen Verhältnis fernstehen" (§ 20, S. 75), dennoch in Gemeinschaft sind. Was ist diese Gemeinschaft? Das Ausbleiben einer Antwort legt den Schluß nahe, daß die Gemeinschaft der Kommerzialität in der Tat nichts anderes ist als das räumliche Nebeneinander der Substanzen, d.h. sie ist kein Drittes neben der Kausalität und der räumlichen Beiordnung, sondern diese Beiordnung selbst. Dies bedeutet zweierlei, nämlich zum einen, daß Kant die Kausalität nicht als etwas betrachtet, was in der Welt alle Substanzen untereinander verbindet. Eine Lehre von der Einheit der Welt durch Kausalität ist aufgrund der Unabschließbarkeit der damit verbundenen Forschung schon in der Idee unmöglich, und das bedeutet nichts anderes, als daß eine Physik als Lehre von der Kausalität – und damit auch die Physik als Lehre von den Kräften – niemals die Einheit der Welt erweisen kann. Zum anderen rücken aufgrund der Identifikation des räumlichen Nebeneinanders der Substanzen mit der Kommerzialität die Sinnenwelt und die Verstandeswelt, wie schon erwartet, so eng zusammen, daß von ihrer Identität gesprochen werden kann. Allein im Raume existieren bedeutet schon „in Gemeinschaft sein; denn der Raum ist ein Phänomenon der allgemeinen Verknüpfung der Welt; und von dieser Verknüpfung durch den Raum wollen wir eben den Grund haben" (VMPh, S. 110); und dieselbe Aussage findet sich in der Anmerkung zu § 22 von De mundi: Der Raum ist die „Allgegenwart als Phaenomenon" (§ 22, S. 79).

Die Theorie der Einheit der Verstandeswelt scheint damit von einer Theologie abhängig zu sein, die gerade nicht mit dem Hinweis auf eine der verstandesmäßigen Einheit der Welt durch Gott vorgängige anschauliche Einheit des Raumes auf den Status einer sekundären und etwas einfach daherkommenden Hypothese zu vermindern wäre, sondern durch die gerade umgekehrt erst der Grund der Einheit des Raumes erkennbar wird. Erst aus der Erkenntnis des Grundes der Einheit des Vielen als Einheit des Differenzierten wird der Grund der Einheit des Raumes selbst erkennbar. Diese Erkenntnis hängt ab von der Gewißheit der Identität des differenziert-erfüllten mit dem undifferenziert-erfüllten Raum, d.h. von der Gewißheit, daß das Einzelne aus der Totalität der undifferenzierten Erfülltheit des Raumes herausgeschnitten, ausdifferenziert ist: Der Grund der Einheit der Verstandeswelt ist nur dann auch Grund der Einheit des Raumes selbst, wenn die Identität beider Räume immer schon vorausgesetzt wird. Wenn diese Identität vorausgesetzt wird, liegt auch die Identität des Grundes der Einheit der Verstandeswelt mit dem Grund der Einheit der Sinnenwelt offen zutage; denn wenn „die Einheit in der Vereinigung der Substanzen des Alls ein Folgestück der Abhängigkeit aller von Einem" (§ 20, S. 75) ist, dann läßt sich unter der Voraussetzung der Identität von Sinnen- und Verstandeswelt diese Abhängigkeit der Einheit der Welt von der Einheit ihrer Ursache umkehren: „Daher legt die Form des Alls von der Ursache der Stoffe Zeugnis ab und es existiert eine Ursache der Gesamtheit, lediglich als Ursache der Einheit des Alls; und es ist kein Baumeister des Alls, der nicht zugleich Schöpfer wäre" (A 26; eig. Übers.). Kann Kant also nicht umhin, umwillen der Einheit der Welt Gott zu postulieren, von dem als notwendiger Substanz und oberstem Baumeister des Alls die Einheit der Welt abhinge?

Der § 21 zeigt, daß diese Konstruktion nur unter der Voraussetzung entweder der Einheit der Welt oder der Einzigkeit des Weltschöpfers gültig ist – und weder das eine noch das andere läßt sich mit Bestimmtheit voraussetzen: „Wenn sich mehrere erste und notwendige Ursachen mit ihrem Verursachten fänden, so wären diese Werke Welten, nicht eine Welt, weil sie auf keine Weise zu demselben Ganzen verknüpft würden" (§ 21, S. 75). Wenn es mehrere Götter gibt, dann gibt es auch mehrere Welten, und weil die Existenz schon eines Gottes gar nicht beweisbar ist, ist nicht auszuschliessen, daß es gleich mehrere Götter gibt, die Welten verursacht haben. Dasselbe Argument läßt sich umkehren, denn „wenn sich mehrere wirkliche Welten außereinander finden, so gibt es mehrere erste und notwendige Ursachen" (ebd.), allerdings nur unter der Bedingung, daß weder die Ursachen, noch die verursachten Welten in irgendeiner Verbindung ständen. Die Lehre von der gegenseitigen Versicherung der Existenz eines einzigen Gottes und der Einheit und Einzigkeit der Welt bleibt so hypothetisch. Das zeigt der § 22, der durchweg im Optativ formuliert ist: „Wenn so, wie die Schlußfolgerung von der gegeben Welt auf eine einzige Ursache aller ihrer Teile gilt, die Beweisführung ähnlich auch umgekehrt von der gegebenen, allen gemeinsamen Ursache zu deren Verknüpfung untereinander, und so zur Form der Welt fortginge (...): so wäre die angestammte Verknüpfung der Substanzen nicht zufällig, sondern, aufgrund der Erhaltung aller von einem gemeinsamen Grund, notwendig" (§ 22, S. 77). Wenn! Dennoch ist die Theologie, die im ersten Zugriff eher eine Ausflucht und eine aus der Not der Situation geborene und schon von daher zeitbedingte Inkonsequenz zu sein scheint, in der Tat die gesuchte Lehre von Kommerzialität. Zum Beweis dieser Behauptung ist es notwendig, auf Kants frühere Dissertation „Nova Dilucidatio" von 1755 zurückzublicken.

2. Gott und Raum. Theologie als Vermittlung von Idee der Einheit und Sinnenwelt.

In § 2 (II) von De mundi hatte Kant die Unterordnung der Substanzen von deren bloßer Beiordnung unterschieden und die Form der Welt als bloße Koordination, räumliches Beieinander oder als Kommerzialität der Substanzen bestimmt. Wenn die Unterscheidung eines subordinativen von einem koordinativen Verhältnis der Substanzen der

Welt eine Unterscheidung ist, die der Erklärung der Welt dienen soll, dann ist sie darin, das macht Nova Dilucidatio deutlich, Frage einer angewandten Logik des Erkennens der Welt (Ontologie), und findet deshalb anhand der Erörterung zweier Folgerungen aus dem Satz des bestimmenden (zureichenden) Grundes, der der Hauptgegenstand von Nova Dilucidatio ist, statt.[39] Diese beiden Folgerungen sind der „Satz der Aufeinanderfolge" (principium successiones) und der „Satz des Zugleichseins" (principium coexistentiae). Der erstere Satz thematisiert das Verhältnis von äußerer und innerer Veränderung der Substanzen: Kant will jede innere Veränderung auf äußere Einwirkung zurückgeführt wissen, d.h. Substanzen sollen auch innere Veränderung nur erfahren können, „sofern sie mit anderen verknüpft sind". Damit ist es nötig, für die Erklärung auch nur der inneren Veränderung einer Substanz eine Mehrzahl von Substanzen anzunehmen, die aufeinander einwirken, und das bedeutet, daß die Erklärung auch nur der inneren Veränderung einer einzelnen Substanz Bezug nehmen muß auf eine Gesamtheit von Substanzen, d.h. die Welt.

Es ist offensichtlich, daß Kant hier auf den Begriff der Welt als einer Gesamtheit des Verschiedenen aus ist; die Welt, die, auf welche Weise auch immer, den Bezugsrahmen für die Erklärung des Einzelnen abgeben soll, muß eine universitas, eine Vieles umfassende Einheit sein. Es ist nicht unmöglich, aber es macht – und darum geht es Kant vornehmlich – umwillen der Erklärung des Zustandes auch nur der einzelnen Substanz keinen Sinn, eine „egoistische Welt", d.h. eine Welt anzunehmen, die aus nur einer einzigen Substanz besteht, denn – die Gültigkeit des Satzes der Aufeinanderfolge einmal vorausgesetzt – eine Welt, die aus einer einzelnen Substanz bestünde, könnte keine interne Veränderung aufweisen. Gerade diese eigentlich nur interne Veränderung der Weltsubstanz aber wäre das, was uns als Veränderung der Welt erscheint, und dadurch würde jede Form der Veränderung in dieser Welt, die doch offensichtlich und

---

[39] Das Vorhaben einer „Neuen Erhellung der ersten Grundsätze metaphysischer Erkenntnis" ist gnoseologischer Natur, geht es doch darum, „über die ersten Grundsätze unserer Erkenntnis ein Licht (...) auszubreiten" (S. 407) mit dem Ziel, „einen tieferen Einblick in das Gesetz der Beweisführungen unserer Erkenntniskraft zu gewinnen" (S. 421). Die Wissenschaft von den Gesetzen, nach denen unser Verstand argumentiert, ist die Logik. Damit ist auch die Unterscheidung zwischen ratio essendi und ratio cognoscendi, deren Kant sich wiederholt bedient, eine Unterscheidung, die insgesamt gnoseologischer Natur ist, also nicht die Unterscheidung einer Ebene des Realen als einer vermeintlichen Welt der Seinsgründe von einer Ebene des Erkennens als vermeintlicher Welt der bloßen Erkenntnisgründe ist. Damit ist Wahrheit, wie sie in der Erkenntnis, die durch die Anwendung logischer Gesetze entsteht, an das Medium des gedanklichen Urteilens und Schlußfolgerns gebunden. Diese Bestimmung der Wahrheit als einer im Medium des Gedankens stattfindenden Größe ist gleichbedeutend mit einer Beschränkung des Geltungsanspruches auch wahrer Urteile und Schlüsse auf Gegenstände, insofern sie Gegenstände für den Menschen sind; der systematische Ort von Nova Dilucidatio als einer mit gnoseologischer Zielsetzung metaphysische Grundsätze, d.h. logische Gesetze und deren ontologische Anwendungen, erörternden Abhandlung ist somit im Kern durchaus schon erkenntniskritisch.

um die es eigentlich zu tun ist, unerklärbar. Aus demselben Grund macht es auch keinen Sinn, eine Mehrheit von Substanzen als Welt anzunehmen, ohne daß diese Substanzen untereinander verbunden wären, denn Veränderung in der Welt ist Veränderung
der Substanzen, die Verbundenheit zwischen den Substanzen voraussetzt. Wenn also
jede innere Veränderung einer Substanz nur durch äußere Einwirkung geschehen kann,
dann ist der Schluß notwendig, daß „in einer Welt, die von jeder Bewegung frei ist
(denn die Bewegung ist die Erscheinung einer veränderten Verknüpfung), (...) auch im
inneren Zustand der Substanzen überhaupt keine Aufeinanderfolge gefunden" werden
könnte (S. 489). Eine Welt, die nur aus einer Substanz bestünde, ebenso eine Welt, in
der die Substanzen ohne Beziehung zueinander wären, wäre ohne Zeit, also ohne jede
Veränderung (Bewegung, Werden, Vergehen, Wachstum usf.). Damit ist sowohl die
Vorstellung, alles uns substantiell erscheinende Äußere sei letztlich bloß Akzidenz einer
einzigen, alles durchwaltenden Substanz, als auch die Vorstellung, dieses uns substantiell
erscheinende Äußere sei Akzidenz der denkenden Substanz, die wir selbst sind, un-
tauglich, die Welt zu erklären, denn in beiden Fällen führte die Isolation der Substanzen
auf die den Sinneseindrücken zuwider laufende Vorstellung von einer statischen Welt
ohne Zeit.

Der Beweis dieser Ansicht gründet in dem Satz des bestimmenden Grundes, der
bei Kant lautet: „Nichts, was zufällig da ist, kann eines Grundes entbehren, der sein
Dasein vorgängig bestimmt" (S. 437).[40] Kant begrenzt die Geltungskraft dieses Prinzips
auf zufällige Dinge, denn das notwendig Seiende ist deshalb nicht dem Satz des bestimmenden Grundes unterworfen, weil ein solches Seiendes den Grund seiner Existenz
jedenfalls nicht in einem von ihm Verschiedenen, es Bestimmendem hat. Wenn nun
eine einzelne Substanz gegeben ist, so ist sie vollständig durch Gründe bestimmt, d.h.
alles, wodurch sich diese Substanz aktuell überhaupt kennzeichnen läßt, ist durch
vorangegangene Gründe, durch die entgegengesetzte Gründe ausgeschlossen wurden,
bestimmt. Damit aber enthält die Substanz nichts, wodurch irgendeine ihrer Bestimmungen in ihr Gegenteil umschlagen könnte. Hierfür sind äußere Gründe notwendig,
also kann auch die innere Veränderung der Substanzen nur durch äußere Einwirkung
erfolgen und setzt deshalb die Anwesenheit anderer Substanzen, also eine verbundene
Vielheit von Substanzen voraus. Die These von der Unmöglichkeit einer Eigendynamik
der Substanzen macht nicht nur einleuchtend, weshalb es zur Erklärung der Veränderung von Substanzen nötig ist, eine einheitliche Welt zu postulieren, sondern es macht
auch einleuchtend, weshalb Kant auf dem Verständnis von „Welt" als Gesamtheit verschiedener Substanzen beharrt und alle Versuche abwehrt, die substantiellen Verschie-
denheiten auf eine einzige physische oder transzendente Hypersubstanz zurückzuführen: es bedeutete, der Vernunftaufgabe auszuweichen, die Einheit des Vielen zu realisie-

---

[40] Nihil contingenter existens potest carere ratione existentiam antecedenter determinante (S. 436).

ren. Hierfür gibt Kant mehrere Beispiele, von denen das erste (Anwendung 1/Usus I, S. 493/S. 492) hier von besonderer Bedeutung ist. „Die Seele", sagt Kant (S. 493), „ist inneren Veränderungen unterworfen, (...) [und] da diese aus ihrer Natur, wenn man sie für sich allein betrachtet, (...) nicht entstehen können, so muß mehreres außerhalb der Seele vorhanden sein". Diese Widerlegung des Idealismus ist nicht dahingehend zu verstehen, daß die absolute Wahrhaftigkeit aller unserer Sinneseindrücke bereits dargetan wäre, sondern allein dahingehend, daß die inneren Veränderungen der Seele von der Gegenwart von etwas außer uns Zeugnis ablegen.[41]

Die Lehre von der Unmöglichkeit der eigendynamischen Veränderung der Substanzen bedeutet, daß alle Veränderung in der Welt aus der Wechselseitigkeit der Substanzen fließt, insofern sie ein Wirken des einen auf das andere, nicht bloß ein statisches Nebeneinander ist. Welchen Sinn macht dann die Frage nach diesem bloß räumlichen Nebeneinander, auf das Kant doch im Satz des Zugleichseins gerade abhebt? „Die endlichen Substanzen", sagt Kant, „stehen durch ihr bloßes Dasein in keinem Verhältnis zueinander und haben gar keine Gemeinschaft, als nur sofern sie von dem gemeinsamen Grund ihres Daseins, nämlich dem göttlichen Verstand, in wechselseitigen Beziehungen gestaltet werden" (S. 497).[42] Die „wechselseitige Beziehung", von der Kant hier spricht, ist eine solche Beziehung, in die die Substanzen gestellt werden, und nicht eine solche, die die Substanzen durch gegenseitiges Aufeinandereinwirken selbst herstellen; nur dadurch ist es möglich, daß diese Beziehung allgemein ist, d.h. jede Substanz sich auf jede andere Substanz bezieht. Kant spricht hier also nicht von der Kausalbeziehung, denn die Kausalbeziehung ist von der Art, daß in das absolut homogene Gefüge des räumlichen Nebeneinanders Besonderheit eintritt, nämlich indem zwischen besonderen Substanzen ein besonderes Verhältnis stattfindet. Kant nimmt hier also den Unterschied zwischen einem subordinativen Verhältnis von Substanzen, d.i. die Kausalbeziehung, und einem bloß koordinativen, d.i. der Raum, in Anspruch. Dieses bloß koordinative Verhältnis bedarf deshalb seinerseits eines Grundes, weil der Raum als bloße Bedingung der menschlichen Rezeptivität nur Bedingung der Möglichkeit der räumlichen Anwesenheit ist, jedoch noch nicht diese Substanzen selbst enthält. Dieser Grund ist der

---

[41] vgl. die gleichlautende Versicherung Kants in De mundi § 11. – Übrigens ist dadurch, daß Kant hier die Seele als Substanz setzt, keineswegs die Unvergänglichkeit dieser Substanz bewiesen, denn dadurch, daß in diese Substanz nur Veränderung eingehen kann durch äußeren Einfluß, ist sie als nicht-notwendige Substanz gesetzt, damit aber als eine solche, mit deren Vergänglichkeit prinzipiell gerechnet werden muß. Anders verhält es sich mit Gott, der eine notwendige Substanz, eine Denknotwendigkeit, ist und dadurch als unveränderlich, damit aber auch als unvergänglich gezeigt ist.

[42] Substantiae finitae per solam ipsarum existentiam nullis se relationibus respiciunt, nulloque plane commercio continentur, nisi quatenus a communi existentiae suae principio, divino nempe intellectu, mutuis respectibus conformatae sustentur (S. 496).

„göttliche Verstand", den Kant also nicht für die Erklärung der Mechanik der Welt, sondern für das, was Bedingung der Möglichkeit dieser Mechanik ist, herbeizieht: Die Beziehung, die durch Gott vermittelt ist, ist nicht die Beziehung je bestimmter Substanzen zu bestimmten anderen Substanzen, sondern sie ist die allgemeine Beziehung aller Substanzen aufeinander, d.h. sie ist keine Beziehung der Subordination, sondern eine solche der absoluten Koordination. Hierbei spielt die Vermittlung durch Gott eine entscheidende Rolle: Alle Substanzen beziehen sich in der Form einer analogia attributionis auf Gott, d.h. alle Substanzen sind durch ihn, sie haben in ihm den „gemeinsamen Grund ihres [bloßen] Daseins" (S. 497).

Die Frage nach dem räumlichen, nichtkausalen Nebeneinander der Substanzen erfährt also eine Antwort, die für die Erklärung der Weltmechanik keinen Nutzen bringt. Stattdessen scheint die Antwort auf die Frage nach dem bloß koordinativen Verhältnis der Substanzen einen unverhofften Beweisgrund für die Existenz Gottes geliefert zu haben: „Ich glaube als erster durch höchst einleuchtende Gründe bewiesen zu haben, daß das Zugleichsein der Substanzen des Alls zur Befestigung einer Verknüpfung zwischen ihnen nicht zureicht, sondern darüber hinaus eine Gemeinsamkeit des Ursprungs und eine daher harmonische Abhängigkeit erfordert wird" (S. 499) – und diese „Gemeinsamkeit des Ursprungs" scheint in einem naiven Sinne ontologisch gedacht zu sein, nämlich als ein transzendenter, mit einer personalen Vorstellung von Gott gut zu vereinbarender Grund der Welt. Auf den ersten Blick dient der Satz des Zugleichseins Kant also zu einem Gottesbeweis besonderer Art, nämlich dem Aufweis eines Grundes der Koordination der Substanzen. An diesem Gottesbeweis ist jedoch befremdlich, daß Gott nicht direkt für die Erklärung des Treibens in der Welt, sondern für die Erklärung der Welt, insofern sie statisch ist und auch die Substanzen in ihr völlig unveränderlich sind, herangezogen wird. Kant stellt der Vorstellung von einem Weltregenten die Vorstellung von einem bewegungslosen Unbeweger entgegen, und darin ist Gott in einer besonderen Weise begriffen, nämlich als der Grund der Koordination der Substanzen, worin er nicht wirkende Ursache, sondern nur Bedingung der Möglichkeit kausaler Verknüpfungen ist.

Dies bedeutet eine Umwertung des Gottesbegriffes von einer ontischen Gegebenheit zu einer gnoseologischen Grundgröße, von der ganz unausgemacht und letztlich auch gleichgültig ist, ob ihr ein realer Gegenstand entspricht. Wenn Kant Gott als notwendiges Korrelat zur Erklärung derjenigen Einheit der Welt, die den Grund für die Möglichkeit der Weltmechanik abgibt, erweist, so ist dieser Gottesbeweis, in der von Kant gerade in Nova Dilucidatio entwickelten Terminologie gesprochen, nicht mehr als eine ratio cognoscendi, der der Ergänzung durch die Darlegung der ratio essendi Gottes bedarf. Diese ratio essendi hat Kant in der Abfolge von Sechstem und Siebtem Satz von Nova Dilucidatio erörtert. Im Sechsten Satz (S. 431) stellt Kant fest: „Daß etwas den

Grund seines Daseins in sich selbst habe, ist ungereimt".[43] Jede Rede von einem Grund nimmt eine Trennung vor zwischen Grund und Folge. Nun ist der Grund im Falle einer causa efficiens stets früher als seine Folge; zu sagen, etwas sei der Grund seiner selbst, bedeutet deshalb, zu sagen, es sei ebenso früher wie später als es selbst, „was widersinnig ist" (S. 431), und zwar ganz unabhängig davon, ob das Gegensatzpaar „früher - später" nun zeitlich oder logisch verstanden wird. Kant zieht hieraus die Folgerung, daß es keinen Sinn hat, unter notwendigen Dingen solche Dinge zu verstehen, die ihren Grund in sich selbst hätten; sinnvoll ist demgegenüber allein die Annahme, daß die notwendigen Dinge überhaupt keines Grundes bedürfen: „Mithin ist alles, von dem man sagt, es sei unbedingt notwendig da, nicht wegen eines Grundes da, sondern weil das Gegenteil gar nicht denkbar ist. Diese Unmöglichkeit des Gegenteils ist der Erkenntnisgrund für das Dasein, aber ein vorgängig bestimmender Grund fehlt völlig" (Folgerung/Coroll., S. 431/430).

Ein notwendiges Seiendes, dessen Nichtexistenz undenkbar ist, trägt traditionell den Namen Gott. Kant füllt diesen Namen mit Inhalt, indem er Gott als den Grund aller Möglichkeit überhaupt aufzeigt. Kant argumentiert folgendermaßen: Möglichkeit ist dadurch gegeben, daß die (logische) Verbindung zweier Begriffe keinen (logischen) Widerspruch enthält. Verbindung von Begriffen setzt voraus, daß diese Begriffe vorderhand zunächst verschieden sind. Indem Möglichkeit also in der logischen Verbindung zweier verschiedener Begriffe besteht, setzt sie die Erkenntnis der Verschiedenheit dieser Begriffe voraus, die nur durch Vergleichung zustande gekommen sein kann. Als Glieder eines Vergleichs müssen die Begriffe, deren Verbindung versucht sein soll, (logisch) real sein. Nun ist unbestreitbar, daß schlechterdings jeder Begriff mit jedem anderen vergleichbar (wenn auch nicht verbindbar) und somit (logisch) real ist; die Möglichkeit eines Vergleichs aller Begriffe setzt eine Realität aller Begriffe voraus, nämlich eine Realität aller Begriffe als Bedingung der Möglichkeit des Vergleichs beliebiger Begriffe, die wiederum Voraussetzung der Möglichkeit der Verbindung von Begriffen ist. Diese Realität ist Gott, in dem alle Verbindungen der Begriffe real sind, die für das denkende Subjekt nur potentiell sind. Gott ist als oberste Bedingung unserer logisch-begrifflichen Kombinationsfähigkeit die erste Bedingung des Denkens, er ist die Denkmöglichkeit selbst: „Wie es aber kommt, daß dem Denken die Begriffe (...) zu Gebote stehen, das heißt, daß überhaupt etwas ist, was gedacht werden kann, und von woher dann durch Vereinigen, Einschränken und Bestimmen der Begriff jedes denklichen Dinges entspringt, das könnte man gar nicht begreifen, wenn nicht alles das, was im [verbundenen] Begriff real ist, in Gott, dem Quell aller Realität, da wäre" (S. 437).

Die Behauptung Gottes als Denkmöglichkeit überhaupt bedeutet, daß Gott als die Realität der Möglichkeit aller empirischen Begriffe gedacht wird, und dieser Ort der

---

[43] Existentiae suae rationem aliquid habere in se ipso, absonum est (S. 430).

Realität ist mit dem Ort der transzendentalen reinen Verstandesbegriffe identisch. Gott als die Denkmöglichkeit überhaupt erfüllt also dieselbe systematische Funktion wie das Selbstbewußtsein in der KdrV. Gott als Denkmöglichkeit überhaupt ist eine transzendentale (nicht transzendente!) Bedingung der Möglichkeit empirischer Erkenntnis, und das stimmt damit überein, daß Gott innerhalb von Nova Dilucidatio nur die Funktion zukommt, Grund der Kommerzialität aller Substanzen und damit Grund der Einheit der Welt zu sein, über das konkrete Weltgeschehen jedoch keinen Aufschluß zu bieten. Nun will das nicht besagen, in dem Gott von Nova Dilucidatio habe Kant bereits die Bedingungen der Möglichkeit empirischer Erkenntnis in der später in der KdrV ausgearbeiteten Form gedacht, aber es soll sehr wohl heißen, daß Gott bereits eine Chiffre für die Leerstelle ist, die Kant in der KdrV durch die Lehre von den transzendentalen Bedingungen empirischer Erkenntnis füllen wird. Gott ist damit eine Metapher für Funktionen der menschlichen Erkenntniskraft.

Wenn Kant Gott als den realen Grund des Daseienden bezeichnet, so ist in dieser Aussage Gott nicht als Realgrund in einem ontologischen Sinne, sondern als ein transzendentaler Grund, der wirksam und insofern real (vorhanden) ist, gedacht: „Indessen bemerke ich nur noch, daß ich dasjenige Wirkliche, durch welches als einen Grund die innere Möglichkeit anderer gegeben ist, den ersten Real-Grund dieser absoluten Möglichkeit nennen werde, so wie der Satz des Widerspruchs der erste logische Grund derselben ist, weil in der Übereinstimmung mit ihm das Formale der Möglichkeit liegt, so wie jenes die Data und das Materiale im Denklichen liefert" (BG, A 21/22). Die Seele, das hat Kant aus dem Satz der Aufeinanderfolge gefolgert, ist nur dadurch überhaupt fähig, innere Veränderung zu erfahren, weil es außerhalb ihrer selbst andere Substanzen gibt, die auf sie einwirken; das bedeutet, daß das Denken nur wirklich werden kann, indem es einen Anstoß von außen erfährt. Gott dagegen ist die erste Bedingung des Denkens in formaler Hinsicht, d.h. Gott ist der Grund der Möglichkeit aktueller gedanklicher Verbindung, er ist jedoch nicht die konkret wirkende Ursache, die zu einem konkreten Denkakt führt. Die Vorstellung, Gott sei die Realität aller Denkmöglichkeit, die sich gleichwohl nur durch einen Anstoß von außen und dann auch nur partiell verwirklichen könne, ist für jeden Theologen enttäuschend: Gott, das ist nichts anderes als eine Chiffre für den spontanen Anteil im empirischen Denken, der allerdings an den physischen Apparat des Gehirns gebunden ist und deshalb ohne die Welt gar nicht möglich wäre. Gott als den Autor der Welt vorzustellen, ist damit nicht eine theoretische Behauptung, sondern eine Metapher für das Vermögen, die Einheit der Welt zu denken. Wenn Gott als Ursache der äußeren Substanzen gedacht wird, so ist er es nicht obwohl, sondern allein nur deshalb, weil er das innere Prinzip des Denkens ist. Dieses innere Prinzip des Denkens muß als eine allumfassende Realität aller Begriffe und damit als Welt vorgestellt werden, die, weil sie schlechterdings alle Substanzen umfaßt, weiter ist, als es die empirische Welt überhaupt sein kann, und die deshalb für den Menschen auch nur als Vernunftidee existiert.

Es ist offensichtlich, daß hierdurch nicht das göttliche Reich der unbegrenzten Möglichkeiten, sondern die empirische Welt zum Problem wird. Diese Welt muß, trotz ihrer Unvollkommenheit, als mit der Welt Gottes vereinbar, d.h. Gott als die Ursache der empirischen Welt angenommen werden. Zwischen dieser Vernunftidee und der empirischen Realität muß es einen Übergang geben, durch die die empirische Welt als das angesehen werden kann, was sich für den Menschen vom unbegrenzten Reich der Möglichkeiten realisiert hat. Dieser Übergang ist der Raum. Gottes Werk kann in Gänze nicht erfahren werden, und damit ist der „Beweisgrund von dem Dasein Gottes (...) lediglich darauf erbauet, [daß] etwas [logisch] möglich ist. Demnach ist er ein Beweis, der vollkommen a priori geführt werden kann. Es wird [aber] weder meine Existenz [im Sinne einer weltlich-empirischen Anwesenheit] noch die von anderen Geistern, noch die von der körperlichen Welt [!] vorausgesetzt. [Der Beweisgrund] ist in der Tat von dem innern Kennzeichen der absoluten Notwendigkeit hergenommen." (BG, A 46/47). Kants Lehre von der Gemeinsamkeit des Ursprungs ist damit keine Lehre von der Aktualität der Verhältnisse der weltlichen Substanzen, sondern eine solche von der Potentialität solcher Verhältnisse, d.h. sie ist die Lehre von der bloßen Möglichkeit eines kausalen Bezuges zwischen allen weltlichen Substanzen überhaupt und damit etwas anderes als die Lehre von einer ersten Triebfeder einer Weltmechanik. Die Möglichkeit einer wechselseitigen Beziehung aller Substanzen ist der Raum, d.h. Gott ist der absolute Raum, nämlich der Raum, der die Bedingung der Anwesenheit von Substanzen ist, im Unterschied zu dem je bestimmten Raum, der durch die Anwesenheit von Substanzen bedingt wird. Wenn Gott der Seinsgrund des Raumes ist, dann ist der Raum der Erkenntnisgrund Gottes; Kant sagt dies ausdrücklich in der VMPh: „Der Raum ist als Phänomenon die unendliche Verknüpfung der Substanzen untereinander. Durch den Verstand sehen wir nur ihre Verknüpfung ein, sofern sie alle in der Gottheit liegen. Dieses ist der einzige Grund, die Verknüpfung der Substanzen durch den Verstand einzusehen, sofern wir die Substanzen anschauen, als lägen sie allgemein in der Gottheit. Stellen wir uns diese Verknüpfung sinnlich vor; so geschieht es durch den Raum. Der Raum ist also die oberste Bedingung der Möglichkeit der Verknüpfung. Wenn wir nun die Verknüpfung der Substanzen, die dadurch besteht, daß Gott allen Dingen gewärtig ist, sinnlich vorstellen, so können wir sagen: Der Raum ist das Phänomenon der göttlichen Gegenwart" (S. 113)[44].

---

[44] vgl. auch S. 339: „Dadurch, daß die Dinge alle da sind durch einen, machen sie eine Einheit aus. Wenn diese Einheit sinnlich vorgestellt wird, so ist es der Raum. Der Raum ist also ein Phänomen der göttlichen Allgegenwart, obgleich nicht ein Organon, wie einige meinen, die es mehr mathematisch als metaphysisch nehmen."

Die Identifikation von absolutem Raum und Gott ist unausweichlich, denn die Kantsche Lehre von der Unmöglichkeit, aus dem bloßen Gegebensein auch mehrerer Substanzen die Verknüpfungen zwischen ihnen zu erklären, macht auch den Raum aus den Substanzen, die in ihm sind, nicht erklärbar: Weil „das bloße Dasein der Substanzen für sich genommen eine Verknüpfung mit anderen nicht einschließt: so erhellt, daß aus der Setzung des Daseins mehrerer Substanzen nicht zugleich Ort, Lage [locus, situs] und der aus diesen durchgängigen Verhältnissen gebildete Raum [spatio] bestimmt sind" (S. 501). Hieraus folgt, daß es Substanzen geben könne, die an gar keinem Ort unserer Welt sind: Wenn Gott Substanzen nach seinem Belieben setzt, dann ist nicht ausgeschlossen, daß er möglicherweise Substanzen so gesetzt hat, daß sie mit keiner anderen Substanz unserer Welt in Verbindung stehen, und „darum ist es nicht ungereimt, daß es auch im metaphysischen Sinn mehrere Welten geben könnte, wenn es Gott so gefallen hätte" (S. 503). Diese Welten sind aber nur für uns, nicht jedoch für Gott mehrere, d.h. die Gesamtheit von Substanzen, die den Namen einer von Gott geschaffenen anderen Welt verdient, verdient ihn aus den beiden Gründen, daß sie von Gott geschaffen ist und daß sie außerhalb des privat bedingten Erfahrungshorizontes ist. Wenn Gott mehrere Welten geschaffen hat, und Gott, sinnlich genommen, nichts anderes als der Raum ist, dann sind alle diese Welten innerhalb des Raumes; sie sind meinem Blickfeld entzogen, nicht jedoch der einheitstiftenden Instanz des Raumes. Damit macht diese einheitstiftende Instanz des Gott-Raumes dasjenige, was noch in den „Gedanken von der wahren Schätzung der lebendigen Kräfte" (1746) ein kärgliches Schattendasein fristet, nicht nur möglich, sondern unumgänglich: die Verbundenheit mehrerer Welten „bloß in Gedanken" (§ 8).

3. Die Theologie von De mundi als Vernunftaufgabe des Denkens der Einheit.

Unter dem Titel einer Verstandeswelt thematisiert Kant die Einheit der Substanzen in Raum und Zeit in einer besonderen Weise, nämlich hinsichtlich eines vermittelnden Prinzips, das selbst nicht Teil dessen ist, dessen Einheit es herstellen soll. Damit ist in dem Selbstverständnis von De mundi das Aufeinander-Bezogensein der Substanzen, und damit eine Lehre von der Kausalität nicht geeignet, die Einheit der Welt darzutun. De mundi stellt an die Stelle der zu erwartenden Physik – im weiteren Sinne als „Kenntnis der Natur" – eine Theologie, die hypothetisch bleibt, weil ihr zentraler Begriff, Gott, selbst hypothetisch bleiben muß. Gott ist in De mundi als das Prinzip gedacht, von dem her die Einheit des Vielen in Raum und Zeit einsichtig gemacht werden kann. Ein Prinzip, das eine solche Einheit vermitteln soll, kann zufolge des Ausschlusses empirischer Synthesis in den §§ 1 u. 2 von De mundi nur ein solches Prinzip sein, das selbst jenseits der Welt ist. In Gott ist alles, was für uns nur potentiell ist, wirklich, und deshalb ist alles, was ist, war oder sein wird, in Gott immer schon wirklich. Gott und Raum sind zwei verschiedene Modi, die Einheit des Vielen zu denken, nämlich die verstandesgemäße – als Realität des für uns nur Denkmöglichen (Gott) – oder als ästhetische Zugehörigkeit alles Seienden zu ein und demselben Raum und ein und derselben Zeit. In De mundi ist die Einheit der Welt in zwei Hinsichten dargetan, die Kant unter den Titeln der Verstandeswelt und der Sinnenwelt abhandelt; es ist darin aber auch, nämlich über die Ineinssetzung von Gott und Raum, gezeigt, daß Sinnen- und Verstandeswelt nur verschiedene gnoseologische Modi derselben Welt sind. Die Theologie von De mundi ist der Versuch, die Einheit der Welt von der Idee der Einheit selbst her zu denken. Das ist eine konsequente Folge eines Verständnisses der Erörterungen der §§ 1 u. 2 von De mundi, demzufolge alle weltinternen Bezüge zwischen dem in der Welt Seienden nur in der Form empirischer und von daher unausweichlich unabschließbarer Synthesis gedacht werden kann.

In einer Anmerkung zum § 1 von De mundi hat Kant diesen Sachverhalt in scheinbar bloßen Wortbestimmungen im Grunde schon völlig ausreichend dargelegt. „Den Ausdrücken [Analysis] und [Synthesis] wird allgemein eine zweifache Bedeutung zuerteilt. Die [Synthesis] nämlich ist entweder qualitativ, ein Fortgang in der Reihe des Untergeordneten vom Grund zum Begründeten, oder quantitativ, ein Fortgang in der Reihe des Beigeordneten von einem gegebenen Teil durch dessen Ergänzungsstücke zum Ganzen" (S. 15). Läßt man die problematischen Bestimmungen von Quantität und Qualität beiseite, so zeigt sich, daß Kant Synthesis hier allein als Synthesis in consequentia verstanden wissen will, und zwar ganz unabhängig davon, ob sich diese Synthesis an ein von sich aus schon Sukzessives, eine Reihe des einander Untergeordneten, oder an ein von sich aus bloß Beigeordnetes, das dann erst in der sukzessiv-synthetischen Erfassung als Reihe aufgefaßt wird, heftet. Synthesis als Fortgang in der Reihe vom Grund zum Begründeten ist Unterordnung, deren prominenteste Vertreterin, die Kausalität, also stets einen Fortgang in consequentia bedeutet, dessen Ende immer nur vorläufig sein kann. Weil diese Weise der Unterordnung die einzige Form ist, in der der Verstand eine Reihe der Unterordnung zu denken vermag, bringt verstandesmäßiges Denken nach dem Prinzip der Unterordnung ein immer weiteres Ausdifferenzieren des Bereiches des Seienden mit sich und führt damit jedenfalls nicht zum Denken des Einen. Dieses Eine muß als absolutes Ganzes des Vielen vorgestellt werden, und damit ist auch die Synthesis als Fortgang „in der Reihe des Beigeordneten von einem gegebenen Teil durch dessen Ergänzungsstücke zum Ganzen" nicht geeignet, das Eine darzutun, nämlich deshalb, weil allein diese Synthesis ein Fortschreiten in consequentia darstellt, das nicht bei einem absoluten Ganzen, sondern stets nur bei einem relativ Ganzen endet. Kant zeigt im Verlaufe von De mundi, daß gerade der Fortgang zu einem absoluten Ganzen im Ausgang von dem einander beigeordneten Vielen einen Sprung auf eine Ebene der Betrachtung verlangt, nämlich den Ausweis eines Bezuges zwischen dem verstandesmäßigen Konzept der Beiordnung und der Vernunftidee von Gott; erst in dieser Bezugnahme erkennt De mundi die Möglichkeit einer Lehre von der Einheit der Welt, die in demselben Augenblick aber in die Abhängigkeit von einer Theologie gerät, die ganz unbeweisbar bleiben muß. Durch die bloße Mechanik des Zusammenfassens des Beigeordneten zu einem immer größeren allein kann der Perspektivenwechsel jedoch nicht erfolgen, der deshalb allein auf die Erkenntnis der Einheit der Welt führen könnte, weil der Prozeß der Synthesis niemals von sich aus zu einem Abschluß gelangen kann. Das Ganze als Ganzes zu zeigen, ist, sofern man sich des Verfahrens der Synthesis bedient, mit dem Finden einer Grenze des synthetischen Prozesses identisch. Der synthetische Akt hat aber gerade keine Grenze in sich selbst, sondern findet allenfalls eine Grenze an dem von ihm Synthetisierten. Diese Grenze ist kein irgendwie ausgezeichnetes Seiendes, denn ein solches Seiendes wäre eben deshalb, weil es ein Seiendes ist, etwas in der Welt Anwesendes. Damit ist die Welt als Einheit nicht Ergebnis, sondern Bedingung gerade der Synthesis, die eine Grenze finden soll; und damit sind alle synthetischen Akte, die innerhalb der Welt stattfinden – wie die der Naturwissenschaft –, von vornherein schon auf eine grundlegende Ontologie, die das Postulat der Einheit der Welt, der Zusammengehörigkeit alles Seienden (auf welche Weise auch immer) beinhaltet, angewiesen.

Es ist symptomatisch, daß das hypothetische Prinzip „Gott" in De mundi/Nova Dil. mit Bedeutungen, Bezügen und Inanspruchnahmen überfrachtet ist: Was Gott in De mundi leistet, das *soll* er leisten, weil es für eine Theorie der Welt als Einheit geleistet werden *muß*. Gott ist die Idee der Einheit selbst, nämlich die Idee der Einheit des Verschiedenen. Gott ist der Raum, und zwar der von Substanzen erfüllte Raum, nicht der leere Raum einer bloßen Fähigkeit, etwas anzuschauen, sondern der Raum, innerhalb dessen wirklich angeschaut wird. Gott ist deshalb mehr als die durch die reine Anschauungsform gegebene Bedingung der Möglichkeit der Einheit des Vielen, sondern er ist die immer schon vorhandene Realität dieser Einheit. Das ist nur einsichtig zu machen, wenn Gott auch als Ort der Realität der Möglichkeit aller empirischen Begriffe verstanden wird, als Möglichkeit des Denkens des Einzelnen, und damit als transzendentale Bedingung empirischer Erkenntnis. In dieser Funktion ist Gott der Verstand, und zwar Verstand in dem Sinne der Vernunft. Gott ist die Idee der Realität alles für uns Denkmöglichen, also – in einer sich an die Kategorientafel anlehnenden Sprache ausgedrückt – die Idee der Allheit dessen, was für uns nur als Vieles erscheinen kann. Wer aus der Theologie von De mundi einen Fortschritt in der Durchführung der Vernunftaufgabe, die Einheit des Vielen zu denken, erwartet und sich gerade nicht mit einer Demonstration dieser Aufgabe als Aufgabe zufrieden geben will, dem wird es schwerfallen, gegen diese Theologie den Vorwurf der Zirkelhaftigkeit zurückzuhalten.

All das zeigt aber im Grunde nur, daß Gott schon in De mundi/Nova Dil. eine Metapher ist. In jeder seiner fast bis zur Unübersichtlichkeit zahlreichen Funktionen ist

Gott immer Stellvertreter desselben transzendentalen Prinzips: der Idee der Einheit, von der gerade erst zu zeigen ist, wie sie auf die Sinnenwelt bezogen werden kann. Eine Metapher von einer solchen Erklärungskraft ist letztlich unbrauchbar. Wenn Kant später, nämlich in einer kurzen Textpassage der KdrV, Leibniz kritisiert, weil letzterer auf das Prinzip Gott zurückgreifen mußte, um die Gemeinschaft der Substanzen bloß im Raum und in der Zeit verständlich zu machen, so kommt dies einer Selbstkritik gleich. „Wir können", so heißt es dort (KdrV, B 293), „aber die Möglichkeit der Gemeinschaft (der Substanzen als Erscheinungen) uns gar wohl faßlich machen, wenn wir sie uns im Raume, also in der äußeren Anschauung vorstellen", denn der Raum enthalte „schon a priori formale äußere Verhältnisse als Bedingungen der Möglichkeit der realen (in Wirkung und Gegenwirkung, mithin der Gemeinschaft) in sich", Leibniz dagegen, „indem er den Substanzen der Welt, nur, wie sie der Verstand allein denkt, eine Gemeinschaft beilegte, [brauchte dafür] eine Gottheit (...); denn aus ihrem Dasein allein schien sie ihm mit Recht unbegreiflich". Die Einheit der Welt zu denken ist deshalb nur deduktiv, nie jedoch induktiv möglich. Damit sind alle Versuche zum Scheitern verurteilt, die Gesamtheit der Welt aus den Elementen oder Bestandteilen der Welt zu erweisen, und es ist der gerade umgekehrte Weg vorgeschrieben, die Einheit der Welt von der Idee der weltlichen Einheit selbst her zu denken.

Es stellt sich aber nicht weniger die Frage, inwiefern diese schon in den §§ 1 u. 2 von De mundi entfaltete Ansicht hinreichend verstanden ist, wenn sie als Abweis jeglicher Erörterung von Kausalität gelesen wird. Ist Verbindung zwischen den Substanzen in der Welt wirklich immer nur in der Weise empirischer und von daher unabschließbarer Synthesis möglich? Ist Kausalität als eine solche empirische Synthesis hinreichend verstanden? Kant hat das sog. „Antinomienproblem" – die bloß referierende Darstellung in den Prol. einmal ausgeklammert – in zwei Ansätzen formuliert, nämlich in den ersten §§ von De mundi und in den Abschnitten der KdrV, von denen es seinen Namen erhalten hat. Dies wird Gegenstand des folgenden Abschnitts sein.

II. Kants Theorie der Verstandeswelt in der KdrV.

1. Die Antinomie der Welteinheit in der KdrV.

a) Das System der kosmologischen Ideen und die zentrale Rolle der Zeit.

Die beiden ersten Antinomien stellen den Ausgangspunkt des kritischen Denkens dar. In der Tat ist die Übereinstimmung der Fragestellung der §§ 1 u. 2 von De mundi mit der in den ersten beiden Antinomien dargelegten Thematik nicht von der Hand zu weisen. Sowohl die §§ 1 u. 2 von De mundi wie auch die ersten beiden Antinomien fragen nach der Möglichkeit, das Gegebene auf ein Unbedingtes zurückzuführen, nämlich auf die Welt insgesamt und den kleinsten Bestandteil in dieser Welt, das Atom. Indes wäre es zu einfach, die Darlegungen der §§ 1 und 2 von De mundi als schlichte Vorwegnahme des Verständnisses kosmologischer Ideen zu verstehen, das in der KdrV entwickelt wird, und zwar zunächst einfach deshalb, weil Kant in der KdrV von vier kosmologischen Ideen spricht, die Idee der Welt, wie sie De mundi als „Weltbegriff überhaupt" entwickelt, jedoch nur eine einzige ist und sein kann. Weshalb also treten hier nun vier kosmologische Ideen, vier „Weltbegriffe" auf? Dies führt auf die Frage nach der Deduktion des Systems der kosmologischen Ideen, die Kant im ersten Abschnitt der Antinomie der reinen Vernunft behandelt.

Das Problem der Pluralität der Weltbegriffe ist der Erörterung der Antinomien der Vernunft keineswegs äußerlich, sondern findet sich schon in den einleitenden Absätzen des Zweiten Hauptstücks der Transzendentalen Dialektik, dort, wo Kant scheinbar bloß nominelle begriffliche Unterscheidungen seiner eigentlichen Untersuchung voranstellt. Es heißt dort (A 407/B 434): „Ich nenne alle transzendentalen Ideen, sofern sie die absolute Totalität in der Synthesis der Erscheinungen betreffen, Weltbegriffe, teils wegen eben dieser unbedingten Totalität, worauf auch der Begriff des Weltganzen beruht, der selbst nur eine Idee ist, teils weil sie lediglich auf die Synthesis der Erscheinungen, mithin die empirische, gehen, da hingegen die absolute Totalität, in der Synthesis der Bedingungen aller möglichen Dinge überhaupt, ein Ideal der reinen Vernunft veranlassen wird, welches von dem Weltbegriffe gänzlich unterschieden ist, obgleich es darauf in Beziehung steht". Transzendentale Ideen sind Weltbegriffe, insofern sie auf eine absolute Totalität in der Synthesis der Erscheinungen aus sind. Davon zu unterscheiden ist der Begriff des Weltganzen, der allerdings selbst Idee ist. Bestimmte transzendentale Ideen sind „Weltbegriffe", weil in ihnen die Spannung zwischen der Unbedingtheit der Totalität einerseits und der empirischen Bedingtheit des Synthetisierten, d.h. den Erscheinungen, gedacht wird. Welt, das hat schon der Erste Abschnitt von De mundi entwickelt, ist die Idee von der unbedingten Allheit, d.h. der Einheit des Vielen; insofern sind die Weltbegriffe, von denen Kant im Unterschied zum Begriff des Weltganzen selbst spricht, gar nicht etwas von diesem Begriff Unterschiedenes, sondern Formen dieses Begriffes selbst. Weltbegriffe gehen auf die Totalität der Synthesis der Erscheinungen und suchen von daher die Vielheit in der Anschauung (die Vielheit der empirischen Erscheinungen) als Totalität zu betrachten. Insofern also in den Weltbegriffen angelegt ist, eine Totalität zu *betrachten*, richtet sich in ihnen eine Vernunftidee auf die Anschauung, insofern es um die Totalität in der Synthesis der Erscheinungen zu tun ist, werden anschaulich gegebene Gegenstände (Erscheinungen oder Anschauungen) auf eine bestimmte Weise *gedacht*. In den Weltbegriffen ist eine Verbindung zwischen dem Vermögen der Sinnlichkeit und dem der Vernunft angelegt, die sich deshalb nur in der Weise einer Spannung äußern kann, weil die Sinnlichkeit qua wirklich gegebener und darin zufälliger Gegenstände vertreten ist, die Vernunft aber gerade darauf aus ist, die Zufälligkeit des bloß empirisch Gegebenen zu transzendieren, d.h. in dem zufällig Gegebenen die Totalität zu erblicken. Hierin unterscheiden sich sowohl der Begriff des Weltganzen überhaupt als auch die Weltbegriffe von dem Ideal der reinen Vernunft, denn dieses Ideal richtet sich nicht auf das empirisch-zufällig Gegebene, sondern auf die „Synthesis der Bedingungen aller möglichen Dinge überhaupt". Das Ideal der reinen Vernunft steht hier jedoch noch nicht zur Debatte, und zwar vor allem deshalb, weil es „von dem Weltbegriffe", und damit, nach dem bisher Gesagten, auch von allen einzelnen Weltbegriffen (kosmologischen Ideen), „gänzlich unterschieden ist, ob es gleich darauf in Beziehung steht".

Den ersten Schritt zur Erklärung der Pluralität der kosmologischen Ideen vollzieht Kant in der Bemerkung, daß die Vernunft „eigentlich gar keinen Begriff erzeuge, sondern allenfalls nur den Verstandesbegriff von den unvermeidlichen Einschränkungen einer möglichen Erfahrung frei mache" (A 409/B 435). Damit ist das Vermögen der Vernunft negativ bestimmt als ein Vermögen, das nicht selbst Begriffe schafft, sondern das Verstandesbegriffe aufgreift und darin der Ordnung dieser Begriffe unterworfen ist. Die Ordnung der kosmologischen Ideen muß deshalb der Ordnung entsprechen, die durch das System der Kategorien vorgegeben ist, weil Ideen ursprünglich dem Verstand entspringende Begriffe sind, die den Kategorien entsprechen müssen. Weil die Vernunft Begriffe des Verstandes bloß aufgreift, kann von einer ursprünglichen Einheit der vier kosmologischen Ideen in einer diese Vielheit umfassenden Gesamt-Idee gar nicht die Rede sein, sondern die Vielheit selbst ist ursprünglich. Erst diese Vielheit erlaubt die Bezugnahme der kosmologischen Ideen auf die Sinnenwelt; jede Idee der Vernunft kann auf die empirische Realität nur bezogen werden in einem Verfahren, das sich des Verstandes als Vermittlers von sinnlicher Empfindung und Idee bedient. In diesem Verfahren bedeutet die Hinwendung der Vernunft auf die Sinnenwelt notwendig eine Aufspaltung in vier Akte, die nach der Maßgabe der Kategorientafel geschieht, d.h. eine Aufspaltung in genau vier Ideen. Die Pluralität der kosmologischen Ideen ist also generell erklärbar durch den hermeneutischen Grundcharakter der empirischen Vernunfter-

kenntnis nach kosmologischen Ideen, denn wenn diese Ideen ursprünglich Verstandesbegriffe (Kategorien) sind, die zur Idee erhoben werden, um auf die Sinnenwelt zurück-
gewandt zu werden, dann liegt darin eine zweifache Prägung der Ordnung der kosmologischen Ideen durch das System der Kategorien, nämlich eine, die am Ursprung der
Ideen selbst steht, und eine sekundäre, die erst die Anwendung dieser Ideen auf Erfahrung möglich macht. Hieraus wird nicht nur die Pluralität, sondern sogar die Vierzahl
der Weltbegriffe leicht erklärbar. Wenn die transzendentalen Ideen „eigentlich nichts,
als bis zum Unbedingten erweiterte Kategorien [sind], und (...) sich in eine Tafel bringen
lassen, die nach den Titeln der letzteren angeordnet sind" (A 409/B 436), dann müßte
sich hieraus allein eine Zwölfzahl der Weltbegriffe ergeben, erfolgte nicht gleichzeitig
auch die Einschränkung, daß „doch auch nicht alle Kategorien dazu taugen [werden],
sondern nur diejenigen, in welchen die Synthesis eine Reihe ausmacht, und zwar der
einander untergeordneten (nicht beigeordneten) Bedingungen zu einem Bedingten"
(ebd.). Die Herleitung des Systems der Kategorien bedarf so noch der Untersuchung
der Tauglichkeit der einzelnen Kategorien zur Reihe.

Offensichtlich ist die Erklärung des Systems der kosmologischen Ideen, wie sie bis
zu diesem Zeitpunkt (A 412ff./B 438ff. - bis zur Tafel der kosmologischen Ideen A
415/B 443) gegeben wurde, hinsichtlich der Kenntlichmachung der besonderen Leistung der Vernunft im Unterschied zum Verstand unzureichend. Worin besteht nun
diese Leistung? Anders als der Verstand, der die Reihe der Unterordnung nur als con-
se-uentia, also als Kausalität (causa efficiens) zu denken vermag, kann die Vernunft die
Betrachtung der Reihe umkehren. Diese Umkehrung ist das Mittel, dessen sich die Vernunft bedient, um „den Verstandesbegriff von den unvermeidlichen Einschränkungen
einer möglichen Erfahrung frei [zu machen], und ihn also über die Grenzen des Empirischen, doch aber in Verbindung mit demselben, zu erweitern" (A 409/B 435). Die
Befreiung des Verstandesbegriffes besteht zentral in einer Abwendung von der Betrachtung der Reihe nach dem Kausalitätsprinzip, die stets nur in consequentia erfolgen
könnte. Das Prinzip der Kausalität ist – das hat Kant von Hume gelernt – in der Anwendung stets nachträglich. Ob auf das Ereignis A das Ereignis B folge, kann nur aus
der Erfahrung gelernt werden, auch wenn das Prinzip, das Verhältnis von A zu B als ein
kausales zu betrachten, als solches nicht erst aus der Erfahrung gefolgert worden sein
kann. Kausalität ist eine notwendige Form der Betrachtung zweier Ereignisse, aber sie
ist gleichwohl nur eine Form, Ereignisse nach dem Prinzip der Unterordnung zu betrachten, nämlich jene, die in consequentia voranschreitet, während der Grundsatz der
Vernunft „Wenn das Bedingte gegeben ist, so ist auch die ganze Summe der Bedingungen, mithin das schlechthin Unbedingte gegeben" (A 409/B 436) die Blickrichtung
genau umkehrt und deshalb gerade kein erweiterter Grundsatz der Kausalität ist; er ist
gleichwohl ein Grundsatz, der auch auf Reihen Anwendung finden mag, die für den
Verstand kausale Reihen sind, er ist aber deshalb nicht weniger ein Grundsatz, in dem

eine Bedeutung des Verhältnisses von Bedingungen und Bedingtem gedacht wird, die weit über das verstandesmäßige Kausalverhältnis hinausgeht, denn letzteres wird gerade ausgeschlossen: „Die absolute Totalität wird von der Vernunft nur sofern gefordert, als sie die aufsteigende Reihe der Bedingungen zu einem gegebenen Bedingten angeht, mithin nicht, wenn von der absteigenden Linie der Folgen, noch auch von dem Aggregat koordinierter Bedingungen zu diesen Folgen, die Rede ist" (A 409/B 436).

Damit geht die Vernunft nach einem Prinzip vor, das einer Lehre von der Sinnenwelt, die nur auf die Vermögen der Sinnlichkeit und des Verstandes zurückgreift, unbekannt bleiben muß, nämlich einem dritten Prinzip neben dem: der absteigenden Reihe der Bedingungen (Kausalität), und dem der Koordination des Seienden im Raume (Aggregation). Dieses dritte Prinzip ist das der Zurückführung des Bedingten auf seine oberste Bedingung; hieraus ergibt sich eine Art von Synopsis des Bedingten mit allen seinen Bedingungen, die Kant zunächst anhand des Beispiels der Zeit als Synopsis der Vergangenheit mit der Gegenwart erläutert: „So denkt man sich notwendig eine bis auf den gegebenen Augenblick völlig abgelaufene Zeit auch als gegeben (wenn gleich nicht durch uns bestimmbar)" (A 410/B 437). Die abgelaufene Zeit ist die Bedingung der gegenwärtigen Zeit, ohne daß die vergangene Zeit dies in dem Sinne einer Verursachung wäre. Der gegenwärtige Zeitpunkt ist nicht durch den vergangenen verursacht, ebensowenig wie der gegenwärtige den zukünftigen verursachen wird. Dennoch ist es nicht möglich, sich den gegenwärtigen Zeitpunkt isoliert vorzustellen, etwa indem er durch eine Lücke von dem vergangenen getrennt wäre, denn diese Lücke wäre wiederum zeitlich. In dem Gegebensein des gegenwärtigen Zeitpunktes ist das Vergangensein, damit aber das Gewesensein der abgelaufenen Zeit immer mitgedacht. Zeit sich in dieser Weise vorzustellen, bedeutet, der Zeit eine ganz eigentümliche Zwitterstellung zwischen reiner Anschauungsform und gegenständlicher Realität zuzusprechen. Die Zeit als solche ist nicht anwesend, sie ist weder vergangen noch zukünftig noch gegenwärtig, weil alles, was zukünftig, vergangen oder gegenwärtig ist, dies nur in der Zeit sein kann. Die gegenwärtige Zeit beinhaltet das Gegebensein der ihr vorangegangenen, d.h. setzt die Vollständigkeit der Zeitreihe bis zu dem gegenwärtigen Zeitpunkt voraus, ohne daß über den Charakter des Verhältnisses ihrer Glieder damit schon eine Vorentscheidung gefällt wäre. Dies jedoch tut die Vernunft nicht grundlos, sondern von dem Verlangen getrieben, das Gegebene zu begreifen. Hierfür wäre es ganz unnötig, sich der unbekannten und auch noch unbestimmten Zukunft zuzuwenden, es ist aber zuhöchst nötig, die Vergangenheit als gegeben (wenn auch als abgelaufen und deshalb außerhalb unseres Einflusses) vorzustellen. In Ansehung eines gegebenen o spielt die Reihe der Folgen p, q, ... keine Rolle, die Reihe der Bedingungen ..., m, n aber sehr wohl: Nach der Vernunft ist o „nur vermittelst jener Reihe möglich" in dem Sinne von: zu denken möglich.

Die Vernunft richtet sich in der Weise der Idee der Totalität der Bedingungen zu einem gegebenen Bedingten auf die Sinnenwelt, d.h. auf Erscheinungen. Die Erscheinung ist das Gegebene, ein jedes Gegebene aber ist ein Bedingtes, und zwar nicht, wie in der Hinwendung, die der Verstand auf es nimmt, Ursprung einer Folge, sondern selbst Folge einer insgesamt gegebenen Reihe von Bedingungen. Hierdurch geht die Idee der Vernunft aus dem Bereich der Sinnenwelt heraus, denn die gesamte Reihe der Bedingungen zu einem gegebenen Bedingten ist selbst nur vernünftig, nicht empirisch gegeben. Wenn Vernunft sich auf die Sinnenwelt nur zu richten vermag, indem sie das sinnlich Gegebene hinsichtlich seiner Bedingungen thematisiert, dann ist darin nicht das Gegebene selbst thematisch, sondern es als letztes Glied einer Kette, die für die Vernunft ein bloß logisches Verhältnis von Bedingung und Bedingtem anzeigt. Das jedoch, was auf der Ebene der Vernunft bloß logisch ist, ist innerhalb der Sinnenwelt zeitlich geordnet. Eine jede Bedingung ist eben deshalb, weil sie Bedingung ist, innerhalb der Sinnenwelt ein dem Bedingten zeitlich Vorausgehendes. In dem Zugriff, den die Vernunft im Rahmen der Erörterungen der Transzendentalen Dialektik auf die Welt nimmt, tritt also die Zeit an die prominente Stelle, die im Rahmen der Theologie von De mundi/Nova Dil. der Raum einnahm; war dort der Raum die sinnliche Allgegenwart Gottes, so ist die Zeit hier die sinnliche Möglichkeit des Gegebenseins der Totalität der Bedingungen zu einem gegebenen Bedingten. Die Totalität sinnlich zu zeigen bedeutet nichts anderes, als in der Zeit zurückzugehen, und die Möglichkeit dieses Regresses setzt voraus, daß eine zeitliche Reihe bildbar ist, die nicht nur eine Konsequenz, sondern auch ein Antecedens verstattet.

Dies bedeutet zunächst, die Zeit selbst als Reihe in der Zeit vorzustellen: „Um nun nach der Tafel der Kategorien die Tafel der Ideen einzurichten", so beginnt Kant seine Entwicklung des Systems der kosmologischen Ideen (A 411/B 438), „so nehmen wir zuerst die zwei ursprünglichen Quanta aller unserer Anschauung, Zeit und Raum". Das ist verwirrend, denn Zeit und Raum als reine Anschauungsformen sind keine Quanta, denn das sind sie nur, insofern sie unter den Kategorien stehen; dann jedoch sind sie Anschauungen, die selbst in Raum und Zeit sind, d.h. der Ausdruck „Anschauung" ist hier nicht in dem Sinne von „Anschauungsvermögen" zu verstehen, sondern in dem Sinne eines Angeschauten, nämlich Raum und Zeit als Gegenstände genommen. Das setzt die Apprehension von Raum und Zeit in der Zeit voraus, denn erst als apprehendierter Raum und als apprehendierte Zeit sind Raum und Zeit selbst Anschauungen. Die Zeit selbst zu apprehendieren, bedeutet, Elemente der Zeit aus der einen Zeit herauszutrennen und diese zu einer Vorstellung einander hinzuzutun. Als eine solche Vorstellung der Zeit ist die Zeit nicht mehr die reine Anschauungsform, auch wenn der menschliche Geist deshalb, weil er in dieser Handlung gar nicht über sich selbst hinausgeht, der Identität der Zeit als Anschauungsform und als apprehendiertem Gegenstand versichert sein kann. Deshalb kann Kant so sprechen, als seien in der kategorialen Bestimmung der Zeit Eigenschaften auch der reinen Anschauungsformen getroffen, d.h. die Rede von der Zeit als einer Anschauung, die in sich eine Reihe ausmacht – also, anders als der Raum, nicht erst im Hinblick auf die Idee der Totalität aller Bedingungen durch die Vernunft wie eine Reihe behandelt wird –, bedeutet, der reinen Anschauungsform der Zeit Eigenschaften zuzusprechen, die sie wirklich hat. Daß diese Eigenschaften durch das bloße Vermögen der Sinnlichkeit selbst nicht feststellbar sind, ist deshalb kein Einwand, weil dieses Vermögen ja in nichts anderem als den reinen Anschauungsformen selbst besteht, also gar keinen reflexiven Zug beinhaltet. In seiner Bestimmung der Charaktere von Raum und Zeit als dreidimensional-unendlich bzw. eindimensional-unendlich hat Kant also bereits von einer höheren Ebene gesprochen.[45]

Raum und Zeit unter der Kategorie der Quantität zu betrachten, bedeutet also, mit Elementen von Raum und Zeit zu operieren, die doch der Transzendentalen Ästhetik zufolge keineswegs als dem Raum und der Zeit selbst vorgängige Teile betrachtet werden können. Raum und Zeit sind ursprüngliche Einheiten gerade weil sie keine Komposita sind.[46] Hier jedoch, auf der Ebene des Verstandes, kehrt sich dieses Verhältnis gerade um, d.h. als objektivierte und von daher meßbare Größen sind Raum und Zeit gerade nicht durch eine ursprüngliche Allumfassendheit, sondern durch festgelegte kleinste Elemente repräsentiert. Die physikalischen Begriffe von Raum und Zeit greifen auf diese elementaren Bestimmungen von Raum und Zeit zurück, und sind also überhaupt nur aufgrund dieser verstandesmäßigen Objektivierung möglich. Es ist aber zufolge dieser Objektivierung nicht nur möglich, sondern geradezu unumgänglich, die Zeit als

---

[45] Daran störe man sich nicht. Wer verlangt, Kant müsse in seinen Darstellungen der einzelnen Erkenntnisvermögen stets den Standpunkt dieser Erkenntnisvermögen selbst einnehmen, verlangt Unmögliches. Aus der Sicht der reinen Anschauungsformen selbst – und das heißt doch wohl: ausgestattet allein mit den diesen eigenen Vermögen! – könnte niemand irgendetwas über diese Vermögen sagen. – Ein weitergehender Aspekt sei hier jedoch wenigstens erwähnt. Wenn das, was Raum und Zeit sind, erst durch den Verstand (intelligentia) festgelegt werden kann, dann ist die Charakterologie von Raum und Zeit nur an die Mindestbedingung gebunden, der Transzendentalen Ästhetik nicht zu widersprechen. Das aber kann nur bedeuten, Raum und Zeit als Formen der äußeren Anschauung umwillen der Ermöglichung äußerer Erfahrung festzuhalten. Kant selbst betont gerade diesen Aspekt stets, wenn er auf die Transzendentale Ästhetik zurückblickt. Damit ist der Mindestgehalt der Charakterologie von Raum und Zeit nicht die Verpflichtung auf die Euklidische Geometrie und das Netwonsche Dogma der stetig verfließenden, einzigen Zeit, sondern die Ermöglichung eines räumlichen Anschauungsraumes und die faktische Irreversibilität der Zeit. Zeit in diesem Sinne wäre so die verstandesmäßige Grundlage aller empirischen Zeitbestimmungen, die von der Charakterologie der Zeit durchaus abweichen könnten.

[46] In der Anmerkung zur Thesis der Zweiten Antinomie kommt dieser Tatsache eine zentrale Rolle zu. Wenn der Raum kein Compositum, sondern ein Totum ist, „weil die Teile desselben nur im Ganzen und nicht das Ganze durch seine Teile möglich ist" (A 438/ B 466), dann ist es zwar möglich, den Raum zu teilen, d.h. der Raum ist compositum ideale, diese Teilung aber fördert nicht immer schon vorhandene Teile zutage, d.h. der Raum ist kein compositum reale. Deshalb bleibt vom Raum, „wenn ich alle Zusammensetzung in ihm aufhebe, nichts, auch nicht einmal der Punkt übrig" (ebd.).

eine Reihe anzusprechen: „Die Zeit", sagt Kant (A 411/B 438), „ist an sich selbst eine Reihe", und deshalb, weil sie dies ist, ist sie (und nicht der Raum) das Mittel, dessen der Verstand sich in der Apprehension bedient. Erst für diese Zeit gilt, daß „in ihr, in Ansehung einer gegebenen Gegenwart, die Antecentia als Bedingungen (das Vergangene) von den Consequentibus (dem Künftigen) a priori zu unterscheiden" sind. Was Kant hier entwickelt, ist die Zeit als Gefüge von Vergangenheit, Gegenwart und Zukunft. Dieses Gefüge ist die Ordnung der Sinnenwelt, weil sie die Form ist, in der das Verhältnis von Bedingungen und Bedingtem erscheint. In diesem Sinne ist die Zeit „die formale Bedingung aller Reihen": Jede Reihe, die auf die Empirie zurückbezogen wird, wird in diesem Rückbezug als zeitliche Reihe interpretiert.

Damit ist die Zeit ihrer prominenten Rolle gemäß weit mehr als ein bloßes Vorbild, nach dem die Vernunft die anderen Reihen bildet, sie ist die conditio sine qua non der Möglichkeit der Vernunft, sich überhaupt auf sinnlich Gegebenes zu beziehen in einer Weise, die über bloße Verstandeserkenntnis hinausgeht. Alles, was apprehendiert ist – also wenigstens alles empirisch Angeschaute –, ist also nicht nach dem Vorbild der Zeitreihe gebildet, sondern in dieser Zeitreihe selbst und enthält deshalb notwendig Spuren der Zeit in sich. Von daher wird es verständlich, daß Kant in dem Abschnitt über das System der kosmologischen Ideen bemüht ist, dieses System aus der Kategorientafel zu entwickeln; denn wenn die Vernunft, wie Kant zu Beginn dieses Abschnittes ausführt, selbst gar keine Begriffe bildet, sondern nur Begriffe des Verstandes zu erweitern trachtet, wenn aber gleichzeitig jeder apprehendierte Gegenstand eine in ihm aufgehobene Zeitreihe enthält, dann ist prinzipiell jeder empirische Begriff fähig, als Zeitreihe dargelegt zu werden. Dem Verstand und der durch ihn vorgeprägten Ordnung der kosmologischen Ideen kommt also die Rolle zu, die Fülle der empirischen Begriffe von der Vernunft fernzuhalten. Der Verstand dient so der Verhinderung der Reizüberflutung der Vernunft durch die der Diskursivität von Sinnlichkeit und Verstand entspringenden Fülle empirischer Begriffe. In der Ausrichtung der Vernunftidee der Totalität der Bedingungen zu einem sinnlich Gegebenen auf die Kategorien verbirgt sich also eine Restriktion der Vernunft, ohne die die Vernunft sich im Chaos der empirischen Vielfalt verlieren würde, anstatt es zu ordnen. Damit ist klar, daß in dem Verfahren, das die Vernunft hier einschlägt, der singuläre empirische Gegenstand überhaupt keine Rolle spielt. Die Frage nach der Einheit der Welt ist eine Frage der Einheit des empirischen Denkens, von der es naiv wäre zu glauben, sie könne im Ausgang von der Erkenntnis der Einheit des Empirischen für sich selbst unabhängig vom Denken betrachtet zu der Einheit des Denkens vorangehen. Der Weg muß gerade umgekehrt beschritten werden.

Was nun den Raum betrifft, so besteht die Aufgabe also darin, die Elemente des Raumes, die zunächst einander beigeordnet sind, einander in der Form einer Reihe unterzuordnen. Hierin ist im Kern dieselbe Denkfigur enthalten, die für die Zeit bereits nachgewiesen wurde. Der Raum als reine Anschauungsform hat keine Teile, viel weni-

ger noch Elemente; diese weist der Raum erst dort auf, wo er durch die Verstandeshandlung der Apprehension auf sich selbst bezogen worden ist. Diese Selbstbezüglich-
keit ist nur durch die Zeit möglich, ebenso die Rekonstruktion dieses Selbstbezuges in
der Bildung der Reihe der sukzessiven Auffassung der Teile des Raumes. Die Bildung
dieser Reihe scheint nun den Unterschied zwischen einem Rückschritt vom Bedingten
zu den Bedingungen einerseits und einem Fortschritt von dem Gegebenen als Bedingung zu dem Bedingten anderseits gar nicht zu kennen. Kant führt diesbezüglich ins
Feld, daß die Teile des Raumes nicht als solche existieren, sondern bloß räumliche Teile
überhaupt nur dadurch sind, daß sie von anderen räumlichen Teilen begrenzt werden.
Weil es nötig ist, die Begrenzung des einen Raumes zugleich als Begrenzung des anderen anzusehen, entsteht ein Regressus in der Weise, daß die Begrenzung des einen Raumes die des anderen Raum als Bedingung voraussetzen muß. Auf diese Bedingung kann
zurückgegangen werden bis hin zu jenem Raum, der selbst nicht weiter begrenzt und
von daher unbedingt ist.

Die zentrale Rolle der Zeit zeigt sich auch in bezug auf die Kategorientitel der
Qualität, der Relation und der Modalität. Unter dem Titel der Qualität ist die Realität,
also die Materie, tauglich, zur Vernunftidee erweitert zu werden. Materie ist ein in der
Sinnenwelt gegebenes Ganzes, dessen „innere Bedingungen seine Teile, und die Teile
der Teile entferntere Bedingungen sind" (A 413/B 440). Der Verfolg dieser Bedingungen geschieht in der Zeit, also der formalen Bedingung aller Reihen gemäß. Unter dem
Titel der Relation ist allein die Kategorie der Kausalität und Dependenz nach Kant
tauglich, eine Reihe zu bilden. Kant widmet dem Abweis der Kategorien der Substanz/
Akzidenz und der Gemeinschaft größere Aufmerksamkeit als dem Beweis der Tauglichkeit der Kategorie der Kausalität; das macht Sinn, denn daß die Kausalreihe eine Reihe
ist, wird man kaum bestreiten, so daß es also nur des Beweises bedürfte, daß die Vernunft diese Reihe umgekehrt zu betrachten vermag – das aber hat Kant schon längst
gezeigt. Was nun den Abweis der anderen beiden Kategorien betrifft, so argumentiert
Kant, daß „die Kategorie der Substanz mit ihren Akzidenzen sich nicht zu einer transzendentalen Idee" schickt (A 414/B 441), weil die Vernunft keinen Grund hat, weder
das Verhältnis der Akzidenzen untereinander, noch das der Akzidenzen auf die Substanz in der Weise einer Reihe aufzufassen, weil die Akzidenzen nicht der Substanz subordiniert sind, „sondern die Art zu existieren der Substanz selber". Akzidenzen beziehen sich auf die Substanz in der Form einer analogia attributionis, d.h. alle Akzidenzen
kommen darin überein, daß sie Akzidenzen derselben Substanz sind, sie bilden unter
sich aber nicht immer schon ein Gefüge gegenseitiger Abhängigkeit. Wenn die Akzidenzen nichts anderes sind als die Art, in der die Substanz existiert, dann ist die Substanz
zwar ein logisch Erstes, jedoch nichts, was sich ontologisch als zeitlich vor der Existenz
der Akzidenzen denken ließe, denn diese müssen mit jener immer schon mitgegeben

sein.[47] Das logische Verhältnis der Subordination der Akzidenzen unter die Substanz ist nicht zeitlich darstellbar.[48] Verwunderlich ist auf den ersten Blick jedoch der Abweis der Gemeinschaft, denn auf die Beiordnung der Substanzen im Raum scheint doch dieselbe Argumentation anwendbar zu sein, durch die Kant den Raum als Reihe darzustellen gewußt hat. Aber die Gemeinschaft der Substanzen ist von anderer Art als die simultane Gemeinschaft der Räume, denn anders als die Räume sind die Substanzen nicht dadurch voneinander unterschieden, daß ihre Grenze immer nur durch die Grenze eines anderen Raumes bestimmt ist. Deshalb sind Substanzen einander nicht subordiniert – das ist im Grunde trivial, denn wären sie einander subordiniert, dann wären die subordinierten Substanzen entweder die Akzidenzen derjenigen, denen sie subordiniert sind, oder Wirkungen. Unter dem Titel der Modalität bildet die Kategorie der Notwendigkeit-Zufälligkeit eine Reihe, nämlich indem „das Zufällige im Dasein jederzeit als bedingt angesehen werden muß, und nach der Regel des Verstandes auf eine Bedingung verweiset, darunter es notwendig ist, diese auf eine höhere Bedingung zu weisen, bis die Vernunft nur in der Totalität dieser Reihe die unbedingte Notwendigkeit antrifft" (A 415/B 442).

Dieser kurze Überblick über die Herleitung der kosmologischen Ideen aus den Kategorientiteln 2, 3 und 4 macht überraschend deutlich, daß die Herleitung der ersten kosmologischen Idee die bei weitem dubioseste ist, und zwar deshalb, weil völlig unklar ist, auf welche Kategorien sich Kant eigentlich bezieht, wenn er „zuerst die zwei ursprünglichen Quanta aller unserer Anschauung, Zeit und Raum" (A 411/B 438) hernimmt. Unter dem Titel der Quantität finden sich nicht Raum und Zeit, sondern Einheit, Vielheit und Allheit; und in der Tat ist zunächst völlig unverständlich, weshalb aus der Betrachtung der Kategorie der Quantität allem Widerwillen zum Trotz, den Kant ansonsten diesbezüglich an den Tag legt, gerade das Unding der Zeit gefolgert werden

---

[47] Es stellt sich natürlich die Frage, wie vor dem Hintergrund dieser Bestimmung des Verhältnisses von Substanzen und Akzidenzen Veränderung denkbar sein kann. Kant hat schon in De mundi ausgeführt, daß Veränderung die Substanz als solche gar nicht betrifft, sondern nur die Akzidenzen; daß nun diese nichts anderes sind als die Art der Substanz zu existieren, hindert nicht, daß die Akzidenzen wechseln. Worauf Kant hier abhebt, ist allein, daß jede Substanz dadurch existiert, daß sie durch Akzidenzen bestimmt ist. Existenz und akzidentelle Bestimmung ist somit einerlei. Das bedeutet jedoch nicht, daß diese Bestimmung sich nicht verändern könnte.

[48] Die Nähe dieser Argmentation zu der Theologie von De mundi/Nova Dil. ist auffällig. Wenn alle Substanzen in der Welt sich auf Gott in der Weise einer analogia attributionis beziehen, dann ist die Substanz Gott ein bloß logisches Substantielles der Existenz dieser Akzidenzen, eine logische Notwendigkeit der Gemeinschaft aller dieser Akzidenzen, die in der Weise einer gegenseitigen Bezugnahme nicht verständlich gemacht werden kann. Dann aber sind die Akzidenzen der Substanz Gott – also nichts anderes als die Substanzen in der Welt – nichts anderes als die Weise, in der Gott (die außerweltliche Substanz) existiert, und damit ist die Welt selbst, das Gefüge der Substanzen in der Welt, Gott. Deutlicher kann man nicht zeigen, daß der Begriff von Gott zur Erklärung der Welt nicht taugt, als dadurch, daß man diesen Begriff mit Gott identifiziert.

sollte. Was Kant unter der Kategorie der Quantität betrachtet, ist doch wohl naheliegenderweise die Welt als Quantum. Die Welt als Quantum zu betrachten, heißt nichts anderes als sie räumlich und zeitlich zu betrachten, und ihr darin eine bestimmte Größe zuzusprechen, daß sie im Raum ausgedehnt und in der Zeit beständig ist. Die Ausdehnung und die Beständigkeit der Welt sind quantifizierbar, d.h. die Welt kann weiter oder geringer ausgedehnt, älter oder jünger sein; Bedingung dafür ist, daß sie wie ein Gegenstand in Raum und Zeit betrachtet wird. Was nun also die Verbindung zwischen Raum und Zeit auf der einen, Einheit, Vielheit und Allheit auf der anderen Seite betrifft, so ist festzustellen, daß diese Verbindung gar nicht in derselben Weise besteht wie die analogen Bezüge zwischen den kosmologischen Ideen 2 - 4 und den ihnen korrelierenden Kategorien, und zwar deshalb, weil die kosmologische Idee der Quantität nicht die Zeit, viel weniger noch der Raum, sondern die Welt in Zeit und Raum ist.

Ein Bezug zwischen der Kategorie der Quantität und der Zeit kann nicht in derselben Weise bestehen wie die analogen Bezüge von Kategorien und kosmologischen Ideen, weil die Zeit in der Weise, wie sie unter der Kategorie der Quantität sich darstellt, stets schon in Anspruch genommen werden muß, um die kosmologischen Ideen aus den Kategorientiteln überhaupt entwickeln zu können. Insofern unter der Kategorie der Quantität die Idee der Welt in Raum und Zeit entspringt, findet die Zeitreihe hier Anwendung auf sich selbst. Damit spielt die Zeit innerhalb der Deduktion der ersten kosmologischen Idee eine auffällige Doppelrolle. Zum einen ist die Zeit Teil der Deduktion selbst; sie ist „die formale Bedingung aller Reihen", und als solche ist sie das Mittel, dessen sich die Vernunft bedient, um überhaupt etwas gegenüber der Kausalforschung des Verstandes Neues in bezug auf die Welt beizutragen. Das ist der affirmative Gehalt der Herleitung des Systems der kosmologischen Ideen: Anders als der Verstand kennt die Vernunft Unterordnung, das Verhältnis von Bedingung und Bedingtem, nicht nur in einer der Abfolge der Zeit unausweichlich entsprechenden Art der Kausalität, sondern in ihrer Allgemeinheit, die sich jenseits zeitlicher Folge versteht. Für den Verstand existiert kein Unterschied zwischen Grund-Folge, Ursache-Wirkung und Früher-Später, weil er alles Verhältnis von Bedingung und Bedingtem immer nur zeitlich verstehen kann. Der Unterschied findet erst auf der Ebene der Vernunft statt, die in diesen drei Verhältnissen Formen des Bezuges von Bedingung und Bedingtem erkennt und von daher die Souveränität erlangt, etwas als Ursache einer Wirkung anzusehen, die zeitlich früher sein kann als ihre Ursache. Aus dieser Souveränität also ergibt sich die Möglichkeit einer Naturbetrachtung nach dem Prinzip der Teleologie. Die Vernunft kann aber auch – und dies ist der bescheidenere Anspruch, den sie in den kosmologischen Ideen verfolgt – eine Reihe umkehren, d.h. sie nicht in consequentia, sondern in antecedentia verfolgen. Dies kann die Vernunft in bezug auf jede nur denkbare Reihe, weil sich immer dann, wenn die Vernunft sich auf den Verstand richtet – und das tut sie hinsichtlich der Welt allemal – jede Reihe eine Zeitreihe ist. Dadurch wird die Methode der Verzeitlichung einer auf der Ebene der Vernunft bloß logischen Subordination auf die Zeitreihe selbst anwendbar, und genau das geschieht in der kosmologischen Idee. Die Welt hinsichtlich ihrer Größe, also als Quantum zu betrachten, bedeutet, die Welt als etwas in Raum und Zeit Anwesendes anzusehen. Das bedeutet, die Frage nach dem zeitlichen Anfang und Ende, sowie der räumlichen Ausdehnung der Welt zu stellen. Die Welt als Einheit des Vielen ist in bezug auf ihre zeitliche und räumliche Erstreckung die Einheit aller Zeiten und Räume, die sie umfaßt. Insofern die Welt alle Zeiten und alle Räume überhaupt umfaßt, ist sie zeitlich und räumlich unbegrenzt, insofern sie außer sich noch Zeiten und Räume zuläßt, ist sie begrenzt. Nun vermag die Vernunft sehr wohl, sich vorzustellen, daß die Welt alle Räume und alle Zeiten umfaßt, sucht die Vernunft jedoch diese Totalität der Bedingungen zu einem gegebenen Bedingten (die Welt) in der Anschauung, so kann sie nicht umhin, alle Zeiten und alle Räume einander sukzessive, nämlich in der Zeit, hinzuzutun. Die erste kosmologische Idee mündet in eine Antinomie der Vernunft nicht obwohl, sondern weil sie eine Anwendung der Zeit auf sich selbst darstellt: Die Welt kann nicht als ein Gegenstand in Raum und Zeit verstanden werden.

b) Die Idee der Welt als Gegenstand in Raum und Zeit (Antinomie I).

Die erste Antinomie fragt nach dem Verhältnis von Welt zu Raum und Zeit. „Die Welt hat einen Anfang in der Zeit, und ist dem Raum nach auch in Grenzen eingeschlossen" (KdrV, A 426/B 454); oder: „Die Welt hat keinen Anfang, und keine Grenzen im Raume, sondern ist, sowohl in Ansehung der Zeit, als des Raumes, unendlich" (KdrV; A 427/B 455). Sowohl die Thesis wie die Antithesis setzen voraus, daß die Welt etwas *im* Raume und *in* der Zeit ist[49]. Diese Voraussetzung macht der Beginn des Beweises der

---

[49] So versteht auch Sadik Al-Azm Kants Argument: „We should note in connection with the thesis and its proof, that what is being asserted as finite is the material universe regarded as ‚a given whole of coexisting things' in space and not space itself" (Al-Azm, Sadik: The Origins of Kant's Arguments in the Antinomies. Oxford 1972, S. 8). Die Argumente in den Antinomien sind nicht Kants Argumente, sondern Mittel, durch die er eine Verhältnisbestimmung der Begriffe von Welt und Raum/Zeit vornimmt. Deshalb ist der Ansatz Anton Antweilers (Die Anfangslosigkeit der Welt nach Thomas von Aquin und Kant. Trier 1961, S. 113), Kants Argumente „unabhängig vom System" Kants zu betrachten, nicht geeignet, ein adäquates Verständnis der Antinomien herzustellen. Antweilers Kritik an den Argumentationen der Ersten Antinomie macht sich an den Begriffen der Unendlichkeit und Leere fest, die Kant „beide auf die Zeit bezieht. Von der unendlichen verflossenen Zeit behauptet er, daß sie nicht abgelaufen, also nicht bis zum heutigen Tag gekommen sein könne, und von der leeren Zeit, daß sie nicht bewirken könne, daß jetzt etwas sei, was früher nicht war. Im ersten Fall übersieht er, daß Ablaufen der Zeit und Abzählen nach Einheiten zweierlei ist; im zweiten Fall, daß Zeit nicht etwas ‚ist', sondern entweder an etwas geschieht oder von jemandem gezählt wird. Dieses also, daß etwas nicht ausgezählt werden kann, beweist nicht, daß das Auszuzählende nicht möglich oder nicht wirklich ist, und dieses, daß Zeit

Antithesis besonders deutlich: „Da der Anfang", heißt es dort (KdrV, A 429/B 457), „ein Dasein ist, wovor eine Zeit vorhergeht, darin das *Ding* nicht ist, so muß eine Zeit vorhergegangen sein, darin die *Welt* nicht war, d.i. eine leere Zeit". Eine leere Zeit ist etwas, worin keine Bedingungen, weder des künftigen noch gegenwärtigen Daseins von etwas angetroffen werden können. Selbst wenn unter einer leeren Zeit nur dasjenige verstanden werden soll, was in bezug auf etwas bestimmtes leer ist, in bezug auf anderes jedoch nicht, so kann aus einer so betrachtet leeren Zeit das Entstehen von etwas nicht verständlich gemacht werden. Da Welt der Begriff von einem alles Existierende umfassenden Ganzen ist, muß die Zeit, die der Entstehung der Welt vorausgehen soll, als völlig leer angesehen werden; also ist es undenkbar, daß der Welt, verstanden als etwas in Raum und Zeit, eine leere Zeit vorangeht. Da nun so etwas wie Welt zweifelsohne da ist, ist die Vorstellung einer ihr vorangehenden leeren Zeit zu verwerfen, und die Welt hat keinen Anfang in der Zeit. „Also kann zwar in der Welt manche Reihe der Dinge anfangen, die Welt selber aber kann keinen Anfang haben, und ist also in Ansehung der vergangenen Zeit unendlich" (KdrV, A 429/B 457). Welt und Zeit sind so, nach dem Beweis der Antithesis, notwendig isoextensiv, d.h. weder ist eine Welt denkbar, die in der Zeit beginnt, noch ist eine Zeit denkbar, die völlig leer wäre. Eine Zeit jedoch, die nicht leer ist, ist immer schon eine weltliche Zeit. Wenn eine leere Zeit nicht denkbar ist, dann ist immer dort, wo Zeit ist, auch Welt, und es ist keine Welt denkbar, die zeitlos wäre.

Eigenschaft an etwas ist, macht es ihr unmöglich, als Selbständiges wirksam zu sein. Im ersten Fall hat er den richtigen Gedanken, daß eine unendliche Reihe nicht auszählbar ist, falsch angewendet, im zweiten Fall hat er aus einem Abstractum ein Concretum gemacht" (S. 124). Damit hat Antweiler aber nur festgestellt, was an den Argumenten falsch ist, den Beitrag der antinomischen Gegenüberstellung dieser Argumente für das Ziel Kants einer Bestimmung des Verhältnisses der Begriffe von Welt und Zeit (Raum) hat er aber nicht nachvollzogen. Gram (Kant's First Antinomy. In: Beck, Louis White: Kant Studies Today. La Salle, Illinois 1969, S.210-229) liefert eine gute Entgegnung hierauf, indem er zunächst die Beobachtung, die auch Antweiler macht, bestätigt: „Kant moves here from ‚cannot be synthesized by us' to ‚cannot be in itself infinite'. And this move in the argument can be explained only on the assumption that Kant is assuming the world to be the totality of appearances and not the totality of things as they are in themselves. For if the world is the totality of appearances, then showing that we cannot synthesize all of these appearances is equivalent to showing that the totality itself cannot be infinte" (S. 218). – Für die Angewohnheit, mit großem Getöse Kants Argumente zu rekonstruieren und diese Rekonstruktion gegen ein selbstverfertigtes einseitiges Verständnis Kants zu wenden, liefert Antweiler auch ein schönes Beispiel, wenn er anführt, es sei „immer (...) schwer, bei Kant die zwei Bedeutungen von Raum zu trennen: die eine, daß Raum ein Bestimmungsstück am Körper ist, und die andere, wonach Raum ein Koordinatensystem zur Beschreibung der relativen Lage verschiedener Körper ist. Raum als Bestimmungsstück ist ‚objektiv', als Koordinatensystem ist er willkürlich nach Nullpunkt, Einheit und Neigungswinkel und insofern ‚subjektiv', aber auch nur insofern, nicht aber, insofern das Koordinatensystem auch die beschriebenen Gegenstände erschafft" (S. 119).

Auch der Beweis bezüglich der räumlichen Unendlichkeit der Welt geht von der Vorstellung der Welt als einem Gegenstand im Raum und in der Zeit aus. Die Vorstellung einer räumlich begrenzten Welt bedeutet, sich die Welt als enthalten in einem ansonsten leeren Raum vorzustellen. Das jedoch verlangte, daß nicht nur ein räumliches Verhältnis der Dinge untereinander im Raume anschaubar sein müßte, sondern auch ein Verhältnis zu dem Raum selbst, der als Ding neben den Dingen existierte. Da nun jedoch die Welt ein „absolutes Ganzes ist, außer welchem kein Gegenstand der Anschauung, und mithin kein Correlatum der Welt, angetroffen wird, womit [die Welt] im Verhältnis stehe, so würde das Verhältnis der Welt zum leeren Raum ein Verhältnis derselben zu keinem Gegenstande sein" (ebd.). Ein Verhältnis der Welt zu einem leeren Raume ist also ein Verhältnis der Welt zu nichts, und somit überhaupt kein Verhältnis. Also sind auch Welt und Raum isoextensiv, d.h. ein Raum, der neben der Welt existierte, müßte aufgrund seiner Existenz der Welt zugerechnet werden, denn wenn die Welt alles umfaßt, was ist, ist ein Raum, dem Existenz zugesprochen wird, einfach aufgrund seiner Existenz Teil der Welt. Deshalb ist dort, wo Raum ist, auch Welt, und es ist nicht nur keine Welt denkbar, die raumlos wäre, sondern es ist nicht möglich, sich verschiedene Welten nebeneinander im Raum vorzustellen, ohne sie in Gedanken, das aber heißt eben auch: wirklich, zu einer Welt zusammenzufassen.

Auch der Beweis der Thesis basiert auf der Konstruktion der Welt als einem Ding in Raum und Zeit. Wenn die Welt keinen Anfang in der Zeit hätte, dann wäre es notwendig, anzunehmen, daß bis zu jedem gegebenen Zeitpunkt bereits eine Ewigkeit vergangen ist; dann jedoch wäre es nicht möglich, die Zeit bis zum Anfang, dem Beginn der Welt, zu durchlaufen, und das wäre gleichbedeutend damit, daß es keine erste Bedingung gäbe, durch die die Reihe hätte beginnen können, deren Ende der gerade jetzt gegebene Zeitpunkt ist. Also ist es unmöglich, anzunehmen, daß bereits eine unendliche Zeit vergangen ist, d.h. es ist nur eine endliche Zeit verflossen, und damit ist der „Anfang der Welt eine notwendige Bedingung ihres [nämlich der Welt selbst] Daseins" (KdrV, A 427/B 455). Alles Entstehen und Vergehen, also aller Anfang der Dinge in der Welt geschieht in der Zeit. Ebenso ist alle Ausdehnung und Begrenzung der Dinge in der Welt räumlich. Deshalb bedeutet, nach dem zeitlichen Anfang und der räumlichen Begrenzung der Welt zu fragen, die Welt als einen Gegenstand in Raum und Zeit anzusehen und sie von daher derselben ontologischen Ebene zuzuordnen wie die Dinge in ihr. Von den Dingen, die im Raum und in der Zeit sind, läßt sich sagen, daß eine Reihe der zeitlichen Sukzession, die unendlich weit zurückreicht, eine Reihe ohne Anfang in der Zeit ist, und, weil wir uns einen jeden Anfang empirisch immer nur zeitlich vorzustellen vermögen, überhaupt ohne Anfang ist. So ist eine unendlich weit zurückreichende Reihe der Aufeinanderfolge von Tagen eine Reihe ohne Anfang. Ebenso wäre eine unendlich weit zurückreichende Reihe von Zuständen der Welt eine Reihe ohne ersten Anfang, und weil es also vor jedem Zustand der Welt stets noch einen weiteren gäbe, der dem gegebenen voranginge, wäre die Welt ohne Anfang. Nun wird die unendlich weit zurückreichende Reihe als eine bloß zeitliche vorgestellt: die unendlich weit zurückreichende Reihe etwa der Tage ist – dies scheint zumindest im ersten Zugriff einleuchtend – eine bloße Abfolge, in bezug auf die es ganz falsch wäre, sie als eine Kausalreihe anzusprechen, also in dem gerade vergangenen Tag die Ursache des gegenwärtigen erblicken zu wollen.

Dieselbe Sichtweise liegt dem Denken der ersten kosmologischen Idee zugrunde. Die unendlich weit zurückreichende Reihe der Zustände der Welt soll diese Zustände bloß zeitlich beschreiben, also unter Verzicht auf gerade jene kausale Denkweise, die aber die Rede von Zuständen überhaupt erst sinnvoll macht, und zwar, gerade vor dem Hintergrund der Tatsache, daß die Welt den Gegenständen ontologisch gleichgeordnet wird, ganz unabhängig davon, ob die Welt als jeweils Ganzes in ihren Zuständen in der Zeit betrachtet wird, oder ob die Welt in bezug auf die Dinge in ihr in den Blick genommen wird. Wenn nun also die Abfolge der Zustände der Welt (bzw. der Dinge in ihr) bereits bis auf den gegenwärtigen Zustand unendlich ist, dann muß der gegenwärtige Zustand als anfangslos, als unmöglich gelten, weil die zeitliche Ordnung wie eine kausale Reihe gedacht wird. Eine unendlich weit in die Zeit zurückreichende Reihe der Bedingungen ist, selbst wenn diese Bedingungen bloß als zeitlich vorgestellt werden sollen, eine Reihe ohne Anfang; der zeitliche Anfang ist die erste Bedingung der Reihe, und deshalb ist eine Reihe ohne erste Bedingung nicht denkbar, eine Reihe aber, die wirklich sein muß, weil ihr bis dato letztes Glied wirklich ist, muß ein erstes Glied aufweisen. Wenn Kant also aus der Tatsache, daß eine zeitliche Reihe keinen Anfang besitze, den Schluß zieht, daß der gegenwärtige Zustand deshalb unmöglich sei, so wird daran eine verdeckte Verquickung von zeitlicher Sukzession und Kausalität deutlich, die dazu führt, daß es dem Verstand unmöglich ist, das Verhältnis von Bedingung und Bedingtem auf irgendeine andere Weise zu denken denn als Kausalverhältnis. Die Abfolge der Zustände der Welt ist gerade deshalb zeitlich geordnet, weil sie eine Reihe der kausalen Bedingung ist. Das trifft auch auf Reihen zu, die auf den ersten Blick bloß zeitlich zu sein scheinen. So ist die Abfolge der Tage im Grunde keine bloß zeitliche Abfolge, denn es ließe sich sehr schnell nachweisen, daß es eine Frage des richtigen Verständnisses von „Tag" ist, den vergangenen Tag wirklich als Ursache des ihm gefolgten anzusehen.[50] Wenn der Verstand nicht umhin kann, das Verhältnis von Bedingung und Bedingtem sich stets als Kausalreihe vorzustellen, so kann er in seinem empirischen Gebrauch ebensowenig umhin, sich diese Kausalreihe als Zeitreihe in consequentia vor-

---

[50] Nämlich indem unter „Tag" keine abstrakte zeitliche Größe, sondern etwa der Umschwung der Erde um ihre Achse verstanden wird, denn dann ist der folgende Tag – das Aufgehen der Sonne – die Folge der Ursache jener Drehung der Erde, die „Tag" genannt wird.

zustellen[51]; das aber gilt auch umgekehrt: Auch unter der Leitung der Vernunft – die selbst von allen diesen Automatismen frei ist – betrachtet der Verstand jede Kausalreihe als Zeitreihe und umgekehrt. Aus diesem Grunde ist es dem Verstand auch unmöglich, eine Reihe in antecedentia zu denken. Sich die Welt als einen Gegenstand in Raum und Zeit vorzustellen, macht es unvermeidlich, sich die Abfolge der bloß zeitlichen Zustände der Welt als im Grunde kausal bedingte Zustände zu denken. Eine zeitlich-kausale unendliche und doch verflossene Weltreihe aber ist in der Tat unmöglich zu denken.[52]

„Der Raum ist bloß die Form der äußeren Anschauung, aber kein wirklicher Gegenstand, der äußerlich angeschauet werden kann" (A 431/B 459), und deshalb „kann der Raum, als etwas, welches für sich besteht, die Wirklichkeit der Dinge in Ansehung der Größe oder Gestalt nicht bestimmen, weil er an sich nichts Wirkliches ist". Wenn man also „eine Weltgrenze, es sei dem Raume oder der Zeit nach, annimmt", ist man gezwungen, zwei „Undinge, den leeren Raum und die leere Zeit vor der Welt" (A 433/B 461) anzunehmen. Zeit und Raum sind Undinge, weil sie außerhalb der Welt existieren, und das bedeutet, „statt einer Sinnenwelt [sic!] sich, wer weiß welche, intelligible Welten" zu denken. Statt dessen „ist hier aber nur von dem mundus phaenomenon die Rede", und der „mundus intelligibilis ist nichts als der allgemeine Begriff einer Welt überhaupt, in welchem man von allen Bedingungen der Anschauung derselben

---

[51] Deshalb ist ohne Zeitordnung für den Verstand Ursache ein leerer Begriff: „Wir haben zu Ende der Grundsätze gesehen, daß der Begriff der Ursache dazu diene, das Verhältnis der Zeitfolge im Verlauf derer Erscheinungen a priori zu bestimmen; nehmen wir die Zeit weg, so ist er zu gar nichts" (AA, Bd. XXIII, S. 36).

[52] Den Beweis der Thesis in bezug auf die räumliche Begrenztheit der Welt stelle ich beiseite, weil schon die Darstellung Kants vor allem der Schwierigkeit gewidmet ist, die Aggregation (Beiordnung) der Räume, als die die Welt hinsichtlich der Frage ihrer räumlichen Begrenzung angesehen wird, in eine Sukzession zu überführen, durch die überhaupt erst eine Reihe entsteht, deren erstes Glied unbedingt sein soll. Dies geschieht auf die schon genannte Weise, daß die Räume zwar als einander beigeordnet angesehen werden müssen, daß nichtsdestoweniger jedoch der Denkakt, durch den der Geist zu jenem Raum zu gelangen versucht, der selbst nicht mehr Teil ist, weil er alle anderen Räume enthält, ein sukzessiver Akt des Durchschreitens aller subalterner Räume von dem kleinsten bis zum größten ist. Dieses Durchschreiten ist anschaulich betrachtet ein Voranschreiten zu dem immer größeren Raum, hinter dem sich ein Rückschritt von dem Bedingten zu der obersten Bedingung verbirgt, weil der größte Raum gerade derjenige ist, der alle anderen Räume in sich enthält, ohne den jene also nicht möglich wären. Die weitere Argumentation läuft der des Beweises des zeitlichen Weltanfangs analog: Wenn die Welt im Raume und unendlich ist, dann besteht sie aus einer unendlichen Anzahl von Räumen. Es ist schlicht unmöglich, eine unendlich große Anzahl von Räumen, wie Kant sagt, „zu durchzählen", weil hierfür eine unendliche Zeit nötig wäre. „Demnach kann ein unendliches Aggregat wirklicher Dinge nicht als ein gegebenes Ganzes, mithin auch nicht als zugleich gegeben, angesehen werden" (KdrV, A 428/B 456).

abstrahiert". Sinnenwelt ist die Idee der Welt nicht *in*, sondern *als* Raum und Zeit.[53] Die Welt ist die Idee der Einheit des Vielen. Das Viele aber kann selbst in seiner bloß zeitlichen oder bloß räumlichen Verbundenheit ohne den Rückgriff auf Kausalität nicht als vereint gedacht werden. Kausalität ist die Form der Zeit in der Welt, und die Welt ist deshalb nicht in der Zeit, sondern die Zeit in der Welt. Jedes Denken der Welt als Anschauung ist ein Denken des Vielen in Raum und Zeit, das sich der Zeit in der Weise der Kausalität bedient und deshalb zwar besagen kann, daß überall dort, wo Raum und Zeit sind, auch Welt ist: denn die Gesamtheit des Vielen entsteht dem Verstand nur durch das Denken in Kausalität als verstandesmäßiger höchster Form des Denkens der Zeit; dadurch aber, daß der Verstand die Zeit nur als Kausalität zu denken vermag, liegt in jedem seiner Akte der Synthesis des Vielen durch kausales Aufeinanderbeziehen der Grund für einen weiteren Akt derselben Art von Synthesis. Auch durch die Anleitung, die die Vernunft dem Verstand gibt, vermag der Verstand nicht mehr als eine relative Gesamtheit des Vielen zu synthetisieren. Die Frage nach der Einheit der Welt muß er vermindern auf die Frage nach der Weltgröße.

---

[53] In eine Anmerkung verbannt Kant die Kritik des Begriffes eines absoluten Raumes, die aus dieser Argumentation gewonnen werden kann. Der absolute Raum ist „nichts anderes, als die bloße Möglichkeit äußerer Erscheinungen" (A 429/B 457), d.h. der Begriff des absoluten Raumes verliert jeglichen Sinn, sobald er wie ein Gegenstand behandelt wird. „Die empirische Anschauung ist also", so sagt er (ebd.), „nicht zusammengesetzt aus Erscheinungen und dem Raume (der Wahrnehmung und der leeren Anschauung). Eines ist nicht des andern Correlatum der Synthesis, sondern nur in einer und derselben empirischen Anschauung verbunden, als Materie und Form derselben". Kant warnt eindringlich davor, beide Begriffe auf dieselbe Ebene zu stellen, weil dadurch „allerlei leere Bestimmungen der äußeren Anschauung [entstehen], die doch nicht mögliche Wahrnehmungen sind" (ebd.). Zu diesen „leeren Bestimmungen" gehört auch, sich die Welt als im Raume versetzt vorzustellen, und auch, so ist zu ergänzen, sich die Welt als zeitlich (nämlich innerhalb der bloßen Anschauungsform der Zeit) versetzt vorzustellen. Denn eine räumliche wie eine zeitliche Versetzung wird überhaupt nur dort wahrnehmbar, wo sie die räumlichen und zeitlichen Verhältnisse der Dinge in der Welt betreffen. Diese Veränderung setzt aber die eine Zeit und den einen Raum immer schon voraus, denn daß das räumliche Verhältnis von A zu B sich umkehrt und als B zu A erscheint, setzt eine sich durch die Veränderung durchhaltende räumliche Anschauung voraus. Ebenso setzt die Umkehr des zeitlichen Verhältnisses von (A vor B) zu (B vor A) eine sich durch diese Veränderung durchhaltende Anschauungsform der Zeit voraus, vor der als Hintergrund, wenn auch nicht als die Sukzession kausal bestimmenden Grund, die Veränderung überhaupt sichtbar werden kann. Und dasselbe gilt für alle Formen zeitlicher Dehnung, Verkürzung, Umkehr oder Schleife, wie sie jeder bessere Science-Fiction bietet, nicht weniger jedoch für alle räumlichen Formen solcher Veränderungen.

2. Zeit und Kausalität. Betrachtungen über die drei Analogien der Erfahrung im Rück-
blick von der Idee der Welt als Gegenstand in Raum und Zeit.

In dem Begriff der Welt als der absoluten Gesamtheit des Vielen ist die Spannung enthalten zwischen dem in Raum und Zeit vorgestellten Vielen und der Gesamtheit dieses
Vielen, die wir uns nicht mehr in Raum und Zeit vorstellen können, ohne dabei in Antinomien zu geraten. Deshalb ist die schlechthin unbedingte Totalität der Synthesis der
Erscheinungen ein Gegenstand, „der nirgend anders als in unseren Gedanken gegeben
werden kann" (A 481/B 509), und von dem „wir doch hartnäckig annehmen, als entspreche ihr ein wirklicher Gegenstand" (A 482/B 510). Die Hartnäckigkeit dieses Ver-
suches demonstriert Kant an dem Beispiel der als Laplacescher Dämon bekannten Vorstellung eines anschaulich und verstandesmäßig vollständigen Gegebenseins der Natur.
„Nehmet an, die Natur sei ganz vor euch aufgedeckt; euren Sinnen, und dem Bewußtsein alles dessen, was eurer Anschauung vorgelegt ist, sei nichts verborgen: so werdet
ihr doch durch keine einzige Erfahrung den Gegenstand eurer Ideen in concreto erkennen können" (A 482/B 510). Alles in der empirischen Erfahrung Gegebene ist als ein
empirisch Erfahrenes ein solches, das unter den Bedingungen der Empirie steht, und
umgekehrt ist das Unbedingte als Unbedingtes nichts, was empirisch, also bedingt,
könnte gegeben werden. Das *absolute* Ganze ist die Idee von einer unbedingten Gesamtheit alles empirisch Erfahrbaren und eben deshalb nicht selbst empirisch erfahrbar. Der
Laplacesche Dämon ist der illusorische Gedanke von einer vollkommenen Verstandeserkenntnis, die alle Zeit und allen Raum umfaßt; eine solche Idee würde, wäre sie möglich, gar nicht die Existenz der Vernunftidee der Welt empirisch erweisen, sondern vielmehr die kosmologische Vernunftidee der Welt überflüssig machen. Daß der menschliche Geist die Vernunftidee der Welt besitzt, muß von daher gerade umgekehrt als Abweis des Laplaceschen Dämons gewertet werden: Die Vernunftidee der Welt ist in der
verstandesmäßigen Vorstellung des Laplaceschen Dämons nicht ausgedrückt, weil in ihr
die Wirklichkeit einer Vernunftidee als Gegenstand in der Anschauung gesucht wird.
Der Laplacesche Dämon ist so eine Illusion, hinter der sich ein dialektischer Gebrauch
der Vernunftidee der Einheit der Welt verbirgt. Im Rahmen eines solchen dialektischen
Verfahrens wäre es dann im Grunde genommen sogar müßig, den Unterschied zwischen Verstand und Vernunft überhaupt beibehalten zu wollen, denn mag auch die Idee
der Totalität des Angeschauten (die Idee der Sinnenwelt) der Vernunft entstammen, so
ist doch der Versuch der empirisch-konkreten Erkenntnis dieser Idee verstandesmäßig.
Dies bedeutet, daß vernünftige Erkenntnis erst dort gegeben ist, wo die Wirklichkeit
einer Idee aus dieser Idee selbst dargetan wird, und im Rahmen eines solchen nicht-
dialektischen Denkens würde der Laplaceschen Dämon als Illusion entlarvt werden.
    Die Welt der an sich seienden Dinge ist deshalb für uns nicht erkennbar, weil wir
nicht voraussetzen können, daß in ihr Raum und Zeit gültige Formen der Bedingung

des Seins sind. Das bedeutet, daß die mögliche Welt der an sich seienden Dinge gar nicht „Welt" sein kann in einem Verständnis, das für uns sinnvoll sein könnte. Dem entspricht, daß die Gesamtheit der von uns angeschauten Dinge deshalb Welt ist, weil diese Dinge in Raum und Zeit sind. Um die Welt als Einheit zu begreifen, ist es deshalb nicht nötig, die Dinge und ihre gegenseitigen Verhältnisse bis ins letzte zu durchschauen – wie es die von Kant schon im Vorwege verworfene Illusion des Laplaceschen Dämons vorstellt –, sondern es ist vielmehr nötig, das Verhältnis von Weltbegriff und Raum/Zeit genauer zu verstehen.

Der Weltbegriff des Verstandes ist der Begriff von einer internen Beziehung des Vielen, die macht, daß das Viele sich nicht als Besonderes oder Einzelnes in Raum und Zeit verliert, sondern eine Einheit bildet, mag diese auch in Gänze nicht angeschaut werden können. Diese interne Beziehung ist die Kausalität, die in den drei „Analogien der Erfahrung" (KdrV, B 218-b 265) thematisiert wird. Die drei Analogien der Erfahrung greifen auf einen gemeinsamen Grundsatz zurück, den Kant in der A-Auflage der KdrV so formuliert: „Alle Erscheinungen stehen, ihrem Dasein nach, a priori unter Regeln der Bestimmung ihres Verhältnisses unter einander in der Zeit" (A 176). Das Verhältnis der Erscheinungen untereinander zu betrachten und darin dieses Verhältnis als wesentlich durch die Zeit bestimmt zu charakterisieren, bedeutet, eine Ebene der Betrachtung einzunehmen, auf der die Existenz der Erscheinungen als Objekte des Bewußtseins schon vorausgesetzt ist, auf der aber die objektive Gültigkeit dieser Erscheinungen noch nicht gezeigt ist. In der objektiven Erkenntnis müssen Erscheinungen nicht als Erscheinungen, sondern als Objekte erkannt werden, also nicht in ihrem Bezug zum Bewußtsein, sondern zu dem Objekt, dessen Repräsentanz sie sind. Erscheinungen „ihrem Dasein nach" zu betrachten und darin das Verhältnis der daseienden Erscheinungen als ein zeitliches zu charakterisieren, ist also offenbar etwas anderes, als den Beitrag der Zeit zu der Konstitution der einzelnen Erscheinung zu würdigen, wie es anhand der Diskussion des „Grundsatzes des reinen Verstandes" (A 162), daß „alle Erscheinungen (...) ihrer Anschauung nach extensive Größen" (ebd.) sind, bereits geschehen ist: Anschauungen sind extensiv, weil alle Erscheinungen nicht anders apprehendiert werden können, „als durch die Synthese des Mannigfaltigen, wodurch die Vorstellungen eines bestimmten Raumes oder Zeit erzeugt werden" (B 202).[54] Und in der Tat

---

[54] Der erste Grundsatz des reinen Verstandes ist, daß „alle Erscheinungen (...) ihrer Anschauung nach extensive Größen" (A 162) sind. In diesem Grundsatz ist die Erscheinung hinsichtlich gerade des entgegengesetzten Aspektes getroffen, der hier zur Debatte steht, nämlich insofern sie Anschauung, also eine Größe in Raum und Zeit ist, nicht insofern sie auf einen dem erkennenden Subjekt äußeren Gegenstand verweist. Erscheinungen sind extensive Größen, wenn sie bloß als Anschauungen aufgefaßt werden, d.h. ihnen eine Erstreckung in Raum und Zeit zugesprochen wird. Etwas anderes ist es, Erscheinungen hinsichtlich ihres Realitätsgehaltes aufzufassen, denn in dieser Hinsicht kommt ihnen keine extensive, sondern eine intensive Größe zu, weil die Er-

geht der hier vorliegende Grundsatz über diesen Anteil von Raum und Zeit hinaus auf die Behauptung, daß zwischen allen Erscheinungen ein Verhältnis der Zeit herrsche; das ist nichts anderes als die Behauptung, daß die Zeit die grundlegenste Form des Verhältnisses von Erscheinungen in der Welt ist.[55]

Der allgemeine Grundsatz der Analogien der Erfahrung besagt, daß es über die bloße zeitliche Ordnung der Erscheinungen hinaus „Regeln der Bestimmung ihres Verhältnisses unter einander in der Zeit" (A 177) gibt; und das muß doch wohl als die Behauptung verstanden werden, daß die Zeit für sich genommen kein hinreichendes Ordnungsprinzip der Welt ist, sondern daß die Zeit das erst dadurch ist, daß die Verhältnisse der Erscheinungen unter Regeln stehen, die von der Zeit zunächst ganz verschieden sind. Die B-Auflage nennt das allgemeine Prinzip dieser Regeln: „Erfahrung ist nur durch die Vorstellung einer notwendigen Verknüpfung der Wahrnehmungen möglich" (B 218). Die Verknüpfung des Mannigfaltigen in der Zeit durch bloße Apprehension[56], also durch eine synthetische Handlung des Verstandes ohne Rückgriff auf einen Verstandesgrundsatz, wäre nicht hinreichend, die Verknüpfung der Wahrnehmungen als notwendig zu charakterisieren, und damit wäre es verfrüht, den der Apprehension entspringenden Erscheinungen den Status eines Objektes zuzusprechen, denn Apprehension ist wohl „eine Zusammenstellung des Mannigfaltigen der empirischen Anschauung", aber sie führt keineswegs auf die „Vorstellung von der Notwendigkeit der verbundenen Existenz der Erscheinungen (...) im Raum und Zeit" (B 219). Objektive Er-

---

scheinung dann nicht als bloße Anschauung, sondern als Repräsentant eines äußeren Gegenstandes, dessen Anschauung die Erscheinung ist, getroffen ist; dies behandelt Kant als zweiten Grundsatz des Verstandes unter dem Titel der Antizipationen der Wahrnehmung, und dies ist insofern von dem hier vorliegenden Grundsatz unterschieden, als es in der Betrachtung der Erscheinung als intensiver Größe um eine einzelne Erscheinung geht. Die Pointe des hier vorliegenden Prinzips der drei Analogien ist, daß eine empirische Bestimmung dieses Realitätsgehaltes nur über die Betrachtung der Verhältnisse in Raum und Zeit zwischen Erscheinungen möglich ist, also nur über eine Ordnung der Erscheinungen als Abfolge oder als Gemeinschaft.

[55] Die Zeit ist also auch dort die allgemeinste Form des Verhältnisses von Erscheinungen in der Welt, wo dieses Verhältnis hinsichtlich seiner Räumlichkeit thematisiert wird, wie es in der Dritten Analogie geschieht. Die Dritte Analogie ist der „Grundsatz der Gemeinschaft", und thematisiert die Substanzen, insofern zwischen ihnen eine Wechselwirkung stattfindet, die ihnen aus ihrem Zugleichsein entspringt. Substanzen, die in ihrer gegenseitigen Relation zugleich sind, sind also auch in der Zeit, wenn auch die Zeit hier gerade nicht als Sukzession auftritt. Erst dadurch, daß die Zeit hier in ihrem Modus des Zugleichseins betrachtet wird, entsteht also die Notwendigkeit, den Raum als Medium der Wechselwirkung der Substanzen in den Blick zu nehmen. Für das weitere siehe unten.

[56] Apprehension ist hier in einem weiteren Sinne genommen als die zweifache Funktion des Verstandes, nämlich (1) „das Durchlaufen der Mannigfaltigkeit" und (2) „die Zusammenfassung derselben" (A 99).

fahrung will sich nicht damit zufriedengeben, ein Objekt zu erkennen, „wie es in der Zeit zusammengestellt wird, sondern wie es objektiv in der Zeit ist" (B 219), d.h. sie muß das Objekt nicht thematisieren hinsichtlich des Prozesses, durch den es für den Verstand zum Objekt wird, sondern will gerade in Absehung von diesem Prozeß die Sache als solche erkennen. Die Pointe der Analogien der Erfahrung ist, daß eine solche „naive" Erkenntnis, die die Bedingungen der Konstitution von Einzelgegenständen vergißt, nicht möglich ist. Das verändert den Stellenwert der Zeit von einem Mittel, ohne das das Objekt nicht konstituiert zu werden vermag, zu einer ontologischen Bedingung des Objekts insgesamt, die auch dort noch relevant ist, wo das naive Bewußtsein etwas bloß zu sehen meint, und dieses bloße Sehen dem Denken gegenüberstellt. Wenn die Zeit sowohl beim Prozeß der Konstitution des Einzelgegenstandes (dem, was man wahrnimmt) als auch bei dem Verstehen des Objekts (dem, was ist) ein nicht wegzuschaffendes Moment ist, dann muß objektive Erfahrung voraussetzen, daß die Konstitution des Objekts bereits als Vorgang objektiv ist, also ein Objekt auf eine Weise konstituiert, die nicht bloß willkürlich ist. Das ist aus dem Objekt selbst gerade dann nicht zu erkennen, wenn dieses erst durch einen konstituierenden Akt zum Objekt wird, denn dann ist alles, was aus diesem Akt entspringt, Objekt. Für die zurecht erhobene Forderung eines Ausweises der Nichtbeliebigkeit der Objektkonstitution bedarf es also eines Rückgriffs auf Regeln, die nicht neben der Konstitution des Einzelgegenstandes eine ganz andere Konstitution vollziehen, nämlich die des Objekts, und so eine Parallelität von Einzelgegenstand und Objekt hervorbrächte, sondern die den Einzelgegenstand selbst als Objekt auszuweisen vermag.[57]

Apprehension, gedacht zunächst nur als eine Funktion, Wahrnehmungen subjektiv in der Zeit zu verknüpfen, macht die Annahme einer Regel nötig, aufgrund derer erst eine objektive Zusammenstellung des Mannigfaltigen in der Zeit möglich werden kann. Diese Regel kann sich nicht auf den vermeintlichen absoluten Ablauf der Zeit berufen, und etwa diesen Ablauf mit der sich der Zeit bloß bedienenden Abfolge der Apprehension, von der zunächst ja noch ganz unausgemacht ist, ob sie dem Ablauf der Zeit entspricht, vergleichen, weil der Ablauf der Zeit, ohne daß dieser sich an irgendetwas in der Welt manifestiert, nicht wahrnehmbar ist. Der Zeitfluß als absolute, von den Gegenständen abgetrennte Grundgegebenheit der Welt ist eine bloße Chimäre, weil Zeit als

---

[57] In den Ausdruck „objektiv" geht also eine Doppeldeutigkeit ein, die es hier auseinanderzusetzen gilt, nämlich die Doppeldeutigkeit der Hinwendung eines Erkenntnisvermögens auf Objekte einerseits und andererseits die sich hieran anschließende Frage nach der Möglichkeit wahrer Erkenntnis aus dieser Hinwendung. Beides tritt stets im Verbund auf, weil jede Hinwendung auf ein einem Erkenntnisvermögen vorliegendes Objekt auf wahre Erkenntnis von diesem aus ist; dennoch sind die beiden Verwendungsweisen des Begriffs der Objektivität dort zu trennen, wo einem Erkenntnisvermögen die Fähigkeit zur Konstitution des Objekts selbst, in bezug auf das dann wahre („objektive") Erkenntnis erhofft wird, zugesprochen wird.

Fluß, als Reihe des Aufeinanderfolgens, erst aus der Herstellung eines Bezuges zwischen der Abfolge der Wahrnehmungen in der Synthesis der Apprehension und einem in der Zeit Beharrenden entsteht. Weil eine direkte Wahrnehmung der Zeit „an sich" unmöglich ist, bleibt nur die Suche nach einer Regel, die die Zusammenstellung eines Mannigfaltigen der Erscheinungen in der Zeit als notwendig ausweisen kann. Wenn die Zusammenstellung eines Mannigfaltigen zur Einheit stets in der Zeit geschieht, dann wird die Regel einen Bezug zwischen den Wahrnehmungen ausweisen müssen, der die Ordnung der Wahrnehmungen in der Zeit, die in der Apprehension vorliegt, als notwendig erweist. Die Analogien des Verstandes sind Ordnungsprinzipien, die die Apprehension empirisch möglich machen, d.h. die nicht nur die Möglichkeit der Apprehension von Gegenständen generell erklären, sondern zeigen, auf welche Weise es möglich sein kann, daß die Apprehension auf eine Weise geschieht, die es erlaubt, von Objekten zu sprechen.

Die Analogien der Erfahrung stellen sich so dar als Grundsätze, die die Ordnung der Zeit in der Apprehension bestimmen und von daher erlauben, das Produkt der Synthesis des Mannigfaltigen in der Apprehension als Objekt zu erkennen: Die Analogien zielen auf die Vollendung der Gegenstandskonstitution, und es ist von daher angebracht, die Konstitution der Gegenstände in wenigstens zwei Schritte zu unterteilen, nämlich in den ersten, der in dem Aufweis der Möglichkeit von Apprehension überhaupt besteht und in sich bereits eine Zeitfolge der Wahrnehmungen ergibt, von der aber ohne weiteres unausgemacht bleiben muß, ob sie einen irgendwie gearteten objektiven Gehalt transportiert, und den zweiten, der genau diesen Mangel beseitigt. Man könnte den ersten Schritt auch die Konstitution der Erscheinungen als Anschauungen, den zweiten aber die Konstitution der Erscheinungen als Objekte nennen. Apprehension bedeutet eine Verwendung der Zeit durch den Verstand, die es möglich macht, in die undifferenzierte Einheit der bloß durch die reinen Anschauungsformen gegebenen Auffassung der äußeren Wirklichkeit Differenz einzutragen und auf diese Weise Erscheinungen zu konstituieren. Damit wäre es naiv, in der Fähigkeit der Apprehension allein bereits die vollständige Fähigkeit zur Gegenstandskonstitution erkennen zu wollen; diese stellt in der Tat nur den ersten Schritt dar, nämlich die Konstitution einzelner Anschuungen, von denen noch ganz unausgemacht ist, inwiefern sie einen äußeren Gegenstand repräsentieren, also Objekte sind, oder ob nicht vielmehr die Grenzen der Anschauungen gegeneinander bloß subjektiv sind. In der Tat wäre es, dächte man sich den Verstand allein durch das Vermögen der Apprehension, gar nicht einzusehen, weshalb und woran dieses Vermögen überhaupt eine Grenze finden sollte: Durch Apprehension allein entstünde ein einziger Gesamtgegenstand, also gerade nicht jenes Viele, das als Einheit gedacht Welt genannt wird. Eine Erscheinung ist erst dann Objekt, wenn die Beziehung der in der Erscheinung synthetisierten Teile als objektiv (die Erscheinung konstituierend) ausgewiesen ist, und das kann nicht aus der Apprehension selbst verständlich gemacht werden, obwohl es allein im Akte der Apprehension erfolgen kann. Damit ist es unausweichlich, daß Grundsätze des reinen Verstandes die Apprehension bestimmen, und, weil Apprehension ein Verwenden der Zeit durch den Verstand ist, Regeln der Zeitordnung durch Apprehension a priori vorstellig machen müssen. Die Zeit tritt in ihrer Beziehung zu Erscheinungen in drei Modi auf, nämlich „Beharrlichkeit, Folge und Zugleichsein", und es werden deshalb „drei Regeln aller Zeitverhältnisse der Erscheinungen, wonach jeder ihr Dasein in Ansehung der Einheit aller Zeit bestimmt werden kann, vor aller Erfahrung vorangehen, und diese allererst möglich machen" (A 177/B 219). Jede dieser Regeln verlangt also, einen Bezug zwischen der Abfolge des Mannigfaltigen und der „Einheit aller Zeit" herzustellen.

a) Dinge in Raum und Zeit. Der Grundsatz der Beharrlichkeit der Substanz als Exposition der Frage nach Zeit und Kausalität.

Wenn Raum und Zeit als solche gar nicht wahrnehmbar sind, dann stellt sich die Aufgabe, Gegenstände in Raum und Zeit empirisch zu erkennen, als schwieriger dar, als es einer naiven Ontologie erscheinen muß, die Raum und Zeit als bloße Behälter ansieht, in denen das Seiende ist und die einen selbst ständig anwesenden Bezugspunkt der räumlichen und zeitlichen Bestimmung bieten. Kant ist – wie schon mehrfach deutlich wurde – kein Vertreter einer solchen naiven Ontologie, und deshalb ist der erste gedankliche Schritt in Richtung auf eine Philosophie des Seienden in Raum und Zeit – in deutlicher Abhebung zu dem Sprung, den De mundi in dieser Hinsicht vollzieht – nicht die Voraussetzung des Seienden in Zeit und Raum, sondern die Frage, wie das Seiende als Vieles überhaupt gedacht werden könnte. Hierfür ist es nötig, ein Substrat aufzuzeigen, in bezug auf das empirische Zeitbestimmungen vorgenommen werden können. Diesem Aufweis dient die erste Analogie, indem sie die Beharrlichkeit als „notwendige Bedingung, unter welcher allein Erscheinungen, als Dinge oder Gegenstände, in einer möglichen Erfahrung bestimmbar sind" (A 189/B 232), aufzeigt. Die erste Analogie stellt den Grundsatz der Beharrlichkeit als notwendige Bedingung möglicher Erfahrung vor. Dieser Grundsatz zeigt somit nicht die Existenz einer oder mehrerer Substanzen in dem Sinne einer naiven Ontologie, die unter Substanz eine oder mehrere erste, nicht weiter zurückführbare Materien verstanden wissen will, die in Raum und Zeit immer schon sind, sondern sie nimmt eine Bestimmung vor, die zwischen der für sich selbst völlig unerkennbaren Zeit und der Erscheinung in ihr ein Vermittelndes einzufügen erlaubt, durch das es möglich wird, die Erscheinung als Objekt zu erkennen. Dieses Mittlere ist das Substrat der Zeit, auf das die Erscheinungen bezogen werden können; dieses Substrat ist nicht die Zeit selbst, sondern dasjenige, was in der Zeit beharrt und in bezug auf das erst Veränderung denkbar gemacht werden kann, und von dem her die Veränderung der Zeit selbst erst verständlich gemacht werden kann.

Substanz ist damit also beides, das ontologisch erste des konkreten Gegenstandes, d.i. das, ohne welches der Gegenstand von sich aus nicht sein kann, und der Bezugspunkt der zeitlichen Bestimmung der Erscheinung, die es erlaubt, sie als Gegenstand anzusprechen. Kant legt in der ersten Analogie den Grund für eine empirische Erkenntnis von Gegenständen, indem er die Möglichkeit des Bezuges zwischen Zeit und Erscheinung aufzeigt, ein Bezug, der über die Funktion der Apprehension insofern hinausgeht, als durch ihn erst die Konstitution der Erscheinung als Gegenstand abgeschlossen werden kann. Die Möglichkeit, einen solchen Bezug herzustellen, thematisieren erst die beiden folgenden Analogien, denn was „das empirische Kriterium dieser notwendigen Beharrlichkeit und mit ihr der Substantialität der Erscheinungen sei" (A 189/B 232), muß hinsichtlich der beiden Modi des Daseins von Gegenständen in der Zeit, nämlich Folge und Zugleichsein, in verschiedenen Verstandesgrundsätzen dargetan werden. Damit ist klar, daß der ersten Analogie eine Sonderrolle zukommt, nämlich die, die ontologische Grundkonstellation transzendental vorzustellen, deren empirische Verwirklichung in den beiden folgenden Analogien dargelegt wird.

Die erste Analogie ist der „Grundsatz der Beharrlichkeit der Substanz" (B 224) und lautet: „Bei allem Wechsel der Erscheinungen beharret die Substanz, und das Quantum derselben wird in der Natur weder vermehrt noch vermindert" (B 224). Aber die Substanz ist noch nicht das Ding oder der Gegenstand, denn das Ding ist die Substanz in ihrer vollen Bestimmtheit, und als solches kann es nur empirisch gegeben werden. Deshalb wird es nötig sein, weitere Grundsätze auszuweisen, die die Substanz in Raum und Zeit bestimmbar machen und so Gegenstände konstituieren, bzw. die schon in der Apprehension begonnene Konstitution des Gegenstandes abschließen. Substanz hatte Kant im Schematismuskapitel bestimmt als „die Beharrlichkeit des Realen in der Zeit, d.i. die Vorstellung desselben, als eines Substratum der empirischen Zeitbestimmung überhaupt, welches also bleibt, indem alles andere wechselt" (A 144/B 183). Die Zeit selbst ist „unwandelbar und bleibend" (ebd.) und kann deshalb gar nicht wahrgenommen werden. Damit wäre es zu einfach, wenn Substanz als dasjenige bestimmt würde, was im Verlauf der Zeit beharrt, denn wenn die Zeit selbst gar nicht verläuft, dann gibt es gar kein Korrelat des Bleibens oder der Veränderung, von dem her bestimmt werden könnte, daß etwas bleibt. Die Substanz ist deshalb nicht das, was sich im direkten Bezug zu der Zeit selbst als durchhaltend zeigt, sondern dasjenige, was im Bezug zu der Veränderung beharrt, und damit ist die Substanz gerade nicht in Abhebung von der Zeit selbst bestimmt, sondern als dasjenige, was in dem Prozeß der Veränderung die Zeit selbst repräsentiert: Sie ist das Substrat der empirischen Zeitbestimmung, die durch die Veränderung erfolgt. Damit entsteht eine zweifache Bedeutung von Zeit, nämlich die Zeit selbst, die gar nicht in einem physikalischen Sinne verläuft, und die empirische Zeit, die sich anhand der Veränderungen in bezug auf die Substanz, und nur in bezug auf sie, festmachen läßt: „Der Zeit also, die selbst unwandelbar und bleibend ist, korrespondiert in der Erscheinung das Unwandelbare im Dasein, d.i. die Substanz, und bloß an ihr kann die Folge und das Zugleichsein der Erscheinungen der Zeit nach bestimmt werden" (A 144/B 183). Erst die Bestimmung der Folge und des Zugleichseins der Erscheinungen ist Zeit im physikalischen Sinne.

Zugleichsein und Folge der Erscheinungen bedeutet eine empirische Zeitbestimmung, die des Rückgriffs auf die Zeit selbst bedarf, der ohne einen Vertreter der Zeit gar nicht vollzogen werden kann. Dieser Vertreter ist die Substanz. Wenn die Zeit „auf zweifache Weise das Verhältnis im Dasein [der Erscheinungen] bestimmen [kann], [nämlich] entweder so fern sie nach einander oder zugleich sein" (A 182), und auf diese Weise die Zeit als „Zeitreihe" oder als „Zeitumfang" betrachtet wird, so bedarf jede empirische Zeitbestimmung des Bezuges zu der Zeit selbst, „in welcher, als Substrat (als beharrlicher Form der inneren Anschauung), das Zugleichsein sowohl als die Folge allein vorgestellt werden kann" (B 224). Dieser Bezug ist nicht direkt herstellbar, d.h. es kann die Zeit, zu der A ist, nicht im Vergleich zu aller Zeit überhaupt empirisch festgestellt werden, und deshalb muß „in den Gegenständen der Wahrnehmung, d.i. den Erscheinungen das Substrat anzutreffen sein, welches die Zeit überhaupt vorstellt" (B 225). Von diesem Substrat her wird „aller Wechsel oder Zugleichsein durch das Verhältnis der Erscheinungen zu demselben in der Apprehension" (B 225) wahrnehmbar, und es stellt sich also zwischen dem Substrat und dem Wechsel oder Zugleichsein ein Verhältnis von Substanz und Akzidenz ein, d.h. das Substrat der Zeit ist nichts anderes als die Substanz, „an welcher alles, was zum Dasein gehört, nur als Bestimmung kann gedacht werden". Wenn alle Bestimmungen des Daseins nur gedacht werden können, indem sie auf die Substanz bezogen werden, dann kann die Substanz selbst nicht in demselben Sinne dasein wie es die Gegenstände sind, nämlich nicht im Modus der Veränderung; deshalb kann „ihr Quantum in der Natur (...) weder vermehrt noch vermindert werden".

Durch Apprehension allein werden alle Wahrnehmungen als Reihe in der Zeit aufgefaßt, und weil Apprehension ein Vermögen des Geistes ist, ist die Zeitfolge der Wahrnehmungen zunächst einmal bloß subjektiv. Um nun das objektive Zugleichsein oder Aufeinanderfolgen der Erscheinungen bestimmbar zu machen, ist es zuallererst nötig, ein Beharrliches vorauszusetzen als das „Substratum der empirischen Vorstellung der Zeit selbst, an welchem alle Zeitbestimmung allein möglich ist" (A 183/B 226). Die Vorstellung eines Beharrlichen in der Zeit macht empirische Zeitbestimmung möglich, indem sie die Reihenfolge der Apprehension bestimmt und so den Wahrnehmungen einen Ort in der Zeit zuweist. Das bedeutet, der Wahrnehmung eine Dauer zuzusprechen, von der nur sinnvoll zu sprechen ist, wenn sie nicht verschwindend klein ist. Die Vorstellung der Zeit als Reihe beinhaltet jedoch die Vorstellung einer unendlichen Anzahl zeitlicher Elemente, die im Verlauf der Zeit durchlaufen werden. Stelle ich mir also eine Erscheinung allein in und durch die Zeitreihe vor, so besitzt sie nur vermittels unendlich kleiner Zeitabschnitte Existenz, d.h. sie hört nach einem unendlich kleinen Zeitabschnitt zu sein auf, und hebt mit dem nächsten Zeitabschnitt wiederum zu sein an, allerdings nur, um sofort wieder aufzuhören. Eine Erscheinung wäre, vermittelt allein durch die Zeitreihe, ebensowenig dauerhaft wie der Zenonsche Pfeil bewegt.

Erst dadurch also, daß die Abfolge unendlich kleiner erfüllter Zeitelemente einem in der Zeit Beharrenden korreliert, kann dem in der Zeit Seienden eine Dauer zugesprochen werden. Anderseits ist erst dadurch, daß sich in der Zeit etwas verändert, Zeit empirisch bestimmbar. Kaum eine Aussage wiederholt Kant in seinen Ausführungen zu den Analogien der Erfahrung so oft wie die, daß die Zeit für sich selbst nicht wahrgenommen werden kann: Die Zeit selbst wechselt nicht und ist auch für sich betrachtet keine Reihe, denn „wollte man der Zeit selbst eine Folge nach einander beilegen, so müßte man noch eine andere Zeit denken, in welcher diese Folge möglich wäre" (A 183/B 226). Erst aufgrund der Beharrlichkeit der Substanz wird Zeit empirisch erkennbar, nämlich indem sie sich in der Veränderung manifestiert. Deshalb basiert jede empirische Zeitmessung auf dem Prinzip der metrischen Veränderung eines Beharrenden, des Aufgangs der Sonne und des Untergangs *derselben* Sonne, des Umschwungs *derselben* Zeiger in *einer* Uhr, der Schwingung *eines* Kristalls. Empirische Zeitmessung ist damit an die Veränderung gebunden, die die Zustände der Substanz betrifft, die hierin vorausgesetzt werden muß. Der Wechsel als solcher (ohne Substanz) wäre gar nicht wahrnehmbar, denn wenn der Zustand A verschwindet, so ist sein Gewesensein nur dadurch überhaupt rekonstruierbar, daß derselbe Gegenstand immer noch ist, dem dieser Zustand nun nicht mehr zukommt, sondern ein anderer. Deshalb ist es ausgeschlossen, daß etwas aus dem nichts entstehe; denn wenn etwas entsteht, so muß eine Zeit gedacht werden, zu der es nicht war, diese Zeit aber kann nur entweder als erfüllt, oder gar nicht gedacht werden. Ist die Zeit erfüllt, so gibt es doch immerhin irgendetwas, worauf in bezug das Entstehende noch nicht ist, und es ist notwendig, sich dieses, was schon ist, wenigstens als inzwischen vergangenen Zustand einer Substanz zu denken, die sich durch den Prozeß der Veränderung durchhält.

Der Grundsatz der Beharrlichkeit der Substanz macht also nicht nur die empirische Zeitbestimmung möglich, sondern schließt auch jede Entstehung aus, die nicht Veränderung ist, denn Entstehen oder Vergehen „würde selbst die einzige Bedingung der empirischen Einheit der Zeit aufheben, und die Erscheinungen würden sich alsdenn auf zweierlei Zeiten beziehen, in denen neben einander das Dasein verflösse" (A 188/B 232). Was dem Konsumenten von Science-Fiction sein tägliches Brot ist, nämlich die Vorstellung nebeneinander herlaufender Zeitreihen, erscheint Kant mit einem ebenso einfachen wie schlagenden Argument als „ungereimt": Alle diese verschiedenen Zeiten mögen zwar für sich möglich sein, sie wären aber überhaupt nur durch einen Bezug auf eine gemeinsame Zeit erkennbar, d.h. der populäre, mit allerlei technischem Brimborium zustande gebrachte Wechsel von der einen Reihe in die andere wäre nur aufgrund der Fähigkeit zu einer Synopsis dieser verschiedenen Zeiten möglich, diese ihrerseits nur aufgrund der die Voraussetzung einer grundlegenden Zeit denkbar sein könnte. Dadurch würden jedoch alle diese Zeiten als bloße Abteilungen der für alle geltenden Bezugszeit gekennzeichnet, und genau darum, um die Unausweichlichkeit der Setzung einer Bezugszeit, von der her alle anderen möglich und erkennbar werden, geht es Kant: „Denn es ist nur Eine Zeit, in welcher alle verschiedenen Zeiten nicht zugleich, sondern nacheinander gesetzt werden müssen" (A 188/B 232).

b) Zeitfolge und Kausalität. Die Zweite Analogie als Lehre von der Zeit in der Welt.

Die Zweite Analogie ist der „Grundsatz der Zeitfolge nach dem Gesetze der Kausalität" und lautet: „Alle Veränderungen geschehen nach dem Gesetze der Verknüpfung der Ursache und Wirkung" (B 232). Veränderung ist Wechsel des Zustandes einer Substanz. Substanz ist das sich in der Folge der Zeit Durchhaltende, und die Rede von der Veränderung setzt dadurch, daß sie Substanzen, die sich verändern, voraussetzt, immer schon Zeit voraus. Wenn die Zweite Analogie einen Grundsatz der Zeitfolge gemäß dem Gesetze der Kausalität vorstellen will, dann liegt darin, daß das Verhältnis von Zeit und Kausalität als Abhängigkeit der Zeitfolge von dem Grundsatz der Kausalität gedacht werden muß. In diesem Grundsatz kann es deshalb weder um die Zeit als reine Anschauungsform, deren Ursprung ganz woanders zu suchen ist, nämlich in der anthropologisch bedingten Sinnlichkeit des Menschen, noch um die von Newton verfochtene „absolute Zeit" gehen, die ein ganz leeres Unding ist, ein mathematisches Konstrukt von einer gewissen Nützlichkeit, der jedoch in ontologischer Hinsicht keine Bedeutung beigemessen werden kann. Wäre umgekehrt die Kausalität von der Zeitfolge abhängig, dann wäre – das ist Kants Argument, das er im Folgenden detailliert ausführt – Kausalität nichts anderes als eine unausgewiesene Überhöhung des bloßen Zeitverhältnisses, wie es sich in der Apprehension ergibt, und darin ginge Kausalität nicht nur nicht über das Zeitverhältnis hinaus, sondern könnte auch kaum als Grundsatz gelten.

Das Vorhaben Kants, wie es sich schon aus dem Titel der Zweiten Analogie ergibt, läuft der täglichen Erfahrung des Menschen entgegen, in der sich als das Primäre gar nicht das Kausalverhältnis, sondern die zeitliche Abfolge zeigt, von der jeweils neu erst zu zeigen ist, ob und in welcher Weise in ihr auch ein Kausalverhältnis gelegen ist. Es ist eine Anforderung des täglichen Lebens, zu bemerken, daß zwei Ereignisse, die aufeinander folgen, einfach aufgrund ihrer zeitlichen Abfolge noch nicht in einem kausalen Verhältnis stehen, so daß die gelegentliche falsche Ineinssetzung dieser beiden Verhältnisse berechtigten Anlaß zur Verwirrung, zum Irrtum und zum Gelächter gibt. Für das alltägliche Denken und Handeln ist deshalb auch gar nicht die Betrachtung nach dem Prinzip der Kausalität das erste, sondern es ist die Ordnung dieser Verhältnisse in der Zeit, womit die Betrachtung der Verhältnisse der Erscheinungen anhebt: „Ich nehme wahr, daß Erscheinungen auf einander folgen, d.i. daß ein Zustand der Dinge zu einer Zeit ist, dessen Gegenteil im vorigen Zustande war. Ich verknüpfe also eigentlich zwei Wahrnehmungen in der Zeit" (B 233). In bezug auf die Verknüpfung der Wahrnehmungen in der Zeit ist zu betonen, daß es *eigentlich zwei* Wahrnehmungen sind, die wir zeitlich verknüpfen, denn hierin liegt, daß der Vorgang der Verknüpfung einer Veränderung der Wahrnehmung folgt. Veränderung ist, das beweist der Grundsatz der Beharrlichkeit der Substanz, ein Vorgang, der an einem sich durch die Veränderung Durchhaltenden geschieht, nämlich der Substanz, ohne die die Veränderung gar nicht wahrnehmbar wäre. Eine Verknüpfung der Erscheinungen bloß in der Zeit, also zunächst ohne den Anspruch, hierin schon ein Verhältnis der Kausalität zu begründen, ist nicht möglich, denn durch die Zeit allein wäre noch nicht einmal feststellbar, daß sich durch die Abfolge der Wahrnehmungen eine Substanz durchhält, auf die sich die Änderung in allen ihren Schritten bezieht. Erst dadurch, daß die Abfolge der Wahrnehmungen sich auf *eine* Substanz richtet, ist es gestattet, von Veränderung zu sprechen. Der Ausweis eines sich durch die Abfolge der Wahrnehmungen Durchhaltenden ist nun nicht naiv durch den Hinweis auf eine Substanz möglich, die sich durchhält, sondern nur dadurch, daß, der Ersten Analogie zufolge, die vorhergehende Wahrnehmung durch einen Verstandesakt, der von der Wahrnehmung selbst verschieden ist, als vorheriger Zustand derselben Substanz, deren Zustand jetzt wahrgenommen wird, bestimmt wird. Veränderung bedarf des Bezuges auf ein sich durch die Veränderung Durchhaltendes, das Substanz genannt wird, das aber empirisch nur feststellbar sein kann, indem die Zeitfolge der Wahrnehmung als Kausalitätsverhältnis bestimmt wird. Die Pointe der Kantschen Lehre von dem Gesetz der Kausalität ist deshalb, daß erst durch den Grundsatz der Zeitfolge nach dem Gesetz der Kausalität eine empirische Zeitfolge möglich wird, so daß wir uns, in der Umkehrung der wirklichen Begründungszusammenhänge, durch die das tägliche Denken gekennzeichnet ist, einbilden mögen, wir könnten in bezug auf Veränderung Wahrnehmungen allein in der Zeit (ohne alle Kausalität) verknüpfen.

„Verknüpfung [ist] kein Werk des bloßen Sinnes und der Anschauung [dem Vermögen der Anschauung insgesamt, also der Sinnlichkeit], sondern hier das Produkt eines synthetischen Vermögens der Einbildungskraft, die den inneren Sinn in Ansehung des Zeitverhältnisses bestimmt" (B 233). Die Einbildungskraft bedient sich der Zeit, sie ist jedoch nicht dem unterworfen, was erst durch den Verstand als das Gefüge von Vergangenheit, Gegenwart und Zukunft entsteht und gemeinhin als der grundlegende Begriff der Zeit gilt, und deshalb kann die Einbildungskraft „zwei Zustände auf zweierlei Art verbinden, so, daß der eine oder der andere in der Zeit vorausgehe" (B 233). Das ist eine Verbindung bloß in der Zeit, durch die „das objektive Verhältnis der einander folgenden Erscheinungen unbestimmt" (B 234) bleiben muß. Der Grundsatz der Zeitfolge nach dem Gesetz der Kausalität behauptet nun, daß die Folge der Erscheinungen in der Zeit dann ein objektives Verhältnis ist, wenn es ein kausales ist. Kausalität bestimmt die zeitliche Abfolge der Apprehension im Hinblick auf objektive Erfahrung. Darin greift nicht das Prinzip der Kausalität auf eine schon bestehende Zeitfolge zurück, sondern gerade umgekehrt bestimmt der Grundsatz der Kausalität die Abfolge der Apprehension, und es ist von daher ausgeschlossen, daß irgendeine Wirkung ihrer Ursache zeitlich voranginge.

Wenn die Apprehension als solche gar nicht an eine immer schon vorgegebene zeitliche Ordnung gebunden ist, dann dient das Prinzip der Kausalität dazu, diese zeitliche Ordnung zu bestimmen, d.h. das Kausalitätsprinzip dient dazu, auch das bloß als zeitlich betrachtete Verhältnis zweier Wahrnehmungen so zu ordnen, „daß dadurch als notwendig bestimmt wird, welcher [der Zustände] vorher, welcher nachher und nicht umgekehrt müsse gesetzt werden" (B 234). Damit verhält es sich keineswegs so, daß nach dem Grundsatz der Kausalität eine zeitliche Abfolge nachträglich als notwendig bestimmt wird, sondern so, daß aufgrund des Kausalitätsprinzips die zeitliche Abfolge bestimmt wird. Der Verstandesbegriff der Kausalität liegt nicht in der Wahrnehmung, sondern bestimmt die Wahrnehmung, indem er die Ursache als zeitlich früher als die Wirkung setzt. Dies ist die genaue Umkehrung des Verhältnisses von Zeitfolge und Kausalität, wie es gemeinhin verfochten wird, und es liegt nahe, diese Umkehrung für offensichtlich absurd zu erklären, denn wenn das Prinzip der Kausalität die Zeitfolge bestimmt, dann gerät die Zeitfolge in die Abhängigkeit von den Dingen, und die Ordnung der Zeit wäre der Folge der Ordnung des Seienden unterworfen, also einer Ordnung, von der Kant doch anderseits behauptet, daß sie ohne Zeit gar nicht möglich ist, weil Dinge überhaupt nur aufgrund der Zeit möglich sind, da erst Zeit Apprehension möglich macht, die „jederzeit sukzessiv" (A 189/B 234) ist. Aber es geht hier eben nicht um die Zeit als bloße Anschauungsform, sondern um die Zeit, die als Ordnungsprinzip der Welt gelten kann, und das ist die empirische Zeit, von der es müßig wäre zu behaupten, sie laufe der reinen Anschauungsform zuwider, denn diese verläuft gar nicht, weil der Verlauf der Zeit ohne den Bezug zu einem anderen, was bleibt, also ohne den Bezug zu einer Substanz gar nicht feststellbar sein kann. Der Weg, die Ordnung der Dinge in der Zeit in einem Akt des Bezuges dieser Dinge auf eine vermeintliche absolute Zeit festzustellen, ist nicht gangbar, denn die absolute Zeit ist „kein Gegenstand der Wahrnehmung" (A 200/B 245). Dort aber, wo dieser Bezug besteht, ist die Zeit bereits empirisch. Deshalb bedeutet, daß Apprehension stets sukzessiv ist, nur, daß „die Vorstellungen der Teile (...) auf einander" (ebd.) folgen, es beinhaltet aber keine Gewißheit, „ob sie sich auch im Gegenstande folgen", denn das ist „ein zweiter Punkt der Reflexion, der in dem ersteren nicht enthalten ist" (ebd.).

Diese Unterscheidung zwingt zu einer Differenzierung des Begriffes von einem Objekt. Jede Vorstellung, deren man sich bewußt ist, verdient den Namen des Objekts, insofern sie Objekt des Bewußtseins ist (ein Gewußtes). Indes ist die Vorstellung *als*

Vorstellung von der Vorstellung *als Repräsentant des Gegenstandes* zu unterscheiden. Apprehension, insofern sie ohne den Rückgriff auf den Grundsatz der Kausalität gedacht wird, liefert nur Vorstellungen als Vorstellungen, und es wäre dann in der Tat eine Aufgabe der weitergehenden Nachforschung, ob dieser Vorstellung, die als solche real ist und in diesem eingeschränkten Sinne Objekt genannt werden·mag, ein Gegenstand korreliere. Diesen Unterschied zu machen, bedeutet nicht, die Ebene des Geistes überhaupt zu verlassen und eine Ebene der an sich seienden Dinge zu statuieren; wir haben es, das hält Kant ganz deutlich fest, „doch nur mit unseren Vorstellungen zu tun; wie Dinge an sich selbst (ohne Rücksicht auf Vorstellungen, dadurch sie uns affizieren) sein mögen, ist gänzlich außer unsrer Erkenntnissphäre" (A 190/B 235). Die Unterscheidung zwischen der Vorstellung als Vorstellung einerseits und der Vorstellung als Referenz auf den Gegenstand anderseits findet also innerhalb des Erkenntnisvermögens statt, und damit entsteht die Aufgabe, anzugeben, „was dem Mannigfaltigen an den Erscheinungen selbst für eine Verbindung in der Zeit zukomme, indessen daß die Vorstellung desselben in der Apprehension jederzeit sukzessiv ist" (A 190/B 235). Die „bloße" Apprehension ist nur ein Konstrukt der Analyse dessen, was im wirklichen Erkennen vonstatten geht.

Wenn ich ein Haus betrachte, so steht es mir völlig frei, zunächst die Form des Daches zu betrachten, dann zu den Fenstern des obersten Geschosses hinabzusteigen, bei diesen zu verweilen und auf dieselbe Art und Weise schließlich zum Erdgeschoß zu gelangen, oder diese Reihe insgesamt umzukehren oder mir eine beliebige andere Art der Auffassung des Mannigfaltigen auszuwählen und durchzuführen. Nun wäre es offenbarer Unsinn, zu behaupten, das Haus selbst unterliege in seinem Dasein derjenigen Sukzession, die ich in meiner Auffassung von ihm praktiziere. Das Haus, das ich von der Sukzession meiner Auffassung unterscheide, ist eine Erscheinung, kein Ding an sich, und ich bin also gezwungen, in Anbetracht der Erscheinung des Hauses das Haus gleichsam als „Erscheinung an sich" – besser ausgedrückt als „Sache an sich selbst" im Gegensatz zum Schein, so wie der Sonnenregen eine Sache an sich selbst ist, der Regenbogen jedoch ein bloßer Schein, obwohl beides Erscheinungen sind – von meiner Auffassung dieser Erscheinung zu unterscheiden. Die Auffassung der Erscheinung ist ein Akt der Apprehension und ergibt das, was ich meine Vorstellung im Unterschied zu der Erscheinung, die als der Gegenstand der Vorstellung gelten muß, nenne. Aber das löst die Schwierigkeit nicht, denn die Erscheinung als solche, also der Gegenstand, ist im Vorgang des Erkennens ein Inbegriff der sukzessiven Vorstellungen. Wenn ich ein besonders großes Haus betrachte, das ich in seiner Gesamtheit gar nicht erblicken kann, so bin ich dennoch in der Lage, alle Stationen meiner Auffassung zu der Erscheinung eines Hauses zu kombinieren, und zwar ganz unabhängig von der Art und Weise, wie ich diese Stationen geordnet hatte.

Es gibt keine Möglichkeit, die Apprehension des Mannigfaltigen nachträglich zu verändern und die Zeitfolge in der Apprehension nach dem Inbegriff des Mannigfaltigen, der doch ohne die Apprehension des Mannigfaltigen gänzlich undenkbar ist, so umzubauen, daß die Sukzession der Apprehension der Zeitfolge, im Falle des Hauses also dem Zugleichsein aller seiner Bestandteile, entspricht, denn das führte auf die schlicht unsinnige Forderung, gleichsam nachträglich die sukzessive Apprehension des Hauses in eine simultane zu übersetzen. Damit ist klar, daß der Grundsatz der Kausalität nicht auf alle Abfolgen der Apprehension Anwendung finden kann, und damit bleibt der Unterschied zwischen der Zeitfolge, wie sie in der Apprehension stattfindet, einerseits und der Zeitfolge, wie sie umwillen der Erkenntnis des Objekts selbst konstatiert werden muß, bestehen. Gerade deshalb aber muß die Erscheinung unter einer Regel stehen, die die Erscheinung „von jeder andern Apprehension unterscheidet, und eine Art der Verbindung des Mannigfaltigen notwendig macht" (A 191/B 236). Das trifft jedoch für jede Synthesis der Apprehension zu, denn jede Apprehension ist sukzessiv; wäre also die Zeitfolge meiner Apprehension allein für das Objekt konstitutiv, dann müßte jedes Haus als zeitlich sukzessiv angesehen werden. Damit ist klar, daß es einen Verstandesgrundsatz geben muß, der die Sukzession der Wahrnehmungen in der Apprehension des Hauses in die Erkenntnis von einem statischen Objekt verwandelt.

Darin ist gesagt, daß das Beispiel des Hauses offensichtlich nicht geeignet ist, die Leistung und die Gültigkeit des Grundsatzes der Zeit*folge* nach dem Gesetz der Kausalität verständlich zu machen; umgekehrt ist aber auch zu bemerken, daß meiner Apprehension nicht immer die Freiheit zugestanden werden kann, die sie in Anbetracht der Synthesis eines statischen Gegenstandes wie dem eines Hauses hat. Wenn nämlich eine Erscheinung „ein Geschehen enthält" (A 192/B 237), dann bin ich auch in der Apprehension der Erscheinung bloß in der Zeit nicht frei, die Reihenfolge umzukehren. Kant gibt das Beispiel eines Schiffes, das sich stromabwärts bewegt: Es ist ausgeschlossen, zuerst die Position des Schiffes weiter stromabwärts, gefolgt von der Position des Schiffes stromaufwärts wahrzunehmen, und dasselbe gilt auch für die Apprehension der Erscheinung insgesamt. Die Erscheinung, von der Kant in diesem Zusammenhang spricht, ist die Erscheinung des Weges des Schiffes insgesamt, soweit es überhaupt wahrgenommen wird, d.h. es ist nicht die Rede von zwei Erscheinungen, nämlich der Erscheinung des Schiffes oberhalb und der Erscheinung des Schiffes unterhalb des Mittelpunktes der beobachteten Strecke insgesamt, sondern von einer Erscheinung, die *eine* ist, weil sie *ein* Geschehen repräsentiert, obwohl sich dieses Geschehen auf das erkennende Subjekt in Form *zweier* Wahrnehmungen bezieht, deren Abfolge in der Zeit (als bloße Abfolge der Apprehension) es zu bestimmen gilt. In bezug auf zwei verschiedene Erscheinungen wäre es nun in der Tat nicht einzusehen, weshalb sich die Reihenfolge nicht genausogut auch umkehren könnte, allerdings würde dies ausschließen, daß es sich in beiden Fällen um dasselbe Schiff handelt. Dies ist der Sinn der Kantschen Aussage, dasjenige an der

Erscheinung, „was die Bedingung dieser notwendigen Regel der Apprehension", nämlich derjenigen Regel, die die Verbindung des Mannigfaltigen notwendig macht, enthalte, sei nichts anderes als „das Objekt" (A 191/B 236). Wenn ich die Erscheinung eines einzigen Objektes apprehendiere, in bezug auf das ein Geschehen stattfindet, ist die Reihenfolge der Wahrnehmung nicht beliebig: „Die Ordnung in·der Folge der Wahrnehmungen in der Apprehension ist hier also bestimmt, und an dieselbe ist die letztere gebunden" (A 192/B 237). In dem Geschehen, das sich auf ein sich durch das Geschehen durchhaltendes Objekt bezieht, ist eine Zeitfolge bestimmt, der sich die Reihenfolge der Apprehension dieses Geschehens zu unterwerfen hat. Bedingung für diese Unterwerfung ist aber, daß in der Erscheinung Substanz ist, d.h. daß das Geschehen sich auf ein in der Zeit identisches Objekt bezieht.

Aber das ist nicht alles, es kann nicht alles sein, denn weshalb sollte es nicht möglich sein, daß dasselbe Schiff zuerst unterhalb, dann aber oberhalb wahrgenommen wird? Die Antwort hierauf ist nur scheinbar trivial: Deswegen, weil das Schiff sich stromabwärts bewegt. Wenn in bezug auf die Erscheinung eines Geschehens „die subjektive Folge der Apprehension von der objektiven Folge der Erscheinungen" (A 193/B 238) abgeleitet werden muß, dann deshalb, weil dem Geschehen eine Regel zugrunde liegt, d.h. in dem vorliegenden Falle die Regel, daß Schiffe, die sich stromabwärts bewegen, dies kontinuierlich in der Zeit tun, und die Bewegung nicht in Zeitsprüngen verläuft, die erst es möglich machen würden, verschiedene Positionen der Abwärtsbewegung beliebig in der Zeit zu apprehendieren. Nur aufgrund einer solchen Regel „kann ich von der Erscheinung selbst, und nicht bloß von meiner Apprehension, berechtigt sein zu sagen: daß in jener eine Folge anzutreffen sei", die der Folge meiner Apprehension entspricht, nicht weil diese Regel der Reihenfolge der Apprehension folgt, sondern weil die Apprehension selbst dieser Regel unterliegt, „welches so viel bedeutet, als daß ich die Apprehension nicht anders anstellen könne, als gerade in dieser Folge" (A 193/B 238). Diese Regel besagt, daß in dem, was einer Begebenheit vorangeht, „die Bedingung zu einer Regel liegen [muß], nach welcher jederzeit und notwendigerweise Weise diese Begebenheit folgt" (A 193/B 238). In dem, was vorangeht, ist nicht allein die Bedingung dessen gelegen, das auf das Vorangehende folgt, sondern in diesem Vorangehenden ist die Bedingung zu einer Regel enthalten, nämlich der Regel, daß ganz unabhängig von der zeitlichen Position des Gefüges von Vorangehendem und Folgendem das Gefüge als solches dasselbe ist. Diese Regel bestimmt deshalb das Verhältnis nicht nach der Zeit, sondern setzt fest, daß, gleichgültig zu welchem empirischen Zeitpunkt, auf das Auftreten einer bestimmten Begebenheit eine bestimmte andere Begebenheit folgt. *Immer wenn* ich ein Schiff stromabwärts fahren sehe, kann ich mir sicher sein, *dasselbe Schiff* zu einem späteren Zeitpunkt an einem weiter stromabwärts gelegenen Punkt zu erblicken. Das Prinzip der Kausalität setzt somit unumstößlich fest, daß die Bedingung dem Bedingten zeitlich vorgängig ist, es macht aber keinerlei Aussage darüber, ob und wann diese Bedingung gegeben ist. Damit besteht das Kausalitätsprinzip in der Festlegung einer Zeitordnung, die erst die bloße Abfolge der Ereignisse in der Zeit bestimmt. Kant widmet der Verdeutlichung dieses Unterschiedes an einer späteren Stelle einen ganzen Absatz, in dem er sich mit dem Einwand auseinandersetzt, in der Natur seien viele Wirkungen mit ihren Ursachen zugleich. Kants Antwort ist leicht: Er gibt das Argument zu, wendet aber ein, daß „es auf die Ordnung der Zeit, und nicht auf den Ablauf derselben" (A 203/B 248) ankomme: „Das Verhältnis bleibt, wenn gleich keine Zeit verlaufen ist. Die Zeit zwischen der Kausalität der Ursache, und deren unmittelbaren Wirkung, kann verschwindend (sie also zugleich) sein, aber das Verhältnis der einen zur andern bleibt doch immer, der Zeit nach, bestimmbar" (ebd.).

Ohne den Grundsatz der Kausalität „wäre alle Folge der Wahrnehmung nur lediglich in der Apprehension" (A 194/B 239), und ohne den Grundsatz der Kausalität würden wir deshalb „nur ein Spiel der Vorstellungen haben, das sich auf gar kein Objekt bezöge" (ebd.), weil in einem bloßen Spiel der Vorstellungen „durch unsre Wahrnehmung eine Erscheinung von jeder andern, dem Zeitverhältnisse nach, gar nicht unterschieden werden" (ebd.) könnte. Ohne das Gesetz der Kausalität wäre es unmöglich, eine Ordnung der Zeit zu etablieren, „weil die Sukzession im Apprehendierten allerwärts einerlei, und also nichts in der Erscheinung ist, was sie bestimmt, so daß dadurch eine gewisse Folge als objektiv notwendig gemacht wird" (ebd.). Die Ordnung der Gegenstände in der Zeit zu etablieren, bedeutet nichts anderes, als die Zeit selbst auf der Ebene des Verstandes zu etablieren. Der Grundsatz der Kausalität ist ein Verstandesgrundsatz, der nicht nur deswegen nicht aus der Beobachtung von Geschehnissen empirisch gefolgert (induziert) worden sein kann, weil er für die Beobachtung von Geschehnissen als zeitliche Form des Gefüges von Bedingung und Bedingtem immer schon vorauszusetzen ist, sondern weil ohne ihn es nicht möglich wäre, einen Gegenstand empirisch als Substanz zu bestimmen. Denn in dem Gedanken von einem Geschehen, von Veränderung, von Entstehung oder von Vergehen, ist immer mitgedacht, daß sich in all diesen unterschiedlichen Typen von Prozessualität etwas durchhält, mit oder an dem dieser Prozeß geschieht, und dies nennt das abstrakte Denken die Substanz, das empirische Denken aber Objekt; indem nun der Grundsatz der Kausalität eine Ordnung der Gegenstände in der Zeit hervorbringt, macht er Objekte empirisch möglich. „In der Synthesis der Erscheinungen folgt das Mannigfaltige der Vorstellungen jederzeit nach einander. Hierdurch wird nun gar kein Objekt vorgestellt; weil durch diese Folge, die allen Apprehensionen gemein ist, nichts vom andern unterschieden wird" (A 198/B 243). Das Verstandesvermögen der Apprehension allein würde sich totlaufen und alles Mannigfaltige zu einem einzigen Gegenstand synthetisieren, wenn nicht der Grundsatz der Kausalität die Folge des Mannigfaltigen in dem Vorgang der Apprehension ständig auf Beziehungen zwischen dem zeitlich Vorangehenden und dem ihm zeitlich Folgenden untersuchte, die über diese bloß zeitlich-apprehensive Abfolge hinausgingen: „So bald ich aber wahrnehme, oder [im] voraus annehme, daß in dieser Folge eine Beziehung auf den vorhergehenden Zustand sei, aus welchem die Vorstellung nach einer Regel folgt: so stellet sich etwas vor als Begebenheit, (...) d.i. ich erkenne einen Gegenstand, den ich in der Zeit auf eine gewisse bestimmte Stelle setzen muß, die ihm, nach dem vorhergehenden Zustande, nicht anders erteilt werden kann" (A 198/B 243).

Das ist nicht so zu verstehen, daß der Grundsatz der Kausalität einerseits etwas voraussetzt, von dem er fordert, daß es nach einer Regel anderem in der Zeit gefolgt sein müsse, anderseits aber der Gegenstand erst in dem Prozeß des In-Beziehung-Setzens zu einem ihm Vorangegangenen überhaupt konstituiert werde. In der Tat setzt das kausale Denken Erscheinungen als bloße Wahrnehmungen immer schon voraus, die sich allein durch Apprehension, nämlich indem sie bestimmte Zeiten und bestimmte Räume sind, voneinander unterscheiden. Dies erkennt der Verstand nach dem Grundsatz, daß ein Gegenstand nur durch seine (zeitlichen und räumlichen) Grenzen bestimmt, konstituiert werden kann: ein Gegenstand ist Gegenstand, indem es etwas anderes gibt, was nicht dieser Gegenstand ist. Der Grundsatz der Kausalität vermag das genaue Gegenteil, nämlich empirisch zu bestimmen, daß ein Gegenstand sich in der Zeit durchhalte (was durch Apprehension allein nicht geschehen kann), und dies vermag der Grundsatz der Kausalität, weil er das Prinzip zeigt, nach dem eine solche Bestimmung vorgenommen werden kann, und das Medium, in dem diese Bestimmung vonstatten geht. Der Grundsatz der Kausalität bestimmt den Gegenstand, indem er ihn als etwas auf ein anderes Folgendes bestimmt; dadurch ist jedoch ein bloßes Verhältnis gegeben, d.h. die „bestimmte Zeitstelle in diesem Verhältnis kann [der Gegenstand] nur dadurch bekommen, daß im vorhergehenden Zustande etwas vorausgesetzt wird, worauf es jederzeit, d.i. nach einer Regel, folgt" (ebd.). Hierdurch entsteht eine allumfassende Ordnung der Sinnenwelt nach dem Prinzip der zeitlichen Kausalität. Es ist diese zeitliche Kausalität, die unter dem Namen der Zeitreihe angesprochen wird. Die Zeitreihe ist die zeitliche Kausalität, insofern sie ohne den konstitutiven Anteil der Kausalität bloß als Abfolge betrachtet wird.

Wenn der Grundsatz der Kausalität die Zeitordnung bestimmt, dann kann jedes Geschehen entweder aus dem Blickwinkel der Kausalität oder aus dem der bloßen Zeitfolge betrachtet werden. Weil zwischen zwei Punkten in der Zeitfolge immer noch eine weitere Zeit ist, ist auch zwischen zwei Zuständen der Veränderung immer noch ein weiterer Zustand. Zwischen allen nur denkbaren Zuständen findet dasselbe Verhältnis von Ursache und Wirkung statt, d.h. die Wirkung n ist Folge der Ursache m, nicht weniger aber (entferntere) Folge aller Ursachen derselben Reihe bis zur ersten Ursache a. Dasselbe gilt für jedes nur denkbare Paar von Zuständen, d.h. alle Zwischenzustände auf dem Weg von a zu n sind selbst Veränderungen, die derselben Zeitreihe angehören „und gehören als solche mit zu der ganzen Veränderung" (A 208/B 253). Es ist also derselbe Gedanke, zu sagen, daß zwischen der Veränderung von m zu n noch unendlich

viele Zustände stattfinden, die alle letztlich derselben Veränderung angehören und zu
ihr beitragen, oder zu sagen, daß die Veränderung eines beliebigen Paares innerhalb derselben Zeitreihe derselben Veränderung angehört. Klar ist, daß keine Ursache ihre Wirkung plötzlich, d.h. ohne zwischen Ursache und Wirkung vermittelnde Zeit, hervorbringt, sondern in einem Prozeß der sich durch die Zeit durchhaltenden Wirksamkeit:
„Das ist nun das Gesetz der Kontinuität aller Veränderung, dessen Grund dieser ist: daß
weder die Zeit, noch auch die Erscheinung in der Zeit, aus Teilen besteht, die die kleinsten sind, und daß doch der Zustand des Dinges bei seiner Veränderung durch alle
diese Teile, als Elemente, zu seinem zweiten Zustande übergeht" (A 209/B 254). In diesem Gesetz der Kontinuität ist der Grund für den Abweis einer creatio ex nihilo zu sehen, den Kant zuvor ausgeführt hatte. Schöpfung wäre ein Eingriff in die Zeit, der die
Zeit selbst zerstören würde, indem das in unendlich dichter Reihung zeitlicher Zustände
bestehende kausale Verhältnis aller Zustände einer Substanz aufgetrennt würde. Dies
käme einer Zerstörung der Substanz gleich, und deshalb würde allein die Möglichkeit
der Schöpfung „schon die Einheit der Erfahrung aufheben" (A 206/B 251).

c) Zugleichsein, Kausalität und Wechselwirkung. Die dritte Analogie als Lehre von der
verstandesmäßigen Auffassung des erfüllten Raumes.

Die dritte Analogie ist der „Grundsatz des Zugleichseins nach dem Gesetze der Wechselwirkung oder Gemeinschaft" (B 256) und lautet: „Alle Substanzen, sofern sie im Raume als zugleich wahrgenommen werden können, sind in durchgängiger Wechselwirkung" (B 256). Betrachtet man den Titel der dritten Analogie, so erhebt sich – analog zu
der zweiten Analogie – die Frage, welches Verhältnis zwischen dem Grundsatz des Zugleichseins der Substanzen und dem Gesetze der Wechselwirkung hier gedacht wird.
Nun wäre es kaum einleuchtend, zu behaupten, daß erst aufgrund ihrer Wechselwirkung
Dinge im Raum zugleich sind: Dadurch, daß a auf b einwirkt, und ebenso b auf a, kann
kein Zugleichsein, das nicht schon während der Wechselwirkung vorgelegen hat, entstehen. Von daher wäre das Verhältnis also genau umzukehren, d.h. dadurch daß Dinge
im Raume zugleich sind, stehen sie untereinander in dem Verhältnis der Wechselwirkung, und das Zugleichsein wäre so das erste und die Wechselwirkung das zweite, allerdings nur in logischer Hinsicht, denn in ontologischer Hinsicht sind Zugleichsein und
Wechselwirkung selbst zugleich. Daran wird klar, daß eine mögliche Unterordnung des
einen unter das andere nur im Sinne einer Bestimmung des einen als Erkenntnisgrund
des anderen denkbar ist; und genau dieses Verhältnis spricht Kant aus, wenn er in dem
Titel der dritten Analogie das Zugleichsein der Wechselwirkung unterordnet, indem er
den Grundsatz des Zugleichseins als einen Satz bestimmt, der *nach* dem Gesetz der
Wechselwirkung erkannt werden kann. Weil auf der Ebene des Seienden, d.h. in der
Welt, das Zugleichsein und die Wechselwirkung selbst gleichzeitig sind, erscheint das

Verhältnis dort auf die gerade umgekehrte Weise, und es sind alle Substanzen, insofern sie zugleich sind, in durchgängiger Wechselwirkung. Wechselwirkung ist damit der Modus, in dem sich das Zugleichsein der Substanzen für den Verstand manifestiert.

Den Beweis des Grundsatzes beginnt Kant mit einer Definition des Zugleichseins: „Zugleich sind Dinge, wenn in der empirischen Anschauung die Wahrnehmung des einen auf die Wahrnehmung des anderen wechselseitig folgen kann" (B 256). Wechsel*seitigkeit* der Wahrnehmung bedeutet noch nicht Wechsel*wirkung* der zugleichseienden Dinge, und es fragt sich also, wie aus der Wechselseitigkeit der Wahrnehmungen auf das Zugleichsein der Dinge geschlossen werden könne, denn der Wechselseitigkeit der Wahrnehmungen, d.h. der Möglichkeit der Umkehr der Reihenfolge ihrer Apprehension, liegt jedenfalls immer ein bestimmter, wenn auch umkehrbarer Wechsel der Wahrnehmungen zugrunde, also eine Sukzession der Wahrnehmungen, von der her nicht verständlich gemacht werden kann, weshalb die nacheinander apprehendierten Wahrnehmungen gleichzeitig sein sollten. Zwar bin ich gewöhnt daran, zu sagen, daß, wenn ich zuerst a wahrnehme und darauf b, und ich genausogut aber auch zuerst b wahrnehmen könnte und darauf a, ich sagen könne, a und b seien zugleich; aber es fragt sich, wie ein solcher Grundsatz zustande komme, denn „die Synthesis der Einbildungskraft in der Apprehension würde (...) nur eine jede dieser Wahrnehmungen als solche angeben, die im Subjekte da ist, wenn die andere nicht ist, und wechselweise, nicht aber daß die Objekte zugleich sein" (B 257). Aus der Wechselseitigkeit der Wahrnehmungen allein könnte also gerade nicht gefolgert werden, daß das Zugleichsein der Dinge an der Wechselseitigkeit der Wahrnehmungen erkannt werden könne, sondern es würde vielmehr die Wechselseitigkeit als eine Beliebigkeit in der Zeitfolge erkannt. Um die Wechselseitigkeit der Wahrnehmungen als im Objekt gegründet zu erkennen, bedarf es eines Verstandesgrundsatzes, der das Zugleichsein der Dinge als objektive Gegebenheit zu erkennen erlaubt. Erst durch einen Grundsatz des Verstandes, der in der Wechselseitigkeit der Wahrnehmungen eine Wechselwirkung der Substanzen erkennt, kann in der Wechselseitigkeit der Wahrnehmungen das Zugleichsein des Wahrgenommenen erkannt werden. „Also kann das Zugleichsein der Substanzen im Raume nicht anders in der Erfahrung erkannt werden, als unter Voraussetzung einer Wechselwirkung derselben untereinander" (B 258).

Wenn die „Ordnung in der Synthesis der Apprehension" (A 211/B 258) gleichgültig ist, so ist das Mannigfaltige zugleich. Dies scheint ein für sich untrügliches Merkmal der Gleichzeitigkeit zu sein, denn wenn das Mannigfaltige von sich aus, nämlich indem es in der Zeit als Reihe geordnet ist, eine Folge der Synthesis der Apprehension verlangt, dann kann diese Reihe nicht verändert werden, weil das zeitlich erste in der Reihe bereits vergangen ist, wenn das letzte apprehendiert wird „und also kein Gegenstand der Apprehension mehr sein kann" (A 211/B 258). Stellt man sich nun die Dinge als völlig isoliert voneinander im Raume vor, so wandert die Apprehension der Dinge etwa von

A zu B, und hierdurch entsteht eine Sukzession, die A und B als Reihe darstellt. Diese Reihe ist aber bloß subjektiv, und wenn auch die Reihe umkehrbar ist, so daß die Apprehension von B zu A wandert, so bleibt die Reihe dennoch eine subjektive Sukzession, und es gibt keinen Maßstab der Entscheidung, ob nun A auf B oder B auf A zeitlich folge, oder vielmehr beide zugleich seien. „Es muß also noch außer dem bloßen Dasein etwas sein, wodurch A dem B seine Stelle in der Zeit bestimmt, und umgekehrt auch wiederum B dem A, weil nur unter dieser Bedingung gedachte Substanzen, als zugleich existierend, empirisch vorgestellt werden können" (A 212/B 259). Wenn der Zweiten Analogie zufolge „nur dasjenige dem andern seine Stelle in der Zeit [bestimmt], was die Ursache von ihm oder seinen Bestimmungen ist" (A 212/B 259), dann ist klar, daß ohne ein irgendwie geartetes kausales Denken Gleichzeitigkeit nicht denkbar sein kann. Dieses kausale Denken erkennt die Substanz A als durch die Substanz B bestimmt, aber eben auch umgekehrt die Substanz B als durch die Substanz A bestimmt – es erkennt also die Substanzen als in dynamischer Gemeinschaft befindlich. Die Erkenntnis der zugleichseienden Dinge als in dynamischer Gemeinschaft befindlich bezeichnet nicht nur eine Beziehung dieser Gegenstände, sondern macht diese Gegenstände selbst, insofern sie zugleich sind, überhaupt erst möglich. Die Wechselwirkung ist „die Bedingung der Möglichkeit der Dinge selbst als Gegenstände der Erfahrung" (B 258), und weil „alles dasjenige in Ansehung der Gegenstände der Erfahrung notwendig [ist], ohne welches die Erfahrung von diesen Gegenständen selbst unmöglich sein würde" (A 213/B 259), muß allen zugleichseienden Substanzen dynamische Gemeinschaft zugesprochen werden. Dynamische Gemeinschaft der Substanzen ist also etwas anderes als die bloße Beiordnung der Substanzen im Raume, nämlich schon allein des-halb, weil die dynamische Gemeinschaft der Erklärungsgrund der bloßen Beiordnung ist.

3. Diskussion und Schlußfolgerung. Die Ontologie der Zweiten Analogie der Erfahrung.

a) Die Zweite Analogie der Erfahrung in Spiegel der Forschung.

Die Zweite Analogie der Erfahrung hat in der Forschung zurecht ein überaus großes Echo gefunden. Beginnend mit Arthur Schopenhauers berühmten Vorwurf, Kant identifiziere das Aufeinander-Folgen mit dem Auseinander-Folgen[58], bis zu ihrer schein-

---

[58] „Kant in seinem Beweise ist in den dem des Hume entgegengesetzten Fehler geraten. Dieser nämlich erklärte alles Erfolgen für bloßes Folgen: Kant hingegen will, daß es kein anderes Folgen gebe als das Erfolgen. Der reine Verstand freilich kann allein das Erfolgen begreifen, das bloße Folgen aber sowenig wie den Unterschied zwischen rechts und links, welcher nämlich, eben wie das Folgen, bloß durch die reine Sinnlichkeit zu erfassen ist" (Über die vierfache Wurzel des

baren Widerlegung durch die Quantentheorie der Modernen Physik[59], hat wohl kaum ein einzelnes Theorem der theoretischen Philosophie Kants eine vergleichbar extensive wie intensive Beachtung gefunden. Und in der Tat: Wenn in der Zweiten Analogie das Verhältnis von Zeit und Kausalität auf eine Weise bestimmt wird, die auf ein durchgehend zumindest analoges Verhältnis von Zeitreihe und Kausalreihe hinausläuft, dann stellt die Zweite Analogie den Ausgangspunkt für jede spätere Grundlegung der Naturwissenschaft dar und deshalb auch den Ausgangspunkt für die Bewältigung der Antinomienproblematik, die in dem Versuch besteht, den Begriff der Welt unter den der Zeit zu ordnen – denn nur auf der Grundlage einer solchen Unterordnung wird es möglich, die Welt als etwas anzusehen, was in der Zeit wie ein beliebiger Gegenstand ist, nur aus dieser Sichtweise aber ergibt sich der unausweichliche Gegensatz, die Welt mit ebenso einleuchtenden Argumenten als zeitlich und räumlich begrenzt wie als zeitlich und räumlich unbegrenzt aufzufassen. Die Zweite Analogie der Erfahrung ist so das Kernstück der Grundlegung der Natur, sie ist das affirmative Gegenstück zu den Antinomien. Daß nun also Zeit und Kausalität einander zumindest analog sind, ist die Behauptung, durch die der Titel einer „Analogie der Erfahrung" überhaupt gerechtfertigt ist; daß diese Analogie zu einer Isomorphie von Zeit und Kausalität – und deshalb zu einer Isoextension von Zeit, Kausalität und Welt, so daß überall da, wo Welt ist, Zeit und Kausalität, und überall, wo Zeit und Kausalität sind, auch Welt ist – führt, hat zuerst Schopenhauer bemängelt und viele sind ihm hierin gefolgt; daß nun aber Zeit und Kausalität geradezu identisch sind, scheint schlicht absurd zu sein.

Nun ist die Zweite Analogie die Antwort auf eine Frage, die Kant sich 1763 zuerst öffentlich gestellt hat, nämlich in der „Allgemeinen Anmerkung" zu seinem Aufsatz „Versuch, den Begriff der negativen Größen in die Weltweisheit einzführen". Kant stellt sich dort die Frage, wie man sich verständlich machen könne, daß, „weil etwas ist, etwas anderes sei?" (A 68). Das logische Kausalitätsprinzip macht keine Schwierigkeiten, denn „ich verstehe sehr wohl, wie eine Folge durch einen Grund nach der Regel der Identität gesetzt werde, darum, weil sie durch Zergliederung der Begriffe in ihm enthal-

---

Satzes vom zureichenden Grunde, S. 112).

[59]Diese Behauptung gehört freilich in dieselbe Kategorie wie die Ansicht, das Auftreten nichteuklidischer Geometrien einerseits und der speziellen Relativitätstheorie Einsteins andererseits habe die Transzendentale Ästhetik widerlegt, nämlich in die Kategorie jener Behauptungen, die mit dem Mittel schludriger Ineinanderverknotungen philosophischer, physikalischer und alltäglicher Begriffe arbeiten: „Nun hört man, das Kausalgesetz sei von der Quantentheorie widerlegt worden. Ein widerlegter Satz kann aber als Hypothese nicht akzeptiert werden. Doch von solcher Wider-legung kann keine Rede sein. Die Quantentheorie lehrt eindeutig: insoweit die Gegenwart bekannt ist, ist die Zukunft berechenbar. Sie behauptet nur, daß eine vollständige Kenntnis der Gegenwart (...) unmöglich sei. Daher könne die Möglichkeit der Berechnung der Zukunft nicht grenzenlos sein" (Bröcker, Walter: Kants Beweis des Kausalgesetzes. Kant-Studien 78 (1987), 314-317; S. 316).

ten befunden wird" (A 67). „Eine logische Folge wird eigentlich nur darum gesetzt, weil sie einerlei ist mit dem Grunde. Der Mensch kann fehlen; der Grund dieser Fehlbarkeit liegt in der Endlichkeit seiner Natur, denn, wenn ich den Begriff eines endlichen Geistes auflöse, so sehe ich, daß die Fehlbarkeit in demselben liege" (A 68). Anders beim realen Kausalitätsverhältnis: „Ein Körper A ist in Bewegung, ein anderer B in der geraden Linie derselben in Ruhe. Die Bewegung von A ist etwas, die von B ist etwas anders, und doch wird durch die eine die andere gesetzt" (A 68). Was Kant hier feststellt, ist, daß „der oberste Satz des logischen Denkens nicht aus[reicht], um das einfache reale Verhältnis von Ursache und Wirkung in seiner Eigenart zu bezeichnen"[60]. Das logische Kausalitätsprinzip gilt es also zu einem gleichsam ontologischen Kausalitätsprinzip zu erweitern. „Der Grund für diese Erweiterung liegt in Kants These, daß in der Relation: ‚Realgrund = etwas–Folge = etwas anderes' die eine Seite nicht in der anderen enthalten ist. Wäre im Realgrund die Folge enthalten, so genügte die logische (begriffliche) Analyse des Realgrunds zur Bestimmung der Folge; das immanente und daher analytische Verhältnis müßte also nur begrifflich abgebildet werden. Kant ist aber der Ansicht, daß diese Analyse im Fall des Realgrunds nicht mit einem befriedigenden Ergebnis endigen kann"[61]. Das Problem besteht nun darin, daß das für das logische Kausalitätsprinzip kennzeichnende Moment der Notwendigkeit auch dem ontologischen Kausalitätsprinzip zugesprochen wird: Es hat sich gleichsam beim Übergang von dem einen zum anderen erhalten. Dieses Moment der Notwendigkeit entwickelt sich aber im Verlauf der Anwendung des ontologischen Kausalitätsprinzips auf die Welt geradezu zu dem herausragenden und das Kausalitätsprinzip insgesamt charakterisierenden Merkmal. Es ergibt sich so die „Verschärfung des sogenannten metaphysischen [ontologischen] Kausalprinzips zum physikalischen Kausalprinzip, das einen bestimmten Inhalt ausdrückt. Während das erste besagt, daß alles, was geschieht, eine Ursache haben muß, besagt das letztere, daß in der Natur der Ablauf der Ereignisse so determiniert ist, daß dieselbe Ursache, unter denselben Umständen, immer und notwendig dieselben Wirkungen zur Folge hat"[62]. Diese strenge Notwendigkeit bedeutet prinzipielle Wiederholbarkeit, d.h. das physikalische Kausalitätsprinzip soll nun nicht mehr einfach behaupten, daß alles, was existiert, als Folge einer Ursache betrachtet werden kann, die es dann zu suchen gilt, sondern es soll das Verhältnis von Ursache und Wirkung dann und nur dann vorliegen, wenn zwischen der Ursache und der Wirkung ein Verhältnis der Notwendigkeit

---

[60] Grabsch, Wolfgang: Zum Begriff der Zeit bei Kant. Diss. Hamburg 1988, S. 62.

[61] Steinardt, Werner: Kants Entwicklung der Kausaltheorie. Ein Beitrag zur Interpretation der zweiten Analogie der Erfahrung. Diss. Hamburg 1980, S. 96.

[62] Sachta, Peter: Die Theorie der Kausalität in Kants KdrV. Meisenheim am Glan 1975, S. 32.

besteht, daß das Setzen der Ursache bei gleichen Rahmenbedingungen *unausweichlich* zu derselben Folge führt.

Ohne einen Ton Schopenhauerscher Nörgelei anschlagen zu wollen, könnte man nun die Aufstellung eines solchen Prinzips mit der Bemerkung zurückweisen, daß es noch nie in zwei beliebigen Fällen faktischen Auftretens eines wohldefinierten und als Ursache gesetzten Phänomens die wirklich absolut identischen Rahmenbedingungen gegeben hat, so daß dieses Kausalitätsprinzip im Grunde eine Spielerei ist: Unter keinen noch so idealisierten Versuchbedingungen fällt irgendeine Kugel in irgendeinem Versuchlaboratorium auch nur zwei Male genau identisch – aber genau dieses Kausalitätsprinzip der Unausweichlichkeit, der strengen Notwendigkeit, die prinzipielle Wiederholbarkeit bedeutet und damit den Grund für die prognostische Verwendung des Kausalitätsprinzip bereitstellt, ist aus demselben Grunde auch diejenige Form des Kausalitätsprinzips, durch die physikalische Gesetze möglich werden. Als ein heuristisches Prinzip der Aufstellung physikalischer Gesetze (gleiche Ausgangsbedingungen führen *unausweichlich* zu denselben Resultaten) ist das Kausalitätsprinzip außerordentlich erfolgreich und von großer Tragweite gewesen. Als ein ontologisches Prinzip ist es jedoch schlicht falsch. Wolfgang Stegmüller[63] hat (wenn auch sicherlich nicht als erster) darauf hingewiesen, daß es keine besondere Notwendigkeit der realen Kausalität, sondern nur eine logische gibt, so daß eine Interpretation des Kausalitätsprinzips, die ein kausales Verhältnis als notwendig („immer dann, wenn ...") interpretiert, falsch sein muß: Unsere Naturgesetze sind deshalb gültig, weil sie faktisch eigentlich nie gelten. Die Welt ist auch dort, wo sie Objekt der Untersuchungen klassischen physikalischen Denkens ist, ein chaotisches System, das allerdings deshalb, weil es chaotisch ist, nicht etwa weniger kausal bestimmt wäre, denn in dem Ausdruck eines „Chaos" ist ja nicht ein grundsätzlich von der Kausalität verschiedenes Verhältnis zwischen Dingen gemeint, sondern nur die Schwierigkeit zum Ausdruck gebracht, komplexe kausale Verhältnisse nachzuvollziehen.

Nun hat dieses Sicheinschleichen einer falschen Notwendigkeit oder Unausweichlichkeit in das ontologische Kausalitätsprinzip noch weitergehende Folgen gehabt, und zwar m.E. vor allem in der angelsächsischen Kantinterpretation aufgrund eines Übersetzungsschicksals. Kant spricht bekanntlich in verschiedenen Zusammenhängen von Bestimmen oder Bestimmung. In logischer Bedeutung meint Bestimmung (Nova Dil., S. 423) „ein Prädikat mit Ausschluß seines Gegenteils setzen". Im weiteren Sinne spricht Kant auch von der Bestimmung eines Dinges durch seine Ursache, und zwar eben nicht nur in dem Sinne einer logischen Ursache, sondern auch in dem Sinne einer ontologischen Ursache. „Etwas ist durch seine Ursache bestimmt" bedeutet, daß es durch die

---

[63] Zur Frage der kausalen Notwendigkeit. Bemerkungen über Hume und Kant. In: Farr, Wolfgang: Hume und Kant. Freiburg/München 1982, S. 130-142.

Ursache so ist, wie es ist, und darin ist impliziert, daß das, was ist, auch anders oder gar nicht sein könnte, wenn die Ursache anders oder gar nicht gewesen wäre; es bedeutet aber nicht, daß vorauszusetzen ist, daß in der Ursache etwas gelegen ist, was *unausweichlich* zu dem, was ist, in der Form führt, in der es ist. Gerade das legt aber die Rede von der Determination nahe, die sich einschleicht, wenn man den Kantschen Ausdruck der Bestimmung ins Englische übersetzt. Bedeutet „Bestimmung" im Ausgang von der angeführten Textstelle in Nova Dil. einfach „diese Eigenschaft besitzen und deshalb jene nicht", was erlaubt, den Besitz gerade dieser Eigenschaft bei gleichzeitigem Ausschluß jener zum Erkenntnisgrund des Dinges, dem die Eigenschaft zukommt, erheben zu dürfen – „Bestimmung" meint hier also auch „durch eine Eigenschaft erkennbar sein" –, so bedeutet „durch eine Ursache bestimmt zu sein" im Grunde gar nichts Aufregendes, sondern sogar ausgesprochen Triviales: weil jede Ursache (als Ursache) ihre Wirkung bestimmt (denn sonst wäre die Ursache ja nicht die Ursache dieser Wirkung), ist die Ursache der Realgrund dessen, was ist, d.h. die Ursache hat die Wirkung bestimmt, die Ursache regiert und die Wirkung ist die Reaktion. Derselbe Sachverhalt in englischer Sprache ausgedrückt („every effect ist determined by a cause") öffnet aber dem Laplaceschen Dämon Tür und Tor. Für diese automatische Identifikation von Kausalgesetz und Determinismus gibt es m.E. keine Grundlage bei Kant: „It is quite unclear wether Kant thought that ‚Necessarily, every event has a cause' entails ‚If A is a cause of B, then A and B are neccessarily connected'. If he did, then he was wrong, for the two are logically independent of one another. It might be that necessarily every event has a cause, but that all particular causal relations are contingent; it might be that a cause is neccessarily connected with its effect, but that not all events have causes, or, if they do, that this is only contingently the case. So that wether or not Kant succeeded in proving that the principle of causality is neccessary in some sense, this has no direct bearing on the question of the modality of particular laws"[64].

Den allumfassenden Determinismus abzulehnen scheint mir die einzige Möglichkeit zu sein, den Vorwurf Schopenhauers der Identifikation von Aufeinanderfolgen und Auseinanderfolgen abzuwehren[65], und die Zweite Analogie im Sinne von Christos Axelos zu interpretieren: „Die Zuordnung von Zeitfolge und Kausalnexus ist aber, auch bei Kant, keine uneingeschränkte. Und zwar geschieht die Einschränkung von zwei Seiten her: Weder immer dann, wenn eine Sukzession (Zeitfolge) da ist, ist ein Ursache-Wirkung-Verhältnis da, noch immer dann, wenn eine Ursache-Wirkung-Relation da ist,

---

[64] Suchting, W.A.: Kant's Second Analogy of Experience. In: Beck, Louis White: Kant Studies Today. La Salle, Illinois 1969, S. 322-340; S. 325.

[65] Es erledigen sich dann auch die von Scholz, H.: Eine Topologie der Zeit im Kantischen Sinne, Dialectica 9 (1955), S. 66-113; S. 84 angeführten „Aporien".

ist ein zeitliches Folgeverhältnis da."[66]. Denn „das Ursache-Wirkung-Verhältnis besteht (...) nicht zwischen den zwei (zufälligerweise) aufeinanderfolgenden Begebenheiten, sondern zwischen jeder der zwei genannten Begebenheiten und je einer anderen Begebenheit. Jede einzelne Begebenheit folgt auf viele, von denen nur die eine ihre Ursache ist. Auf die unendlich vielen Begebenheiten also außer einer folgt sie zufälligerweise oder lediglich objektiv, und auf dieser einen – auf ihre Ursache – folgt sie notwendigerweise oder kausal" (S. 24).

Damit sind aber nur die gröbsten Hindernisse aus dem Weg geräumt. Das Kausalitätsprinzip ist also zunächst bloß logisch; es besagt, daß „Bewirktes (...) in einer Abhängigkeit von einer die Wirkung logisch vorgängig bedingenden Ursache [steht]; dies ist das Einheitsprinzip dieser Beziehung. Wird diese Struktur auf die empirische Anschauung bezogen, dann tritt die Zeitlichkeit hinzu (...) Das Kausalitätsprinzip ist hierin transzendentales Prinzip der Einheit der Verknüpfung aller Veränderungen. Die Vorgängigkeit der Ursache ist somit in der Zeitreihe gesetzt, die Wirkung als in einem zeitlichen Nachhinein vorgestellt"[67]. Das Kausalitätsprinzip findet in der Zeitfolge nicht mehr als eine *Analogie*, und damit wäre es ganz verfehlt, von einer Bestimmung des einen durch das andere, also entweder der Zeitfolge durch die Kausalität (dies hat Schopenhauer zufolge Kant getan) oder der Kausalität durch die Zeitfolge (dies hat Schopenhauer zufolge Hume getan), zu sprechen. Als bloße Analogie – die lediglich Kant im Titel offenbar ja auch ankündigt – verstanden, stellt der Grundsatz der Kausalität „folgende Proportion auf: die Ursache verhält sich zur Wirkung wie das Antezedenz zur Konsequenz. Wenn b gegeben ist, müßte ich also erforschen, welche Erscheinung x in der Erfahrung vorhanden ist, und, wenn ich das Dasein einer Erscheinung, das diesen Charakter besitzt, entdecke, werde ich daraus schließen, daß es die Ursache von b ist"[68]. Der Grundsatz der Kausalität besagt demzufolge nur, daß die Ursache dessen, was ist und wozu ich eine Ursache annehme, zeitlich vor der Wirkung zu suchen ist. Das scheint eine triviale Feststellung zu sein, die ihre Trivialität aber verliert, wenn man sich die Bedingungen klarmacht, unter der allein sie *bewiesen* werden kann. Diese Bedingung ist nun die, daß der Verstand die Zeit – und nicht die Zeit sich selbst – in irgendeiner noch näher zu kennzeichnenden Weise ordnet, weil die Zeit selbst nicht wahrgenommen werden kann, sondern nur die Abfolge von Ereignissen in ihr, die aber, bedingt durch

---

[66] Axelos, Christos: Kausalverknüpfung und objektive Sukzession bei Kant. Studia Philosophica 18 (1958), S. 15-26; S. 19.

[67] Peter, Joachim: Das transzendentale Prinzip der Urteilskraft. Eine Untersuchung zur Funktion und Struktur der reflektierenden Urteilskraft bei Kant. Berlin/New York 1992, S. 191.

[68] Gueroult, Martial: Die Struktur der zweiten Analogie der Erfahrung. In: Kritik und Metaphysik. Festschrift für Heinz Heimsoeth. Hrsg. Kaulbach/Ritter. Berlin 1966, S. 10-20; S. 11.

eine Apprehension, von der probeweise einmal angenommen werden soll, daß sie „autonom", d.h. unabhängig von einer irgendwie gearteten Regel des Verstandes, agiert, gar nicht schon in einer bestimmten Weise geordnet ist. Der einzige Ausweg wäre an dieser Stelle ein naiver Realismus, daß wir die Dinge so erkennen, wie sie sind; ein solcher naiver Realismus steht aber, zumindest für Kant, an dieser Stelle schon längst nicht mehr zur Debatte: „Die gegenseitige Bestimmung der phänomenalen Gegenstände in Hinsicht auf ihre notwendige Stelle in der Zeit findet andererseits nicht kraft des inneren Wesens dieser Dinge statt und ergibt sich nicht aus dem Begriff dieser Dinge, wie im intelligiblen monadologischen Mechanismus, wo sich die Substanzen, vermöge ihrer eigenen Natur, gegenseitig, ihrer logischen Unvereinbarkeit zufolge, vom Dasein ausschließen, und sich daher notwendigerweise nach einer Ordnung der Succession, die Leibniz mit der Zeit selbst identifiziert, einordnen. (...) Nicht also die den Erscheinungen eigene Wirkung zwingt den Verstand, sie gemäß einer bestimmten Ordnung der Folge aufzustellen; vielmehr zwingt sie der Verstand mit seinem Kausalbegriff zu dieser gegenseitigen Bestimmung" (Gueroult, S. 11).

Dies ist das Grundproblem, das eine Beantwortung der Frage nach dem Verhältnis der Bestimmung von Zeitfolge und Kausalität in der einen oder anderen Weise unausweichlich macht: „Solange im Erkenntnisprozeß keine anderen Faktoren wirksam sind als lediglich formlose Sinnlichkeit und gesetzlos verfahrende Einbildungskraft, kann von einer objektiven Erfahrung, und insbesondere von einer objektiven Zeitfolge, keine Rede sein. Außer diesen Erkenntnisfaktoren muß es also noch einen Faktor geben, welcher das Postulat, der Einbildungskraft eine feste Regel zu geben, erfüllt, damit diese bei ihrer Verknüpfung der Erscheinungen nach der Relation der Aufeinanderfolge nicht mehr willkürlich verfährt, sondern diese Verknüpfung auf die Weise ausführt, daß sie in den Zeitpunkt a nur die Erscheinung A, in den Zeitpunkt b nur die Erscheinung B, und niemals umgekehrt setzt. Dieses Postulat kann nicht die Zeit selbst, als eine leere Form unserer Anschauung, erfüllen, da diese, als apriorische Form jeglicher Anschauung, nicht selbst angeschaut und in ihrem Ablauf wahrgenommen werden kann. Unserem Bewußtsein schwebt kein Bild einer objektiven Zeit vor, worin wir die Erscheinungen einordnen und ihnen auf diese Weise ihre Zeitverhältnisse objektiv bestimmen könnten. Darüber hinaus liegt in der Form der Zeit gar kein Unterschied zwischen einer objektiven und subjektiven Zeitordnung, weil in ihr, als der subjektiven Form der Anschauung, alles gleich subjektiv (...) ist, und weil sie sich gegenüber ihrem Inhalt in Ansehung seiner Einordnung völlig indifferent verhält" (Sachta, S. 106) – „Damit also die Erscheinungen als eindeutig bestimmte Aufeinanderfolge erfahren und damit in eine objektive Welt eingeordnet werden können, müssen sie nach Kant unter der Kategorie der Kausalität stehen, die ihnen eine feste Stelle in der Zeit bestimmt und das Gesetz vorschreibt, wonach ‚in dem, was vorhergeht, die Bedingung anzutreffen sei, unter welcher die Begebenheit jederzeit (d.i. notwendigerweise) folgt‘. Denn ‚nur lediglich unter dieser Voraussetzung allein ist selbst die Erfahrung von etwas, was geschieht, möglich'. Kants Ausführungen über die Art und Weise dieser Konstruktion lassen sich folgendermaßen zusammenfassen: Die transzendentale Einbildungskraft subsumiert die Vorstellungen unter die Kausalitätskategorie des reinen Verstandes, indem sie eine von ihnen als Ursache und die andere als deren Wirkung erfaßt und miteinander verbindet. Dadurch bestimmt sie zugleich, daß die Erscheinung, die als Ursache aufgefaßt, der Erscheinung, die als Wirkung aufgefaßt worden ist, notwendig und jederzeit vorangehen muß. Kraft dieser transzendentalen Bestimmung wird auch die Folge der Wahrnehmungen in der Apprehension des empirischen Bewußtseins auf eine unumkehrbare Ordnung festgelegt und als objektive Zeitfolge von Erscheinungen erfahren." (Sachta, S. 107).

Kants Zweite Analogie der Erfahrung dient demzufolge dem Aufweis der Differenz von Zeit als bloßer Anschauungsform und Zeitordnung als meßbarer (physikalischer) Zeit, und somit der Diskursivität von Apprehension und Kausalprinzip: Schon die bloße Apprehension der Gegenstände kann nicht in beliebiger Weise erfolgen, weil sie dem Prinzip der Kausalität genügen muß, das sich schon auf der Stufe der bloßen Wahrnehmung in einer Zeitordnung manifestiert, die, einmal etabliert, irreversibel ist – man kann nicht sich entschließen, *nachträglich* doch zuerst die Tür des Hauses und darauf folgend das Dach wahrgenommen zu haben, während man es doch bereits genau andersherum getan hat, ebensowenig wie man hoffen kann, ein Fest, das man wegen eines Unwetters vom Vormittag auf den Nachmittag verschoben hat, *nachträglich* doch schon am Vormittag stattgefunden haben zu lassen, wenn man feststellen muß, daß auch am Nachmittag noch Unwetter ist. Hierauf hat Lewis White Beck[69] sehr prägnant und richtig hingewiesen: „Kant's irreversibility criterion is applied to apprehension, not to imagination. In can imagine anything; the question is, what can I see? In can imagine the ship going downstream when I see it going upstream. I cannot see it going downstream when it is in fact going upstream. I can imagine seeing the roof before the basement and the basement before the roof; and – here is the difference – I can see the basement before the roof and the roof before the basement without saying that there are two houses or a growth from basement to roof and a growth downward from roof to basement. If I can see the ship first here and then there, and then there and subsequently here, I do say that there are two things, namely, two events" (S. 137). „Every sequence is fixed, even the house sequence, because any sequence whatsoever is unique. But, on the other hand, every sequence (and not merely the house sequence) is reversible in imagination" (S.137). Becks m.E. zutreffenden Überlegungen beinhalten

---

[69] On „Just Seeing" the Ship Move. In: Essays on Kant and Hume. New Haven and London 1978, S.137-140.

die Erkenntnis, daß schon das Sehen, also in Kantscher Terminologie die bloße Wahrnehmung, ohne Begriffe nicht geschehen kann.

In der Zweiten Analogie geht es also um die Etablierung einer dem Kausalitätsprinzip entsprechenden Zeitordnung, die von der Zeit im Sinne der Transzendentalen Ästhetik unterschieden ist. Die Zeitordnung ist ein Produkt des Verstandes, sie ist, um Suchtings wenig überzeugende Bedenken[70] noch auf die Spitze zu treiben, die Verstandeszeit. Walsh[71] sieht denn auch gerade in der Zeitordnung, und nicht etwa in der Zeit der Transzendentalen Ästhetik, Kants Antwort auf Hume: „The experienced world as Kant sees it is altogether different from the world of Hume, for whilst in the latter all events are loose and separate and anything can, in principle, precede or follow anything else, in Kant's understanding of the scheme of things events are tightly linked together, and the temporal order, so far from being full of contingencies, is determinate [da ist es wieder!] down to the last detail. Unless this were true, Kant argues, we could never say that this objectively followed that" (S. 170). Es führt m.E. kein Weg daran vorbei, schon die Apprehension als durch das Kausalitätsprinzip bestimmt zu denken; in der Festlegung der Zeitordnung durch Kausalität liegt also ein Vorgang vor, der vom Begriff her („fahrendes Schiff") bestimmte Apprehensionen („Schiff oben", „Schiff unten") so reproduziert, daß die Abfolge dieser reproduzierten Wahrnehmungen eine Zeitordnung ergibt, die dem Kausalitätsprinzip in bezug auf den zugrundegelegten Begriff Genüge tut. Es ist die Notwendigkeit, daß zu dem Kausalitätsprinzip „blanko" noch ein Begriff dessen, was sich dort kausal darstellen soll, hinzukommen muß, die Kant davor bewahrt, jede Folge als kausales Verhältnis zu verstehen: „It should be observed that Kant is not committed to the impossible proposition that every objective sequence is a causal sequence; his own instance (B 237/A 192) of the boat seen sailing downstream clearly precludes this. There is no rule to the effect that when boats are seen upstream they must subsequently be seen downstream. For the sequence to be objective what is required is that it be causally determined in a more general sense: elements in the later situation must be what they are because of the occurence of the earlier one" (S. 173).

Von dem allumfassenden Determinismus, der anfänglich im Sinne des Laplaceschen Dämons die Welt bestimmen sollte, ist inzwischen in der Tat nichts übriggeblieben als eine allgemeine Zeitordnung, die dem Kausalitätsprinzip in der Weise gehorcht,

---

[70] „Hence, as Schopenhauer for once pointed out long ago, Kant could not, non-circularly, say that A's being earlier than B is constituted by its being the cause of B (or simultaneos with a cause of B, etc.). Finally, any such project would have been thoroughly unKantian, since it involves the attempt to derive a form of sensibility (time) from a form of the understanding (causality)" (a.a.O. S. 339). Das ist nun wirklich nicht mehr als das störrische Festhalten an einem Vorurteil.

[71] Kant on the Perception of Time. In: Beck, Louis White: Kant Studies Today. La Salle, Illinois 1969, S.160-180.

daß jede Ursache früher als ihre Wirkung ist, ohne daß deshalb ausnahmslos alles Spätere von allem Früheren in einem Sinne verursacht wäre, der irgendwie über eben diese Benennung von früher-später hinausginge. Kant ist deshalb nicht nur hinsichtlich der Tatsache kritisiert worden, daß er die Zeitordnung entgegen aller alltäglichen Gewohnheit von der Kausalität abhängig macht, sondern vor allem·auch hinsichtlich der dem eifrigen Verfechter eines deterministischen Weltbildes ganz ungelegen kommenden Entrümpelung des Kausalitätsprinzips selbst. „The idea of reducing time order to causal order, often called the causal theory of time, was originally suggested by Leibniz, but was first developed in detail by Kant. He pointed out that we discover time order by examining causal order as distinct from perceptual order. Thus, in the case of the noise of firing of a distant gun and the sound of the nearby impact of the shell, we infer the temporal order from the causal order and not from the order in which we perceive these events"[72]. Es ist aber gerade nicht richtig, daß wir die „zeitliche Ordnung dadurch entdecken, daß wir eine Differenz zwischen der Ordnung unserer Perzeptionen und der Ordnung kausaler Verhältnisse feststellen." Es gibt, wie Ernst Henke sehr pointiert formuliert, schon „nach der transzendentalen Ästhetik keine doppelte Reihe: die Reihe der empirischen Gegenstände und die Reihe der die empirischen Gegenstände repräsentierenden sinnlichen Repräsentationen. Die empirischen Gegenstände sind unmittelbar vorgestellt"[73]. Es ist Gottfried Martins[74] allgemeiner Deutung des Kausalgesetzes bei Kant zuzustimmen: „Beim Kausalgesetz muß man sich von jeder anthropomorphen Vorstellung lösen, auch Kant hat das längst getan; wenn man von Ursache und Wirkung spricht, so darf man nicht einen Menschen, der etwas herstellt, als die Ursache betrachten und das von ihm Hergestellte als die Wirkung. Das Kausalgesetz bedeutet vielmehr, daß zwei zeitlich verschiedene Zustände einander eindeutig bestimmen, so daß also jeder frühere Zustand jeden späteren Zustand eindeutig bestimmt, daß aber auch jeder spätere Zustand jeden früheren Zustand in derselben Weise eindeutig bestimmt" (S. 80). – „Nicht die Zweiheit von Täter und Tat, nicht die Zweiheit von Ursache und Wirkung, sondern diese durchgängige Bestimmtheit des Geschehens, die es eben ausmacht, daß das kleinste Teil des Geschehens das Geschehen von aller Zeit in alle Zeit bestimmt, dies eigentlich ist das Kausalgesetz" (S. 81).

---

[72] Whitrow, G.J.: The Natural Philosophy of Time, London 1961, S. 273.

[73] Henke, Ernst: Zeit und Erfahrung. Eine konstruktive Interpretation des Zeitbegriffs der Kritik der reinen Vernunft. Meisenheim am Glan 1978, S. 121.

[74] Immanuel Kant. Ontologie und Wissenschaftstheorie. Berlin 1969.

b) Die Problematik der Wahrnehmungs- und Erfahrungsurteile vor dem Hintergrund der Zweiten Analogie der Erfahrung.

Die Zweite Analogie der Erfahrung ist nicht die philosophische Grundlegung eines allgemeinen Determinismus, sondern die philosophische Grundlegung einer allgemeinen Zeitordnung, derzufolge jede Ursache zeitlich früher ist als ihre Wirkung. Sie findet ihre Ergänzung in der Dritten Analogie, in der Kant die Möglichkeit der Simultaneität von Ursache und Wirkung zeigt: Ohne generelle Zeitordnung ist überhaupt nichts erkennbar, ohne die Möglichkeit der Simultaneität von Ursache und Wirkung ist aber eine Beziehung zwischen der Ursache und Wirkung faktisch nicht möglich, weil immer ein zeitlicher Spalt zwischen beiden denkbar wäre, also ein Zeitraum, innerhalb dessen die Ursache schon nicht mehr ist, ohne daß die Wirkung schon wäre. Die Zweite Analogie ist damit nicht das Mittel der Überführung von privater und rhapsodischer Erkenntnis in wissenschaftliche Erfahrung: „The argument of the Second Analogy does not guarantee in any way that we will be able to systematize our knowledge and so make it scientific. The categorial principles provide the conceptual framework which enables us to make our experience minimally coherent, and to that extent they can be said to make it systematic. But the system which they introduce is not an explanatory one, for the very reason that the categories are not themselves explanatory. Nor does the system which they make possible guarantee that we will be able to make experience systematic in its detail, that is, that we will be able to discover and systematize particular causal laws"[75]. Es ist deshalb auch keineswegs „clear beyond the schadow of a doubt (...) that the analogies constitute the mechanism for transforming mere appearance into objective experience"[76]. Das von Friedman bemühte Beispiel leistet nämlich genau diese Überführung nicht: Sicherlich kann unter dem Bewußtsein, daß das Kopernikanische kosmologische System mit allen Änderungen und Modifikationen der letzten Jahrhunderte gültig ist, die scheinbare Kreisbewegung der Planeten am Himmel nur als bloße Wahrnehmung bezeichnet werden. Deshalb ist das Urteil „Ich nehme wahr, daß Planet X in den letzten Tagen eine Kreisbewegung vollzogen hat", ein bloßes Wahrnehmungsurteil. Es ist aber als Urteil ein wirkliches Urteil, dessen Inhalt der in der zweiten Analogie vorgestellten Zeitordnung entspricht, denn es ist nicht in mein Belieben gestellt, den Planeten zuerst hier und dann dort wahrzunehmen, sondern die Kreisbewegung des Planeten ist ganz regelmäßig – schließlich wird sie ja sogar erfolgreich vorausberechnet. Was auch immer nur die Denkfunktionen sein mögen, die es klugen Menschen erlaubt haben, die faktisch wahrnehmbare (und als solche auch faktische) Kreisbewegung des

---

[75] Mc.Farland, J. D.: Kant's Concept of Teleology. Edinburgh 1970, S. 9.

[76] Friedman, Michael: Kant and the Exact Sciences. Cambridge (Mass.)/London 1992, S. 185.

Planeten als eine scheinbare zu entlarven, die bloße Anwendung der Zweiten Analogie auf die Wahrnehmung kann es nicht sein, denn jene ist schon nötig, damit diese möglich ist. Deshalb ist auch die Wahrnehmung als solche durch keinen Akt wissenschaftlicher Erkenntnis veränderbar.

Wenn nun ohne Begriffe in der Zweiten Analogie der Erfahrung über konkrete Kausalverhältnisse schlichtweg nichts ausgesagt ist, dann ist in der Zweiten Analogie kausale Erfahrung noch nicht einmal in dem Sinne einer vorwissenschaftlichen aber intersubjektiven Einzelerfahrung antizipiert, sondern nur das Schema der Beziehung von logischem Denken von Bedingtheit und Anschauung vorgestellt. Damit aber kann keine Rede davon sein, daß die Zweite Analogie der Erfahrung das Mittel sei, bloße Wahrnehmungsurteile in Erfahrungsurteile umzuwandeln. Die Interpretation von Beck hat dies im Grunde schon gesagt: Wenn das Problem der Zweiten Analogie „das bloße Sehen" eines fahrenden Schiffes ist, dann geht es in der Zweiten Analogie nicht um die Überführung privater Erfahrung in wissenschaftliche Erkenntnis. Freilich geht es auch nicht um „Sehen" in dem Sinne eines stumpfen Glotzens, denn das Sehen im Sinne von Beck setzt doch jedenfalls einen Begriff voraus, was man vom Glotzen nicht behaupten kann. Die Interpretation der Zweiten Analogie verlangt also eine Interpretation des Unterschieds von Wahrnehmungs- und Erfahrungsurteilen, durch die die Wahrnehmungsurteile als eine besondere Form von Erfahrung gekennzeichnet werden, d.h. eine Interpretation, die den strengen kontradiktorischen Gegensatz beider Urteilsformen aufhebt.

Das Wahrnehmungsurteil ist ein *Urteil*, und darin mehr als eine bloße Wahrnehmung. „Empirische Urteile, sofern sie objektive Gültigkeit haben, sind Erfahrungsurteile; die aber, so nur subjektiv gültig sind, nenne ich bloße Wahrnehmungsurteile. Die letzten bedürfen keines reinen Verstandesbegriffs, sondern nur der logischen Verknüpfung der Wahrnehmungen im Subjekt. Die erstern aber erfordern jederzeit, über die Vorstellungen der sinnlichen Anschauung, noch besondere im Verstande ursprünglich erzeugte Begriffe, welche es eben machen, daß das Erfahrungsurteil objektiv gültig ist" (Prol., § 18, A 78). Kant identifiziert die Leistung der Analogien der Erfahrung nicht mit der Konstitution von Erfahrungs-, sondern von Wahrnehmungsurteilen: Der Beweis der Analogien geht nicht „auf die synthetische Einheit der Verknüpfung der Dinge an sich selbst, sondern der Wahrnehmungen, und zwar dieser nicht in Ansehung ihres Inhalts, sondern der Zeitbestimmung und des Verhältnisses des Daseins in ihr, nach allgemeinen Gesetzen" (Prol., § 26, A 96), nämlich jener drei Gesetze, die als „Analogien der Erfahrung" thematisiert werden. Das in den Analogien Erfahrene ist also etwas, das als bloß Wahrgenommenes erfahren wird, es ist – bildlich gesprochen – noch nicht etwas, dessen Inhalt nach allen Kategorien erfahren wäre. Die Kategorien haben im Zusammenhang mit den Analogien der Erfahrung nicht die Funktion, das, was durch die Gesetze, die in den Analogien aufgestellt werden, als ein bereits vollständig verstandesmäßig Erkanntes zu charakterisieren[77], sondern allein die Funktion, die Vollständigkeit der Gesetze selbst zu versichern. Die konkrete Erkenntnis durch diese Gesetze ist keine den Kategorien zufolge vollständige Erkenntnis des Erkannten, sondern eine Erkenntnis, die, weil sie Gesetzen folgt, die ihrerseits auf die Kategorien zurückgreifen müssen, als genuin verstandesmäßige Erkenntnis gezeigt ist. Diese Erkenntnis ist aber im Vergleich zu der mit intersubjektivem Anspruch daherkommenden Erfahrung im engeren Sinne eine bloße Wahrnehmung. Der Unterschied von Wahrnehmungs- und Erfahrungsurteilen findet innerhalb des Verstandes statt und bedeutet deshalb nicht, daß nun plötzlich doch das bloße Anschauungsvermögen eine ganz eigene Welt bloß wahrgenommener Dinge aufzustellen in der Lage wäre.[78]

---

[77] „Kategorien dienen nicht dazu, für sich Dinge zu erkennen, sondern nur, Anschauungen in Raum und Zeit, d.i. Erscheinungen zu ordnen" (AA, Bd. XXIII, S. 35).

[78] Ich halte deshalb Werner Steinhardts Interpretation für unzutreffend, der Beweis der Zweiten Analogie sei „nur gültig, wenn zwischen zwei Arten von Wahrnehmungen unterschieden wird; zwischen dem Erfassen von Wahrnehmungskonfigurationen, in denen die Anordnung der Wahrnehmungsinhalte willkürlich ist und kein Bezug auf das objektive Verhältnis des Wahrgenommenen (willkürliche Wahrnehmung) und dem Erkennen eines durch den Verstand ermöglichten Bezugs der Wahrnehmungen auf Objekte, durch das die wirkliche Anordnung der Objekte bestimmt wird (geordnete Wahrnehmung)" (Steinhardt, Werner: Kants Entwicklung der Kausaltheorie. Ein Beitrag zur Interpretation der zweiten Analogie der Erfahrung. Diss. Hamburg 1980, S. 177). - Nicht besser ist Hansgeorg Hoppes Interpretation der Wahrnehmungsurteile als bloßer Assoziationen: „Wenn alle Verbindung von Vorstellungen nur nach Assoziationsgesetzen erfolgte, könnte es deshalb, wie Kant sagt, nur ‚Wahrnehmungsurteile' geben, d.h. Aussagen letztlich nur über uns und unsere subjektiven Zustände, nicht jedoch Erfahrung und ‚Erfahrungsurteile' als Aussagen über die Gegenstände und die an ihnen anzutreffenden objektiven Verhältnisse" (Hoppe, Hansgeorg: Synthesis bei Kant. Berlin/New York 1983, S. 29). Der Unterschied von Wahrnehmungs- und Erfahrungsurteilen ist also im Sinne der zweiten von Bernhard Thöle referierten Möglichkeit zu verstehen: „Es wurde bereits erwähnt, daß Kants Unterscheidung auf zwei unterschiedliche Weisen interpretiert worden ist. Der ersten Interpretation zufolge handelt es sich um eine Unterscheidung hinsichtlich des Geltungsanspruchs: Wahrnehmungsurteile gelten nur für das urteilende Subjekt, während mit Erfahrungsurteilen ein Anspruch auf objektive und intersubjektive Gültigkeit erhoben wird. Nach der zweiten Interpretation dagegen unterscheiden sich Wahrnehmungsurteile von Erfahrungsurteilen durch die Gegenstände, über die geurteilt wird: In Wahrnehmungsurteilen ist das logische Objekt das urteilende Subjekt selbst (oder seine mentalen Zustände); in Erfahrungsurteilen urteilen wir dagegen über von uns verschiedene Objekte" (Thöle, Bernhard: Kant und das Problem der Gesetzmäßigkeit der Natur. Berlin/New York 1991, S. 91). Die erste Möglichkeit scheidet aus, denn dann gäbe es keinen wichtigen Unterschied mehr zwischen Wahrnehmungsurteilen und ästhetischen Urteilen. Mit einem Wahrnehmungsurteil wird ja in der Tat der Anspruch auf intersubjektive Verbindlichkeit erhoben. Wenn ich sage „Ich nehme wahr, daß dort, wo ich stehe, Nebel ist", dann möchte ich freundlicherweise nicht hören, daß ich mir den Nebel bloß einbilde. Anders das ästhetische Urteil. Wenn ich sage „Die Nordseeküste ist der häßlichste Ort, weil entweder Nebel ist oder Ebbe", dann muß ich zugestehen, daß andere Leute das anders beurteilen.

III. Die Unterscheidung von Welt und Natur zufolge der Theorie der Verstandeswelt.

In den Verstandesgrundsätzen legt Kant dar, auf welche Weise der Verstand das Viele denkt, nämlich als Substanzen, die entweder im Raum zugleich sind oder in der Zeit folgen. Die Vielheit der Gegenstände in Raum und Zeit bedarf des Rückgriffs auf das Gesetz der Kausalität, durch das die apprehensive Vielheit bloßer Eindrücke als eine kausale Ordnung der Folge oder der Wechselseitigkeit gesetzt wird. Das meint nicht ein nachträgliches Ordnen der Sinneseindrücke, sondern die Bestimmung einer die Mannigfaltigkeit der Sinneseindrücke umgreifenden Ordnung, ohne die Anschauung von Gegenständen nicht möglich sein kann. Die Einheit der Welt ist die Ordnung der Zeit. Die Welt als Einheit ist nicht etwas *in* Raum und Zeit, sondern die Einheit *von* Raum und Zeit, jedoch nicht, insofern sie zufolge des Vermögens der Anschauung (Sinnlichkeit) eine bloß leere Einheit, sondern insofern sie zufolge des Verstandes eine allgemeine Ordnung kausaler Zeitlichkeit oder zeitlicher Kausalität ist. Das, was im Raum und in der Zeit einer Ordnung unterliegt, die durch Gesetze der Kausalität bestimmt ist, nennt Kant nun aber nicht „Welt", sondern „Natur". Ist die Einheit der Welt die Einheit der Natur? Ist die Einheit der Welt als Einheit der Zeitordnung, durch die Natur konstituiert wird, schon hinlänglich beschrieben? Sind „Welt" und „Natur" austauschbare Begriffe? Dieser Frage soll in dem nun folgenden Abschnitt im Ausgang von der KdrV und den Prol. nachgegangen werden.

1. Die Unterscheidung von „mathematisch" und „dynamisch" als Grund der Unterscheidung von Welt und Natur. Die Rolle der Kategorientafel.

Was ist nun Welt im Unterschied zur Natur? Kant motiviert in der KdrV (A 418/B 446) die Unterscheidung ganz aus der im Rahmen seiner Deduktion der Kategorientafel entwickelten Unterscheidung von mathematischen und dynamischen Kategorien[79]. Welt bedeutet „das mathematische Ganze aller Erscheinungen und die Totalität ihrer Synthesis", Natur dagegen bedeutet, die Welt zu denken, „so fern sie als ein dynamisches Ganzes betrachtet wird, und man nicht auf die Aggregation im Raume oder der Zeit, um sie als eine Größe zu Stande zu bringen, sondern auf die Einheit im Dasein der Erscheinungen siehet". Die Unterscheidung von Natur und Welt geht also auf eine der

---

[79] Das hier vorliegende Thema des Unterschieds zwischen Welt und Natur zufolge der Kategorientafel hat in der obigen Diskussion der Deduktion der vier Weltbegriffe seine Kehrseite: Ging es dort darum, zu zeigen, weshalb alle vier kosmologischen Ideen Weltbegriffe sind – das sind sie, weil sie alle notwendige (unausweichliche) Formen des Denken von Einheit in Raum und Zeit sind –, so geht es hier um eine innere Differenz des ontologischen Denkens von Einheit, also um eine innere Differenz des „Weltbegriffs überhaupt".

„artigen Betrachtungen" zurück, die Kant selbst über seine Kategorientafel angestellt hat (KdrV, § 11), und die besagt, daß die vier Klassen der Kategorien sich „in zwei Abteilungen zerfällen lassen, deren erstere auf Gegenstände der Anschauung (der reinen sowohl als empirischen), die zweite aber auf die Existenz dieser Gegenstände (entweder in Beziehung auf einander oder auf den Verstand) gerichtet sind" (B 110). Kant operiert also mit drei Begriffen, nämlich (1) mit dem Weltbegriff überhaupt, (2) dem Weltbegriff in engerer Bedeutung, der aus der Anbindung an die Kategorien der ersten Abteilung entspringt, sowie (3) dem Naturbegriff, der aus der Anbindung an die Kategorien der zweiten Abteilung entspringt.

Die Unterscheidung von Welt und Natur zufolge der der Kategorientafel zuzusprechenden Unterscheidung von mathematischen und dynamischen Kategorien ist zunächst bloß technisch, und es stellt sich die Frage, ob sich dahinter ein sachlicher Gehalt ausmachen läßt, der die Unterscheidung jenseits ihres Ursprungs aus der Kategorientafel inhaltlich rechtfertigen läßt. Die Tafel der Kategorien dient dazu, „den Plan zum Ganzen einer Wissenschaft, sofern sie auf Begriffen a priori beruht, vollständig zu entwerfen, und sie mathematisch nach bestimmten Prinzipien abzuteilen" (KdrV, § 11). Was heißt mathematisch? Dieser Bestimmung zufolge dienen die Kategorien der Vollständigkeit eines metaphysischen Entwurfes; ein solcher Entwurf ist mathematisch, nicht weil er sich der Mathematik bediente, sondern weil er in seiner Vollständigkeit sich einer Verflüssigung widersetzt, die ihm aus seiner Anwendung auf die Empirie entstehen könnte. In diesem Sinne sind auch die „Metaphysischen Anfangsgründe der Naturwissenschaft" mathematisch, und sie sind es durchgängig durch die gesamte sich wiederum an der Ordnung der Kategorientafel orientierenden Unterscheidung von Phoronomie, Dynamik, Mechanik und Phänomenologie. Ein metaphysischer Entwurf ist dann vollständig, wenn er in seiner eigenen Ordnung der in der Kategorientafel dargelegten Ordnung folgt, ohne daß er deshalb aus dieser Tafel logisch gefolgert (begrifflich deduziert) wäre.[80] Wenn die MAdN die Metaphysik der Natur beschreiben, also die

---

[80] Natürlich ist es deshalb von besonderer Wichtigkeit, die inhaltliche Richtigkeit der Kategorientafel zu untersuchen, denn wenn die Kategorientafel das Ordnungsprinzip jeder Metaphysik darstellt, ist die Gestalt dieser Tafel von enormer Bedeutung. Ch. S. Peirce hat deshalb richtig getan, seine Kant-Rezeption an diesen Punkt anzuschließen. Gleichwohl kann ich die Auseinandersetzung im Rahmen meiner Arbeit nicht führen, und muß es auch nicht tun, weil die Frage, die hier ansteht, die nach der Berechtigung der Unterscheidung von Welt und Natur ist. Die Frage, inwiefern sich die in den MAdN dargelegte metaphysica naturae specialis nach Maßgabe einer veränderten Kategorientafel anders ausgestaltete, kann hier vernachlässigt werden, solange nur Einigkeit darüber besteht, daß Kant in der Kategorientafel das Paradigma der Vollständigkeit schlechthin jedes metaphysischen Entwurfs – bis hin zur Praktischen Philosophie! – entdeckt zu haben glaubte; und daran kann nicht ernsthaft gezweifelt werden. – Lothar Schäfer nimmt eine vergleichbare Einschätzung der Rolle der Kategorien für die Gestalt der Metaphysik der Natur vor: „Kant gibt an, daß das Schema der Vollständigkeit der metaphysischen Betrachtung die Tafel

metaphysischen Grundlagen der Sinnenwelt, insofern diese – der Unterscheidung von Welt und Natur folgend, die Kant in der Antithetik der KdrV gibt – dynamisch ist, dann ist festzustellen, daß innerhalb dieser Naturmetaphysik, die doch den Darlegungen der KdrV zufolge unter Ausschluß des mathematischen allein den dynamischen Aspekt des in Raum und Zeit Seienden behandeln soll, eine Unterteilung vorgenommen wird, die sich aus der Kategorientafel versteht und darin eben jene Unterscheidung von mathematischen und dynamischen Kategorien innerhalb des von vornherein als dynamisch gekennzeichneten Bereiches der Natur wiederholt. Das charakterisiert die Unterscheidung von mathematisch vs. dynamisch als Ordnungsprinzip, das sich auf jede Untersuchung applizieren läßt, die der Kategorientafel folgt, gleichgültig, ob diese Untersuchung ihrerseits schon innerhalb einer höheren Ordnung als mathematisch oder dynamisch gekennzeichnet ist.

Die Metaphysik der Natur beschreibt die Sinnenwelt als dynamisches Ganzes, aber sie tut es auf eine Weise, die ihrerseits gar nicht umhin kann, in sich einen Unterschied eines Mathematischen von einem Dynamischen hervorzubringen, denn dies ist Folge der Tatsache, daß Metaphysik der Natur als Wissenschaft nur vollständig sein kann, wenn sie der Ordnung der Kategorientafel folgt, die diesen Unterschied in sich hat. Das Auftreten dieses Unterschieds ist dann aber kein objektiver Gesichtspunkt der beschriebenen Sache und damit ein solcher, der aus ihr verständlich gemacht werden könnte, sondern eine technische Unausweichlichkeit, die sich aus dem Versuch einer vollständigen Erfassung des betrachteten Gebiets, die nur auf der Basis des transzendentalen Ordnungsprinzips der Kategorien gelingen kann, ergibt. Hierin liegt, daß in der Wiederkehr des Unterschieds mathematischer und dynamischer Aspekte etwa in den MAdN nicht nur kein sachlicher Gesichtspunkt liegt, der es notwendig machte, die Abteilungen der MAdN in mathematische und dynamische zu unterscheiden, sondern daß der Versuch, die Abteilungen der MAdN so zu verstehen, in ein Chaos führen muß; das ist in der Tat der Fall, denn ein solcher Versuch führte auf die sachlich nicht mehr verständlich zu machende Notwendigkeit, Phoronomie und Dynamik (!) als mathematische, Mechanik und Phänomenologie aber als dynamische Disziplinen der Metaphysik der Natur zu verstehen. Die Unterscheidung von Welt und Natur, die Kant im Rahmen der Antithetik auf der Basis der Unterscheidung von mathematischen und dynamischen Kategorien entwickelt, findet in der Unterscheidung von Mathematik und Dynamik, die im Rahmen der Naturmetaphysik auftritt, keine Bestätigung; das ist vor dem Hinter-

---

der Kategorien sei. (...) Damit ist aber nur das formale Moment, nämlich die äußere Gliederung, genannt, in dem sich diese an der allgemeinen Ontologie orientiert: denn die Kategorien als einzelne oder auch in ihrer Zusammenstellung in der Kategorientafel sind keineswegs die einzigen Orientierungspunkte für die Metaphysik der Natur, sondern gerade der Zusammenhang aller ontologischen Bestimmungen, in dem die Kategorien nur eine bestimmte, wenn auch ausgezeichnete Stelle einnehmen, muß für sie entfaltet sein" (S. 23).

grund des methodischen Stellenwerts der Kategorientafel und der aus ihr folgenden Charaktere nicht verwunderlich. Ein sachlicher Unterschied zwischen Welt und Natur ist also weder im Hinblick auf die KdrV noch im Hinblick auf die MAdN von der Unterscheidung eines mathematischen und eines dynamischen Aspektes her verständlich zu machen.

2. Natura formaliter spectata – natura materialiter spectata.

Was ist Natur? Natur, das sagt die Vorrede zur B-Auflage der KdrV, ist der „Inbegriff der Gegenstände der Erfahrung". Der § 26 der KdrV erläutert, was damit gemeint ist, nämlich Natur als Inbegriff aller Erscheinungen, und das ist „natura materialiter spectata" (B 163), Natur in materieller Hinsicht. Ihr Gegenstück ist die Natur „als Gesetzmäßigkeit der Erscheinungen in Raum und Zeit" („natura formaliter spectata') (B 165). Der Begriff der Natur im letzteren Verständnis antwortet auf die Frage, wie es möglich sei, daß die Kategorien des Verstandes „die Verbindung des Mannigfaltigen der Natur, ohne sie von dieser abzunehmen, a priori bestimmen können" (B 163). Dies ist auf der Basis eines Verständnisses der angeschauten Gegenstände als ansichseiender Dinge nicht einsichtig zu machen, sondern nur auf der Basis eines Verständnisses der Gegenstände als Erscheinungen. Erscheinungen „sind nur Vorstellungen von Dingen, (...) als bloße Vorstellungen aber stehen sie unter gar keinem Gesetze der Verknüpfung, als demjenigen, welches das verknüpfende Vermögen vorschreibt" (B 164). In der Unterscheidung der natura materialiter spectata von der natura formaliter spectata kehrt also die Unterscheidung von Materie und Form wieder, die hinsichtlich jeder empirischen Erkenntnis zu machen ist, weil sich in ihr der Erkenntnisprozeß als solcher ausdrückt. Damit zeigt sich die natura materialiter spectata als das Material, mit dem der Verstand die Natur bildet, als die ontologische Grundlage der natura formaliter spectata. Die Natur, die aus der Anwendung der Verstandesgrundsätze entsteht, ist der „Zusammenhang der Erscheinungen ihrem Dasein nach, nach notwendigen Regeln, d.i. nach Gesetzen" (A 216/B 263), sie ist die natura formaliter spectata.

Natur in materieller Bedeutung ist die Gesamtheit dessen, was in Raum und Zeit ist: Natur ist der „Inbegriff der Erscheinungen". Natur in formeller Bedeutung, „als der Inbegriff der Regeln, unter denen alle Erscheinungen stehen müssen, wenn sie in *einer* [Herv. von mir] Erfahrung als verknüpft gedacht werden sollen" (ebd.) ist möglich „vermittelst der Beschaffenheit unseres Verstandes, nach welcher alle jene Vorstellungen der Sinnlichkeit auf *ein* [dto.] Bewußtsein notwendig bezogen werden". Erst in dem formellen Begriff der Natur zeigt sich der Verstand in seiner genuinen Leistung, also in dem, durch das er über das, was Sinn vermag, hinausgeht. Mit dieser genuin verstandesmäßigen Bestimmung der Natur beginnt der § 14 der Prol.: „Natur ist das Dasein der

Dinge, so fern es nach allgemeinen Gesetzen bestimmt ist". Der Verstand hebt in seiner genuinen Leistung also auf ein Verständnis der Natur als Durchgängigkeit und Allgemeinheit der Gesetze ab, die die Dinge in ihrem Dasein bestimmen. Darin liegt die Behauptung, daß Dinge als natürlich zu verstehen, gleichzeitig immer auch bedeutet, ihr Dasein zu bestimmen, und das läuft auf die Behauptung hinaus, daß es kein Dasein der Dinge geben könne, das nicht natürlich wäre. Wenn aber selbst das bloße Dasein der Dinge ohne Referenz auf Gesetze nicht verständlich gemacht werden kann, dann kann es ohne ein vorangehendes Regelwerk des Verstandes, das immer schon alles Begriffene auf eine Einheit, nämlich die Natur in formeller Hinsicht, hin denkt, überhaupt keine Dinge geben. Das Einzelding, das Objekt, ist in dieser Perspektive dem Ganzen, der Einheit der Natur, nachgeordnet. Deshalb kann das formelle Verständnis der Natur nur die Regelhaftigkeit, nicht jedoch das Objekt der Regelung denken, und es ist in der formellen Bedeutung der Natur also „nur die Gesetzmäßigkeit der Bestimmungen des Daseins der Dinge überhaupt" (§ 16) angedeutet, nicht das Ding selbst. Für diesen formalen Naturbegriff gilt deshalb, daß er keinen Raum für eine Erkenntnis der Objekte selbst läßt; dies vermag erst der materielle Naturbegriff, durch den „das Objekt bestimmt" (§ 16) wird.

Der materielle Begriff der Natur als „Inbegriff aller Gegenstände der Erfahrung" dient der Restriktion des formellen Naturverständnisses auf Gegenstände der Erfahrung. Das zeigt der § 16 in der Form einer reductio ad absurdum: Wenn Natur formal betrachtet nicht auf mögliche Erfahrung, also auf die Natur material betrachtet, allein bezogen würde, ergäben sich allerlei Gedankendinge, deren Realitätsgehalt gar nicht erwiesen werden könnte: „Was nicht ein Gegenstand der Erfahrung sein kann, dessen Erkenntnis wäre hyperphysisch, und mit dergleichen haben wir hier gar nicht zu tun, sondern mit der Naturerkenntnis, deren Realität durch Erfahrung bestätigt werden kann" (§ 16). Erst dieser gegenseitige Bezug beider Naturbegriffe führt auf den vollständigen Begriff der Natur als „Gesetzmäßigkeit aller Gegenstände der Erfahrung, und, sofern sie a priori erkannt wird, die notwendige Gesetzmäßigkeit derselben" (§ 17). Das Problem, das Kant anhand der beiden Naturbegriffe in den Griff zu bekommen sucht, ist also gar nicht das von den Vertretern der Evolutionären Erkenntnistheorie ausgemachte Problem der Passung von Denkfunktionen und ansichseiender Welt,[81]

---

[81] Im Rahmen meiner Zielsetzung einer Rekonstruktion der Kantschen Lehre von der Einheit der Welt kann ich mich nicht mit der Evolutionären Erkenntnistheorie detailliert auseinandersetzen, deshalb hier nur die keinerlei neue Erkenntnisse enthaltende Bemerkung, daß diese Theorie eine bestechende These zur Genese der menschlichen Erkenntniskraft anführt, nämlich die, daß die Art und Weise unserer Erkenntnis, also auch die transzendentalen Grundlagen derselben, gerade so sind, wie sie sind, weil sie das Ergebnis eines biologischen Anpassungs-prozesses der Gattung Mensch darstellen. Von dieser Warte aus wird evident, daß wir die Welt nicht in ihrem Ansichsein erkennen können, sondern auf eine Weise, die im Rahmen der Evolution entstanden ist und von

sondern das der Identifikation von Natur in materieller und formeller Bedeutung, durch

---

daher nicht das Produkt eines Hanges zur Wahrheit, sondern eines Hanges zum Überleben darstellt, der sich einen möglichen Hang zur Wahrheit bestenfalls als nützliches Haustier halten mag.
Die Weise unserer Welterkenntnis muß biologisch brauchbar sein, denn sonst hätten wir nicht
überlebt, und sollte sie sich einmal als unbrauchbar erweisen, so hätte das zweifellos das Ende der
menschlichen Gattung zur Folge. Aber so bestechend die Evolutionäre Erkenntnistheorie auch
ist, so wenig kann aus ihr eine Kritik der Kantschen Position gewonnen werden, weil ihr eine
gängige Fehlinterpretation der Kantschen Erkenntniskritik zugrunde liegt. So referiert etwa
Hoimar v. Ditfurth, das uneingeschränkt zu bewundernde Genie des Wissenschaftsjournalismus,
Kant dahingehend, daß es zwar auch nach Kants Ansicht „eine Außenwelt real gibt", daß jedoch
„das, was ich wahrnehmend in meiner Vorstellung von der Welt zu erfahren glaube, (...) mit dem,
was sie unabhängig von meinem Bewußtsein ("an sich") ist, für einen überzeugten Kantianer
keinerlei Ähnlichkeit" hat (Wir sind nicht nur von dieser Welt, S. 165). Und das ist falsch, denn
die Aussage Kants geht lediglich dahin, daß wir über die Ähnlichkeit des von uns Erkannten mit
dem an sich Vorliegenden keine Aussage machen können, weil dies ja voraussetzte, das Ansichseiende mit dem Fürunsseienden vergleichen zu können, was nun schlechthin unmöglich ist.
Hoimar v. Ditfurth verwechselt also die Außenwelt des Menschen mit der Welt an sich. Hieraus
entsteht dann das Scheinproblem, daß der Fortschritt der Wissenschaften offenbar entgegen der
vermeintlichen Kantschen Auffassung immer größere Teile der Welt an sich enthüllte, bis schließlich Einstein durch seinen Aufweis der vierdimensionalen Struktur des Weltraumes die Kantsche
Lehre von den Anschauungsformen und damit die Grundlage für die Kantsche Ontologie und
Kosmologie zerstörte. Nun ist die behauptete Vierdimensionalität des Kosmos für sich genommen
schon ein bodenloses Thema, das ich hier nicht zusätzlich noch aufgreifen möchte (es gibt, dies
wenigstens sei angedeutet, keinen vierdimensionalen Raum, sondern eine vierdimensionale Raum-
zeit, die sich bei näherem als ganz undramatisch zeigt); wichtig ist hier jedoch nur, daß alle Fortschritte der Naturwissenschaft, auch dort, wo sie, wie ja nicht anders zu erwarten ist, denn sonst
wären es ja keine Fortschritte, den Rahmen des mechanischen Weltbildes sprengen, die „Welt für
uns" betreffen, nicht die Welt an sich. Bedrohlich werden die Ergebnisse der Naturwissenschaft
also einzig und allein dort, wo sie auf andere transzendentale Strukturen der Erkenntnis hindeuten.
Dies aber ist keineswegs der Fall in bezug auf die Evolutionäre Erkenntnistheorie. Ganz im Gegenteil: Die Evolutionäre Erkennt-nistheorie stellt ja gerade den Versuch dar, Naturbetrachtung
ganz auf Naturkausalität zu beschränken, also alle teleologischen Aspekte auszuschließen. Dadurch
aber, daß die Evolutionäre Erkenntnistheorie sich des Prinzips der Kausalität bedient, macht sie
Aussagen über die Natur in formeller Hinsicht; sie geht also nicht nur nicht über die von Kant
gezogene Grenze der Erkenntnis hinaus, sondern müßte ihrerseits auf jene gedankliche Konstruktion zurückgreifen, die erst erlaubt, Theorien über die Natur mit dem Anspruch auf Wahrheit
aufzustellen. Diese gedankliche Konstruktion besagt aber gerade, daß alle Theorien überhaupt nur
deshalb gültig sein können, weil sie Aussagen über die Natur in formeller Bedeutung treffen.
Dadurch also, daß die Evolutionäre Erkenntnistheorie als eine zutreffende Theorie über die Natur
angesehen wird, wird sie selbst zu einem Teil dessen, was sie beschreibt, und es stellt sich vehement die Frage nach dem Archime-dischen Punkt, von dem her gerade der Evolutionären Erkenntnistheorie jene Position zugestanden werden könnte, alle Erkenntnis als Teil eines evolutionären Prozesses zu relativieren, ohne dadurch die Theorie selbst zu relativieren. Ich sehe
nicht, wie das gelingen könnte, ohne die evolutive Relativität der menschlichen Erkenntnis als eine
ebenso richtige wie irrelevante Tatsache zu betrachten. Die Evolutionäre Erkenntnistheorie ist also
sehr wohl in der Lage, detailliertere Erklärungen über die Struktur der menschlichen Erkenntniskraft zu ermöglichen als Kant für möglich hielt, sie ist jedoch kein geeignetes Mittel, den Gedanken von transzendentalen Bedingungen der Möglichkeit von Erkenntnis zu widerlegen.

die erst die Natur im Sinne eines formalen Regelwerks als Sinnenwelt angesprochen werden kann.

Natur als der Inbegriff der Gegenstände einer möglichen Erfahrung (§ 17) ist nur möglich, wenn die materielle und die formelle Natur sich als letztlich identisch erweisen lassen. Diese Frage thematisiert § 17: „Und nun frage ich, ob, wenn von der Möglichkeit einer Naturerkenntnis a priori die Rede ist, es besser sei, die Aufgabe so einzurichten: wie ist die notwendige Gesetzmäßigkeit der *Dinge* als Gegenstände der Erfahrung, oder: wie ist die notwendige Gesetzmäßigkeit der *Erfahrung* selbst in Ansehung aller ihrer Gegenstände überhaupt a priori zu erkennen möglich?" (§ 17). Natur als Inbegriff aller Gegenstände möglicher Erfahrung – Natur also nicht als leeres Regelwerk, das auf die Wirklichkeit nicht paßt, Natur aber auch nicht als sich dem ordnenden Denken entziehendes Chaos – ist nur dann als möglich erwiesen, wenn sich die in den beiden Fragen ausdrückende Alternative als Schein enttarnen läßt. Dies bedeutet, die Dichotomie von Subjekt und Objekt beizubehalten und dennoch alle Objekte als vom Subjekt bestimmbar auszuweisen, und das ist überhaupt nur denkbar, wenn das beurteilte Objekt, also die Welt, trotz ihrer Äußerlichkeit eine Welt des Subjekts ist, also jedenfalls keine Welt an sich. Die von uns gedachte Natur ist eben deshalb, weil sie von uns gedacht wird, eine Natur, auf die als Objekt unseres Denkens alle Gesetze zutreffen müssen, durch die es überhaupt erst möglich wird, daß wir sie als Natur denken. Natur als möglich zu erweisen, bedeutet dann weniger, zu zeigen, daß wir wahre Erkenntnis von ihr haben können, als vielmehr zu zeigen, daß wir in der Erkenntnis der Natur *etwas* erkennen, was nicht einfach nur ein Teil unserer selbst ist, d.h. wir müssen die uns gerade anverwandelte Natur wiederum als ein Objekt von uns entfernen, allerdings ohne jenen Graben zu wiederholen, der die angeschaute von der ansichseienden Welt trennt. Dies vermag der Verstand, indem er die Zeitordnung der Welt durch eine Kausalordnung bestimmt sein läßt, wie Kant in der Lehre von den Grundsätzen des Verstandes ausgeführt hat; deshalb bedarf dieses Problem in den Prol. auch nicht der Lösung, sondern lediglich der Erläuterung[82].

Ist mit dem Erweis einer allgemeinen Zeitordnung, die dem Verstand entspringt und die sich in „Analogien der Erfahrung" dartun läßt, schon die Natur als natura formaliter spectata hinreichend beschrieben? Wohl kaum. Natur als Regelwerk zu verstehen, bedeutet, Welt als System der Verstandesgrundsätze zu begreifen. Hierfür bedarf es des Rückgriffs auf ein Vermögen, das über den Verstand hinausgeht.

---

[82] „Es ist", sagt Kant (§ 17), „gänzlich einerlei, ob ich sage: ohne das Gesetz, daß, wenn eine Begebenheit wahrgenommen wird, sie jederzeit auf etwas, was vorhergeht, bezogen werde, worauf sie nach einer allgemeinen Regel folgt, kann niemals ein Wahrnehmungsurteil [für] Erfahrung gelten; oder ob ich mich so ausdrücke: alles, wovon die Erfahrung lehrt, daß es geschieht, muß eine Ursache haben".

DRITTER TEIL.
KANTS THEORIE DER WELT ALS SYSTEM DER NATUR

Der Begriff der Natur findet in der A-Auflage der KdrV seine erste Erwähnung schon in der Transzendentalen Deduktion. Natur ist, so heißt es dort (A 114), „an sich nichts als ein Inbegriff von Erscheinungen" und muß sich deshalb „nach unserem subjektiven Grunde der Apperzeption richten"[83], und nicht, wie der naive Realist glauben mag, als ein von unserer Erkenntniskraft ganz unabhängiges Gesamtding vorliegen. Nur weil das Gegenteil zutrifft, daß nämlich Natur von transzendentalen Bedingungen ihrer Möglichkeit abhängt, ist es überhaupt möglich, mit dem Anspruch auf Wahrheit Aussagen über die Natur zu machen: „Die Ordnung und Regelmäßigkeit (...) an den Erscheinungen, die wir Natur nennen, bringen wir selbst hinein, und würden sie auch nicht darin finden können, hätten wir sie nicht, oder die Natur unseres Gemüts ursprünglich hineingelegt. Denn diese Natureinheit soll eine notwendige, d.i. a priori gewisse Einheit der Verknüpfung der Erscheinungen sein" (A 125). Daß Natureinheit eine a priori gewisse Einheit sein soll, meint nicht, daß jede Regel, durch die Natur gekennzeichnet ist, aus dem Verstand abgeleitet sein muß, sondern nur, daß jede Regel der Natur in Beziehung auf eine Regel des Verstandes steht. Die transzendentalen Grundsätze des reinen Verstandes sind so die obersten Regeln der Natur, sie sind jedoch keineswegs die einzigen, durch die Natur gekennzeichnet ist; andernfalls wäre jede empirische Forschung überflüssig: weil es nichts gäbe, was jenseits dessen, was der Verstand in sich selbst als Grundsatz entdeckt, die Natur charakterisierte.[84]

---

[83] Diese Behauptung ist das Gegenstück zu der im ersten Teil des vorliegenden Entwurfs so genannten leeren, weil in sich undifferenzierten Einheit von Raum und Zeit: „Alle Erscheinungen gehen mich nicht insofern an, als sie in den Sinnen sind, sondern als sie wenigstens in der Apperzeption können angetroffen werden. In dieser aber können sie nur angetroffen werden vermittels der Synthesis der Apprehension, d.i. der Einbildungskraft. Diese aber muß mit der absoluten Einheit der Apperzeption stimmen, also sind alle Erscheinungen nur so weit Elemente einer möglichen Erkenntnis als sie unter der transzendentalen Einheit der Synthesis der Einbildungskraft stehen" (AA, Bd. XXIII, S. 19).

[84] Diesen Gesichtspunkt hat Gerhard Krämling (Die systembildende Rolle von Ästhetik und Kulturphilosophie bei Kant. München 1985) herausgearbeitet: „Wenngleich Kant also das Problem der besonderen Erfahrung bei der Exposition des Begriffs der Vernunft nicht ausdrücklich zur Sprache bringt, so zeigt sich doch, daß bereits diese Grundbestimmung von Vernunft gar nicht zu verstehen ist, ohne daß eine Beziehung der reinen Verstandesgesetze auf besondere Erfahrung mitgedacht wird. Denn wenn Kant hier von einer ‚Einheit der Verstandesregeln' spricht, so ist damit eben nicht die systematische Einheit der Grundsätze gemeint. Um diese als Einheit denken zu können, bedarf es lediglich der Vollzähligkeit der reinen Verstandesbegriffe, die Kant am methodischen Leitfaden der Urteilsformen und in ausdrücklicher Abgrenzung vom bloß rhapsodistischen Verfahren des Aristoteles entwickelt, nicht aber des zusätzlichen vereinheitlichenden Vermögens ‚Vernunft'" (S. 105).

Natur ist eine allgemeine Einheit der Naturgesetze, die über die der Verstandes-grundsätze hinausgeht. Diese allgemeine Natureinheit ist weder durch den Aufweis einer allgemeinen Zeitordnung, noch durch den Hinweis auf einen ersten Grund allen Denkens – den Hinweis auf die „reine Apperzeption" – schon hinlänglich beschrieben, weil Natur erst durch ein Ineinander der Begriffe von einer natura formaliter spectata und einer natura materialiter spectata verständlich gemacht werden. Natur ist das System aller jener besonderen Gesetze, die im Rahmen einer transzendentalen Zergliederung und Analyse des Verstandes gerade nicht schon gegeben werden können. Das Verständnis der Natur als System bedarf des Rückgriffs auf ein Vermögen des systematischen Denkens, das vom Verstand verschieden ist, weil es dessen Regeln sind, deren systematische Einheit dargetan werden soll. Dieses Vermögen ist die reflektierende Urteilskraft. Aus der hier vorliegenden Fragestellung – der Frage nach der Einheit der Natur als System – ergibt sich die Einschränkung der Thematisierung der reflektierenden Urteilskraft auf das teleologische Urteil, also eine Beschränkung auf den zweiten Teil der „Kritik der Urteilskraft", die der „Kritik der teleologischen Urteilskraft" gewidmet ist[85].

I. Natur als System der Zwecke. Die Analytik der KdtU.

Erste Etappe: Vom gemeinen teleologischen Urteil zur Analyse der teleologischen Denkungsart.

Teleologie ist die Vorstellung einer irgendwie gearteten zweckmäßigen Ordnung der Welt. Das kann allerlei bedeuten: Die Welt läßt sich als insgesamt schön und darin als wenigstens in bezug auf den Menschen und dessen ästhetisches Wohlbefinden hin zweckmäßig geordnet zeigen. Es läßt sich jedoch mit zunächst nicht geringerem Geltungsanspruch auf allerlei Unschönes in der Welt hinweisen, und zwar nicht nur auf Ausnahmen von der allgemeinen Ordnung, die uns als Naturkatastrophen erscheinen, sondern auch auf die Ordnung selbst, die macht, daß beispielsweise ganze Landstriche

---

[85] Auf den Zusammenhang von ästhetischer und teleologischer Urteilskraft als Formen der reflektierenden Urteilskraft ist von anderen Autoren hingewiesen worden. Der hierin enthaltenen Aussage, daß der Zusammenhang der KdU vermittels des zentralen Begriffs der reflektierenden Urteilskraft mehr ist als der, der durch den Einband des Buches gegeben ist, in dem die „Kritik der ästhetischen Urteilskraft" und die „Kritik der teleologischen Urteilskraft" zusammengebunden sind, soll hier nicht widersprochen werden. Daraus jedoch den Schluß zu ziehen, es sei vor dem Hintergrund des Erweises eines inneren Zusammenhangs von Ästhetik und Teleologie qua reflektierender Urteilskraft nicht mehr gestattet, Teleologie gesondert zu betrachten, wäre denn doch albern: Auch praktische und theoretische Philosophie besitzen (gerade bei Kant) einen inneren Zusammenhang (der freilich umstritten ist); dennoch werden beide getrennt thematisiert.

trocken, verödet und infolgedessen unbewohnt sind und von daher wenigstens für den Menschen unschön und unzweckmäßig. Es läßt sich demgegenüber aber auch die zweckmäßige Ordnung der gesamten Welt behaupten, im Vergleich zu der die Ödheit einzelner Landstriche, ja selbst die temporäre Verödung der gesamten Erde durch Eiszeiten, weltweite Klimawechsel oder das Aussterben ganzer Spezies als durchaus gering erscheinen mag. Es ist offensichtlich, daß die Frage, auf die Seite welcher Partei man sich schlage, eine Frage der Tendenz ist, die man ohnehin schon in sich trägt, so daß der ewige Nörgler, der die Unzweckmäßigkeit der Natur bemängelt, die es ihm verwehrt, auf Grönland Ananas zu züchten, nicht weniger sich im Recht glaubt als der frohsinnige Optimist, den selbst die Tatsache, daß die diesjährige Schneckenplage gerade seine Ernte verzehrt, nicht von der Überzeugung abbringen kann, überhaupt alles Getier sei sowohl prinzipiell als auch numerisch betrachtet zu irgend etwas gut – usw.

Die teleologische Denkweise ist zweifellos älter als die Philosophie, denn sie stellt ein automatisches Ingrediens jeder mythischen Auffassung von der Entstehung der Welt dar, die in der Vorstellung besteht, ein übermächtiges Wesen oder eine Gruppe solcher Wesen habe die Welt erschaffen zu einem Zweck, den wir möglicherweise erkennen, der uns aber auch unbekannt bleiben mag. Dort jedoch, wo die philosophische Kritik an mythisch-religiösen Vorstellungen, von denen als Voraussetzung her die Entstehung der Welt und ihre von dieser Entstehung her verstandene Einheit gedacht wurde, einsetzt, stellt sich die Frage nach den in der Welt vorfindlichen Beweisen einer teleologischen Ordnung. Diese Beweise sind von David Hume einer vernichtenden Kritik unterzogen worden, die auf Kant einen großen Einfluß gehabt hat, so daß Kant die teleologische Denkungsart als die zwar älteste, gleichzeitig jedoch als eine im stetigen Rückzug begriffene Weise, die Einheit der Welt darzutun, erscheinen mußte. Der Rückzug der teleologischen Denkungsart ging aufgrund der gleichsam traditionellen Verbundenheit von Teleologie und Gotteshypothese mit dem Verschwinden der Gotteshypothese aus der theoretischen Erkenntnis einher, so daß der teleologischen Denkungsart nur jene Stellen blieben, die von der empirischen Naturforschung gar nicht oder noch nicht erklärt worden waren[86]. Damit war die teleologische Denkungsart als Substitut für die von der empirischen Naturforschung liegengelassenen Felder unweigerlich zum Untergang verurteilt, es sei denn, es würden sich in der Erklärungsart nach dem Naturmechanismus Stellen zeigen lassen, die sich als nicht bloß historisch-kontingent, sondern prinzipiell unausfüllbar erweisen lassen konnten. Die Frage nach einem prinzipiellen Ungenügen der Naturforschung nach dem nexus effectivus – selbst in der oben gezeigten weiteren Bedeutung – motiviert die Untersuchung der teleologischen Urteilskraft, und deshalb ist die Behandlung des Themas „Teleologie" mehr als

---

[86] „Die Wissenschaft seiner Zeit benutzte den Begriff des Zweckes dort, wo der Mechanismus unzureichend war" (Mc.Laughlin, Peter: Kants Kritik der teleolog. Urteilskraft. Bonn 1989, S. 39).

der Aufgriff eines brachliegenden Themas, das in lockerer Verbindung mit einem anderen brachliegenden Thema, der Ästhetik, seinen Platz in einer dritten Kritik gefunden hat – gegen diese und ähnliche Vorurteile ist von anderer Seite bereits erfolgreich argumentiert worden[87] –, sondern es ist ein systematisch notwendiges Thema. Dies läßt sich konkretisieren: Zum einen ist Teleologie keine Denkgewohnheit – auch wenn sie dies faktisch bei manchen Menschen ist, die hartnäckig und nebulös dafür argumentieren, auch die gemeine Bahnhofstaube sei zu irgend etwas gut –, sondern eine Denkungsart, und damit ein Modus der menschlichen Urteilskraft, der einer transzendentalen Analyse wert ist. Zum anderen ist Teleologie ein Kandidat für das Denken einer besonderen Kausalität in der Natur, deren Realität im Bereich der menschlichen Praxis unabweisbar ist: Teleologie ist ein theoretisches Analogon des zweckgerichteten (praktischen) Handelns. Schließlich ist Teleologie das systematische Denken, nämlich das Denken wechselseitiger Zweck-Mittel-Relationen (organisches Denken). Das gemeine teleologische Urteil differenziert diese drei Bedeutungen von Teleologie nicht. Kant unterzieht deshalb das teleologische Urteil zunächst einer Analyse dessen, was in ihm gesagt und in Anspruch genommen ist.[88]

---

[87] Nämlich durch die grundlegenden Beiträge von Georgio Tonelli (Von den verschiedenen Bedeutungen des Wortes Zweckmäßigkeit in der KdU. Kant-Studien 49 (1957/58), S. 154-166), Klaus Düsing (Die Teleologie in Kants Weltbegriff. Bonn 1968), Wolfgang Bartuschat (Zum systematischen Ort von Kants Kritik der Urteilskraft. Frankfurt a.M. 1972) und Josef Simon (Teleologisches Reflektieren und kausales Bestimmen. In: Zeitschrift für philosophische Forschung 30 (1976), S. 369-388). Im Vergleich zu der Beachtung, die zentrale Theoreme etwa der KdrV in der Forschung gefunden haben – man denke nur an den Wald von Untersuchungen zur Zweiten Analogie – ist das nicht viel: Das Thema der Teleologie bei Kant wird nicht seinem Stellenwert entsprechend behandelt, und zwar obwohl Teleologie überhaupt sich nicht zuletzt im Sog der Diskussionen um die Evolutionäre Erkenntnistheorie wieder größerer Aufmerksamkeit erfreut. Die Beachtung, die dem Kantschen Entwurf im Rahmen dieser Diskussionen zuteil wird, kann ihm weder hinsichtlich seines Gehalts noch seines systematischen Ortes gerecht werden, und zwar nicht nur, weil Kants Theorie im Kontext anderer Entwürfe verhandelt würde (Spaemann/Löw: Die Frage Wozu? Geschichte und Wiederentdeckung des teleologischen Denkens. München /Zürich 1981/1985), sondern vor allem, weil spezialisierte Fragestellungen einer anderen Wissenschaft den Blick auf Kants Leistung verbauen (Löw, Reinhard: Philosophie des Lebendigen. Der Begriff des Organischen bei Kant, sein Grund und seine Aktualität. Frankfurt a.M. 1980). Anderseits kommt keine keine Thematisierung der Teleologie ohne Bezüge zu Kant aus (vgl. etwa Jürgen-Eckhardt Pleines: Teleologie. Ein philosophisches Problem in Geschichte und Gegenwart. Würzburg 1994).

[88] Das ist ein Aristotelisches Verfahren, nämlich aus dem gemeinen Sprechen der Menschen die philosophisch grundlegende Bedeutung – das, was darin gesagt ist, auch wenn es nicht unmittelbar gemeint ist – des Gesprochenen herauszudifferenzieren. Darin liegt kein Abweis dessen, was gemeinhin gemeint wird, sondern gerade umgekehrt der Anspruch, das Gemeinte besser zu verstehen, als es gemeinhin geschieht. Die Analyse des teleologischen Urteils verwirft deshalb auch nicht das, was im teleologischen Urteil sonst wohl intendiert ist, sondern versucht zu verstehen, was im

Teleologie als Denkungsart ist eine Sache der transzendentalen Analyse, in der es hinsichtlich seines theoretischen Geltungsanspruches thematisiert wird. Theoretisches Wissen über die Natur ist Wissen bezüglich kausaler Verhältnisse der Folge und der Wechselwirkung in der Natur. Von daher ist es konsequent, die Grundlegung der Teleologie als Denkungsart mit der Thematisierung von Teleologie als besonderer Form der Kausalität zu beginnen und nach den Formen zu fragen, durch die diese besondere Kausalität sich in der Natur manifestiert. Teleologie als eine besondere Art der Kausalität zu verstehen, die macht, daß „Dinge der Natur einander als Mittel zu Zwecken dienen, und ihre Möglichkeit selbst nur durch diese Art von Kausalität [als] hinreichend verständlich" (§ 61, B 267) anzusehen, verlangt, „Zwecke, die nicht die unsrigen sind, und die auch der Natur (welche wir nicht als intelligentes Wesen annehmen) nicht zukommen" (§ 61, B 268), dennoch der Natur zuzusprechen, nämlich nicht als eine Absicht, die die Natur als Wesen verfolgt, sondern als eine Gesetzmäßigkeit, durch die die Natur als bestimmt gedacht werden muß. Wie im Falle der Grundsätze des reinen Verstandes auch muß eine Grundlegung der Teleologie als Kausalität dem harten Anspruch genügen, den Begriff des Zweckes nicht bloß in die Natur hineinzuspielen (§ 61, B 268) und sie bloß anthropomorph in Analogie mit dem menschlichen Begehrungsvermögen zu betrachten, sondern die teleologische Kausalität als objektiv-notwendig auszuweisen. Dem dient das Verständnis der Natur als einer wesentlich teleologischen Ordnung, von der her die objektive Zweckmäßigkeit der Dinge notwendig ist. Das kommt einer zweiten Grundlegung der Natur gleich, nämlich einer Grundlegung der Natur hinsichtlich des Soseins, des Nun-mal-so-und-nicht-anders-Seins der Natur. Das Gesicht der Natur ist für das naturkausale Denken ein bloß Gegebenes, etwas, was sich durch das kausale Aufeinandereinwirken der Dinge in der Natur im Laufe der Naturgeschichte ergeben hat. Erklärbar ist es darin strenggenommen nicht. Das Gesicht der Natur verweist so auf eine strukturelle Lücke innerhalb der naturkausalen Erklärung: Die Natur hätte nach dem bloßen nexus effectivus alles anders bilden können als sie es tat, so daß von der bloßen Effektivität her gedacht das Sosein der Natur im Ganzen unerklärlich bleiben muß. Hierin ist der Stellenwert der Teleologie bestimmt als eine Art der Kausalität, die das Sosein der Natur insgesamt verständlich zu machen sucht, darin aber das bloße Dasein der Dinge in ihr als naturkausal bedingt voraussetzt.

Nun stellt sich die Frage, ob Kant in der Hinsicht auf die Teleologie als Erklärungsgrund des Gesichts der Natur nicht eine Chimäre verfolgt, die schon längst durch

---

teleologischen Urteil gesagt und in Anspruch genommen ist. Die summarische Vorstellung der drei Bedeutungen von Teleologie ist deshalb nicht so zu verstehen, daß Kant sie nacheinander abarbeitete, sondern als die orientierende Vorwegnahme einer Vielfalt, die sich erst im Verlaufe ergeben wird, nämlich – in bezug auf das Verständnis von Teleologie als systematischem Denken – erst in der Verbindung der „Dialektik der teleologischen Urteilskraft" mit der Frage der Deduktion der Vernunftideen.

die Entwicklung der Naturwissenschaften überholt worden ist. Ist Teleologie nicht insgesamt als das zu charakterisieren, als was Kant sie gerade nicht verstanden wissen wollte, nämlich als ein Ersatz der historisch kontingenten Leerstellen der naturwissenschaftlichen Forschung, der selbst zukünftig mit wenig Mühe durch kausale Erklärungen ersetzt werden wird? Von der naturwissenschaftlichen Seite her besteht eine starke Tendenz, einer solchen Einschätzung zuzustimmen. Und in der Tat ist teleologischen Argumenten wie dem folgenden zu widersprechen: Wie lange benötigen zwanzig Affen, um durch wahlloses Herumtippen auf Schreibmaschinen zufällig ein Sonett von Shakespeare zu produzieren? Offenbar ziemlich lange, denn Affen planen nicht die Produktion Shakespearscher Sonette, so daß das Entstehen eines solchen höchst komplizierten Gebildes aus Zufall den Gesetzen der Stochastik unterliegt, die den Eintritt dieses Zufalls nahezu ausschließen. Weil dies so ist, ist die Existenz eines Sonetts Erkenntnisgrund eines planerischen Aktes. Dasselbe gilt für die Welt. Die Struktur der Welt ist ein noch weitaus komplexeres Gebilde als es ein Sonett ist, und sie ist deshalb nach stochastischen Gesichtspunkten noch weitaus unwahrscheinlicher als ein Gedicht. Da die Welt offenbar existiert, ist sie aufgrund eines Planes wirklich geworden.

Dieses Argument ist eine petitio principii, weil es die Welt von vornherein als Produkt versteht. Aber die Welt ist kein ganz bestimmtes Sonett von einer im voraus bekannten Form, die von den Eingebungen eines mehr oder weniger planvoll agierenden Dichters abhinge, sondern eine Form, die uns schlicht gegeben ist und deren zielgerichtetes Entstehen – also deren Existenz als Produkt – erst zu zeigen ist. Das scheint leicht zu sein, denn es ist unzweifelhaft gewiß, daß, sollte irgendein Dämon die Welt an einen früheren Zustand zurückversetzen, sich nichts zu dem hin entwickeln würde, was es jetzt ist, so daß das Sosein der Welt im Vergleich mit der unendlichen Anzahl von Möglichkeiten, anders zu sein, den Beweis für die planvolle Aktivität eines Schöpfers der Welt darstellt. Aber dies ist gerade kein schlagendes Argument dafür, daß die Möglichkeit, die sich in der Verfassung der Natur und in uns als verwirklicht zeigt, Ergebnis eines planvollen Vorgehens ist. Das Verständnis der Verfassung der Natur als einer durch Zwecksetzung verwirklichten Möglichkeit ist unbegründet, weil sie das Sosein der Welt von vornherein als Ziel begreift, und die dann allerdings unerklärliche Tatsache, daß die tatsächliche Erreichung dieses Ziels mit den Mitteln zu seiner Erreichung nicht in Übereinstimmung gebracht werden kann – nämlich die Vorstellung einer zielgerichteten Entwicklung mit der des Zufalls als alleinigem Mittel – wiederum als Beweis für die Zielgerichtetheit des Entwicklungsprozesses verstehen will: Wie groß ist die Wahrscheinlichkeit, „daß sich 20 verschiedene Aminosäuren durch bloßen Zufall zu einer Kette aus 104 Gliedern in exakt der Reihenfolge zusammenfügen, wie sie beim Cytochrom C vorliegt? Die Antwort lautet: 1 zu 20^{104}. In die Sprache des Alltags übersetzt heißt das: Es ist unmöglich"[89]. Es ist aber auch gar nicht nötig, denn das ist die Existenz des Cytochrom C nur dann, wenn auf seiner Basis eine Form des Lebens *möglich sein soll*, die dem unsrigen entspricht. Unter der Voraussetzung des gegenwärtigen Gesichts der Welt als des Ziels ihrer Entwicklung ist eine teleologische Ordnung der Welt unausweichlich; es ist jedoch nur unsere anthropozentrische Perspektive, die das gegenwärtige Gesicht der Welt als Ziel voraussetzt. Es ist deshalb Hoimar v. Ditfurth uneingeschränkt zuzustimmen, wenn er Argumentationen von der Art der angeführten Beispiele verwirft. Unter der stillschweigenden Voraussetzung der Welt als Produkt stellt sich sicher unausweichlich die Frage nach ihrem Urheber; die philosophisch zu beantwortende Frage ist aber gerade, ob die Einschätzung der Welt als Produkt überhaupt gerechtfertigt ist, und daraus entspringt die Aufgabe, Merkmale der Natur oder der Dinge in ihr empirisch aufzuzeigen, die es unausweichlich machen, die Welt als Produkt zu verstehen.

Zweite Etappe: Teleologie als Technik der Natur. Natur als System äußerer Teleologie.

Die Natur insgesamt als Produkt zu verstehen, beinhaltet, daß alles, was in der Natur ist, Teil dieses Produkts und von daher teleologisch bedingt ist; ein solches Verständnis der Natur ist jedoch eine petitio principii, weil das Prinzip der teleologischen Verursachung in ihm als Prinzip der bestimmenden Urteilskraft genommen ist. Teleologie wird jedoch nur dann „mit Recht zur Naturforschung gezogen" (§ 61, B 269), wenn sie Natur nur „nach Analogie mit der Kausalität nach Zwecken unter Prinzipien der Beobachtung und Nachforschung [bringt], ohne sich anzumaßen, sie darnach zu erklären" (§ 61, B 269). Teleologie ist eine Sache der reflektierenden Urteilskraft, die bloß problematische Urteile hervorbringt, und die sich zunächst nur auf einzelne Dinge in der Natur richten, und die Frage nach der Natur insgesamt zunächst beiseite lassen. Solche Urteile sind keine bloß willkürlichen Urteile; die Beurteilung eines Dinges als objektiv zweckmäßig versteht das Ding keineswegs als bloß möglicherweise zweck*mäßig*, sondern als zweck*bedingt*. Ein Ding, das als zweckmäßig beurteilt werden muß, weil es nur dadurch verständlich gemacht werden kann, ist ein solches, dessen Hervorbringung sowohl mechanisch – nach dem nexus effectivus – als auch technisch verstanden werden muß; es ist naturkausal (mechanisch) bedingt, weil es sonst gar nicht ein Ding der Natur wäre, und es ist teleologisch (technisch) bedingt, weil es ohne den Rückgriff auf diese Form der Kausalität nicht verständlich gemacht werden kann. Das Urteil bleibt jedoch problematisch, weil in ihm Voraussetzungen betroffen sind, die sich aus der empirischen Erkenntnis des Dinges gar nicht gewinnen lassen, nämlich die Annahme einer besonderen

---

[89] Hoimar v. Ditfurth, Im Anfang war der Wasserstoff, S. 179 .

Verfassung der Natur, die macht, daß das Ding gerade so hervorgebracht wurde, wie es uns erscheint, oder alternativ oder korrespondierend die Annahme einer der Natur externen nach Zwecken handelnden Ursache.

Die Zweckmäßigkeit, die dem Naturding zugesprochen wird, ist „objektiv und intellektuell, nicht aber bloß subjektiv und ästhetisch" (§ 62, B·271). Objektiv zweckmäßig sind auch die Figuren der Geometrie, denn diese sind tauglich „zur Auflösung vieler Probleme nach einem einzigen Prinzip" (ebd.). Aber die den geometrischen Figuren zurecht zugesprochene Zweckmäßigkeit „macht doch den Begriff von dem Gegenstande selbst nicht möglich" (§ 62, B 271): der Kreis ist nicht deshalb da, damit wir Tangenten an ihn anlegen können, auch wenn dies eine heitere und beruhigende Beschäftigung sein mag. Die Zweckmäßigkeit der geometrischen Figuren ist objektiv, aber bloß formal – und damit läßt sie sich „als Zweckmäßigkeit, ohne daß doch ein Zweck ihr zum Grunde" (§ 62, B 274) läge, begreifen –, sie ist aber nicht real, weil die Zweckmäßigkeit der geometrischen Figuren eine Tauglichkeit zur Auflösung allerlei Probleme ist, ohne daß sie aufgrund dieser Tauglichkeit existierten. Es wäre ganz unzulässig, die Möglichkeit einer geometrischen Figur allein aus der ihr zweifelsohne zuzuschreibenden Tauglichkeit zur Auflösung geometrischer Aufgabenstellungen ableiten zu wollen. Tauglichkeit kann a priori allen geometrischen Figuren zugesprochen werden, weil solche Figuren überhaupt nur im Prozeß ihrer Konstruktion sind, innerhalb dessen sie unausweichlich tauglich sind, denn die untaugliche Figur – der viereckige Kreis – fällt als unkonstruierbares Unding von selbst aus der Geometrie, die im Prozeß der Konstruktion besteht, heraus. Tauglichkeit und Konstruierbarkeit sind die Modi der Existenz geometrischer Figuren, die von dem Dasein eines empirischen Dinges durch das Moment des In-der-reinen-Anschauung-Seins grundlegend verschieden ist, und deshalb fallen Zweckmäßigkeit und Realität in bezug auf Dinge auseinander, deren Existenz sich gar nicht in einem Verfahren der anschaulich-apriorischen Konstruktion schon erfüllt. Das real existierende Ding hingegen muß deshalb, weil es ist, noch nicht zweckbedingt sein. In bezug auf empirisch existente Dinge bedarf die Erkenntnis der Zweckbedingtheit eines besonderen Aktes der Erkenntnis, der die objektive und reale Zweckmäßigkeit erkennt.

Objektive Zweckmäßigkeit ist entweder formal oder real. Die formale Zweckmäßigkeit der geometrischen Figuren ist ohne einen wirklichen Zweck, durch den das als zweckmäßig beurteilte Ding erst möglich wäre, denkbar, die reale Zweckmäßigkeit dagegen stellt das zweckmäßige Ding als nur durch den Zweck möglich vor. Diese reale Zweckmäßigkeit ist nun entweder innere oder äußere (§ 63). Reale Zweckmäßigkeit muß auf Erfahrung zurückgreifen, Erfahrung jedoch „leitet unsere Urteilskraft (...) auf den Begriff eines Zweckes der Natur nur alsdann, wenn ein Verhältnis der Ursache zur Wirkung zu beurteilen ist" (§ 63, B 279). Ein Verhältnis von Ursache und Wirkung ist als gesetzmäßiges Verhältnis nur dadurch denkbar, daß „wir die Idee der Wirkung der

Kausalität ihrer Ursache, als die dieser selbst zum Grunde liegende Bedingung der Möglichkeit der ersteren, unterlegen" (ebd.). Ein Ding ist objektiv zweckmäßig, wenn es selbst als Zweck, oder wenn es Mittel zur Erreichung eines übergeordneten Zweckes ist. Ersteres ist innere (absolute), letzteres äußere (relative) Zweckmäßigkeit (Nützlichkeit oder Zuträglichkeit). Es gilt zu unterscheiden, ob die Zweckmäßigkeit eines Dinges darin besteht, daß es selbst Zweck ist, oder darin, daß es in seinem Mittel-Sein auf andere Zwecke verweist und von daher zweckmäßig ist (in einem nichtkantischen Ausdruck also über distributive Zweckmäßigkeit verfügt). In beiden Fällen ist das Ding objektiv und real zweckmäßig, nur in dem einen Falle ist es absolut zweckmäßig (nämlich selbst ein Zweck), im anderen ist es bloß relativ zweckmäßig (nämlich bloß ein Mittel).

Die Zweckmäßigkeit eines Dinges, das bloß als Mittel zu einem anderen Zweck dient, ist objektiv, obwohl das Ding selbst nicht objektiv zweckbedingt ist. Ein Mittel ist, das ist der geläufige Ausdruck, „geeignet", und das kann das Mittel sein, ohne selbst als Zweck ausgewiesen zu sein, d.h. es ist zweckmäßig, ohne zweckbedingt zu sein, wie etwa das Gras, indem es Rindern als Nahrung dient, objektiv und dennoch bloß zufällig (äußerlich) ist. Auch wenn alle Mittel qua ihres Mittel-Seins zweckmäßig sind, so sind sie darin noch keine Naturzwecke: „Man sieht (...) leicht ein, daß die äußere Zweckmäßigkeit (Zuträglichkeit eines Dinges für andere) nur unter der Bedingung, daß die Existenz desjenigen, dem es zunächst oder auf entfernte Weise zuträglich ist, für sich selbst Zweck der Natur sei, für einen äußeren Naturzweck angesehen werden könne" (§ 63, B 282). Das Mittel-Sein eines Naturdinges kennzeichnet es nur dann als (äußeren) Naturzweck, wenn das, dem es als Mittel dient, selbst Zweck ist. Die Kennzeichnung als Mittel ist für sich genommen kein hinreichendes Merkmal zur Kennzeichnung des Dinges als Zweck, weil der Zweck, dem es als Mittel dient, selbst erst als Naturzweck ausgemacht werden müßte, um in dessen Folge das Mittel objektiv als äußeren Naturzweck zu kennzeichnen. Ohne jeden Zweifel dient das Gras dem Rind zur Ernährung und ist von daher das Mittel, durch das das Rind sich selbst am Leben erhält. Das Gras ist dadurch, daß es für das Rind ein Mittel der Lebenserhaltung ist, objektiv zweckmäßig, d.h. ihm ist eine äußerlich-relative und deshalb zufällige Zweckmäßigkeit objektiv zuzuschreiben. Es ist nun aber ein Unterschied, ob das Gras als objektiv zweckmäßig in bezug auf das Rind beurteilt wird, oder ob das Gras als aufgrund dieser Zweckmäßigkeit, mag diese auch objektiv sein, existent angesehen wird, denn dafür ist der Hinweis auf eine objektive Nützlichkeit keineswegs ausreichend. Das Gras ist nur dann in seiner objektiv-relativen Zweckmäßigkeit auch Zweck, wenn es umwillen seiner objektiv vorhandenen Nützlichkeit existiert, und diese Bestimmung ist nur möglich durch ein ganz eigenes Urteil, durch das in der Nützlichkeit des Grases ein Zweck erkannt wird, dem das Gras seine Existenz verdankt. Hierfür ist der Ausweis der Dinge, für die das Gras nützlich ist (Rinder und in der Folge Menschen), als objektiver Naturzwecke nur eine notwendige, nicht aber hinreichende Bedingung, sondern es bedarf des Ausweises der

Natur insgesamt als eines zweckbedingten Ganzen. Die Natur kann insgesamt jedoch nur dadurch als zweckbedingt vorgestellt werden, daß sie aufgrund eines Zwecksetzers ist: Das System der Zweckmäßigkeit der Naturdinge ist eine Teleologie, die in eine Theologie mündet.

Dritte Etappe: Teleologie als Denken des Organischen. Natürliche Organismen und Natur als Organ.

Die Beurteilung auch nur eines einzigen Dinges in der Natur als objektiv-äußerlich zweckmäßig führt unausweichlich auf die Beurteilung der Natur insgesamt als einem System der Zweckmäßigkeiten, das von einem ersten Zwecksetzer gedacht ist. Dieses System ist allumfassend, weil die teleologische Beurteilung die Mechanik, die die Natur insgesamt durchzieht und bestimmt, als Technik versteht, von der nicht einzusehen wäre, weshalb sie, die doch dieselbe Struktur der Welt, die in der Natur als Mechanik erscheint, nur anders versteht, plötzlich irgendwo in der Natur enden sollte, und andere Dinge, die durch die prinzipiell gleiche Struktur bedingt gedacht werden müssen, von dieser anderen Denkungsart ausgeschlossen sein sollten. Teleologisches Urteilen ist systematisches Denken, nämlich Denken des Einzelnen von der Systematik her, die im Ganzen liegt; es bedeutet daher Denken des Einzelnen als eines nur aus der Gesamtheit des Vielen Verständlichen. Das teleologische Denken kann das Einzelne nur dadurch verständlich machen, daß es das Ganze als nach demselben Prinzip (teleologisch) geordnet versteht, durch das es sich das Einzelne verständlich macht.

Teleologie ist indes mehr als eine Umdeutung der Mechanik. Ein Ding als Naturzweck zu erkennen, bedeutet, es als nach der Voraussetzung eines Zwecks existent zu beurteilen, und dies beinhaltet, daß die Möglichkeit dieses Dinges nach Gesetzen des bloßen Mechanismus unmöglich ist. Dies ist zunächst so stark zu verstehen, wie es formuliert ist: Ein Ding ist genau dann Naturzweck, wenn es nur aufgrund der Voraussetzung eines Zwecks als möglich gedacht werden kann, und zwar hinsichtlich seiner Existenz, nicht nur hinsichtlich kontingenter Eigenschaften wie der Nützlichkeit, die genausogut wieder verschwinden können: Das Gras ist auch dann nur im Rückgriff auf eine Kausalität nach Zwecken verständlich zu machen, wenn von allen Verweisen auf äußere Zweckmäßigkeiten abgesehen wird, d.h. ein Grashalm ist in seiner Existenz auch dann als Produkt einer Technik der Natur anzusehen, wenn er gar nicht einem Rind als Nahrung dient und die prinzipiell mögliche Verweiskette von einem höchsten Zweck der Natur her gar nicht zustande kommen kann. Ein Ding „existiert als Naturzweck, wenn es von sich selbst (...) Ursache und Wirkung ist" (§ 64, B 286), und dies kann auf drei verschiedene Arten gedacht werden, nämlich (1) als Spannung von Individuum und Gattung: Ein Baum erzeugt einen Baum, also sich selbst als Gattung, von der wiederum

er als Individuum hervorgebracht wurde; (2) als Erhaltung des Individuums durch An-
verwandlung fremder Materie (Stoffwechsel und Wachstum). Ein Baum integriert
fremde Materie in sich und erlangt erst dadurch die Möglichkeit zu weiterem Stoffwechsel und Wachstum; (3) durch Unterscheidung in Teile, die das Ganze erhalten. Das
Wachstum eines Baumes bringt Spezialisierung mit sich, die die gegenseitige Erhaltung
seiner Teile vervollkommnen (Selbstheilung).

Ein Ding als Naturzweck zu verstehen bedeutet, seine Existenz auf eine besondere
Form der Kausalität zurückzuführen, die von der des Verstandes verschieden ist, weil
die Kausalverknüpfung, „sofern sie bloß durch den Verstand gedacht wird, (...) eine
Verknüpfung [ist], die eine Reihe (von Ursachen und Wirkungen) ausmacht, welche
immer abwärts geht" (§ 65, B 289). Naturkausalität bedeutet die Bestimmung einer zeitlichen Ordnung, die a priori gewiß ist, und besagt, daß die Wirkung stets zeitlich der Ursache nachfolge. Kausalität nach Zweckvorstellungen jedoch behauptet gerade das umgekehrte Verhältnis, daß nämlich das zeitlich Spätere die Ursache dessen ist, dem es
nach dem nexus effectivus aufgefaßt nachfolgt. Der nexus finalis bedarf des Rückgriffs
auf die Vernunft und bedeutet in bezug auf die Natur die Möglichkeit der Umkehrung
der sich in der zeitlichen Abfolge manifestierenden Abfolge von Ursache und Wirkung.
Denkt man sich ein Ding als Naturzweck in der Weise, daß seine Teile nur durch die
Vorstellung des Ganzen als des Zwecks der Existenz seiner Teile möglich ist, dann setzt
man die Idee des Ganzen als Zweckursache fest und bestimmt das Ding als „das Produkt einer von der Materie (den Teilen) desselben unterschiedenen vernünftigen Ursache, deren Kausalität (in Herbeischaffung und Verbindung der Teile) durch ihre Idee
von einem dadurch möglichen Ganzen (mithin nicht durch die Natur außer ihm) bestimmt wird" (§ 65, B 290). Das Ding als Naturzweck muß unabhängig von allen Bezügen zu externen Zwecksetzungen physischer, hyperphysischer oder gnoseologischer Art
als Zweck erkannt werden können. Das bedeutet, das Ding als Naturzweck aufgrund
innerer Notwendigkeit zu verstehen, also so, „daß die Teile desselben sich dadurch zur
Einheit eines Ganzen verbinden, daß sie voneinander wechselseitig Ursache und Wirkung ihrer Form sind" (§ 65, B 291). Die Zweckbestimmung leistet nicht mehr als das
Verständnis der Form eines Dinges „nicht als Ursache – denn da wäre es ein Kunstpro-
dukt – sondern als Erkenntnisgrund der systematischen Einheit der Form und Verbindung alles Mannigfaltigen, was in der gegebenen Materie enthalten ist, für den, der es
beurteilt" (§ 65, B 291).

Die Form eines Dinges zu verstehen bedeutet, dessen Sosein zu verstehen. Das
Sosein ist die Form des Daseins eines gegebenen Dinges; kein Existierendes kann dasein, ohne auf eine irgendwie bestimmte Art zu sein. Dasein und Sosein sind so zwei
verschiedene Perspektiven auf die Existenz eines Dinges, die in verschiedenen Erkenntnisvermögen des Menschen gründen müssen, um verständlich gemacht werden zu
können, das bloße Dasein nämlich im Verstand, das Sosein aber in der Vernunft. Das

Sosein eines Dinges ist geeignet, es als Naturzweck kenntlich zu machen, wenn es erforderlich ist, „daß die Teile desselben einander insgesamt, ihrer Form sowohl als Verbindung nach, wechselseitig, und so ein Ganzes aus eigener Kausalität hervorbringen" (§ 65, B 291). Diese wechselseitige Verbindung manifestiert sich jedoch nicht weniger naturkausal, denn es ist „die Verknüpfung der wirkenden Ursachen zugleich als Wirkung durch Endursachen" (§ 65, B 291) zu verstehen. Dies bedeutet, die Teile des Ganzen als Werkzeuge zur Hervorbringung des Ganzen zu verstehen; das Ganze ist nur, indem die Teile sich in gewisser Weise aufeinander beziehen, und deshalb muß die Hervorbringung des Ganzen als Hervorbringung und Erhaltung der Teile gedacht werden, so daß jedes Teil die anderen Teile und damit das Ganze hervorbringt und seinerseits auf dieselbe Weise hervorgebracht wird: „In einem solchen Produkte der Natur wird ein jeder Teil, so, wie er nur durch alle übrige da ist, auch als um der andern und des Ganzen willen existierend, d.i. als Werkzeug (Organ) gedacht" (§ 65, B 291) und zwar sogar mit der besonderen Erweiterung, daß jedes Teil als ein die anderen Teile hervorbringendes Organ verstanden werden muß, „und nur dann und darum wird ein solches Produkt, als organisiertes und sich selbst organisierendes Wesen, ein Naturzweck genannt werden können" (§ 65, B 292).

Hieraus resultiert die Fähigkeit des Organismus zur Selbsterhaltung und Reproduktion. „Ein organisiertes Wesen ist also nicht bloß Maschine: denn die hat lediglich bewegende Kraft; sondern sie besitzt in sich bildende Kraft, und zwar eine solche, die sie den Materien mitteilt, welche sie nicht haben (sie organisiert): also eine sich fortpflanzende bildende Kraft, welche durch das Bewegungsvermögen allein (den Mechanism) nicht erklärt werden kann" (§ 65, B 292). „Man sagt von der Natur und ihrem Vermögen in organisierten Produkten bei weitem zu wenig, wenn man dieses ein Analogon der Kunst nennt; denn da denkt man sich den Künstler (ein vernünftiges Wesen) außer ihr. Sie organisiert sich vielmehr selbst" (§ 65, B 293), und hat von daher „nichts Analogisches mit irgend einer Kausalität, die wir kennen" (§ 65, B 294). Kant erläutert diesen Sachverhalt, indem er die Formel verwirft, die Fähigkeit zur Selbsterhaltung des Organismus sei „ein Analogon des Lebens" (§ 65, B 293), denn dies bedeutet, entweder der Materie als solcher die Fähigkeit zum Leben zuzusprechen, oder der Materie ein „fremdartiges mit ihr in Gemeinschaft stehendes Prinzip (eine Seele) beizugesellen" (§ 65, B 293), das sich entweder einer schon vorliegenden Organisation der Materie bemächtigt und von daher diese gar nicht erklärt, oder aber der Seele die Fähigkeit zur Organisation der Materie zuzusprechen und so die Organisation der Materie auf eine äußere Ursache zurückzuführen.

Lebewesen sind die Dinge der Natur, die „zuerst dem Begriffe eines Zwecks, der nicht ein praktischer sondern Zweck der Natur ist, objektive Realität" (§ 65, B 295) verschaffen, indem die Erkenntnis der Lebewesen als Naturzwecke durch ein teleologisches Urteil von ganz eigener Art möglich ist, nämlich im Rückgriff auf ein im Subjekt ausweisbares „Prinzip der Beurteilung der innern Zweckmäßigkeit in organisierten Wesen" (§ 66). Aus der Definition der inneren Zweckmäßigkeit eines Naturdinges, daß in ihm „alles Zweck und wechselseitig auch Mittel ist" (§ 66, B 296) folgt die ontologische Bestimmung, daß in bezug auf ein Ding als Naturzweck „nichts in ihm umsonst, oder einem blinden Naturmechanism zuzuschreiben" (ebd.) ist. Die Zweckmäßigkeit eines Naturdinges bestimmt das Sosein des Dinges und spricht es einem empirischen Gegenstand als Eigenschaft zu. Diese empirische Bestimmung ist von einem Prinzip abhängig, das, weil die Zweckmäßigkeit eine Eigenschaft ist, die nicht mit der empirischen Existenz des Dinges immer schon mitgegeben ist, ein besonderes Prinzip ist, das über Natur in der Weise, wie sie von dem Verstand abhängig und durch diesen grundgelegt ist, hinausgeht, und der empirischen Erkenntnis des Dinges als Naturzweck zur Maxime dient. Diese Maxime, nämlich daß „nichts in einem solchen Geschöpf umsonst" (§ 66, B 296) sei, kann offenbar aus bloßem Mechanismus der Natur nicht verständlich gemacht werden, und „führt die Vernunft in eine ganz andere Ordnung der Dinge, als die eines bloßen Mechanismus der Natur" (§ 66, B 297). Ein Ding als Naturzweck zu denken, bedeutet deshalb, ihm eine Idee als zugrundeliegend zu denken, und das heißt, die Vorstellung eines Ganzen der Möglichkeit des Dinges unterzulegen. Teleologische Betrachtung denkt den Gegenstand von dessen Einheit her, weil die bloß mechanische Ursache so gedacht wird, daß sie der Vorstellung einer Ganzheit unterliegt, nämlich als eine Technik, die die Mechanik organisiert.

Die ganz andere Ordnung der Dinge ist ein Verständnis der Natur als System der Technik, das von dem Einzelnen her aufgerollt ist, also sich von dem im Rahmen der Zweiten Etappe Dargelegten dadurch unterscheidet, daß es hier nicht einen einzigen obersten Zweck gibt, sondern ein allgemein-wechselseitiges Zweck-Mittel-Verhältnis aller Naturdinge innerhalb des Gesamtorganismus „Natur". Der teleologischen Beurteilung des Einzeldinges als organischem Wesen kommt im Rahmen des Verständnisses der Natur als Gesamtorganismus nur der Status einer ratio cognoscendi zu. Deshalb gilt auch für das Verständnis der Natur als Gesamtorganismus, daß „ein Ding, seiner inneren Form halber, als Naturzweck beurteilen (...) etwas ganz anderes [ist], als die Existenz dieses Dinges für Zweck der Natur zu halten" (§ 67, B 299). Das Verständnis der Natur als Organismus, das an den organisierten Wesen in ihr erkannt werden kann, ist in der Hinsicht von dem System äußerer Teleologie unterschieden, daß das Denken der Natur als Organismus von singulären teleologischen Urteilen ausgeht, die problematisch bleiben müssen, und von daher selbst problematisch bleibt: Es erkennt sich selbst als eine vorläufige Denkweise, und läßt folgerichtig den Zweck (scopus) unbestimmt, durch den die Existenz der Natur als Organismus allein möglich gedacht wird. Das Verständnis der Natur als selbst zwecklosem System der Zwecke ist eine Teleologie ohne Theologie. Der § 68 stellt diese Teleologie ohne Theologie als inneres Prinzip der Naturwissenschaft vor, nämlich als eine heuristische Teleologie, die sich der Vorstellung der Natur als Organismus als eines Hilfsmittels bedient, um die Dinge innerhalb der Natur als zweckmäßig aufeinander bezogen auszuweisen ohne deshalb schon den Übertritt von der Physik zur Metaphysik zu vollziehen, wie es die Theologie unausweichlich tut, wenn sie die Ursache der Natur insgesamt darzutun sucht.

Von allen drei Seiten her zeigt sich das teleologische Denken als Denken des Systems: Von der Voraussetzung der Natur als Produkt in Analogie zu menschlichen Hervorbringungen wird verständlich, daß alle Dinge in der Natur Produkte sind. Das ist das Denken der Natur als Einheit der Hervorbringung in Analogie zur menschlichen Praxis (Erste Etappe). Ausgehend von dem singulären teleologischen Urteils ergeben sich zwei Möglichkeiten, nämlich das Verständnis der Natur als eines Systems der äußeren Teleologie (Zweite Etappe) und das Verständnis der Natur als eines Gesamtorganismus (Dritte Etappe). In allen drei Fällen ist die Mechanik der Natur aus einem anderen Blickwinkel betrachtet. Wenn alles, was in der Natur ist, deshalb, weil es in der Natur ist, durch eine Mechanik hervorgebracht sein muß, dann beinhaltet die Möglichkeit eines Perspektivenwechsels die Möglichkeit, diese Mechanik auf eine andere Weise, nämlich als Technik, zu verstehen, von der her alles in der Natur als durch eine Technik hervorgebracht angesehen werden kann. Technische Hervorbringung ist auf einen Zwecksetzer angewiesen, und zwar auch dann, wenn das technische Verständnis der Natur problematisch bleiben muß, weil schon das singuläre teleologische Urteil bloß problematisch ist. In allen drei Fällen ist Teleologie jedoch immer systematisches Denken. Dieses systematische Denken als Denken des Systems zu begreifen, dient die transzendentale Grundlegung des teleologischen Urteils in der reflektierenden Urteilskraft, die Kant in der „Dialektik" der KdtU vornimmt.

II. Theoretische Autonomie der Vernunft. Grundlegung des teleologischen Urteils in der reflektierenden Urteilskraft.

Die Analytik der teleologischen Urteilskraft hat die Implikationen teleologischen Urteilens aufgezeigt. In der Fähigkeit zum teleologischen Urteil verfügt der Mensch über die Möglichkeit, die Welt als ein geschlossenes System jenseits eines Systems äußerer Zweckmäßigkeiten zu denken. Teleologisches Denken ist immer systematisches Denken, nämlich das Denken des Einzelnen als eines organisierten Ganzen, das nur im Rückgriff auf das Verständnis der gesamten Welt als einer organisierten Einheit verständlich gemacht werden kann. Die Erkenntnis der Unausweichlichkeit, in der teleologischen Beurteilung auch nur eines einzelnen Naturdinges eine teleologische Ordnung der Welt insgesamt anzunehmen, macht es nötig, um so schärfer die Grenze zu ziehen zwischen einer Verwendung der teleologischen Urteilskraft, die von der Voraussetzung der Welt als einem teleologischen System her nicht umhin kann, das Einzelne als zweck-bestimmt zu begreifen, und der dem gerade entgegengesetzten Verwendung als einer naturwissenschaftlichen Methode, über die Existenz zunächst nur gewisser Einzeldinge zu reflektieren, und von dieser Erkenntnis her auf die Erkenntnis der Welt als einem teleologischen System verwiesen zu sein. Das eine ist Ausdruck der faulen und verkehr-ten Vernunft, die sich der Idee einer Kausalität nach Zwecken als Paradigma für die bestimmende Urteilskraft bedient, das andere hingegen ist ein besonderes Verfahren empirischer Erkenntnis, das durch reflektierende Urteilskraft vollzogen wird.

Der § 69, mit dem die Dialektik der teleologischen Urteilskraft beginnt, untersucht die Urteilskraft in ihrer Hinwendung auf die Natur, also in ihrer Aktivität als Reflexion über die Existenz eines zweifelsohne bereits als existent gewissen, weil als natürlich vor-ausgesetzten Dinges. In diesem Akt der Reflexion dient die Urteilskraft „ihr selbst zum Prinzip" (§ 69, B 313). Reflektierende Urteilskraft ist das Vermögen, nach einer selbst-gesetzten Maxime ein Prinzip als Gesetz der Natur zu erkennen[90]. Ein Gesetz ist das Prinzip der Existenz eines Gegenstandes, insofern es als ontologische Gegebenheit erkannt wird, wie es im Naturgesetz der Fall ist, von dem verkürzt und praktischerweise so gesprochen wird, als sei es derselben ontologischen Ebene zuzurechnen wie die Ge-genstände, deren Verhältnisse es beschreibt. Das Naturgesetz ist ein Gesetz der Natur selbst, nicht ein bloß der Natur übergestülptes Gesetz, in welchem Falle es bloß subjek-tiv wäre und schon von daher kein Gesetz. Das Naturgesetz wird gerade deshalb als ein Gesetz der Natur vorgestellt, weil Natur in ihrer Konstitution auf transzendentale Bedingungen unseres Erkenntnisvermögens zurückgreifen muß; Natur ist natura forma-liter spectata, sie drückt sich in Naturgesetzen aus, die den Dingen der Natur selbst übergeordnet sind, auch wenn das Naturgesetz kein reiner Verstandesgrundsatz ist, der sich aus einer transzendentalen Untersuchung des Vermögens der Grundsätze herleiten läßt. Das Naturgesetz ist der Ausdruck der Hinwendung des erkennenden Geistes auf die durch ihn konstituierte Natur, nämlich eine Regel, das empirisch Vorfindliche selbst als geregelt zu erkennen, und diese Erkenntnis ist genau dann gegeben, wenn das Vor-findliche als der Regel entsprechend erkannt wird. Die bestimmende Urteilskraft stellt die Identität der vorliegenden Verhältnisse mit den in der Regel vorgestellten Verhält-

---

[90] Diesen Gedanken der Regel als antizipiertem Naturgesetz spricht Kant in Reflexion 5414 aus: „Empirisch kann man wohl Regeln herausbringen, aber nicht Gesetze, (...) denn zu den letzteren gehört Notwendigkeit, mithin, daß sie a priori erkannt werden. Doch nimmt man von Regeln der Natur immer an, daß sie notwendig seien, denn darum ist es Natur, und daß sie können a priori eingesehen werden; daher man sie anticipando Gesetze nennt. Der Verstand ist der Grund empi-rischer Gesetze; mithin einer empirischen Notwendigkeit, wo der Grund der Gesetzmäßigkeit zwar apriori eingesehen werden kann, e.g. das Gesetz der Kausalität, aber nicht der Grund des be-stimmten Gesetzes. Alle metaphysischen Prinzipien der Natur sind nur Gründe der Gesetzmäßig-keit" (Nr. 5414. Kants hd. Nachlaß – Metaphysik. AA Bd. XVI, S. 176. Berlin und Leipzig 1928)

nissen fest, d.h. sie subsumiert den Fall unter ein bestimmendes Prinzip. Bestimmende Urteilskraft erkennt das Prinzip der Erkenntnis des Dinges als das Gesetz seiner Existenz, und deshalb ist bestimmende Urteilskraft diejenige Urteilskraft, die keiner besonderen Maxime bedarf, um diese Bestimmung des Prinzips als Gesetz, bzw. die Erfüllung des Prinzips als Gesetz vorzunehmen. Das vermag die bestimmende Urteilskraft, weil ihr von woanders her Prinzipien gegeben sind, deren Gültigkeit als Gesetz a priori feststeht. Sie hat deshalb nichts anderes zu tun, als sich ihr darbietende Fälle diesen Prinzipien unterzuordnen, also das Erscheinende als gesetzmäßig zu erkennen, und das tut die bestimmende Urteilskraft nach keinen besonderen Maximen, sondern allein nach den Regeln der Logik, so daß die Prinzipien selbst die Maximen der Beurteilung sind, deren Gesetzmäßigkeit sich in der Bestimmung des Falles bloß erfüllt.

Gerade diese Identität von Prinzip, Maxime und Gesetz ist im Falle der reflektierenden Urteilskraft nicht gegeben. Reflektierende Urteilskraft ist das Vermögen, nach einer besonderen, über die Verwendung bloß formaler Logik hinausgehenden Maxime die Möglichkeit einer Identität von Prinzip und Gesetz zu prüfen. Die Maxime der reflektierenden Urteilskraft muß einen besonderen Inhalt als Idee vorstellen, der als ein Inhalt nicht aus einem bloß logischen Schluß- oder Urteilsverfahren gewonnen werden kann. Dieser Inhalt ist die Vorstellung der Identität von Prinzip und Gesetz, durch die die Urteilskraft in die Lage versetzt wird, nach einem Prinzip über die Natur zu reflektieren, von dem nicht schon im voraus klar ist, daß es die Natur bestimmt. Reflektierende Urteilskraft ist die Fähigkeit zur Erprobung von Prinzipien, ob sie als allgemeine Naturgesetze taugen könnten, und die Maxime, dies nicht nur zu vermögen, sondern auch wirklich zu versuchen, ist in der Tat die einzige ursprüngliche Maxime der reflektierenden Urteilskraft. Reflektierende Urteilskraft ist als die allgemeine Fähigkeit der Erprobung von Prinzipien das Mittel, durch das Fortschritt in der empirischen Naturforschung stattfinden kann[91]; sie ist von daher nicht auf die Erprobung teleologischer Ur-

---

[91] „Es ist wunderbar, wie einem jeden bestimmenden Urteil ein vorläufiges vorhergeht. Wenn wir lesen, so buchstabieren wir zuerst. Und so handeln wir überall. Niemals urteilen wir sogleich bestimmend, denn dazu gehört ein vollständiger Begriff von dem Gegenstande, wie er ist. Diesen aber haben wir nicht bei dem ersten Anblick. Ehe wir den erlangen, müssen wir zuerst den Gegenstand aus allen Gesichtspunkten betrachten und dasjenige aussuchen, was für alle Erscheinungen paßt. Ich sehe ein Haus von einer Seite. Hier habe ich noch keine Vorstellung vom ganzen Hause, sondern wie es mir von dieser einen Seite erscheint. Ich muß es von allen Seiten betrachten, und denn entspringt in mir eine Idee vom Hause, die ganz verschieden ist von den gehabten Erscheinungen. – Vorläufige Urteile gehören zu allen unsern Erkenntnissen und sie geschehen auch beständig. Wenn man sie aber für wahre Gründe eines bestimmenden Urteils hält, so entsteht daraus eine Illusion und das ist Irrtum" (Philosophische Enzyklopädie, AA Bd. XXIX, 1, S. 24). Das ist nun freilich keine hinreichende Darlegung des besonderen Charakters der reflektierenden Urteilskraft, wie sie hinsichtlich des Denkens der Natur als systematischer Einheit thematisch werden wird, aber es zeigt, daß die reflektierende Urteilskraft bei allem empirischen Erkennen am Werke ist, nämlich in den verschiedenen Formen der Hypothesenbildung und Induktion, aber

teile über singuläre Naturdinge oder die Natur insgesamt eingeschränkt, sondern ist davon ganz unabhängig.[92]

auch in der des Perspektivenwechsels.

[92] Peter Plaas hat 1965 in seiner Dissertation einen vergleichbaren Schritt der Interpretation der KdtU vorbereitet, indem er die Rolle der reflektierenden Urteilskraft innerhalb der theoretischen Erkenntnis betonte: „Zur Begründung der Naturwissenschaft sind also die MAdN notwendig. Wir fragen jetzt, ob sie auch hinreichen. Wenn über den reinen Teil hinaus etwas über die Natur ausgemacht werden soll, dann bedarf man empirischer Daten. Jede über das im reinen Teil Geleistete hinausgehende Bestimmung des Begriffs der Materie kann in ihrer Möglichkeit nicht a priori eingesehen werden, sondern muß aus der Wirklichkeit geschlossen werden. Die Bestimmung der Wirklichkeit geschieht durch die empirische Urteilskraft (A 219/B 266). Diese kann bestimmend verfahren, soweit ihr das Allgemeine gegeben ist, unter das das Besondere (hier die Wahrnehmung) subsumiert werden soll; sie ist aber eine reflektierende Urteilskraft, wenn das Allgemeine erst gesucht werden muß und nur das Besondere vorliegt. Als reflektierende hat sie nur regulative Funktion und ist nicht a priori gesetzgebend für die Natur. Die Funktion des Empirischen für die Naturwissenschaft liegt nun (...) nicht in der Bestätigung der Prinzipien des reinen Teils. In Ansehung dessen könnte die empirische Urteilskraft bestimmend sein, z.B. indem sie im besonderen Falle die Erfüllung des Reaktionsprinzips konstatiert, was aber ganz überflüssig und letzten Endes tautologisch ist. Worauf es ankommt, ist ihre Funktion als reflektierende Urteilskraft, die nur das Besondere in der empirischen Anschauung als vorliegend betrachtet" (Plaas, Peter: Kants Theorie der Naturwssenschaft. Eine Untersuchung zur Vorrede von Kants Metaphysischen Anfangsgründen der Naturwissenschaft. Diss. Hamburg 1965, S. 120). Die Identifikation von empirischer Urteilskraft als einer reflektierenden Urteilskraft macht jedoch den Ausweis besonderer regulativer Prinzipien der reflektierenden Urteilskraft noch nicht verständlich, sondern zeigt nur das Vermögen an, durch das metaphysische Anfangsgründe der Naturwissenschaft auf die Welt bezogen werden können, ohne in ihr nur sich selbst wiederzufinden: „Die Brücke zum konkreten, wirklichen Einzelding schlägt die empirische Urteilskraft (...), die als reflektierende keine apodiktische Gewißheit liefert. Die Naturwissenschaft aber bedarf dieses empirischen Konkretums nur, um die objektive Realität ihrer Ausgangsbegriffe zu sichern, wodurch aber sie selbst nicht ihre Strenge, ihre Eigentlichkeit verliert" (S. 128). Was die KdtU demnach vollzieht, ist mehr als die Erkenntnis der empirischen Urteilskraft als einer reflektierenden Urteilskraft, nämlich der Ausweis einer Urteilskraft, die wesentlich und immer reflektierend ist und deshalb als ein transzendentales Grundvermögen allein regulative Prinzipien enthält. Nun ist ein transzendentales Vermögen der Reflexion nur sinnvoll, wenn es etwas gibt, über das reflektiert wird: Die Reflexion, von der im Zusammenhang mit der gleichnamigen Urteilskraft gesprochen wird, geht über die Feststellung, daß alles Urteilen immer ein reflexiver Akt ist, hinaus auf einen Akt des Urteilens über etwas, das bereits kategorial erfaßt ist, weil es nur so als Teil der Welt, als Naturding, angesprochen werden kann. Diese Reflexion kann sich nun entweder auf ein Einzelding richten, dann ist diese besondere Form der Reflexion ästhetisch, oder auf die Gesamtheit der natürlichen Dinge, dann ist die Reflexion teleologisch. Es ist wichtig, dies im Auge zu behalten, daß nämlich die Kantsche Rede von „dem" Organismus nur die Art der Darstellung ist, durch die er das teleologische Urteilen verständlich machen will. Die teleologische Urteilskraft geht immer schon und grundsätzlich auf die gesamte Natur, sie ist das Denken des Einen par excellence, und kann von daher auch – beispielhaft – auf Einzelnes bezogen werden. Von der ästhetischen zur teleologischen (reflektierenden) Urteilskraft kehrt sich also das Verhältnis von Ganzem und Einzelnem um – das ist der Gegensatz zwischen

Reflektierende Urteilskraft dient sich selbst zum Prinzip, und darin ist sie gar kein besonderes Vermögen, sondern eine gewisse Art, die Vernunft zu gebrauchen, nämlich das Vermögen der Erprobung von Ideen. Reflektierende Urteilskraft macht nur als ästhetische Urteilskraft ein besonderes Erkenntnisvermögen aus: „Die ästhetische Urteilskraft ist (...) ein besonderes Vermögen, Dinge nach einer Regel, aber nicht nach Begriffen, zu beurteilen. Die teleologische ist kein besonderes Vermögen, sondern nur die reflektierende Urteilskraft überhaupt" (A L/ B LII). Anders als die ästhetische Urteilskraft gehört die teleologische Urteilskraft „ihrer Anwendung nach zum theoretischen Teil der Philosophie" (A L/B LII). Dennoch ist die teleologisch-reflektierende Urteilskraft kein bloßer Anhang zur theoretischen kritischen Philosophie, sie ist nicht ein Bestandteil der Kritik des theoretischen Vernunftvermögens, den Kant während der Abfassung der KdrV vergessen hatte, und den er nun nachliefert, sondern die teleologische Urteilskraft ist der zentrale Schlußstein des theoretischen Denkens. Gerade weil die teleologische Urteilskraft die „reflektierende Urteilskraft überhaupt" ist, kann ihr zentraler Stellenwert erst nach einer Analyse der reflektierenden Urteilskraft verständlich gemacht werden; diese Tatsache findet Niederschlag darin, daß sie innerhalb der KdrV erst im Anhang zur Transzendentalen Dialektik in der verklausulierten Form der Frage nach der Möglichkeit eines „regulativen Gebrauchs der Ideen" thematisch wird. Hinsichtlich ihrer transzendentalen Grundlegung kann die Urteilskraft jedoch erst im Rahmen eines Werkes behandelt werden, das sie von einem systematischen Ort her betrachtet, der jenseits der Unterscheidung von theoretischem und praktischem Vernunftvermögen ist: die „Kritik der Urteilskraft". Wenn Kant in der Tafel der Gemütsvermögen, mit der er in beiden Fassungen der Einleitung der Urteilskraft ihren Platz zuweist, die Urteilskraft als ein Drittes neben Verstand und Vernunft charakterisiert, dann ist darin die Urteilskraft freilich nur in derjenigen spezifischen Form getroffen, die es möglich macht, sie vom Verstand und der Vernunft zu unterscheiden, nämlich als

---

beiden Teilen der KdtU (und ihr Zusammenhalt), nicht der vermeintliche Versuch Kants, bisher von ihm Liegengelassenes, nämlich das Schöne und die Teleologie noch schnell in einem Werk zusammenzuklauben, um nur ja alles philosophisch Relevante kritisch durchleuchtet zu haben. Das Thema der Kritik der teleologischen Urteilskraft ist die Welt als Ganzes: „Die Mannigfaltigkeit empirischer Gesetze charakterisiert die Natur in einer Weise, die sich nicht von den allgemeinen Verstandesgesetzen her versteht. Kant sieht in der großen Ungleichartigkeit dieser Gesetze das Problem, das nach einem Prinzip des durchgängigen Zusammenhängens fragen läßt, das von dem kategorialen Verstand und den in ihm einheitlich gegründeten Grundsätzen verschieden sein muß. Die besonderen empirischen Gesetze sind in ihrer transzendentalphilosophischen Funktion nicht Spezifikationen der allgemeinen Gesetze, nicht Besonderungen, die sich aus diesen ergeben durch das Hinzutreten besonderer empirischer Momente. Sie sind vielmehr der Index für solches, das dem Allgemeinen, wie es vom kategorialen Verstand vorgestellt wird, prinzipiell unzugänglich ist" (Bartuschat, Wolfgang: Zum systematischen Ort von Kants Kritik der Urteilskraft. Frankfurt a.M. 1972, S. 191).

ästhetische Urteilskraft. Die Urteilskraft wird in der Tafel eindeutig und allein auf das Vermögen der Lust und Unlust bezogen, weil in ihr, und nur in ihr, diejenigen eigentümlichen Prinzipien gelegen sind, durch die hinsichtlich des Gefühls der Lust und Unlust Erkenntnis erfolgen kann; und diese Erkenntnis ist eben nicht theoretisch, sondern ästhetisch. Demgegenüber scheint die teleologische Urteilskraft eine untergeordnete Rolle zu spielen, die es nicht zu verdienen scheint, in der Tafel der Gemütsvermögen eigens ausgewiesen zu werden. Wenn Kant sagt, daß die Teleologie „allenfalls dem theoretischen Teile der Philosophie (...) hätte angehängt werden können" (KdU, A IX/B IX), dann liegt darin, daß das, was teleologische Urteilskraft vermag, irgendwie zur theoretischen Philosophie gehört, ohne daß aus dem Vermögen der reflektierenden Urteilskraft ein Lehrgebäude der doktrinalen Philosophie entstehen könnte.

Teleologische Urteilskraft als „reflektierende Urteilskraft überhaupt" ist somit also weder jene Urteilskraft, die Kant als ein eigenständiges Erkenntnisvermögen ausweist, noch ein Modus des Verstandes, denn „wir finden (...) in den Gründen der Möglichkeit einer Erfahrung zuerst (...) etwas Notwendiges, nämlich die allgemeinen Gesetze, ohne welche Natur überhaupt (als Gegenstand der Sinne) nicht gedacht werden kann; und diese beruhen auf den Kategorien, angewandt auf die formalen Bedingungen aller uns möglichen Anschauung (...) Unter diesen Gesetzen nun ist die Urteilskraft bestimmend" (KdU, A XXX/B XXXII). Die Begriffe „Verstand" und „bestimmende Urteilskraft" sind nicht einfach deckungsgleich, aber es gilt, daß alles Urteilen des Verstandes der bestimmenden Urteilskraft angehört. Wenn die reflektierende Urteilskraft überhaupt, die teleologische Urteilskraft, weder ein eigenständiges Vermögen ist noch ein theoretisches Vermögen des Verstandes, dann kann sie, wenn Kants Tafel nicht einfach unvollständig ist, nur der Vernunft zuzuordnen sein. Die Vernunft, darüber gibt uns Kants eigene Erläuterung der Tafel Auskunft, hat zu ihrem genuinen Prinzip den Endzweck und findet deshalb Anwendung auf Freiheit. Vernunft ist nun entweder praktisch oder theoretisch, d.h. sie bestimmt unsere Willkür oder sie erkennt theoretisch nach Ideen. In theoretischer Hinsicht ist jeder Gebrauch ihrer Ideen entweder dialektisch oder regulativ, und regulativ ist er genau dann, wenn er in dem Bewußtsein erfolgt, daß er Akte bloß der reflektierenden, nicht der bestimmenden Urteilskraft verfolgt. Eine Vernunft, die ihre eigenen Ideen regulativ gebraucht, ist also mit der reflektierenden Urteilskraft einerlei. Freilich sind auch die Begriffe „Vernunft" und „reflektierende Urteilskraft" nicht einfach deckungsgleich, aber in dem Vermögen der reflektierenden Urteilskraft ist so etwas angezeigt wie der Kern der Vernunft.

Das Vermögen der Ideen ist die Vernunft; also ist reflektierende Urteilskraft die Vernunft selbst, und zwar zunächst die Vernunft in ihrer Aktivität als ein Vermögen, das seine Ideen empirisch verfolgt. Die Maxime der Identität von Prinzip und Gesetz kennzeichnet die dieser Maxime unterworfenen Prinzipien als bloß subjektiv. Subjektive Prinzipien aber sind restringiert, „zum zweckmäßigen Gebrauche der Erkenntnisvermögen" (§ 69, B 312) anzuleiten, und ein solcher zweckmäßiger Gebrauch der Erkenntnisvermögen liegt vor, wenn der Gegenstand nach einem Gesetz gedacht wird, das in einem Vernunftbegriff (Idee) seinen transzendentalen Grund hat und der Gegenstand in der Anschauung nach diesem Begriff als möglich gedacht werden kann, ohne daß diese Möglichkeit empirisch zu beweisen wäre. Deshalb kann „zwischen diesen notwendigen Maximen der reflektierenden Urteilskraft (...) ein Widerstreit, mithin eine Antinomie, stattfinden" (§ 69, B 312). Anders als die reflektierende Urteilskraft ist die bestimmende Urteilskraft durch eine prästabilierte Harmonie von Maxime des Handelns der Urteilskraft selbst, des Prinzips, nach dem das Erkannte gedacht wird, und dem Gesetz, durch das das Prinzip als adäquater Entwurf wirklicher Verhältnisse vorgestellt wird, gekennzeichnet. Allein in bezug auf die reflektierende Urteilskraft ist es nötig, eine besondere Maxime ihres Handelns auszuweisen, die die Erprobung des Prinzips als Gesetz gestattet; nur zwischen letzteren sind Antinomien möglich, und damit ist klar, daß eine mögliche Antinomie der reflektierenden Urteilskraft schon in der Wahl jener Prinzipien begründet sein muß, mit denen als angenommenen Prinzipien die Urteilskraft über die Natur reflektiert. Jede Untauglichkeit eines solchen Prinzips zum ontologischen Gesetz (Naturgesetz) muß als Scheitern des Prinzips selbst, nicht als ein Scheitern der Erprobung, also der Maxime der Urteilskraft, gewertet werden. In dem konkreten Urteilen selbst ist – bei einmal angenommenen Prinzipien – die reflektierende Urteilskraft von der bestimmenden gar nicht verschieden.

Reflektierende Urteilskraft als bestimmende Urteilskraft in der Erprobung ist Vernunft in theoretischer Autonomie. Autonomie der Urteilskraft bedeutet die Freiheit der Annahme theoretischer Prinzipien als Maximen zur Erprobung, d.h. die Autonomie der Urteilskraft zeigt sich nicht als Freiheit der Erprobung dieser Maximen – das kann nicht sein, weil die Erprobung selbst von der Handlung der bestimmenden Urteilskraft gar nicht verschieden ist –, sondern als Freiheit der Wahl, nicht der Produktion von Maximen. Es ist die „große Mannigfaltigkeit und Ungleichartigkeit" (§ 70, B 313) der besonderen Gesetze der Natur, „die uns nur durch Erfahrung kund werden können" (ebd.), durch die Urteilskraft sich genötigt sieht, sich selbst zum Prinzip zu erheben, „um auch nur in den Erscheinungen der Natur nach einem Gesetze zu forschen und es auszuspähen, indem sie eines solchen zum Leitfaden bedarf, wenn sie ein zusammenhängendes Erfahrungserkenntnis nach einer durchgängigen Gesetzmäßigkeit der Natur, die Einheit derselben nach empirischen Gesetzen auch nur hoffen soll" (§ 70, B 313). Die Autonomie der Wahl der Maximen der Urteilskraft ist nicht so zu verstehen, daß die Urteilskraft sich im Gewimmel empirischer Einzelgesetze verlöre und zuweilen das eine, zuweilen das andere dieser Gesetze auf die Natur insgesamt übertrüge, sondern die Autonomie der reflektierenden Urteilskraft ist in sich eine gerichtete Autonomie, nämlich ein Streben auf die Erkenntnis des Gesamtzusammenhangs der Natur. Die reflektierende Urteilskraft sieht sich den verstandesmäßig konstituierten und durch bestimmende

Urteilskraft gesicherten empirischen Einzelgesetzen gegenüber, und das Prinzip, nach dem ein Gesamtzusammenhang dieser Gesetze hergestellt werden soll, kann nicht selbst dem Gewimmel entstammen, das es ordnen soll, sondern muß transzendental grundgelegt sein. Das bedeutet, auf diejenigen Prinzipien zurückzugreifen, durch die Natur als Einheit gedacht werden kann. Diese Maximen sind (1) der Satz, daß „alle Erzeugung materieller Dinge und ihrer Formen (...) als nach bloß mechanischen Gesetzen möglich, beurteilt werden" (§ 70, B 314) muß, sowie (2) der Satz, daß „einige Produkte der materiellen Natur (...) nicht, als nach bloß mechanischen Gesetzen möglich, beurteilt werden" (ebd.) können. Die Antinomie der refelektierenden Urteilskraft beruht auf der Autonomie, sowohl das verstandesmäßige als auch das vernünftige Prinzip des Denkens der Einheit der Natur als Maxime zugrunde zu legen.

Darin allein ist noch nicht erklärt, inwiefern zwischen diesen beiden Grundsätzen als angenommener Prinzipien der reflektierenden Urteilskraft überhaupt eine Antinomie zu entstehen vermag. Es ist offensichtlich, daß sich diese beiden Maximen aufgrund des Totalitätsanspruchs der ersten Maxime widerstreiten. Dies macht die ontologische Übersetzung dieser Maximen, d.i. die konstitutive Verwendung dieser „regulativen Grundsätze für die Nachforschung" (§ 70, B 314) sichtbar: „Satz: Alle Erzeugung materieller Dinge ist nach bloß mechanischen Gesetzen möglich. Gegensatz: Einige Erzeugung derselben ist nach bloß mechanischen Gesetzen nicht möglich" (§ 70, B 314). Nun sind die beiden Sätze in ihrer konstitutivischen Wendung per se nicht mehr regulativ und infolgedessen auch nicht Sache der reflektierenden Urteilskraft, sondern der bestimmenden, und als solche legen sie von einem „Widerstreit in der Gesetzgebung der Vernunft" (§ 70, B 315) Zeugnis ab: „Die Vernunft kann aber weder den einen noch den andern dieser Grundsätze beweisen; weil wir von [der] Möglichkeit der Dinge nach bloß empirischen Gesetzen der Natur kein bestimmendes Prinzip a priori haben können" (§ 70, B 315). Das Verständnis der ersten Maxime als bloß regulativem Prinzip hebt jedoch den Absolutheitsanspruch auf. In diesem Fall beinhaltet sie lediglich die Handlungsanweisung, ich solle „jederzeit über dieselben nach dem Prinzip als bloßen Mechanismus der Natur reflektieren" (§ 70, B 315); als eine solche Handlungsanweisung steht die erste Maxime gar nicht im Widerspruch zur zweiten, „bei gelegentlicher Veranlassung, (...) nämlich bei einigen Naturformen (und auf deren Veranlassung sogar der ganzen Natur) nach einem Prinzip zu spüren, und über sie zu reflektieren, welches von der Erklärung nach dem Mechanism der Natur ganz verschieden ist, nämlich dem Prinzip der Endursachen" (§ 70, B 315/316). Das Wesen der Erprobung einer Maxime durch die reflektierende Urteilskraft bedeutet nicht die Überprüfung dieser Maxime mit dem Ziel ihrer Überführung in ein konstitutives Prinzip, sondern den Ausweis des Geltungsanspruches dieses Prinzips als eines bloßen Grundsatzes der Reflexion.

Die Autonomie der reflektierenden Urteilskraft ist die Autonomie der theoretischen Vernunft, nach selbstgesetzten Ideen über die Natur und die Dinge in ihr zu reflektieren. Der Autonomie der Setzung der Idee korrespondiert stets ein eingeschränkter Geltungsanspruch des Prinzips, das die Urteilskraft an der Natur erprobt. Dies kann nicht anders sein, weil nicht die Natur, sondern die Autonomie der Vernunft die Ideen hervorbringt, die als Prinzipien der Natur gezeigt werden sollen; es ist deshalb die „eigentümliche Beschaffenheit meiner Erkenntnisvermögen" und nicht die Natur selbst, die macht, daß ich „über die Möglichkeit jener Dinge und ihre Erzeugung nicht anders urteilen [kann], als wenn ich mir zu dieser eine Ursache, die nach Absichten wirkt, mithin ein Wesen denke, welches, nach der Analogie mit der Kausalität eines Verstandes, produktiv ist" (§ 75, B 330). Alle Prinzipien, die die reflektierende Urteilskraft annimmt, sind deshalb subjektive Grundsätze, die die Vernunft der Urteilskraft zur Reflexion auflegt. Über Ideen vermag der menschliche Geist nur zu reflektieren, nicht zu bestimmen. Bestimmung der Natur nach Ideen ist ein dogmatisches Verfahren der Vernunft; kritisch ist ein Verfahren dann, wenn es als auf einer unausweichlichen Maxime der Vernunft beruhend erkannt ist, ohne die es nicht möglich wäre, der Natur „auch nur in ihren organisierten Produkten durch fortgesetzte Beobachtung nachforschen [zu] wollen" (§ 75, B 334). Die Idee einer hinter den Produkten der Natur stehenden Absicht „ist also schon für den Erfahrungsgebrauch unserer Vernunft eine schlechterdings notwendige Maxime" (§ 75, B 334). Wenn auch die Natur im Ganzen uns „als organisiert (...) nicht gegeben" (§ 75, B 334) ist, so kann dennoch der Versuch, die Natur insgesamt nach dem Leitfaden der Organisation zu betrachten, nützlich sein, „weil sich nach [dieser Maxime] noch manche Gesetze [der Natur] dürften auffinden lassen, die uns nach der Beschränkung unserer Einsichten in das Innere des Mechanismus derselben, sonst verborgen bleiben würden" (§ 75, B 334). Die Maxime, die Natur insgesamt als organisiert zu verstehen ist für den Menschen nur auf der Basis der Annahme eines außerhalb der Natur befindlichen und auf die eine oder andere Weise organisierenden (zwecksetzenden) Wesens möglich. Die Natur insgesamt als organisiert zu begreifen, beinhaltet das Postulat einer Ursache, von der her die Natur durchgehend als Organisation verständlich gemacht werden kann, die der Mensch nur als ein der Natur von außen gesetzten Zweckes zu denken vermag, der seinerseits nach der Analogie mit der menschlichen Praxis überhaupt auf einen Zwecksetzer verweist, der traditionell, sachlich aber aufgrund der Tatsache, daß er selbst nicht Teil der Natur sein kann, Gott genannt wird.

Wenn die Natur Dinge enthält, die der Mensch sich nur als aufgrund der Voraussetzung eines sie existentiell bestimmenden Zweckes möglich zu erklären vermag, dann liegt darin der Ausweis dieser Dinge als nach dem Naturmechanismus zufällig. Wenn die Natur Dinge enthält, die zufällig sind, weil ihre Form nur durch Zweckbedingungen erklärbar ist, dann muß die Natur insgesamt als zufällig angesehen werden, und ein einziges zufälliges Ding in der Natur legt von der Zufälligkeit der Natur insgesamt Zeugnis ab. Daher „machen auch die Naturdinge, welche wir nur als Zwecke möglich finden, den vornehmsten Beweis für die Zufälligkeit des Weltganzen aus, und sind der einzige für den gemeinen Verstand eben sowohl als den Philosophen geltende Beweisgrund der Abhängigkeit und des Ursprungs desselben von einem außer der Welt existierenden, und zwar (um jener zweckmäßigen Form willen) verständigen Wesens" (§ 75, B 335). Die Theologie, auf die die Teleologie unausweichlich führt, ist hinsichtlich ihres Geltungsanspruchs auf die singulären teleologischen Urteile verwiesen, deren Geltungsanspruch bloß problematisch bleiben muß. Sie ist daher selbst eine Aussage der reflektierenden Urteilskraft, und das heißt, daß sie nur ein kritisches Prinzip des Abschlusses der teleologischen Beurteilung sein kann, nicht ein dogmatisches Prinzip. Der Begriff von Gott ist also keineswegs geeignet, den prinzipiell einzuschränkenden Geltungsanspruch teleologischer Urteile zu substituieren, wie es etwa der gläubige Christ zu tun vermag, wenn er aus einem Glauben an Gott heraus, den er schon besitzt, dessen Wirken als zweckmäßig in der Natur erkennt und aus dieser Erkenntnis heraus seinen Glauben durch Gründe verstärkt fühlt, die er für vernünftige Gründe hält. Auch nach der Einführung des Gottesbegriffes ist das teleologische Urteil bloß reflexiv, weil „wir die Zwecke in der Natur als absichtliche eigentlich nicht beobachten, sondern nur, in der Reflexion über ihre Produkte, diesen Begriff als einen Leitfaden der Urteilskraft hinzudenken" (§ 75, B 336).

III. Kants Theorie der Welt als System der Natur.

1. Reflektierende Urteilskraft und das System der transzendentalen Ideen.

„Ein System ist, wenn die Idee des Ganzen vor den Teilen vorhergeht. Wenn die Teile vor dem Ganzen vorhergehn, so entspringt daraus ein Aggregat" (Philosophische Enzyklopädie, AA Bd. XXIX, S. 5). Die Welt als System zu denken, bedarf des Rückgriffs auf eine Idee des Ganzen. Verstand ist das Vermögen, Gegenstände empirisch nach Begriffen zu bestimmen, er ist das Vermögen der bestimmenden Urteilskraft. Vernunft ist das Vermögen, über Verstandeserkenntnisse zu reflektieren, sie ist das Vermögen der reflektierenden Urteilskraft. Der Verstand enthält besondere Begriffe, die Kategorien, die Vernunft bringt Ideen hervor. Demzufolge sind die Begriffe des Verstandes bestimmend, die Ideen hingegen bloß reflexiv. Das System der Welt, das durch die Idee des Ganzen ermöglicht werden soll, soll jedoch nicht nur eine bloß mögliche systematische Einheit der Natur sein, sondern die Einheit der Natur selbst, die sich für uns in der Form eines Systems verwirklicht, hierin aber den Anspruch erheben kann, die Natur objektiv beschrieben zu haben. Damit steht das Denken der Einheit der Welt als System der Natur unter der Anforderung, den Geltungsanspruch einer Erkenntnis durch Ideen zu bestimmen. Dies geschieht in zwei Schritten, nämlich hinsichtlich der Deduktion der

Ideen und des Aufweises eines Ideengebrauches, der nicht dialektisch ist. In diesem Abschnitt ist die erste Hinsicht thematisch, also die Frage nach der Deduktion der Ideen und nach dem System der drei Vernunftideen, das sich zufolge der Deduktion ergibt.[93]

Der zweite Abschnitt des ersten Buches der Transzendentalen Dialektik, der von den transzendentalen Ideen handelt, thematisiert die Deduktion der Ideen zunächst im Vergleich zu der der Kategorien. Im Falle der Deduktion der Kategorien brachte „die Form der Urteile (in einen Begriff von der Synthesis der Anschauungen verwandelt) (...) Kategorien hervor, welche allen Verstandesgebrauch in der Erfahrung leiten" (A 321/B 378), und das läßt erwarten, „daß die Form der Vernunftschlüsse, wenn man sie auf die synthetische Einheit der Anschauungen, nach Maßgebung der Kategorien, anwendet, den Ursprung besonderer Begriffe a priori enthalten werde, welche wir reine Vernunftbegriffe, oder transzendentale Ideen nennen können, und die den Verstandesgebrauch im Ganzen der gesamten Erfahrung nach Prinzipien bestimmen werden" (A 321/B 378). „Ein Vernunftschluß", so führt Kant in der Logik aus (§ 56, A 187), „ist [die] Erkenntnis der Notwendigkeit eines Satzes durch die Subsumtion seiner Bedingung unter eine gegebene allgemeine Regel". Ein Satz ist ein assertorisches Urteil (Logik, § 30, Anm. 3, A 170), wie etwa in dem von Kant angeführten Beispiel der Satz „Cajus ist sterblich" (KdrV, A 322/B 378). Dieser Satz könnte auch durch bloße empirische Erfahrung als wahr erwiesen werden, nämlich einfach dadurch, daß ich abwarte, bis Cajus stirbt. Der Vernunftschluß erlaubt den Erweis dieses Satzes ohne langwierige Empirie, d.h. die Erkenntnis der Notwendigkeit des Satzes, oder, ontologisch ausgedrückt, die Unausweichlichkeit des Todes von Cajus. Dies vermag der Vernunftschluß, weil in ihm das Prinzip ausgeführt wird, daß dasjenige, „was unter der Bedingung einer Regel steht, (...) auch unter der Regel selbst [steht]" (Logik, § 57, A 188): „Der Vernunftschluß prämittiert eine allgemeine Regel und eine Susumtion unter die Bedingung derselben" (ebd.). Die allgemeine Regel, die der Vernunftschluß in diesem Falle voraussetzt, ist: Alle Menschen sind sterblich. Wenn nun Cajus ein Mensch ist und kein Waschmittel, dann folgt daraus, daß das Prädikat, das allen Menschen qua ihres Menschseins zukommt (Sterblichkeit), auch Cajus zukommt, insofern er ein Mensch ist. „Demnach restringieren wir in der Konklusion eines Vernunftschlusses ein Prädikat auf einen gewissen Gegenstand, nachdem wir es vorher in dem Obersatz in seinem ganzen Umfange unter einer gewissen Bedingung gedacht haben" (KdrV, A 322/B B 378). Der Begriff „Mensch" steht unter der Bedingung, das in ihm „Sterblichkeit" mitgedacht wird. Das erlaubt, die Regel aufzustellen, daß alle Menschen sterblich sind. Wenn ich „Cajus" als Mensch denke, dann muß ich die Bedingung, unter der allein der Begriff

---

[93] Das System der Ideen zufolge ihrer Deduktion ist noch nicht das Verständnis der Welt als System der Natur; dieses kann erst im Laufe der Beantwortung der Frage nach einem nicht-dialektischen Ideengebrauch gezeigt werden.

„Mensch" denkbar ist, nämlich „Sterblichkeit", auch für „Cajus" gelten lassen und ich bin mir deshalb sicher, daß Cajus, der Mensch, sterblich ist.[94] Der Vernunftschluß bedeutet die Restriktion eines Prädikats in dem Sinne einer Übertragung dieses der Gattung zukommenden Prädikats auf ein Exemplar dieser Gattung. Dieser Bezug ist möglich, weil der Gegenstand als Fall einer Regel dargetan wurde, die das Prädikat allen Exemplaren der Gattung zuspricht. Restriktion bedeutet in einem Nebensinne auch Ausgrenzung, nämlich das Verfahren, von allem, was sterblich ist, einen bestimmten Bereich zu kennzeichnen, das Menschliche, und das einzelne Exemplar als diesem Bereich zugehörig zu erkennen und damit als Fall von Sterblichkeit. Der Vernunftschluß bedeutet ein Bezug der Extensionen verschiedener Begriffe: Wenn „Cajus" ein Exemplar des Bereiches ist, auf den der Begriff „Mensch" zutrifft (sich erstreckt), dann ist auch das Prädikat „Sterblichkeit" ein Prädikat von „Cajus". Der Vernunftschluß erkennt das Besondere als Fall des (gegebenen) Allgemeinen und ist ein Akt der bestimmenden Urteilskraft.[95] Die Durchführung eines Vernunftschlusses ist immer eine Sache der bestimmenden Urteilskraft; anderes verhält es sich im Falle der Deduktion der Vernunftideen. Diese Deduktion ist, Kant sagt dies zurückblickend am Ende des Dritten Abschnitts, nicht objektiv; sie kann es nicht sein, weil die transzendentalen Ideen „keine Beziehung auf irgend ein Objekt, was ihnen kongruent gegeben werden könnte [, haben], eben darum, weil sie nur Ideen sind" (A 336/B 303). Die Deduktion der Vernunftideen ist eine Angelegenheit der reflektierenden Urteilskraft, die durch eine genaue Umkehr des im Vernunftschluß enthaltenen („bestimmenden") Verfahrens gekennzeichnet ist.

Reflektierende Urteilskraft, die zu dem vorliegenden Fall die Regel auffinden will, der der Fall unterliegt, geht nicht in dem Verfahren der Induktion auf, sondern ist das, was Induktion möglich macht, und enthält mehr als diese. Induktion schließt „von vielen auf alle Dinge einer Art" (Logik, § 84, A 207), also „vom Besondern aufs Allgemeine (a particulari ad universale) nach dem Prinzip der Allgemeinmachung: Was vielen Dingen einer Gattung zukommt, das kommt auch den übrigen zu" (Logik, § 84, Anm.

---

[94] Die Bedingung, unter der allein der Begriff gedacht werden kann, ist nicht die vollständige Bestimmung dieses Begriffs, denn daß der Begriff „Mensch" unter der Bedingung des Begriffs der „Sterblichkeit" steht, bedeutet nicht, daß der Mensch allein durch Sterblichkeit gekennzeichnet wäre. Ein solches Verständnis der Bedingung wäre bloß rhetorisch, etwa wenn Homer die Sterblichen (= die Menschen) von den Göttern unterscheidet. Diese rhetorische Figur des pars pro toto wird mitunter mit der differentia specifica, dem logischen-dihairetischen Merkmal der Unterscheidung von Gattung und Art, verwechselt.

[95] Damit ist, wenn man die Zuordnung bestimmende Urteilskraft-Verstand, reflektierende Urteilskraft-Vernunft streng versteht (und es gibt keinen Grund, dies nicht zu tun), die wirkliche Durchführung des Vernunftschlusses eine Sache des Verstandes. Die Bezeichnung „Vernunftschluß" scheint mir in der Tat irreführend und letztlich nicht haltbar zu sein.

1, A 207). Aber „durch Induktion bekommt man wohl generale, aber nicht universale Sätze" (Logik, § 84, Anm. 2, A 208). Induktion ist das Verfahren der empirischen reflektierenden Urteilskraft, während die reflektierende Urteilskraft in bezug auf ihre Funktion der Deduktion von Ideen in transzendentaler Bedeutung genommen ist. Das Prinzip der Schlüsse der reflektierenden Urteilskraft spricht § 83 der Logik aus, nämlich „daß vieles nicht ohne einen gemeinschaftlichen Grund in Einem zusammen stimmen, sondern daß das, was vielem auf diese Art zukommt, aus einem gemeinschaftlichen Grunde notwendig sein werde" (Logik, § 83, A 206). In der empirischen Verwendung der reflektierenden Urteilskraft ist der gemeinschaftliche Grund aus der Empirie gezogen: Nach allen bisherigen Beobachtungen folgt auf jeden Blitz ein Donnergeräusch, also wird auch nach dem nächsten Blitz ein Donnergeräusch erfolgen. Im Falle der transzendentalen Verwendung der reflektierenden Urteilskraft ist jedoch die Regel ein Satz aus Vernunft, und hierfür bedarf es eines Begriffes, der der Vernunft selbst entstammt. Begriffe dieser Art nennt Kant Ideen, für deren Deduktion er von der Funktion der Idee, den Grundbegriff für eine Regel vorzustellen, ausgeht; daß die Regel inhaltlich unbekannt ist – weil ja die Idee, die im Obersatz als Regel dargestellt wird, noch gar nicht bekannt ist –, hindert nicht, im allgemeinen zu wissen, was eine Regel ist, also um die Form einer Regel zu wissen, die in einem Vernunftschluß als Obersatz dienen kann. Die Aussage Kants, die Vernunftbegriffe seien keine bloß reflektierten, sondern geschlossene Begriffe, behauptet also, daß die Ideen aus dem Charakter der Vernunft gefolgert sind und nicht aus einem Verfahren der empirischen Induktion, die eine oder andere Eigenschaft einer Gruppe von Dingen auf eine sie ermöglichende allgemeine Regel (Idee) zurückzuführen.

Die Deduktion stellt die Vernunftideen als Folgerungen aus dem Charakter der Vernunft vor, d.h. sie zeigt, daß diese Begriffe wesentlich Begriffe der Vernunft und nicht des Verstandes sind. Darin ist noch nicht enthalten, daß diesen Begriffen ein irgendwie gearteter Gegenstand korrespondiere und es möglich sei, diesen Gegenstand aufzuzeigen. Wenn auch die Deduktion der Ideen in dem Sinne ihrer Charakterisierung als Begriffe der Vernunft analog zu der Deduktion der Verstandesbegriffe geschieht, so kann dieses Verfahren doch nur auf formale Begriffe führen, denn es ist zunächst die allgemeine Form einer Regel überhaupt, die in einem Vernunftschluß als Obersatz dient, die ohne allen Inhalt aus bloßer Vernunft bekannt ist: Die Form der Regel ist die Allgemeinheit, d.i. die „vollendete Größe des Umfanges, in Beziehung auf eine (...) Bedingung" (A 322/B 379). Diese universalitas stellt etwa die Sterblichkeit in ihrem ganzen Umfange in Beziehung auf den Begriff des Menschen vor und sagt: Alle Menschen sind sterblich. Nun ist eine Regel nicht einfach schon dadurch eine Vernunftidee, daß sie in einem Vernunftschluß als Obersatz fungiert, denn dann wäre jede Regel in einem induktiven oder analogischen Verfahren eine Vernunftidee. Die Sterblichkeit des Menschen ist gerade deshalb keine Vernunftidee, weil sie sich empirisch erweisen läßt,

und tauglich zur Vernunftidee ist deshalb das Gegenteil der Sterblichkeit, also die Unsterblichkeit, weil ein Begriff erst dann eine Vernunftidee ist, wenn er als „ein Begriff
aus Notionen, der die Möglichkeit der Erfahrung übersteigt" (A 320/B 377) Verwendung findet.[96] Die Vernunftidee ist durch den ihr wesentlichen negativen Bezug zur
empirischen Erfahrung gekennzeichnet, in einer empirischen Erfahrung nicht adäquat
gegeben werden zu können. Die unausweichliche Inkongruenz von Idee und empirischer Erfahrung ist ein wesentliches Merkmal der Idee selbst. Ohne die spezifischen
Einschränkungen menschlicher empirischer Erkenntnis, d.h. ohne die Diskursivität der
menschlichen Erkenntnisvermögen, brächte die Vernunft überhaupt keine Ideen
hervor, aber dort, wo diese Diskursivität vorliegt – wie es beim Menschen wirklich der
Fall ist – bringt sie sie unausweichlich hervor[97]. Wenn von einer Vernunftidee nur dort
die Rede ist, wo die Regel und das, was durch sie geregelt wird, unausweichlich auseinanderfallen, dann ist die Vernunftidee per se immer schon eine Sache der reflektierenden Urteilskraft, weil von einem Auseinanderfallen im Falle einer Bestimmung eines
einzelnen Gegenstandes durch eine Regel nicht die Rede sein kann. Das von Kant angeführte Beispiel der a priori durch einen Vernunftschluß möglichen Bestimmung des
Gegenstandes „Cajus" als „sterblich", führt nicht auf eine Deduktion von Ideen der
Vernunft; die in diesem Beispiel vorgenommene Bestimmung ist eine solche des Gegenstandes durch den Ausweis der Notwendigkeit eines Satzes („Cajus ist sterblich") mit
den Mitteln der Vernunft, nicht jedoch aus Vernunft.[98] Vernunftideen sind aus einem

---

[96] Kants Begriff der Idee als „Begriff *aus* Notionen, der die Möglichkeit der Erfahrung übersteigt"
ist die Bestimmung der Vernunftidee. Eine Vernunftidee ist derjenige Begriff, der hinsichtlich seiner Funktion allein für die reflektierende Urteilskraft taugt – nämlich weil er gar nicht in der Erfahrung gegeben werden kann –, und der inhaltlich auch aus bloßen Notionen hergeleitet werden
kann. Für die Charakterisierung einer Idee ist es also nicht hinreichend, in den Obersatz eines
Schlusses einzugehen, denn dann wäre auch der Begriff der Sterblichkeit oder jeder andere beliebige empirische Begriff tauglich zur Idee.

[97] Hierauf hat Rudolf Zocher (Zu Kants transzendentaler Deduktion der Ideen der reinen Vernunft. Zeitschrift für philosophische Forschung 12 (1958), S. 43-58) bereits hingewiesen. Der „Gegenstand in der Idee [ist] eigentlich in keinem Sinne ein Gegenstand (...), höchstens ein Quasi-
Gegenstand, was ja auch die ,als-ob-Betrachtung' offenbar besagen will. Wäre es (...) nicht klarer,
prägnanter und entschiedener gewesen, die in der transzendentalen Deduktion der Ideen zu
begründende Gültigkeit lediglich auf einen Richtungssinn zu beziehen? Soll nicht der sogenannte
,Gegenstand' hier überhaupt nur insoweit eine Rolle spielen, als er die Eindeutigkeit der Richtung,
in der die systematische Einheit zu suchen ist, festlegt?"

[98] Kant bezeichnet alle nicht unmittelbaren Schlüsse als Vernunftschlüsse. Der angeführte Erweis
der Sterblichkeit von Cajus durch ein Schlußverfahren ist ganz offensichtlich ein mittelbarer
Schluß, weil er die Begriffe „Cajus" und „Sterblichkeit" nur über den vermittelnden Begriff
„Mensch" aufeinander zu beziehen vermag. Die unschöne Bezeichnung des unmittelbaren Schlusses – unschön deshalb, weil alles Schließen mittelbar ist, wie ja auch alles Urteilen reflexiv –

bloß logischen Verfahren der Vernunft allein nicht deduzierbar, sondern aus einem Verfahren, das den Gegensatz zwischen der Allgemeinheit des Begriffs und der Allheit der Anschauungen (Totalität der Bedingungen) betrifft. Die inhaltliche Bestimmung der Vernunftideen ergibt sich aus dem Widerstreit zwischen Vernunft und Verstand, und muß, weil dieser Widerstreit in dem Gegensatz von reflekierender und bestimmender Urteilskraft ausgedrückt ist, eine Sache der reflektierenden Urteilskraft sein; denn es ist die Vernunft, die sich vermittels ihrer Ideen auf den Verstand bezieht und nicht umgekehrt.

Vernunftideen sind nicht nur hinsichtlich dessen, was durch sie ermöglicht werden soll, sondern auch hinsichtlich ihrer Deduktion eine Sache der reflektierenden Urteilskraft, die die empirische Gültigkeit von Regeln erprobt, indem sie Regeln setzt. Wenn die Vernunftidee durch den unausweichlichen Hiatus zwischen Sinnenwelt und Allgemeinheit des Begriffs gekennzeichnet ist, dann „ist der transzendentale Vernunftbegriff kein anderer, als der von der Totalität der Bedingungen zu einem gegebenen Bedingten. Da nun das Unbedingte allein die Totalität der Bedingungen möglich macht, und umgekehrt die Totalität der Bedingungen jederzeit selbst unbedingt ist: so kann ein reiner Vernunftbegriff überhaupt durch den Begriff des Unbedingten, so fern er einen Grund der Synthesis des Bedingten enthält, erklärt werden" (A 322/B 379). Der Grund der Synthesis des Bedingten ist nichts anderes als die Kategorie, und deshalb wird, „so viel Arten des Verhältnisses es nun gibt, die der Verstand vermittelst der Kategorien sich vorstellt, so vielerlei reine Vernunftbegriffe (...) es auch geben" (A 323/B 322). Die Vernunftbegriffe drücken die Einheiten der Verstandessynthesis aus, nämlich die Zugehörigkeit aller Vorstellungen zu einem denkenden Ich („ein Unbedingtes der kategorischen Synthesis in einem Subjekt"), die Sukzession der Vorstellungen in der Aufeinanderfolge (die „hypothetische Synthesis der Glieder einer Reihe"), sowie die Beiordnung der Vorstellungen in einem System (die „disjunktive Synthesis der Teile in einem System"). Die deutliche Pointierung der logischen Figuren in dem Zusammenhang der Deduktion der Ideen dient – wie auch schon im Falle der Deduktion der Kategorien „aus" der Urteilstafel – der Versicherung der Vollständigkeit der Resultate, d.h. der Gewißheit der Drei-

---

reserviert Kant für „die Ableitung (deductio) eines Urteils aus dem anderen ohne ein vermittelndes Urteil" (Logik, § 42, A 178). So ist etwa der Schluß von dem Satz „Alle Menschen sind sterblich" auf den Satz „Einige Menschen sind sterblich" ein unmittelbarer Schluß, weil das denkmögliche vermittelnde Urteil „Einige Menschen sind Menschen" ein tautologischer Satz ist (Logik, § 44, Anm. 2, A 180). Was an all dem sei, braucht uns hier nicht zu interessieren, wichtig ist allein, daß die Unterscheidung eines Schlusses aus Vernunft von einem Schluß gemäß der Vernunft mit den Mitteln der formalen Logik überhaupt nicht nachvollziehbar ist, so daß die Deduktion der Ideen, die gerade auf diesen Unterschied abhebt, aus den Gesetzen bloß formaler Logik nicht verständlich gemacht werden kann.

zahl der Vernunftideen, ist jedoch nicht mit der Deduktion selbst identisch.[99] Insofern in den drei Vernunftideen Einheiten angesprochen sind, die der Verstand herzustellen sucht, muß ein Bezug dieser Einheiten zu den Kategorien und – im weiteren Rückgriff – auf Schlußformen ausweisbar sein; das aber ist im Grunde trivial, weil alle Erkenntnis des Verstandes sich in den Formen der Logik vollzieht. Die Vernunftidee drückt nicht einfach eine Einheit des Verstandes aus, sondern das Spiel des Fortschritts vom empi-

---

[99] Die Rolle von Kants logischen Deduktionen für die Architektonik seiner Kritiken wäre eine eigene Untersuchung wert. Nach meinem Eindruck stehen die Chancen für eine positive Bewertung dieses Verfahrens jedoch zumindest in bezug auf die Deduktion der Kategorien – Wilfried Hinsch merkt in bezug auf die metaphysische Deduktion der Kategorien an: „Aus heutiger Sicht bleibt uns nichts anderes übrig, als festzustellen, daß Kants Versuch, eine alternativlose und vollständige Übersicht aller elementaren logischen Grundfunktionen zu geben, gescheitert ist" (Erfahrung und Selbstbewußtsein. Hamburg 1986, S. 17). – vor allem aber auch in bezug auf die Deduktion der Vernunftideen denkbar schlecht. Ich stimme diesbezüglich Josef Schmuckers (Das Weltproblem in Kants KdrV. Bonn 1990) Untersuchungsergebnissen zu. So weist Schmucker auf einen Bruch („hiatus") in der formallogischen „Herleitung" der Ideen hin: Die „Ableitung der drei Vernunftideen (...) von den drei Syllogismusarten der formalen Logik erweist sich bei näherem Zusehen als in mehr als einer Hinsicht problematisch: Fürs erste besteht offensichtlich ein hiatus zwischen dem Prinzip der Ableitung, den Syllogismusformen, und dem Abgeleiteten, nämlich den transzendentalen Begriffen oder Ideen der reinen Vernunft. Denn das eigentliche transzendentallogische oder ‚reale' Pendant der formalen Schlußformen der Vernunft sind nicht die Vernunftideen, sondern die transzendental-logischen Schlüsse, die drei Arten der ‚dialektischen' Schlüsse, wie in B 390 ausdrücklich betont wird, jene materialen Schlüsse, die auf die drei Ideen als ‚geschlossene' Begriffe hinauslaufen" (S. 61). Schmucker konstatiert einen inneren Widerspruch in der „Konzeption der transzendentalen Dialektik, der mit dem im Begriff der transzendentalen Ideen selbst zusammenhängt: die Ideen der reinen Vernunft sollen auf der einen Seite originäre Begriffe (...) der Vernunft, sein wie die Kategorien die originären Begriffe des Verstandes. Darum werden sie im Anschluß an die transzendentale Ästhetik und Analytik aus den immanenten Quellen bzw. Funktionen des Vernunftvermögens selbst abgeleitet: nämlich einerseits aus den Syllogismusformen der formalen Logik als der spezifischen Erkenntnisart der Vernunft (nämlich der des mittelbaren Schließens) und aus den Verstandeskategorien der Relation als dem Prinzip ihrer Transponierung auf den transzendental-logischen Bereich andererseits. Daraus ergibt sich folgerichtig die Voranstellung und Überordnung der Lehre von den Vernunftideen über das Kapitel von den dialektischen Schlüssen der reinen Vernunft. Andererseits handelt es sich aber bei den Ideen im Unterschied zu den Kategorien des Verstandes um geschlossene, d.h. von der Erfahrung her erschlossene Begriffe, die als Prinzipien des Begreifens der Erfahrung nicht nur etwas betreffen, worunter alle Erfahrung gehört und wonach sie (die Vernunft) den Grad ihres empirischen Gebrauchs abmißt, sondern auch etwas, worauf die Vernunft in ihren Schlüssen aus der Erfahrung führt, die also als Endbegriffe der von der bedingten Erfahrung ausgehenden Schlüsse die unbedingten Prinzipien des Begreifens derselben enthalten" (S. 58). Schmucker kommt zu dem m.E. völlig zutreffenden Ergebnis, daß die logische Herleitung der Vernunftideen eine nachträgliche Formalisierung ist: „Da nun Kant auf diesem Weg eine [der Deduktion der Kategorien] gleichartige oder gleichsinnige Ableitung der Vernunftideen nicht gewinnen konnte, löst er (...) das Problem (...), indem er nun formell die ganze Ableitung der drei Vernunftideen an den Struktur- und Gegenstandsbereichen des Kritizismus ansetzt, womit die Ableitung aus den Syllogismusformen der formalen Logik im Grunde überflüssig wird" (S. 63).

risch Bedingten zu dem Unbedingten, und es ist dieser Fortschritt, durch den die Dreiheit der Vernunftideen entsteht, denn jede solche Fortschreitung ist entweder „eine
zum Subjekt, welches selbst nicht mehr Prädikat ist, [oder] zur Voraussetzung, die
nichts weiter voraussetzt, und die dritte zu einem Aggregat der Glieder der Einteilung,
zu welchen nichts weiter erforderlich ist, um die Einteilung eines Begriffs zu vollenden"
(A 323/B 379).

Den dritten Abschnitt, der das System der Transzendentalen Ideen vorstellt, beginnt Kant mit der folgerichtigen Feststellung, die Dialektik der Vernunftideen sei keine
logische Dialektik, „welche von allem Inhalte der Erkenntnis abstrahiert, und lediglich
den falschen Schein in der Form der Vernunftschlüsse aufdeckt", sondern eine transzendentale, die „völlig a priori den Ursprung gewisser Erkenntnisse aus reiner Vernunft, und geschlossener Begriffe, deren Gegenstand empirisch gar nicht gegeben werden kann, die also gänzlich außer dem Vermögen des reinen Verstandes liegen, enthalten soll" (A 333/B 390). Es ist auffällig, daß Kant in der Rückschau auf das schon hinsichtlich der Deduktion der Vernunftideen Geleistete die Schlüsse, von denen her die
Vernunftideen dargetan werden sollen, als „dialektische Schlüsse" bezeichnet, nämlich
als die drei Arten von dialektischen Schlüssen, „die sich auf die dreierlei Schlußarten beziehen, durch welche Vernunft aus Prinzipien zu Erkenntnissen gelangen kann" (A
333/B 390). Dort, wo ein Schluß nicht bloß ein Schluß gemäß der Vernunft ist (Vernunftschluß), sondern ein Schluß aus Vernunft (der sich in seinem Obersatz einer Vernunftidee bedient), ist die Vernunft bereits dialektisch. Sie muß es sein, weil es „in allem
ihr Geschäfte sei, von der bedingten Synthesis, an die der Verstand jederzeit gebunden
bleibt, zur unbedingten aufzusteigen, die er niemals erreichen kann" (ebd.). Die Deduktion der Vernunftideen ist die Charakterisierung der Vernunft als Vermögen der Reflexion, das ohne weitere Zusätze dialektisch sein muß. Dialektisch ist eine Vernunftidee,
wenn sie nicht adäquat in der empirischen Anschauung gegeben werden kann, jedoch so
verwendet wird, als könne sie es; in diesem Sinne sind alle Vernunftideen dialektisch.

Was Kant bisher gezeigt hat, ist, daß die allgemeine Form der Vernunftidee,
„jederzeit nur auf die absolute Totalität in der Synthesis der Bedingungen [zu gehen]
und (...) niemals, als bei dem schlechthin, d.i. in jeder Beziehung, Unbedingten" zu
enden (A 326/B 382), eine Funktion (Handlung) der Vernunft bezeichne, die in genau
drei Schlüssen vollzogen werden kann, die entweder auf das Subjekt oder auf das erste
Glied einer Reihe oder auf ein Aggregat der Einteilung (Paradigma der Erstellung eines
Systems der Begriffe) gehen. Dieser Nachweis hat noch keine Ideen ausgewiesen, sondern zunächst nur den Weg beschrieben, auf dem ein solcher Ausweis erfolgen kann. Es
gilt also, die Vernunftideen nun inhaltlich zu bestimmen, und zwar nach Maßgabe ihrer
allgemeinen Charakteristik, bereits verstandesmäßig begriffene Vorstellungen auf ein
Unbedingtes zurückzuführen. Hiermit setzt Kant im Dritten Abschnitt ein: „Das Allgemeine aller Beziehung, die unsere Vorstellungen haben können", sagt er (A 333/B 390),

ist „1) die Beziehung aufs Subjekt, 2) die Beziehung auf Objekte, und zwar entweder als Erscheinungen, oder als Gegenstände des Denkens überhaupt". Alle Vorstellungen sind hinsichtlich dreier Dimensionen zu betrachten, nämlich (1) in Beziehung auf das Subjekt, dessen Vorstellungen sie sind, (2) in Beziehung auf das Objekt, das sie vorstellen, also als Erscheinungen, sowie (3) in Beziehung auf ihr Sein als Objekt, d.h. als Material des Denkens zu fungieren. In der lapidaren Bemerkung Kants, daß, „wenn man diese Untereinteilung mit der oberen [nämlich der Einteilung der drei dialektischen Schlüsse] verbindet, so ist alles Verhältnis der Vorstellungen, davon wir uns (...) [eine] Idee machen können, dreifach" (A 334/B 391), verbirgt sich der entscheidende Schritt, die Dreiheit der dialektischen Schlüsse auf die Dreiheit des Verhältnisses von Subjekt und Objekt überhaupt zu beziehen. Alle Verhältnisse der Vorstellungen sind dieser von Kant in Anspruch genommenen, leider jedoch nicht entfalteten Verbindung zufolge „1. das Verhältnis zum Subjekt, 2. zum Mannigfaltigen des Objekts in der Erscheinung, 3. zu allen Dingen überhaupt" (A 334/B 391). Vernunftideen sind Begriffe der Einheit, nämlich einer Einheit, die in der Unbedingtheit der ersten Bedingung enthalten ist, die in der Vernunftidee gedacht wird, und diese Ideen der Einheit werden „sich unter drei Klassen bringen lassen, davon die erste die absolute (unbedingte) Einheit des denkenden Subjekts, die zweite die absolute Einheit der Reihe der Bedingungen der Erscheinung, die dritte die absolute Einheit der Bedingung aller Gegenstände des Denkens überhaupt enthält" (A 334/B 391). Von dieser einmal erreichten Warte her ist es leicht, die Vernunftideen mit Schlagworten zu belegen: Sie sind Ich, Welt und Gott, oder als Ziele der (doktrinalen) Metaphysik formuliert (in genauer Umkehr ihrer Reihenfolge) Gott, Freiheit und Unsterblichkeit.[100]

---

[100] Der Stellenwert der Logik in der Deduktion der Vernunftideen kann am Beispiel der Idee Gottes besonders gut verdeutlicht werden durch den Hinweis, daß die Idee Gottes logisch-notwendig aus der Vernunft zu deduzieren, d.h. diesen Inhalt in den Formen der Vernunft aufzufinden, bedeutete, Gott in einem Verfahren zu deduzieren, das einem ontologischen Gottesbeweis gleichkäme. Das aber ist schon allein vor dem Hintergrund der Tatsache, daß ja gerade Kant den ontologischen Gottesbeweis kritisiert, kaum zu erwarten. Ein Übergang von den bloßen Formen vernünftiger Akte, die Kant in der Terminologie der Logik beschreibt, zu dem Inhalt „Gott" ist aus einer Betrachtung bloß formal beschreibbarer Akte nicht zu leisten, sondern bedarf weiterer Annahmen, die auf der Ebene der Transzendentalphilosophie durch den Charakter der Diskursivität allen menschlichen Erkennens gegeben sind.

2. Von dem regulativen Gebrauch der Ideen der reinen Vernunft.

Bestimmende Urteilskraft ist das Vermögen, Besonderes nach Maßgabe eines Allgemeinen zu erkennen, indem das Besondere in einem Schlußverfahren dem Allgemeinen subsumiert wird. Urteilskraft ist immer dann bestimmend, wenn sie das Besondere als Fall des Allgemeinen erkennt; hierbei spielt es gar keine Rolle, ob das Allgemeine, die Regel, der Urteilskraft von woanders gegeben oder ihrer Autonomie entsprungen ist. Bestimmende Urteilskraft ist die Urteilskraft in der Anwendung. Reflektierende Urteilskraft dagegen bezeichnet die Autonomie der Urteilskraft, sich Maximen als Prinzipien der Subsumtion zu erwählen und zu erproben, ob der vorliegende Fall sich aus ihnen würde folgern lassen; Urteilskraft in diesem Sinne als Vermögen, „zum Besonderen das Allgemeine auszudenken" (Anthropologie, § 41, BA 123) ist Witz (ingenium). In der Unterscheidung von bestimmender und reflektierender Urteilskraft sind nicht zwei verschiedene Urteilskräfte postuliert, sondern es ist die Urteilskraft hinsichtlich zweier verschiedener Aspekte thematisiert, nämlich hinsichtlich des Aspekts ihrer Verfahrensweise in der Anwendung von Regeln, die immer bestimmend ist, mögen die Regeln als solche auch noch so dubios sein, und hinsichtlich der Frage des Ursprungs der Regeln. In letzterer Hinsicht ist es nötig, eine besondere Fähigkeit der Urteilskraft zu benennen, nämlich die Fähigkeit der Autonomie, sich selbst Maximen zu erwählen: Reflektierende Urteilskraft ist die theoretische Autonomie der Vernunft. Reflektierende Urteilskraft ist in ihrem Verfahren bestimmend, obwohl sie sich selbstgewählter Maximen bedient; weil sie es ist, ist es nötig, sie auf den besonderen Ursprung selbstgesetzter Maximen hinzuweisen und sie auf den bloß regulativen Gebrauch ihrer Prinzipien zu restringieren, damit sie nicht in Aberwitz ausarte: „Aberwitz (vesania) ist die Krankheit einer gestörten Vernunft. – Der Seelenkranke überfliegt die ganze Erfahrungsleiter und hascht nach Prinzipien, die des Probiersteins der Erfahrung ganz überhoben sein können, und wähnt das Unbegreifliche zu begreifen. – Die Erfindung der Quadratur des Zirkels, des Perpetuum mobile, die Enthüllung der übersinnlichen Kräfte der Natur, und die Begreifung des Geheimnisses der Dreieinigkeit sind in seiner Gewalt" (Anthropologie, § 49 IV, BA 146). Gefährlich ist das alles nicht, denn der Aberwitzige „ist der ruhigste unter allen Hospitaliten, und seiner in sich verschlossenen Spekulation wegen am weitesten von der Raserei entfernt; weil er mit voller Selbstgenügsamkeit über alle Schwierigkeiten der Nachforschung wegsieht" (ebd.). Jede Verwendung der Urteilskraft bedeutet wenigstens den Versuch einer objektiven Bestimmung eines empirischen Gegenstandes, d.h. reflektierende Urteilskraft ist in der Anwendung eine Hinwendung der Vernunft auf die Empirie und bezieht deshalb ihre Prinzipien nicht weniger auf den Verstand als es die bloß bestimmende tut. Reflektierende Urteilskraft als Autonomie der Vernunft bezeichnet die Vernunft im Verfahren der Deduktion ihrer Ideen, dieselbe Urteilskraft ist aber auch empirische Vernunft, nämlich die Vernunft, die im Hinblick auf die Verstandeserkenntnisse Ideen entwickelt, durch die sie hofft, über die Erkenntnisse des Verstandes hinauszugelangen. Reflektierende Urteilskraft ist dort dialektisch, wo sie vergißt, daß sie in der Anwendung ihrer selbstgesetzten Prinzipien immer nur regulativ sein kann. Dialektik der Vernunft ist kein Fehler im Urteilsverfahren selbst, denn dieses ist bloß bestimmend, sondern entspringt dem besonderen Status der Vernunftideen, die Verstandeserkenntnis mit den Mitteln des Verstandes vollenden zu wollen, indem sie sie transzendiert. Die Anwendung der Vernunftideen durch reflektierende Urteilskraft (der sie entsprungen sind) ist nicht in jedem Fall dialektisch, nämlich dann nicht, wenn die empirische Anwendung der Vernunftideen auf den Verstand die Einheit der empirischen Erfahrung nicht konstitutiv, sondern bloß regulativ bestimmt. Die Möglichkeit eines solchen Verfahrens thematisiert Kant in den beiden Abschnitten der KdrV, die den Anhang zur Transzendentalen Dialektik bilden und die „Von dem regulativen Gebrauch der Ideen der reinen Vernunft" (A 642/B 670 - A 668/B 696) und von der „Endabsicht der natürlichen Dialektik der menschlichen Vernunft" (A 669/B 697 - A 704/B 732) handeln[101].

Weshalb nimmt Kant im Anhang zur transzendentalen Dialektik überhaupt eine Thematisierung des regulativen Gebrauchs der Ideen der reinen Vernunft vor? Die Warnung, das Gebiet der möglichen Erfahrung nicht zu überschreiten, enthält der Haupttext der Dialektik schon zur Genüge, und daß die menschliche Erkenntnis besonderen Restriktionen unterliege, die in dem menschlichen Erkenntnisvermögen gegründet sind und durch keine noch so großen Anstrengungen aufgehoben werden können, ist eine unübersehbare Grundbehauptung Kants schon seit der Analytik: Mit dieser Zusammenfassung, die aber den Sinn der Existenz des Abschnitts, den sie eröffnet, eher in Frage stellt als verdeutlicht, beginnt Kant den Anhang. Nun wird derjenige, der von den beiden Abschnitten des Anhangs nicht mehr als eine Zusammenfassung und eine literarische Überleitung in die Methodenlehre erwartet, von dem Inhalt dieser beiden Abschnitte verwirrt werden, denn zusammenfassend sind eigentlich nur der erste Absatz des ersten Abschnitts und der letzte Absatz des zweiten (und letzten) Abschnitts:

> „Der Ausgang aller dialektischen Versuche der reinen Vernunft bestätigt nicht allein, was wir schon in der transzendentalen Analytik bewiesen, nämlich daß alle unsere Schlüsse, die uns über das Feld möglicher Erfahrung hinausführen wollen, trüglich und grundlos sein; sondern er lehrt uns zugleich dieses Besondere: daß die menschliche Vernunft dabei einen natürlichen Hang habe, diese Grenze zu überschreiten, daß transzendentale Ideen

---

[101] Auf den engen Zusammenhang von Anhang zur Dialektik der KdrV und KdtU (insgesamt) hat schon Gregor Schiemann (Totalität oder Zweckmäßigkeit? Kants Ringen mit dem Mannigfaltigen der Erfahrung im Ausgang der Vernunftkritik, in: Kant-Studien 83, 1992, S. 294-303) hingewiesen; die schon im Anhang zur Transzendentalen Dialektik der KdrV enthaltenen Überlegungen zur Teleologie übersieht er jedoch schlicht.

ihr eben so natürlich sein, als dem Verstande die Kategorien, obgleich mit dem Unterschiede, daß, so wie die letztern zur Wahrheit, d.i. der Übereinstimmung unserer Begriffe mit dem Objekte führen, die erstern einen blossen, aber unwiderstehlichen Schein bewirken, dessen Täuschung man kaum durch die schärfste Kritik abhalten kann. So fängt denn alle menschliche Erkenntnis mit Anschauungen an, geht von da zu Begriffen, und endigt mit Ideen. Allein, weil doch des Redens kein Ende wird, wenn man nicht hinter die wahre Ursache des Scheins kommt, wodurch selbst der Vernünftigste hintergangen werden kann, und die Auflösung aller unserer transzendenten Erkenntnis in ihre Elemente (als ein Studium unserer inneren Natur) an sich selbst keinen geringen Wert hat, dem Philosophen aber sogar Pflicht ist, so war es nicht allein nötig, diese ganze, obzwar eitele Bearbeitung der spekulativen Vernunft bis in ihre ersten Quellen ausführlich nachzusuchen, sondern, da der dialektische Schein hier nicht allein dem Urteile nach täuschend, sondern auch dem Interesse nach, das man hier am Urteile nimmt, anlokkend, und jederzeit natürlich ist, und so in aller Zukunft bleiben wird, so war es ratsam, gleichsam die Akten dieses Prozesses ausführlich abzufassen, und sie im Archive der menschlichen Vernunft, zu Verhütung künftiger Irrungen ähnlicher Art, niederzulegen".

So oder ähnlich könnte eine (gekürzte) Synopse der beiden zusammenfassenden Textpassagen aussehen. Hierin wäre alles enthalten, was gemeinhin als Gehalt der Dialektik angesehen wird. Der Urheber der Kritik der Vernunft beschreibt in der für ihn typischen Gerichtsmetaphorik den ärgerlichen Fall der Geiselnahme der Bescheidenheit durch die Vernunft, der er mit etlicher Mühe Aberwitz (Dialektik) nachweisen konnte, woraufhin er nun glücklich ist, diesen Prozeß abschließen zu können und die Akten im Archiv der Vernunft zur Verhütung künftigen Schindluders niederzulegen. Dabei kann sich der Richter nicht enthalten, den ganzen Überschwang der Vernunft für eitel zu erklären und darin – das ist die gemeine Deutung – der Dialektik jeden affirmativen Gehalt abzusprechen.

Vor dem Hintergrund einer solchen Einschätzung wird völlig unverständlich, welchem Zweck die dazwischenliegenden Seiten A 643/B 671 bis kurz hinter A 701/B 729, also die rund achtundfünfzig Seiten, mit denen die Dialektik endet, dienen sollen. Nun faßt der letzte Textabschnitt A 702/B 730, die Trennung von dem übrigen Text durch drei Sterne macht dies äußerlich deutlich, nicht nur die Dialektik, sondern auch den Anhang zur Dialektik zusammen, nämlich in der Aussage, „daß die eigentliche Bestimmung dieses obersten Erkenntnisvermögens [der Vernunft] sei, sich aller Methoden und der Grundsätze derselben nur zu bedienen, um der Natur nach allen möglichen Prinzipien der Einheit, *worunter die der Zwecke die vornehmste ist*, [Herv. von mir], bis in ihr Innerstes nachzugehen". Gibt es einen Gebrauch der Vernunftideen, der nicht dialektisch ist, sondern in den Grenzen des Regulativen verbleibt, und ist die Erkenntnis der Natur nach der Einheit der Zwecke ein solcher Gebrauch? In der Tat ist die Frage nach der Möglichkeit eines regulativen Gebrauchs der Idee einer Einheit der Natur nach Zwecken das zentrale, beide Abschnitte des Anhangs verbindende Thema, das im

Anhang unter verschiedenen Gesichtspunkten behandelt wird, nämlich zum einen des Gesichtspunktes, die Vernunft selbst als Naturzweck anzusehen und die daraus folgende Möglichkeit eines zweckmäßigen Gebrauches ihrer Ideen einzufordern, und anderseits nach dem der Vernunft insgesamt vorschwebenden Zweck, von dem her sie intern zweckmäßig sein kann, zu fragen. Wenn die Vernunftideen natürliche Beigaben der Vernunft sind, dann können sie nicht einfach nur dialektisch sein, denn „alles, was in der Natur unserer Kräfte gegründet ist, muß zweckmäßig und mit dem richtigen Gebrauche derselben einstimmig sein" (A 642/B 670). Die Ideen der Vernunft sind, wie die Vernunft überhaupt, eine Naturanlage des Menschen, die irgendeinem Zweck dienen muß, und deshalb „werden die transzendentalen Ideen allem Vermuten nach ihren guten und folglich immanenten Gebrauch haben, obgleich, wenn ihre Bedeutung verkannt und sie für Begriffe von wirklichen Dingen genommen werden, sie transzendent in der Anwendung und eben darum trüglich sein können" (A 643/B 671). Weil dies so ist, sind die dialektischen Verstrickungen nicht auf die Ideen selbst, sondern auf einen „Mangel der Urteilskraft" zurückzuführen, „niemals aber dem Verstande oder Vernunft zuzuschreiben". Dieser Mangel ist eben deshalb auch kein Mangel in der Deduktion der Ideen, etwa daß die falschen Ideen deduziert, und infolgedessen solche, die gar keinen zweckmäßigen Gebrauch erlaubten, herbeigezaubert worden wären, denn weil Ideen „keine bloß reflektierten, sondern geschlossenen Begriffe" (A 310/B 366) sind, ist ihre Deduktion entweder möglich und führt auf „richtige" Ideen, oder kommt überhaupt nicht zustande. Der Mangel der Urteilskraft betrifft die Urteilskraft in der anthropologischen Bedeutung dieses Wortes, nämlich die Urteilskraft, von der Kant in der Anthropologie ausführt (§ 39, BA 119), daß sie „nicht belehrt, sondern nur geübt werden [kann]; daher ihr Wachstum Reife, und derjenige Verstand heißt, der nicht vor Jahren kommt".

Von den Ideen der Vernunft als einer Naturanlage zu sprechen, beinhaltet, daß es einen zweckmäßigen Gebrauch dieser Ideen durch die Vernunft geben muß, in dem die Vernunft einen Zweck verfolgt. Diese beiden Fragen thematisiert Kant in den beiden Abschnitten des Anhangs, nämlich die Frage nach der Struktur des zweckmäßigen Gebrauchs der Vernunftideen im ersten, und die Frage nach dem diesem zweckmäßigen Gebrauch vorschwebenden Zweck im zweiten Abschnitt. Die Antwort auf die Frage nach der Struktur des zweckmäßigen Gebrauchs beginnt mit der einfachen und bekannten Feststellung, daß die Ideen der Vernunft dem „eigenen empirischen Gebrauch" (A 643/B 671) der Vernunft dienen, daß aber dieser Gebrauch sich nicht direkt auf Gegenstände in der Anschauung richtet, sondern auf den Verstand, so daß die Vernunft in ihren Ideen „eigentlich nur den Verstand und dessen zweckmäßige Anstellung zum Gegenstande" (A 644/B 672) hat. Diese Funktion der Ideen ist der der Kategorien analog, denn „wie [der Verstand] das Mannigfaltige im Objekt durch Begriffe vereinigt, so vereinigt [die Vernunft] ihrerseits das Mannigfaltige der Begriffe durch Ideen" (ebd.).

Die Einheit, die der Verstand herstellt, indem er das Mannigfaltige im Objekt durch Begriffe vereinigt, ist „distributiv", d.h. sie ist die Einheit des vereinigenden Begriffes selbst, die verschiedenen Objekten mitgeteilt wird und deshalb keine allumfassende Einheit sein kann. Anders die Vernunft, die „eine gewisse kollektive Einheit zum Ziele der Verstandeshandlungen setzt" (ebd.). Die Ideen der Vernunft hingegen stellen keine bloß distributive, sondern systematische und von daher allumfassende Einheit vor. Das Ziel des Gebrauchs der Ideen ist in den Ideen selbst ausgesprochen, und deswegen sind nicht die Ideen, sondern ihr Gebrauch der Grund, weswegen das Ziel auch verfehlt werden kann. Das allgemeine Ziel aller Vernunftideen ist die systematische Einheit der Verstandeserkenntnisse, die aber nicht durch einen Akt der Vernunft allein soll hergestellt werden, sondern indem die systematische Einheit den Verstandeshandlungen selbst zum Ziel gesetzt wird; diese Verstandeshandlungen aber müssen unausweichlich daran scheitern, weil die Handlungen des Verstandes nur distributive Einheit, also die begriffliche Einheit einzelner Objekte, herzustellen vermag. Die in den Ideen vorgestellte systematische Einheit aller Verstandeserkenntnisse wiederum als distributive Einheit eines einzelnen Objekts vorzustellen, ist aber eine Täuschung, nämlich die Selbsttäuschung des Verstandes, den Grund der Einheit aller seiner Regeln, durch die er Einheit über das Feld der Erfahrung austeilt, selbst wiederum auf diesem Feld zu suchen und einen Gegenstand zu behaupten, der im Felde der Erfahrung, aber außerhalb unseres Horizontes liegt. Dies, die systematische Einheit aller Verstandesregeln für etwas zu halten, was dem Bereich zugehörig ist, der von den Regeln geregelt wird, ist die Dialektik; die Denkfigur selbst aber, „nämlich den Verstand zu einem gewissen Ziele zu richten, in Aussicht auf welches die Richtungslinien aller seiner Regeln in einen Punkt zusammenlaufen" (A 644/B 672) ist für sich genommen nicht dialektisch, sondern bedeutet, den Verstandesbegriffen „die größte Einheit neben der größten Ausbreitung zu verschaffen" (ebd.).

Warum bedarf es einer Vernunftidee, um den Verstandesbegriffen die größte Einheit neben der größten Ausbreitung zu verschaffen? Das scheint eine ganz unsinnige Forderung zu sein, weil alles, was durch den Verstand erkannt wird, eben deshalb, weil es ein durch den Verstand Erkanntes ist, den Begriffen und Regeln des Verstandes unterliegt, und diese Begriffe und Regeln von daher ohnehin für alle Verstandeserkenntnisse gelten. Ontologisch ausgedrückt bedeutet dies, daß alle Verstandesbegriffe und Regeln für die gesamte Sinnenwelt gültig sind, also zu jeder Zeit und an allen Orten des Raumes; ihnen eine über Raum und Zeit hinausreichende Gültigkeit verschaffen zu wollen, wäre der Versuch, ihnen einen Gegenstand kongruierend zu geben, der kein Gegenstand möglicher Erfahrung sein kann. Dies wäre der dialektische Versuch einer konstitutiven Verwendung der Vernunftideen, während hier gerade nicht der dialektische, sondern der regulative Gebrauch der Ideen thematisch sein soll, und ein solcher regulativer Gebrauch versucht nicht, die Verstandeserkenntnis über die Grenzen möglicher Erfahrung hinauszutragen, sondern „das Systematische der Erkenntnis (...), d.i. der Zusammenhang derselben aus einem Prinzip" (A 645/B 673) darzutun. Den Verstandeserkenntnissen die größte Einheit neben der größten Ausbreitung zu verschaffen bedeutet also, die Einheit alles Erkannten nach einer Idee zustande zu bringen, „nämlich die von der Form eines Ganzen der Erkenntnis, welches vor der bestimmten Erkenntnis der Teile vorhergeht und die Bedingungen enthält, jedem Teile seine Stelle und Verhältnis zu den übrigen a priori zu bestimmen" (ebd.). Vernunfteinheit besteht darin, die Verstandeserkenntnisse als System, nicht bloß als Aggregat zu begreifen[102]. Die Vernunft schafft sich ein System der Verstandeserkenntnisse, indem sie apodiktisch oder hypothetisch urteilt, d.h. sich bestimmender oder reflektierender Urteilskraft bedient.[103] Der hypothetische Vernunftgebrauch erprobt die Regel als allgemein, indem

---

[102] Die Einheit der Welt, die durch die Vernunft hergestellt wird, ist die Einheit des Systems der Naturgesetze, nicht die Einheit des Systems der Verstandesgrundsätze, und nur deshalb kann sie Anspruch erheben, eine Einheit zu sein, die über die Einheit der Vernunft selbst hinausgeht. „Neben inhaltlicher Vollständigkeit weist also das System auch umfangmäßige auf. Die letztere ist Garant einer uneingeschränkten, durchgängigen Anwendbarkeit der Gesetze der betreffenden Wissenschaft, der Allgemeinheit derselben, und in der Folge auch aller anderen Gesetzeskennzeichen, der Notwendigkeit, Objektivität usw. Nur das System sichert den Gesetzen neben der größten Einheit die größte Ausbreitung" (Gloy, Karen: Die Kantische Theorie der Naturwissenschaft. Eine Strukturanalyse ihrer Möglichkeit, ihres Umfangs und ihrer Grenzen. Berlin /New York 1976, S. 180). Weniger weit verbreitet ist die Erkenntnis, daß von einem System nur im Rückgriff auf den Begriff der Organisation gesprochen werden kann: „Das dritte unverwechselbare Kriterium des Systems ist seine Organisation. Sie ist mit dem zugrunde liegenden Prinzip gegeben und beherrscht das gesamte Material. Sie zeichnet dies durch Übersichtlichkeit und Ordnung aus. Sie erreicht solches einerseits durch eine exakte Abgrenzung nach außen, des Systemganzen gegen andere Systemganze, andererseits durch eine strenge Gliederung im Innern, der der Systemteile untereinander. Jene ist nicht ein willkürliches Abbrechen, sondern eine vom Prinzip festgesetzte Begrenzung des methodischen Forschens über bestimmte Gegenstände, diese nicht eine willkürliche Aufteilung, sondern eine vom Prinzip bestimmte, mit der eine sichere Abgrenzung der Teile gegeneinander, ein festes Arrangement untereinander und eine durchgängige Verweisung aufeinander verbunden ist. Durch jene bekommt das System den Charakter der Abgeschlossenheit und Ganzheit, durch diese den Charakter der Ordnung. Folglich meint System nicht eine ungeordnete, beziehungslose und damit unübersichtliche Menge, sondern ein geschlossenes, in sich gegliedertes, überschaubares Ganzes. Nicht zufällig vergleicht Kant es immer wieder mit dem Gliederbau von Organismen, der nach dem Zweckprinzip errichtet zu denken ist, und zwar so, daß die Einheit des Zwecks, in der alle Teile zusammenstimmen und in bezug auf die sie auch untereinander übereinkommen, in der Idee vorausgeht" (S. 181).

[103] Der Absatz, in dem Kant den apodiktischen von dem hypothetischen Gebrauch der Vernunft unterscheidet, liest sich wie eine Zusammenfassung der oben versuchten Analyse des Verhältnisses von bestimmender und reflektierender Urteilskraft. Er sei deshalb hier ganz wiedergegeben: „Wenn die Vernunft ein Vermögen ist, das Besondere aus dem Allgemeinen abzuleiten, so ist entweder das Allgemeine schon an sich gewiß und gegeben, und alsdenn erfodert es nur Urteilskraft zur Subsumtion, und das Besondere wird dadurch notwendig bestimmt. Dieses will ich den apo-

eine begrenzte Anzahl von gewissen Fällen als aus dieser Regel folgend gezeigt wird. Dieser hypothetische Gebrauch der Vernunft kann nicht konstitutiv sein, weil nach diesem Verfahren jede nur denkbare Folge aus der Regel gegeben sein müßte und in dem Prozeß der Erprobung als Folge der Regel erwiesen werden müßte, und deshalb ist es der Vernunft in ihrem hypothetischen Verfahren nur um eine·„projektierte Einheit" (A 647/B 675) aller Verstandeserkenntnisse zu tun, die ein Problem bleiben muß, weil sie gerade jene Verstandeserkenntnisse mitumfassen soll, die gar nicht gegeben sind. Die projektierte Einheit aller Verstandeserkenntnis kann kein bloß logisches Prinzip sein, sondern nur ein solches, das auf ein transzendentales Prinzip, eben eine Idee, zurückgreift, durch das „eine solche systematische Einheit, als den Objekten selbst anhängend, a priori als notwendig angenommen wird" (A 650/B 678). Nur dadurch also, daß in der Idee die Einheit aller Verstandeserkenntnis als Einheit der Natur selbst vorgestellt wird, ist die Vernunft berechtigt, die Mannigfaltigkeit der Verstandeserkenntnisse „als eine bloß versteckte Einheit zu behandeln" (A 651/B 679) und darin gleichzeitig eine Einheit vorzustellen, die nicht „zuvor von der zufälligen Beschaffenheit der Natur" (ebd.) abgenommen worden war.

Was ist diese transzendentale Voraussetzung? Wir finden sie, sagt Kant, „auch auf bewunderswürdige Weise in den Grundsätzen der Philosophen versteckt, wiewohl sie solche darin nicht immer erkannt, oder sich selbst gestanden haben" (A 651/B 679). Inhaltlich besagt diese Voraussetzung, daß „alle Mannigfaltigkeiten einzelner Dinge die Identität der Art nicht ausschließen; daß die mancherlei Arten nur als verschiedentliche Bestimmungen von wenigen Gattungen, diese aber von noch höheren Geschlechtern etc. behandelt werden müssen" (ebd.). Schon eine solche unbewußte Verwendung dieser transzendentalen Voraussetzung reicht für die Aufstellung der Schulregel, daß „eine gewisse systematische Einheit aller möglichen empirischen Begriffe, so fern sie von höheren und allgemeineren abgeleitet werden können, gesucht werden müsse" (A 652/B 680). Es ist bereits in dieser zunächst bloß logischen Schulregel vorausgesetzt, daß „in der Natur eine solche Einhelligkeit angetroffen werde" (A 652/B 680), wie die Regel sie logisch fordert, und deshalb ist die ontologische Regel, „daß man die Anfänge (Prinzipien) nicht ohne Not vervielfältigen müsse" (A 652/B 680) in der Verwendung der logischen Schulregel mitgedacht; darin ist die Behauptung enthalten, „daß die Natur der Dinge selbst zur Vernunfteinheit Stoff darbiete" (ebd.), so daß die Vernunfteinheit

---

diktischen Gebrauch der Vernunft nennen. Oder das Allgemeine wird bloß problematisch angenommen, und ist eine bloße Idee, das Besondere ist gewiß, aber die Allgemeinheit der Regel zu dieser Folge ist noch ein Problem; so werden mehrere besondere Fälle, die insgesamt gewiß sind, an der Regel versucht, ob sie daraus fließen, und in diesem Falle, wenn es den Anschein hat, daß alle anzugebende besondere Fälle daraus abfolgen, wird auf die Allgemeinheit der Regel, aus dieser aber nachher auf alle Fälle, die auch an sich nicht gegeben sind, geschlossen. Diesen will ich den hypothetischen Gebrauch der Vernunft nennen." (A 646/B 674).

die Einheit der Natur auf der Basis zwar eines Gebotes der Vernunft ist, nicht jedoch
entgegen der Verfassung der Natur erweise, die Vernunft also zwar „hier nicht bettele,
sondern gebiete" (A 653/B 681), ebensowenig aber auch bloß unterstelle. Nun erschöpft sich diese transzendentale Grundlegung der Einheit der Natur nicht in dem
logischen Grundsatz der Identität des Verschiedenen qua ihres Bezuges auf Gattungen,
denn „dem logischen Prinzip der Gattungen, welches Identität postuliert, steht (...) das
der Arten entgegen" (A 654/B 682), das auf Mannigfaltigkeit unter den Gattungen und
Verschiedenheit in den Dingen aus ist. Dieser Grundsatz „(der Scharfsinnigkeit, oder
des Unterscheidungsvermögens) schränkt den Leichtsinn des ersteren (des Witzes) sehr
ein" (A 654/B 682). Offenbar verfolgt die Vernunft hier zwei einander widerstreitende
Interessen, nämlich das eine, nach dem Prinzip der Einheit des Mannigfaltigen in Gattungen Vieles unter einem Begriff, nach dem Prinzip der Verschiedenheit der Arten
eine große Mannigfaltigkeit der Merkmale in einem Begriff zu denken. Dieses Interesse
der Vernunft beinhaltet, „daß keine Art als die unterste an sich selbst angesehen werde"
(A 654/B 683), sondern jede Art ihrerseits „jederzeit andere Begriffe, d.i. Unterarten,
unter sich enthalten müsse" (A 656/B 684). Der Widerstreit dieser beiden Interessen ist
seit dem § 1 von De mundi unter dem Titel des Gegensatzes von Synthese und Analyse
bekannt, und es ist aus der dort vorgenommenen Analyse des „Weltbegriffes überhaupt" bereits klar, daß die Gesetze der Einheit des Vielen unter Gattungen und der
Verschiedenheit des Vielen als Arten nur auf der Basis einer ihnen jeweils zugrunde
liegenden Vernunftidee sinnvolle Regeln für den Verstandesgebrauch sein können, weil
nur unter der Herrschaft einer Idee, die die logischen Prinzipien als bloß regulativ
feststellt, der Verstand sich nicht in unendliche Synthesen oder Analysen verrennt.

Die durch den Nachvollzug der natürlichen Dialektik der Vernunft bestätigte
Dringlichkeit der Forderung nach einem bloß regulativen Gebrauch der Vernunftideen
ist die Abhilfe der Problematik des § 1 von De mundi, in den Ideen von Synthese und
Analyse zugleich Inhalte mitzuliefern, an denen Synthese und Analyse jeweils ihren
Abschluß finden können. Das Gesetz der Homogenität geht dadurch über eine bloß logische und von daher unabschließbare Verfahrensweise hinaus, daß die Idee der logischen Synthese ontologisch als die regulative Idee der Welt erscheint, und die Idee der
logischen Analyse ontologisch als die regulative Idee des Atoms. Nun ist es aber gerade
die Pointe des von Kant hier vorgenommenen Ausweises der Prinzipien der „Gleichar-
tigkeit des Mannigfaltigen unter höheren Gattungen" und des Grundsatzes „der Varietät
des Gleichartigen unter niederen Arten" (A 657/B 685), daß beide Prinzipien sich auf
die Welt beziehen, deren Idee durch die Vernunft durch zwei einander entgegenlau-
fende Prinzipien verfolgt wird, nämlich durch die Idee der Welt als Einheit einerseits
und durch die Idee der Welt als Vielheit anderseits. Das ist vor dem Hintergrund der
Lehre von dem Weltbegriff überhaupt, die aus den ersten Paragraphen von De mundi
entspringt und die die Idee der Welt als die Idee der Einheit des Vielen zeigt, nicht

weiter überraschend, denn wenn die Einheit der Welt eine Einheit des Vielen sein soll, die durch die Vernunft gedacht wird, dann muß dieselbe Vernunft auch die Vielheit in der Einheit denken können. Beide Vernunftprinzipien bedingen einander; dies jedoch macht es nötig, ein drittes Prinzip anzunehmen, durch das der Bezug zwischen beiden Vernunftprinzipien in der Form eines Übergangs von dem einen in das andere möglich wird. Die Einheit der Welt zu denken, macht es nötig, ihre Vielheit immer schon in bezug auf ihre Einheit zu denken, und sie macht es unausweichlich, die Einheit immer auch als Einheit des Vielen zu begreifen. Das ist bekannt und geht nicht über das schon in De mundi Entwickelte hinaus; was Kant hier, im ersten Teil des Anhanges zur Transzendentalen Dialektik leistet, ist aber der über das in De mundi Geleistete hinausgehende Aufweis jenes dritten vermittelnden Prinzips. Die Vernunft fügt, „um die systematische Einheit zu vollenden, (...) noch ein Gesetz der Affinität aller Begriffe hinzu, welches einen kontinuierlichen Übergang von einer jeden Art zu jeder anderen durch stufenartiges Wachstum der Verschiedenheit gebietet" (A 657/B 685).

In den beiden Prinzipien der Homogenität und der Spezifikation sind zwei Perspektiven auf die Welt insgesamt enthalten, zwischen denen ein Wechsel möglich sein muß, wenn die Welt als absolute Einheit zu denken möglich sein soll. Die Möglichkeit dieses Perspektivenwechsels findet ihren Ausdruck in dem Gesetz der Affinität aller Begriffe, das also eine notwendige Bedingung der Möglichkeit einer Einheit der Welt vorstellt. Hierfür muß das Gesetz der Affinität aller Begriffe, das Kant mißverständlich formuliert als das Gebot eines kontinuierlichen Übergangs von einer jeden Art zu jeder anderen durch stufenartiges Wachstum der Verschiedenheit, so, als diene dieses Gesetz lediglich dazu, den weiteren Abstieg in die Spezifikation zu ermöglichen, gerade umgekehrt so verstanden werden, daß es die Möglichkeit eröffnet, jeden beliebigen Begriff entweder hinsichtlich der Gattungen über ihm oder der Arten unter ihm zu thematisieren. „Das letztere [Prinzip der Affinität aller Begriffe] entspringt dadurch, daß man die zwei ersteren vereinigt, nachdem man, sowohl im Aufsteigen zu höheren Gattungen, als im Herabsteigen zu niederen Arten, den systematischen Zusammenhang in der Idee vollendet hat; denn alsdann sind alle Mannigfaltigkeiten unter einander verwandt, weil sie insgesamt durch alle Grade der erweiterten Bestimmung von einer einzigen obersten Gattung abstammen" (A 658/B 686). In diesem Gesetz ist die freie Wahl der beiden möglichen Perspektiven enthalten. Diese Wahl ist nicht so zu verstehen, daß durch das Prinzip der Affinität aller Begriffe es möglich wäre, die eine Perspektive in die andere zu überführen und die absolute Einheit der Welt in einer Art von Gesamtschau beider Perspektiven zu erblicken, sondern es ist die Möglichkeit einer Verbindung zwischen beiden Perspektiven gezeigt, die in der erkennenden Vernunft angelegt ist, ohne daß dieselbe Vernunft diese Verbindung anschaulich realisieren könnte. Die absolute Einheit der Welt ist eine systematische Einheit.

Das Gesetz der Affinität aller Begriffe macht die absolute Einheit der Welt als Verstandeswelt dadurch möglich, daß es ein transzendentales Gesetz ist, das als ein solches nicht auf empirischen Gründen beruht. Der Ausdruck einer Verstandeswelt beschreibt die Sinnenwelt als eine absolute Einheit des Systems aller Verstandeserkenntnisse; damit steht die Einheit der Welt als System in unauflösbarer, aber vermittelter Beziehung auf die Sinnenwelt und beide sind einander nur anzunähern, nicht jedoch in Deckung zu bringen. Das Gesetz der Affinität macht die Einheit der Welt möglich, indem es das „Systematische der Naturerkenntnis zuerst [hervorbringt]" (A 660/B 688), und darin ein Systematisches der Sinnenwelt beschreibt, das selbst niemals empirisch wird gegeben werden können, und deshalb ist die „Kontinuität der Formen" „eine bloße Idee, der ein kongruierender Gegenstand in der Erfahrung gar nicht aufgewiesen werden kann" (A 661/B 689). In der Ordnung, die die drei Vernunftprinzipien in ihrem Erfahrungsgebrauch vorstellt, nimmt das hinsichtlich der Vernunfterkenntnis der absoluten Einheit der Welt als System zentrale Prinzip der Affinität den mittleren Platz ein als Vermögen, die Mannigfaltigkeit des Vielen als Verwandtschaft des Vielen zu deuten und darin als Einheit zu verstehen. Die Idee der Einheit der Welt als System bedient sich eines Gefüges heuristischer Grundsätze, das wirklich „mit gutem Glücke gebraucht werden" (A 663/B 691) kann. Obwohl eine objektive Deduktion der in den Regeln in Anwendung kommenden Ideen, „wie oben bewiesen worden, (...) jederzeit unmöglich ist" (A 664/B 692), ist also durch das System der Vernunftgrundsätze ein regulativer Gebrauch dieser Ideen möglich, und zwar ein solcher, der nicht einfach dem bloßen Spiel der Vernunft mit sich selbst genügt, sondern der in den Grundsätzen selbst der Vernunfterkenntnis nach Ideen „einige objektive Gültigkeit" (A 664/B 692) zu sichern vermag. Die objektive Gültigkeit der Grundsätze der Vernunft ist das Mittel, durch das der empirische Gebrauch der Vernunftideen objektiv möglich wird und in seinem regulativen Charakter Sicherheit findet; dieser Gebrauch tut gleichwohl nichts zu der Einheit der Gegenstände in der Anschauung hinzu, sondern bedeutet lediglich ein „Analogon von einem Schema der Sinnlichkeit" (A 665/B 694), das nur indirekt, indem es eine Einheit des Verstandesgebrauchs analog zu der Einheit der Anschauung, die Einbildungskraft und Verstand herstellen, vorstellt, sich auf Objekte bezieht und in diesem Sinne durchaus objektiv ist. Die Grundsätze der Vernunft sind objektiv, indem sie eine „gewisse mögliche Vollkommenheit der Erkenntnis dieses Objekts" (A 666/B 694) vorstellen, sie sind aber subjektiv, indem sie nicht zu einer Bestimmung des Objekts selbst, sondern nur zur Anleitung des Verstandes taugen: Sie sind Maximen der Vernunft.[104]

---

[104] Die Entwicklung dieser drei Maximen der Vernunft darf nicht verwechselt werden mit der Zuordnung jeweils einer dieser Maximen zu jeweils einer der drei Vernunftideen. Auch wenn eine solche Zuordnung angesichts der auffällig oft auftretenden Dreizahl auf der Hand zu liegen

3. Funktionalität der Vernunftideen. Welt als Organisation aus Vernunft.

Die Vernunft selbst ermöglicht sich den zweckmäßigen Gebrauch ihrer Ideen durch die Aufstellung dreier Maximen, deren Verwendung die Vernunfterkenntnis zu einem System erweitert. Ein System ist die Ordnung des Verschiedenen nach einer Idee, anders als das Aggregat, das eine bloß beiläufige Zusammenstellung des Verschiedenen ist. Von einem Vernunftsystem kann nur dort gesprochen werden, wo die sich als Ordnung manifestierende Systematik im voraus in einer Vernunftidee vorgestellt wird. Alle Verstandeserkenntnis als System zu begreifen, erfordert jederzeit eine Idee, und es ist deshalb die Welt als Vernunftsystem aller empirisch-objektiven Erkenntnis nur aufgrund einer Idee zu denken möglich, die in sich die Ordnung vorstellt, die systematisch verwirklicht werden soll. Die Ideen selbst sind es also, die den zweckmäßigen Gebrauch der Vernunft möglich machen, wenn auch der wirkliche Vollzug dieser Möglichkeit aufgrund der unaufhebbaren Diskursivität von Verstand und Vernunft weiterer Bedingungen des Verfahrens, nämlich der drei Vernunftmaximen, bedarf, um im Systematisch-Regulativen zu verbleiben und sich nicht im Dialektischen zu verlieren. Die Vernunft besitzt in ihrem bloß regulativen Gebrauch also letztlich nur eine einzige Idee, nämlich die eines zweckmäßigen Gebrauchs der Vernunftideen, die der Vernunft als Prinzip dient, alle Verstandeserkenntnis in einem System zu vereinen. Vernunft erkennt nicht die Welt als System, sondern organisiert sich die Gesetze der Natur in der Weise, daß

---

scheint, und zudem durch die Textstelle A 663/B 691, in der Kant die heuristische Tauglichkeit der drei Vernunftmaximen mit der Unmöglichkeit einer objektiven Deduktion der drei Vernunftideen in Zusammenhang bringt, so scheint mir eine eineindeutige Abbildung der drei Vernunftmaximen auf die Vernunftideen Ich, Welt und Gott nach dem bisher Gesagten schon allein deswegen abwegig zu sein, weil die Vernunft allein für den empirisch-systematischen Verfolg der Idee der Welt alle drei Vernunftmaximen in Anschlag bringen muß. Es ist gar nicht abzustreiten, daß zwischen den drei Vernunftideen und den drei Vernunftmaximen eine gewisse strukturelle Analogie festzustellen ist, die ihre einleuchtende Erklärung darin findet, daß es auch im Falle der drei Vernunftmaximen, mehr noch sogar im Falle des empirisch-systematischen Verfolgs dieser Maximen, die reflektierende Urteilskraft ist, die in und durch die Maximen wirkt, also dasselbe Vermögen der Vernunft, durch das die Vernunft sich selbst die Ideen respektiv auf die ihr zur Verfügung stehenden Möglichkeiten eines empirischen Gebrauchs ihrer selbst gibt. In allen ihren Ideen ist die Vernunft auf Einheit aus, nämlich „die absolute (unbedingte) Einheit des denkenden Subjekts, die (...) absolute Einheit der Reihe der Bedingungen der Erscheinung, die (...) absolute Einheit der Bedingung aller Gegenstände des Denkens überhaupt" (A 334/B 391). In allen drei Fällen aber ist die absolute Einheit eine erst herzustellende Einheit (sonst bedürfte es umwillen dieser Einheit gar keiner sie vorstellenden Idee), so daß der Verfolg einer jeden Idee auf alle drei Vernunftprinzipien zurückgreifen muß. Was die Analyse des regulativ-systematischen Gebrauchs der Vernunftideen, der empirische Gebrauch der Vernunft, allerdings über das in De mundi Gesagte hinaus zutage fördert, ist das gegenseitige Verwiesensein der Idee des Weltganzen und der Idee des Atoms, die darin besteht, daß durch das Gesetz der Affinität jeder Versuch, eine der beiden Ideen zu denken, die Möglichkeit der entgegengesetzten Idee einräumen muß.

deren Gesamtheit ein System – und nicht bloß ein Aggregat – ausmachen: Vernunft ist ein Organ[105].

Wer an dieser Stelle – dem zweiten Abschnitt des Anhangs zur Transzendentalen Dialektik, der „Von der Endabsicht der natürlichen Dialektik der menschlichen Vernunft" handelt (A 669/B 697- A 704/B 732) – nun eine Darlegung der Methode des wirklichen Vollzugs dieses regulativ-zweckmäßigen Gebrauches erwartet, sieht sich getäuscht, denn Kant wendet sich stattdessen dem Thema der Deduktion der Ideen zu: Wenn die Ideen der Vernunft „im mindesten einige, wenn auch nur unbestimmte, objektive Gültigkeit haben, und nicht bloß leere Gedankendinge (...) vorstellen [sollen], so muß durchaus eine Deduktion derselben möglich sein, gesetzt, daß sie auch von derjenigen weit abwiche, die man mit den Kategorien vornehmen kann" (A 669/B 697). Und der erstaunte Leser, der die Deduktion der Ideen für eine doch längst abgetane Sache halten muß[106], erfährt, daß Kant allen Ernstes gerade an diesem Hingegangenen Wiederbelebungsversuche vorzunehmen gedenkt, denn „das ist die Vollendung des kritischen Geschäftes der reinen Vernunft, und dieses wollen wir jetzt übernehmen" (ebd.). Offenbar versteht Kant selbst die auf diese Ankündigung folgenden Seiten A 670/B 698 bis kurz vor A 680/B 708 als Vollzug der Deduktion der Ideen, denn erst A 679/B 707 unten spricht er davon, daß „nunmehr (...) das Resultat der ganzen transzendentalen Dialektik deutlich vor Augen [gestellt], und die Endabsicht der Ideen der reinen Vernunft" genau bestimmt werden könne.

„Es ist", diese Aussage ist der Ankündigung Kants zufolge als Beginn der Deduktion der Vernunftideen zu verstehen, „ein großer Unterschied, ob etwas meiner Vernunft als ein Gegenstand schlechthin, oder als ein Gegenstand in der Idee gegeben

---

[105] Es ist also keineswegs nur oberflächlich dahingesagt, wenn Kant in der Einleitung in die KdrV (B XXXVI) das Vorhaben der KdrV als eine „Kritik des Organs, nämlich der reinen Vernunft selbst" bezeichnet. Freilich ist das eine Aussage, die sich zunächst nur auf eine interne Struktur der Vernunft bezieht, nicht die Behauptung der Vrnunft als eines Naturzwecks.

[106] Deshalb ist diese Deduktion auch wenig beachtet worden. Eine Ausnahme bilden Rudolf Zocher (Zu Kants transzendentaler Deduktion der Ideen der reinen Vernunft. Zeitschrift für philosophische Forschung 12 (1958), S. 43-58), sowie in jüngerer Zeit der Beitrag von M. Caimi (Über eine wenig beachtete Deduktion der regulativen Ideen, Kant-Studien 86, 1995, 308-320), der mit Bezug auf KdrV, B 679, ausführt: „Wir haben hier eine Deduktion, welche in ihrer Beweisführung die entgegengesetzte Richtung einschlägt als die Deduktion der reinen Verstandesbegriffe; man schreitet hier nicht von einer logischen zu einer transzendentalen Einheit vor; man versucht hier nicht, die transzendentale Gültigkeit eines rein logischen Begriffes zu beweisen, der in dem Erkenntnisvermögen seine Abstammung hat, und von dem es zu erklären gilt, wieso er sich auf Gegenstände beziehen kann. Sondern vielmehr ist die logische Einheit erst dann möglich, wenn die transzendentale Einheit vorausgesetzt wird. Die transzendentale Gültigkeit des Vernunftprinzips der systematischen Einheit (...) besteht zu Recht, weil nur mit ihr (...) die logische systematische Einheit möglich ist" (S. 312).

wird" (A670/B 698). Nun wäre die Verstrickung in Antinomien angesichts der Vernunftideen nur bloße Dummheit und nicht Dialektik, wenn nicht der Hang, sich die
Ideen gegenständlich vorzustellen, der menschlichen Vernunft eigen wäre, und deshalb
gehen die Vernunftideen nur auf einen regulativen Gebrauch, innerhalb dessen sie „nur
ein Schema [bedeuten], dem direkt kein Gegenstand, auch nicht einmal hypothetisch
zugegeben wird, sondern welches nur dazu dient, um andere Gegenstände, vermittelst
der Beziehung auf diese Idee, nach ihrer systematischen Einheit, mithin indirekt uns
vorzustellen" (A 670/B 698). Das aber ist bloß eine Zusammenfassung des schon im
Abschnitt über den regulativen Gebrauch der Ideen Gesagten und keine neue Deduktion der Ideen; dasselbe gilt dann aber auch für das Beispiel, mit dem Kant fortfährt,
und in dem er die objektive Realität des „Begriffs einer höchsten Intelligenz" (ebd.)
dahingehend bestimmt, daß er sich nicht „geradezu auf einen Gegenstand bezieht"
(ebd.), sondern „nur dazu dient, um größte systematische Einheit im empirischen
Gebrauche unserer Vernunft zu erhalten, indem man den Gegenstand der Erfahrung
gleichsam von dem eingebildeten Gegenstande dieser Idee, als seinem Grunde, oder
Ursache, ableitet" (ebd.). Die Deduktion der Vernunftideen kann also weder die Inhalte
Gott, Welt und Seele aus formalen Akten der Vernunfterkenntnis erweisen, noch in
einem Verweis auf diesen Ideen korrespondierende empirische Gegenstände eine
nachträgliche Bestätigung erfahren, sondern allein durch den Erweis erfolgen, daß „alle
Regeln des empirischen Gebrauchs der Vernunft unter Voraussetzung eines solchen
Gegenstandes in der Idee auf systematische Einheit führen" (A 671/B 699).

Eine Deduktion der Vernunftideen ist nur möglich durch ein Verfahren, durch das
die Vernunftideen sich als tauglich erweisen, den Zweck zu erreichen, dem sie dienen
sollen, und deshalb ist es für eine Deduktion der Vernunftideen nötig, im voraus um
den Zweck zu wissen, der durch die regulative Verwendung der Ideen erreicht werden
soll. Dieser Zweck ist die Einheit der Erfahrung insgesamt, und die Deduktion der
Ideen zeigt die Ideen als geeignete Mittel zur Erreichung dieses Zwecks. Es liegt auf
der Hand, daß diese Form der Deduktion die Vernunft insgesamt als Organismus verstehen muß, nämlich als ein insgesamt zweckmäßiges Gefüge, innerhalb dessen die Vorstellung eines Zweckes, nämlich die absolute Einheit aller Erfahrung, als Zweck die
Existenz jener Ideen bedingt, die diesen Zweck in sich vorstellen. Die Ideen sind deshalb die Mittel, die in sich selbst den Zweck vorstellen, aufgrund dessen Voraussetzung
sie sind. Nun wäre es offensichtlich zirkulär, die Ideen der Vernunft als Vorstellungen
einer Einheit zu verstehen, aufgrund derer die Ideen deduzierbar werden, und sie deshalb aber auch schon für deduziert zu halten. Deshalb bedarf es hinsichtlich der Deduktion der Ideen der zusätzlichen Annahme, daß die Vernunft insgesamt und vor allen
Ideen immer schon auf Vollständigkeit aller Erkenntnis aus ist: Die Vernunft ist wesentlich architektonisch. Architektonik ist „die Kunst der Systeme" (A 831/B 859). Die
Vernunft hat jedoch auch den Hang, ihren Ideen empirisch korrespondierende Gegen-

stände geben zu wollen. „Idee" in ursprünglicher Bedeutung meint zunächst die Vorstellung von einem Gegenstand, der meiner empirischen Anschauung nicht gegenwärtig ist, wie etwa die Idee eines Tieres, das ich, um mir zur Nahrung zu dienen, jagen will. Idee in der bereits erweiterten Bedeutung bezieht sich auf die Handlung, die ich zu tun vorhabe, um das, was mir nur als Vorstellung vorschwebt, zu erlangen, wie etwa die Idee, sobald der Sturm nachgelassen hat, meine Keule zu schultern und dem freundlichen Wild den Garaus zu machen. Idee in dieser zweiten Bedeutung beinhaltet schon die Vorstellung einer Handlung des Menschen; weitaus größerer Vorrichtungen bedarf es, um eine Idee vollständig als Handlung der Vernunft aufzuzeigen. So ist die Idee der Welt zunächst die Idee von einem Gegenstand, der alles umfaßt, was ich bisher gesehen habe und in Zukunft sehen werde, und in den zudem auch noch alles eingeht, was ich nie sehen werde, weil es räumlich jenseits meines Horizontes verbleiben wird oder sich ereignen wird, wenn ich nicht mehr sein werde, oder sich bereits ereignet hat, als ich noch nicht war; zieht man zu diesem noch dasjenige hinzu, was ich aus Unvermögen gar nicht bemerke, obwohl es sich doch ereignet, so gelange ich zu einer sowohl in extensiver wie intensiver Hinsicht ausgesprochen umfangreichen Idee, die ich mir gegenständlich nicht mehr vorstellen kann, ohne daß sich meine Vernunft bei diesem Versuch in eine dialektische Antinomie verstrickt, der ich nur entgehen kann, indem ich die Idee nicht als Gegenstand der anschaulichen Erkenntnis, sondern ganz als Verfahren des Erkennens selbst verstehe.

Wenn die Idee des Weltganzen allein als die Idee des Systems aller Erkenntnis zu verstehen ist, dann bedeutet das, daß Sinnenwelt nur als das System aller Erkenntnisse über die Welt nach Maßgabe der Idee der Einheit der Welt denkbar, nicht jedoch als Einheit anschaubar ist, und infolgedessen die objektive Realität dieser Idee nur im Verfahren des Erkennens selbst liegen kann: Die Annahme der objektiven Realität der Idee des Weltganzen ist eine suppositio relativa, keine suppositio absoluta, und die Vorstellung des Weltganzen als anschaulicher Gegebenheit ist die Vorstellung des Weltganzen als eines realen Gegenstandes, dessen Vorstellung, weil sie selbst nur in der Welt sein kann, in Antinomien führt, und so gerade verhindert, „desto bestimmter die Allgemeinheit des Prinzips zu denken" (A 676/B 704). Anders als der Verstand in seinen Begriffen, etwa „der Realität, der Substanz, der Kausalität, selbst die der Notwendigkeit im Dasein", die „außer dem Gebrauche, da sie die empirische Erkenntnis eines Gegenstandes möglich machen, gar keine Bedeutung, die irgend ein Objekt bestimmete" (A 6777/B 705) haben, ist die Vernunft bestrebt, ihre Begriffe selbst anschaulich zu machen. Verstandesbegriffe erschöpfen sich in ihrer Anwendung auf Dinge in der Sinnenwelt und haben in sich überhaupt kein Bestreben, selbst als solche Dinge angeschaut zu werden, die Begriffe der Vernunft jedoch dienen gerade der Erklärung „der Möglichkeit eines Weltganzen selbst" (A 677/B 705), von dem die Vernunft hofft, es werde sich empirisch anschauen lassen und deshalb versucht, die objektiv-anschauliche Realität ihrer Begriffe darzutun. Das, was die Vollständigkeit der Erkenntnis der Sinnenwelt als System ermöglicht, soll sich als Objekt anschauen lassen, und ich werde deshalb „nicht allein befugt, sondern auch genötigt sein, diese Idee zu realisieren, d.i. ihr einen wirklichen Gegenstand korrespondierend zu setzen, aber nur als ein Etwas überhaupt, das ich an sich selbst gar nicht kenne, und dem ich nur, als einem Grunde jener systematischen Einheit, in Beziehung auf diese letztere solche Eigenschaften gebe, als den Verstandesbegriffen im empirischen Gebrauche analogisch sind" (A 677/B 705). Die Objektivierung der Idee bedeutet die Annahme „idealischer Wesen" (A 674/B 702), und verlangt, „alle die Idee einschränkende Bedingungen" (A 687/B 706) wegzulassen und eine anschauliche Repräsentanz der Idee zu denken, die, weil „diese Idee bloß auf meiner Vernunft beruht" (A 678/B 706), in Analogie zu meiner eigenen Vernunft die Vorstellung einer „selbständigen Vernunft" (ebd.) ist.

Aus dem Hang der Vernunft zur Objektivierung ihrer Ideen resultiert die Philosophie des Als-ob, die es erlaubt, die „systematische Einheit des Mannigfaltigen im Weltganzen, und, vermittelst derselben, den größtmöglichen empirischen Verstandesgebrauch möglich zu machen, indem ich alle Verbindungen so ansehe, als ob sie Anordnungen einer höchsten Vernunft wären, von der die unsrige ein schwaches Nachbild ist" (ebd.). Die wenn auch nur symbolische Annahme einer höchsten Vernunft bedeutet die Annahme eines Vernunftwesens, das als Objektivation der Vernunft „durch lauter Begriffe, die eigentlich nur in der Sinnenwelt ihre Anwendung haben" (A 678/B 706) gedacht werden muß und dann unausweichlich als die Vorstellung eines Gottes erscheint. Dies bedeutet nicht, durch einen Akt des Selbstbetruges letztlich doch die empirische Realität der Idee Gottes erweisen zu wollen – nämlich indem die Existenz eines der Idee Gottes korrespondierenden Objekts für den empirischen Erweis der Idee selbst ausgegeben wird –, denn es ist gar nicht die Idee Gottes, die die Vernunft aus sich heraussetzt, sondern es ist das Interesse der Vernunft, das in dem Vernunftwesen Ausdruck findet, nämlich das Interesse einer größtmöglichen Erweiterung der empirischen Erkenntnis, die der Welt eine vernünftige Struktur unterstellen muß, ohne die eine solche Erweiterung schon bald an der Grenze der Irrationalität des Faktischen, am Chaos, scheitern müßte. Das Vernunftwesen dient dazu, die Idee der „größten systematischen Einheit des Weltganzen" zu einem Prinzip zu erheben, durch das wirkliches Erkennen möglich wird, indem erst durch diese Objektivation der Vernunft die Idee der systematischen Einheit des Weltganzen „zum Schema des regulativen Prinzips des größtmöglichen empirischen Gebrauchs meiner Vernunft" (A 679/B 707) wird. Erst dadurch, daß die Vernunft die durchgängig vernunftgemäße Struktur der Welt denkt, wird es möglich, die Ideen als regulative Prinzipien eines zweckmäßigen empirischen Gebrauchs der Vernunft zu verwenden; es wird aber in demselben Akt auch unausweichlich, diesen Ideen korrespondierende Objekte in der Anschauung, wenn auch nur problematisch, zuzuweisen. Hinter der Dreiheit der Ideen steht eine diese Ideen verbin-

dende Grundidee, die auf der Ebene der Vernunft selbst als das Prinzip der größtmöglichen Erweiterung der empirischen Verstandeserkenntnis erscheint, und der auf
ontologischer Ebene der Gedanke einer vernunftgemäßen Struktur der Welt korrespondiert, deren Symbol ein Gott ist. Dies führt zu der teilweise verwirrenden Tatsache, daß
die Gottesidee im Rahmen einer Darstellung der Funktionalität der Vernunftideen in
zweifacher Weise aufzutreten scheint, nämlich zum einen als eine Bedingung, durch die
die Ideen erst regulativ und darin zweckmäßig in Verwendung kommen können (nämlich durch die eben dargelegte Funktion der Symbolisierung), und zum anderen als eine
Idee, die selbst nach dem Prinzip der größtmöglichen systematischen Erweiterung des
Verstandesgebrauches die empirische Anwendung der Vernunft ermöglicht. Dies aber
ist ein Irrtum, der auf die schlichte Ineinssetzung dessen, was Kant das „Vernunftwesen" nennt, mit der Gottesidee zurückzuführen ist, die auf eine bloß traditionelle, und
als solche zunächst unausgewiesene Metaphysik zurückgreift, die gewohnt ist, das Vernunftwesen mit seiner Personifizierung zu identifizieren.

Dieser Sachverhalt wird erst vor dem Hintergrund des Resultats „der ganzen
transzendentalen Dialektik" (A 679/B 707), das Kant erst jetzt erreicht sieht, beantwortbar. Erst an dieser Stelle wird es möglich, von der Betrachtung der „Endabsicht der
natürlichen *Dialektik* der menschlichen Vernunft", die im Titel des letzten Abschnitts
angekündigt wird, zu der Betrachtung der „Endabsicht der *Ideen* der reinen Vernunft"
(A 680/B 708) selbst überzugehen. Diese Betrachtung beginnt mit der Erkenntnis, daß
„die reine Vernunft (...) in der Tat mit nichts als sich selbst beschäftigt" (ebd.) ist, nämlich mit der Herstellung einer Einheit der Verstandeserkenntnis, für die die Vernunft
auf ein Prinzip zurückgreifen muß, das nicht in dem liegen kann, dessen Einheit durch
die Anwendung des Prinzips erst hergestellt werden soll. „Die Vernunfteinheit ist die
Einheit des Systems, und diese systematische Einheit dient der Vernunft nicht objektiv
zu einem Grundsatze, um sie über Gegenstände, sondern subjektiv als Maxime, um sie
über alles mögliche empirische Erkenntnis der Gegenstände zu verbreiten" (ebd.). Die
Vernunft verfolgt in ihren drei Ideen in der Tat nur eine Maxime, nämlich „den empirischen Gebrauch der Vernunft durch Eröffnung neuer Wege, die der Verstand nicht
kennt, ins Unendliche (Unbestimmte) zu befördern und zu befestigen, ohne dabei jemals den Gesetzen des empirischen Gebrauchs [des Verstandes] im mindesten zuwider
zu sein" (ebd.). Diese Vernunftmaxime läßt sich erst dort in Akte wirklicher Erkenntnis
umsetzen, wo die Idee der größtmöglichen Erweiterung der empirischen Verstandeserkenntnis als ein Ideal erscheint, denn „die Vernunft kann (...) diese systematische Einheit nicht anders denken, als daß sie *ihrer Idee* [Herv. von mir] zugleich *einen Gegenstand*
[dto.] gibt" (A 681/B 709). Der in dieser Formulierung behauptete Singular der einen
Vernunftidee ist also kein singulare tantum für die drei Vernunftideen, sondern bezieht
sich wirklich auf die eine und oberste Vernunftidee der größtmöglichen Ausweitung der
Verstandeserkenntnis überhaupt, und es ist deshalb auch nur ein Gegenstand, der dieser

obersten Vernunftidee gegeben wird, nämlich das Vernunftwesen (ens rationis ratiocina-
tae). Dieses Vernunftwesen ist „eine bloße Idee" (ebd.) und wird nur problematisch angenommen, „um alle Verknüpfung der Dinge der Sinnenwelt so anzusehen, als ob sie in
diesem Vernunftwesen ihren Grund hätten" (ebd.). Das Vernunftwesen stellt die Welt
in Analogie mit der menschlichen Vernunft vor, d.h. es ist die Idee eines durchgängig
vernünftigen Charakters der Welt, die deshalb durch die menschliche Vernunft erfaßbar
sein muß, d.h. das Vernunftwesen unterstellt der Welt eine ontologische Struktur, die
der Struktur der menschlichen Vernunft analog ist und es erlaubt, die Welt durch Vernunfterkenntnis verständlich zu machen. Das Vernunftwesen ist noch nicht der perso-
nale Gott, sondern die Voraussetzung einer durchgängigen Erklärbarkeit der Welt durch
menschliche Vernunft: „Dieses transzendentale Ding ist bloß das Schema jenes regulativen Prinzips, wodurch die Vernunft, so viel an ihr ist, systematische Einheit über alle
Erfahrung verbreitet" (A 682/B 710).

Diese Idee des durchgängigen vernünftigen Charakters der Welt richtet sich auf
drei Objekte, nämlich Ich, Welt und Gott. Hinsichtlich der das Wesen der Vernunft
aussprechenden Idee, „den empirischen Gebrauch der Vernunft (...) ins Unendliche (...)
zu befördern und zu befestigen" erscheinen die drei Vernunftideen als Objekte dieser
Idee, also als Ideen zweiter Ordnung. Sie können keine Ideen erster Ordnung sein, weil
ihre Deduktion auf den der Vernunft als Naturanlage gegebenen Zweck zurückgreifen
muß, die empirische Erkenntnis auszuweiten, der in der Selbstanalyse der Vernunft
selbst nur eine Idee ist; denn erst der Rückgriff auf diese Idee erlaubt es der Vernunft
„den Begriff der empirischen Einheit alles Denkens" (A 682/B 710) – d.i. der Begriff
der Einheit alles empirischen Denkens – aufzugreifen und dadurch, „daß sie diese
Einheit unbedingt und ursprünglich denkt, aus demselben einen Vernunftbegriff (Idee)
von einer einfachen Substanz, die an sich selbst unwandelbar (persönlich identisch) mit
anderen wirklichen Dingen außer ihr in Gemeinschaft stehe" (ebd.) zu machen. Die
Welt als bloße Bezeichnung einer mehr oder weniger geordneten Anzahl äußerer Dinge
ist noch keine Idee; dies ist erst die Vorstellung der Welt als Einheit, die sich im empirischen Verfolg durch den Verstand nur in der Form einer Reihe von Bedingungen zu
einem gegebenen Bedingten denken läßt, die die Vernunft als Idee der Totalität aller
Bedingungen vorstellt. Der Begriff der ersten Ursache einer kosmologischen Reihe ist
für sich genommen noch keine Idee, denn sie wird als selbst empirische, wenn auch
erste Ursache einer solchen Reihe gedacht und ist damit selbst der Welt zugehörig. Aus
eben diesem Grunde kann sie nicht die erste Ursache sein, und es bedarf deshalb der
Erweiterung zur Vernunftidee „als der einigen und allgenugsamen Ursache aller kosmologischen Reihen" (A 685/B 713). Erst durch diesen Akt der Erhebung ist dieser
Begriff der ersten Ursache die Vernunftidee von Gott, d.h. es ist die Welt, „in Beziehung auf welche diese Supposition [die Existenz Gottes] allein notwendig sein kann" (A
686/B 714).

Der empirische Gebrauch der Vernunft bedeutet die Herstellung eines Systems aller Erkenntnis, das nicht einfach als ein System der Vernunft bloß ihrer eigenen Befriedigung dienen soll (als ein bloßes Spiel wirklichkeitsferner Vollständigkeit der Gedanken), sondern eine Struktur der Welt unterstellen muß, die, weil sie selbst vernünftig ist, es erlaubt, durch Vernunft erkannt zu werden. Ein empirischer Vernunftgebrauch ist nur denkbar, indem die Vernunft „ihrer Idee zugleich einen Gegenstand gibt" (B 709), nämlich den des Vernunftwesens der Welt, der zwar eine Personifizierung als Gott nicht ausschließt und von daher mit der Vorstellung eines Urwesens isomorph ist, hinsichtlich seiner Funktion sich jedoch von diesem völlig unterscheidet. Es ist nicht nur eine Frage sprachlicher Varietät, daß Kant den Namen eines Urwesens hier vermeidet, sondern eine argumentative Folgerichtigkeit, die verlangt, das Vernunftwesen von dem Urwesen zu unterscheiden. Das Urwesen entstammt einer Argumentation, die der hier vorliegenden gerade entgegengesetzt ist, nämlich dem Abschnitt, in dem Kant das transzendentale Ideal entwickelt. Dort beginnt Kant mit dem Grundsatz der durchgängigen Bestimmung alles Existierenden (B 601), der es nötig macht, einen Inbegriff alles Möglichen anzunehmen, der selbst eine bloße Idee ist, die sich dadurch zu einem „Begriff von einem einzelnen Gegenstande" (B 602) läutert, daß sie „eine Menge von Prädikaten ausstoße, die als abgeleitet durch andere schon gegeben sind, oder neben einander nicht bestehen können" (B 601/602). Sie läutert sich zu einem Begriff von einem Urwesen, das, wenn es hypostasiert wird, Gott genannt wird (B 608); Gott ist dort das Ergebnis eines induktiven Schlußprozesses und von daher von dem Vernunftwesen ganz unterschieden, das ein „transzendentales Ding" ist und als solches „bloß das Schema jenes regulativen Prinzips, wodurch die Vernunft, so viel an ihr ist, systematische Einheit über alle Erfahrung verbreitet" (B 710). Das Urwesen ist der vorauszusetzende Schlußstein der Erklärung der Dinge in der Welt, und ist von der Vielheit her gedacht, während das Vernunftwesen eine grundlegende Struktur der Welt unterstellt und von der Welt als Einheit her gedacht ist.

In der Erörterung des Vernunftwesens ist von den drei Ideen noch gar nicht die Rede; im Rahmen der Darlegung des Vernunftwesens spricht Kant anders als im Falle des Urwesens über die Vernunft, „so viel an ihr ist", nämlich über den Anteil, den die Vernunft in bezug auf ihr eigenes Ziel, die Einheit aller Erfahrung, zu leisten imstande ist. Dieser Anteil besteht darin, der ursprünglich einzigen Idee einen Gegenstand zu geben, den Kant das „Vernunftwesen" nennt, weil er wesentlich vernünftig ist in dem doppelten Sinne, daß er der Vernunft entstammt und deshalb selbst Vernunft ist, und zwar auch noch in seiner Personifizierung. Das Vernunftwesen ist keine mindere Form der Vernunft, sondern die Vernunft selbst; es ist also das Wesen der Vernunft, es ist aber auch eine Kreatur der Vernunft, die man sich gegenständlich, physisch vorstellen mag, nämlich als Gott, deren Funktion jedoch nicht in dieser Personifizierung selbst liegt, sondern in dem, was man sich aufgrund der Personifikation besser verständlich machen kann, nämlich die Gewißheit einer Struktur der Welt, die es erlaubt, durch Vernunft erkannt zu werden. Dieser Funktion kann das Vernunftwesen nur gerecht werden, indem es sich Objekte nimmt, durch die die Vernunft sich in ihrem empirischen Gebrauch auf einen Bereich bezieht, der nicht immer schon Vernunft ist, nämlich die drei Vernunftideen.[107]

---

[107] Die Differenzierung des Vernunftwesens von der Idee Gottes scheint der Textpassage zu widersprechen, für die Kant die Deduktion der Ideen angekündigt hat. Denn dort (B 699f.) scheint Kant eine der Vernunftideen, nämlich die einer höchsten Intelligenz, herauszuheben, um die anderen Ideen aus ihr zu deduzieren. Er sagt: „Wenn man nun zeigen kann, daß obgleich die dreierlei transzendentalen Ideen [und er ergänzt, um jedes Mißverständnis auszuschließen:] (die psychologische, kosmologische, und theologische) direkt auf keinen ihnen korrespondierenden Gegenstand und dessen Bestimmung bezogen werden, dennoch alle Regeln des empirischen Gebrauchs der Vernunft unter Voraussetzung eines solchen Gegenstandes in der Idee auf systematische Einheit führen (...) so ist es eine notwendige Maxime der Vernunft, nach dergleichen Ideen zu verfahren" (B 699). Der Kern einer Deduktion der Vernunftideen besteht also in dem Nachweis, daß diese Ideen funktionieren. Die transzendentale Deduktion der Ideen ist also zu einem Gutteil der Nachweis, daß die Ideen regulativ sind. Regulativ sind sie aber nicht schon, wenn sie möglicherweise etwas regeln, sondern wenn sie wirklich etwas regeln. Das ist nicht trivial, denn es bedeutet die Annahme, daß es etwas gibt, was geregelt wird. Und das, was geregelt wird, ist nicht immer schon vernünftig, sondern es ist etwas, was der Vernunft zunächst fremd ist, auf das sie sich aber beziehen kann. Eine Regelung setzt aber nicht nur etwas voraus, was geregelt wird, sondern auch so etwas wie ein Prinzip, nach dem die Regelung erfolgt. Dieses Prinzip ist die schon genannte Maxime der Vernunft, „den empirischen Gebrauch der Vernunft durch Eröffnung neuer Wege, die der Verstand nicht kennt, ins Unendliche (Unbestimmte) zu befördern und zu befestigen" (B 708). Diese Maxime ist dann eine notwendige Maxime, wenn „alle Regeln des empirischen Gebrauches der Vernunft (...) auf systematische Einheit führen" (B 699). Damit liegt diese Maxime aber über den Ideen; sie ist selbst ein Prinzip, und wenn dieses Prinzip deshalb „notwendig" genannt werden kann, weil seine Befolgung auf systematische Einheit führt, dann ist der Grund dieser Notwendigkeit etwas, was sich erst nach der Annahme dieser Maxime herstellt. Ein solcher Grund ist aber nichts anderes als eine causa finalis, ein Worumwillen, ein Telos. Die Deduktion der Vernunftideen ist also in jedem Falle teleologisch. – Nun scheint Kant eine der drei Vernunftideen zu bevorzugen. Denn vor der Textstelle B 699, die ich soeben zitiert habe, spricht Kant auffälligerweise immer nur von dem „Begriff einer höchsten Intelligenz". Das scheint nur ein anderer Wortgebrauch für „Vernunftidee" zu sein. Kant spricht also von dem Vernunftbegriff einer höchsten Intelligenz. Damit aber spricht er von der Idee Gottes. Er spricht dann auch davon, daß „die Dinge der Welt (...) so betrachtet werden" (B 698/699) müßten, „als ob sie von einer höchsten Intelligenz ihr Dasein hätten" (B 699). Kant plädiert damit für eine Philosophie des Als-ob, und diese Philosophie scheint sich wesentlich an die Idee Gottes anzuhängen. Was liegt also näher, als die Idee Gottes in die spätere Textstelle zu interpolieren und zu lesen: „Wenn man nun zeigen kann, daß (...) [die drei Vernunftideen] unter der Voraussetzung [der Idee Gottes] auf systematische Einheit führen, (...) [dann] ist es eine notwendige Maxime der Vernunft, nach diesen drei Ideen zu verfahren." Nun wird hieran überhaupt nicht deutlich, wie aus der Idee Gottes die anderen drei Vernunftideen logisch gefolgert sein sollten. Vor allem aber stört an dieser Lesart die Tatsache, daß Gott in ihr gleich zweifach aufträte. Nämlich zum einen als der Gott, von dem her die anderen drei Vernunftideen abgeleitet würden, und zum anderen als der Gott, wie er als Vernunftidee ist. Das aber führt zu, wie ich meine, unhaltbaren Konsequenzen. Denn wenn die Idee

Die Deduktion der drei Vernunftideen bedeutet eine Herleitung der klassischen ontologischen Grundkonstellation von Ich, Welt und Gott, und eine solche Deduktion kann, wenn sie nicht zirkulär und von daher nichtig sein soll, gerade dann die Ideen der Vernunft nicht von Gott herleiten, wenn dieser Gott selbst nur eine Idee ist. Kant stellt an die Stelle des alles vermittelnden Gottes das Vernunftwesen, das es ihm erlaubt, die erkennende Vernunft in der Welt wiederzuerkennen. Erst daraus, daß die Welt etwas ist, was durch Vernunft erkannt werden kann (was keine immer schon ausgemachte Sache ist), wird es möglich, der Welt eine Struktur zu unterstellen, aus der eine Ordnung folgt, die der des Systems der Vernunftideen entspricht. Ein solches Verständnis der Welt ist nicht als apodiktische Erkenntnis möglich, sondern nur als heuristische Voraussetzung, die Welterkenntnis „durch Eröffnung neuer Wege, *die der Verstand nicht kennt*, ins Unendliche (Unbestimmte) zu befördern und zu befestigen, ohne dabei jemals den Gesetzen des empirischen Gebrauchs im mindesten zuwider zu sein" (A 680/ B 708). Der einzige Weg des empirischen Denkens, den der Verstand nicht kennt, und den allein die Vernunft eröffnen kann, ist das Denken des Systems. Denken des Systems ist systematisches Denken und als solches teleologisches Urteilen. Deshalb ist „die höchste formale Einheit, welche allein auf Vernunftbegriffen beruht, (...) die zweckmäßige Einheit der Dinge, und das spekulative Interesse der Vernunft macht es notwendig, alle Ordnung in der Welt so anzusehen, als ob sie aus der Absicht einer allerhöchsten Vernunft entsprossen wäre. Ein solches Prinzip eröffnet nämlich unserer auf das Feld der Erfahrungen angewandten Vernunft ganz neue Aussichten, nach teleologischen Gesetzen die Dinge der Welt zu verknüpfen, und dadurch zu der größten systematischen Einheit derselben zu gelangen" (A 686/B 714).

---

von Gott aus einer ihr übergeordneten höchsten Vernunftidee deduziert wird, dann wäre die Behauptung, die Ideen seien aus der Idee von Gott deduziert, mit der Behauptung identisch, Gott habe sich selbst deduziert. Nun mag es auch für diese Ansicht noch wackere Streiter geben. Indes scheint es mir dasselbe zu sein, ob man sagt: Gott hat sich selbst deduziert, oder: Eigentlich ist überhaupt nichts deduziert. Denn etwas zu deduzieren soll doch wohl bedeuten, etwas aus einem Höheren abzuleiten. Welcher Gott ist aber nun der Höhere, wenn der, von dem her deduziert wird, mit dem, der deduziert wird, identisch ist?

4. Theoretische Selbstverortung der Vernunft. Das Organ der Vernunft als Naturzweck.

Die teleologische Urteilskraft ist das Vermögen des systematischen Denkens, also keineswegs nur eine historisch-kontingente Alternative zum naturkausalen Denken, deren Verlust keinerlei Einschränkung des menschlichen Erkenntnisvermögens mit sich brächte, sondern ganz im Gegenteil eine Fähigkeit, deren Ursprung in der menschlichen Vernunft liegt und die deshalb ein unverzichtbarer Bestandteil dieser Vernunft und allem, was aus ihr folgt, ist.

Alles Denken besteht in Handlungen desjenigen Vermögens, das denkt. Alles Denken vollzieht sich in Prozessen, gleichgültig, ob es analytisches oder synthetisches Denken ist, gleichgültig auch, ob es inhaltlich empirisches oder reines Denken ist. Eine Philosophie der Welterkenntnis ist dadurch von einer bloßen Erkenntnistheorie unterschieden, daß in dem Aufweis der Funktionen des reinen Denkens immer auch ein potentieller Gegenstand, der im Denken gedacht werden kann, thematisch ist. Kant thematisiert das reine Denken hinsichtlich potentieller, durch es denkbarer Gegenstände, indem er der Prozessualität des reinen Denkens die Mathematik reiner Verstandesbegriffe gegenüberstellt. Die interne Prozessualität des Denkens, wie sie eine sich selbst genügende Gnoseologie zum alleinigen Thema gehabt hätte, hätte anhand der Urteilstafel hinreichend dargelegt werden können, denn in ihr ist die Funktionalität des Verstandes hinreichend, und – dem Kantschen Selbstverständnis nach – vollständig beschrieben. Kant geht jedoch darüber hinaus. Wenn das Verfahren, der Urteilstafel eine Kategorientafel beizugesellen, überhaupt einen Sinn machen soll, der über den enzyklopädischen Anspruch, im Rahmen einer Theorie der menschlichen Erkenntnis auch die Kategorien abzuhandeln, hinausgeht, dann kann dieser Sinn nur darin bestehen, daß in der Kategorientafel im Unterschied zu einer bloßen Urteilstafel ein Bezug des reinen Denkens zu einem Zu-Denkenden ausgedrückt ist. Dieses Zu-Denkende muß zufolge der Abstraktheit des reinen Urteilens ein abstraktes Zu-Denkendes sein, das jedoch fähig ist, alles Empirische (um das es letztlich zu tun ist) in sich zu begreifen. Dieses Zu-Denkende ist die Welt, die deshalb weder ein Gegenstand von der Art der Kategorien, noch ein Empirisches ist, sondern ein für die Verbindung des transzendentalen mit dem empirischen Denken notwendiger Begriff. Dadurch also, daß der Verstand über die in der Urteilstafel gelegene Beschreibung aller seiner Funktionen hinaus noch hinsichtlich ontologischer Begriffe (Kategorien) thematisiert wird, ist durch ihn als Gegenstand philosophischer Reflexion immer auch schon eine Ordnung der Welt im Blick. Die Ordnung der Kategorien ist jedoch noch nicht die Ordnung der Welt, weil die empirische Welt durch eine Dynamik gekennzeichnet ist, die in der Mathematik reiner Verstandesbegriffe keinen Platz finden kann. Die Sinnenwelt bedarf des Rückgriffs auf Verstandesgesetze, die die durch ihren empirischen Charakter bedingte Dynamik der Sinnenwelt beschreibbar machen, in denen allein aber die Vielfalt der Besonderheiten in der Sinnenwelt gerade nicht antizipiert werden kann. Sinnenwelt ist nur als eine Einheit des Systems denkbar.

Sinnenwelt als Einheit des Systems ist nur im Rückgriff auf regulative Funktionen der Vernunft möglich. Dieser regulativen Funktionen bedarf die Ontologie des Verstandes also nicht nur zu ihrer Vervollkommnung, sondern schon, um die Mathematik der Gesamtheit ontologischer Grundbegriffe wiederum in eine Dynamik des wirklichen und abschließbaren Erkennens zu überführen, eine Dynamik, die als eine über das verstandesmäßige Denken hinausgehende, wenn auch sich in diesem vollziehende Prozessualität unter der Leitung einer Zielvorgabe stehen muß. Dem widerspricht nicht, daß die „Transzendentale Dialektik" unter der literarischen Maßgabe steht, die Dynamik des Vernunftgebrauchs gerade hinsichtlich ihrer defizitären Formen zu beschreiben, denn dies setzt voraus und dient letztlich auch dem Nachweis, daß es jenseits der historisch nachweisbaren überschwenglichen Metaphysiken eine Form des regulativen Vernunftgebrauchs gibt, durch die Welterkenntnis möglich wird. Dieser regulative Vernunftgebrauch ist ohne die Fähigkeit zum teleologischen Urteilen nicht möglich, denn nur darin ist dem Menschen die Fähigkeit gegeben, die empirisch erfaßte Natur als System zu denken. Damit ist es die teleologische Urteilskraft, durch die der Mensch überhaupt den Bezirk des reinen Verstandes zu verlassen und sich der Welt zuzuwenden vermag. Die Identifikation von Teleologie und Architektonik ordnet das teleologische Urteil dem mechanischen Denken über. Teleologisches Urteilen ist die Fähigkeit der menschlichen Vernunft, Natur als Einheit zu erfassen, von der her es dann – also auf dem gerade entgegengesetzten Wege – möglich wird, auch Einzelnes in der Natur nach teleologischen Prinzipien zu erklären.

Die menschliche Praxis legt Zeugnis ab von der Fähigkeit der Vernunft, nach Zwecken den Willen zu bestimmen. Praxis ist hierbei ganz allgemein genommen als das Vermögen des zielgerichteten Handelns, also jenseits der auf Aristoteles' Unterscheidung von Hervorbringen und Handeln zurückgreifenden Kantschen Unterscheidung von technischer und moralischer Praxis.[108] Die Fähigkeit zum teleologischen Urteil ist

---

[108] Aristoteles unterscheidet in der „Nikomachischen Ethik" (1139b - 1140b; Buch VI 3-5) Hervorbringen und Handeln. Hervorbringung ist ein praktisches Können (Techné) von der Art des Bauens. In der Hervorbringung ist es um das Entstehen von etwas zu tun, und deshalb bedarf Hervorbringung des planvollen Vorgehens, d.i. einer präzisen Zielvorstellung, der Auswahl geeigneter Materialien und geschickter Hantierungen. Handeln ist demgegenüber dasjenige, was der sittlichen Einsicht (Phrónesis) korrespondiert. Sittliche Einsicht ist ein Drittes neben wissenschaftlicher Erkenntnis, die sich auf das Unveränderliche richtet, und praktischem Können (Hervorbringung), und zwar deshalb, weil sie sich auf das Veränderliche richtet (also nicht wissenschaftliche Erkenntnis sein kann), aber über das bloße Herstellen von etwas hinausgeht. Die sittliche Einsicht verlangt ein Handeln, das ohne ein dabei zu erzielendes Produkt in sich selbst wertvoll ist. Handeln in diesem Sinne ist die Äußerung einer sittlichen Grundhaltung, d.h. das sittliche Handeln ist der Erkenntnisgrund der Sittlichkeit, die der Mensch schon besitzen muß, damit

eine grundlegende Fähigkeit, von der das theoretische Vermögen des systematischen Denkens und das Vermögen der Willensbestimmung nach Zwecken nur Formen sind, zwischen denen keine Hierarchie stattfindet, auch wenn der Weg unserer Erkenntnis – denn wir schreiten, Aristoteles zufolge, stets „von dem uns Bekannteren und Klareren zu dem in Wirklichkeit Klareren und Bekannteren" (Physik, 184a) – eine solche Hierarchie nahelegt. Dieser – täuschenden – Hierarchie zufolge wäre Teleologie in erster Linie die Fähigkeit zur Bestimmung des Willens nach Zwecken, und zwar in der Weise der technischen Praxis einer Hervorbringung. Teleologie wäre so zunächst die Fähigkeit zur Bildung hypothetischer Imperative der Erlangung von Gütern verschiedenster Art. Teleologie als die Fähigkeit, ein vorhandenes Etwas theoretisch auf einen Zweckursprung zurückzuführen, wäre wirklich nicht mehr als ein theoretisches Analogon zu der an sich selbst bemerkten Fähigkeit zur Hervorbringung, nämlich die bloße Unterstellung, ein vorliegendes Etwas sei von einem anderen auf dieselbe Weise hervorgebracht worden. Sodann wäre Teleologie weiter ausgreifend das schon dargelegte Verständnis der Welt insgesamt als einer Hervorbringung. Dies mag nun in der Tat der Weg sein, anhand dessen der Mensch seine Fähigkeit zum teleologischen Urteil entdeckt, und es mag folglich dies auch der Weg sein, den stammesgeschichtlich die Entwicklung dieser Fähigkeit im Menschen genommen hat; die Stationen eines Weges der Entdeckung sind jedoch keine Stufen einer Hierarchie der Sache selbst oder ihrer Äußerungsformen. Vergleiche oder Analogien zwischen den Äußerungsformen der Fähigkeit zum teleologischen Urteil sind damit Teil des aus der KdrV bekannten Abstraktionsverfahrens, von einem Gegenstande alles, was empirisch ist, wegzulassen. Weil dies so ist, ist auch in bezug auf das Vermögen des teleologischen Urteilens die Einschränkung zu machen, daß ein unüberbrückbarer Spalt die Abstraktion und das abstrakt Betrachtete trennt. Dies ist ein sich durch die Kantsche Transzendentalphilosophie durchziehender Topos: Von den Äußerungsformen eines Vermögens und der möglicherweise zwischen diesen Äußerungsformen stattfindenden Ordnung her kann das Vermögen selbst nicht verständlich gemacht, sondern nur dessen Vorhandensein bemerkbar gemacht werden. Deshalb führt kein Abstraktionsprozeß von der empirischen Anschauung eines Körpers zu Raum und Zeit, sondern dies ist nur der didaktische Weg, festzustellen, daß Raum und Zeit immer schon für alles Anschauen vorauszusetzen sind. Dieser Weg der Abstraktion ist im Falle des teleologischen Urteilens deshalb langwieriger als in den aus der KdrV bekannten Fällen, weil der Erkenntnisprozeß, daß der Mensch über eine Fähigkeit zum teleologischen Urteil verfügt, nicht im Bereich des theoretischen Erkennens, sondern im Bereich der menschlichen Praxis beginnt, so daß im Ausgang von der Analogie von Praxis und Theorie zunächst zu erweisen ist, daß überhaupt ein theoretisches teleologisches Urteil möglich ist, das mehr ist als eine falsche Übertragung.

---

sittliches Handeln möglich ist.

„Ein teleologisches Urteil vergleicht den Begriff eines Naturprodukts nach dem, was es ist, mit dem, was es sein soll" (EE, S. 55); es unterstellt der Natur eine Technik, die nur in Analogie zur menschlichen Hervorbringung verständlich gemacht werden kann. Das singuläre teleologische Urteil bedarf also des Rückgriffs auf die menschliche technische Praxis, nicht jedoch des Rückgriffs auf die moralische Praxis, die als besondere Form menschlichen Agierens eines besonderen Ausweises bedarf, der im Rahmen der „Ersten Einleitung in die Kritik der Urteilskraft" gar nicht thematisch ist. Die EE thematisiert nicht an erster Stelle einen „teleologischen Brückenschlag" zwischen praktischer und theoretischer Philosophie, und zwar deshalb nicht, weil die Frage einer Vereinigung verschiedener philosophischer Disziplinen in der EE gegenüber der Frage nach dem Vermögen der Urteilskraft als eines spezifischen Vermögens die untergeordnete Rolle spielt. Was die EE auszuführen sucht, ist der zentrale Stellenwert der Urteilskraft als eines grundlegenden Vermögens, das zunächst ganz unabhängig von einer möglichen Unterscheidung von theoretischer und praktischer Vernunft und der sich daraus ergebenden philosophischen Disziplinenbildung den Kern dessen beschreibt, was Vernunft genannt wird. Die EE zeigt gerade den bloß analogen Charakter des singulären teleologischen Urteils mit dem Vermögen der menschlichen Praxis, zugleich macht sie jedoch unmißverständlich klar, daß in dem singulären teleologischen Urteil nur der Erkenntnisgrund einer grundlegenderen Fähigkeit getroffen ist. Das singuläre teleologische Urteil ist „gestattet", und damit ist es weniger als eine regulative Idee, die zwar nicht den Grund für eine theoretische Erkenntnis abgibt, aber unausweichlich ist. Einer regulativen Idee vermag sich der menschliche Geist nicht zu entziehen, einer bloß gestatteten Art des Urteilens – also jener hartnäckigen Angewohnheit, auch dem tragischsten Schiffsunglück noch einen irgendwie gearteten Zweck zuzusprechen – sehr wohl. „Ob nun zwar das Prinzip der Urteilskraft von der Zweckmäßigkeit der Natur in der Spezifikation ihrer allgemeinen Gesetze keineswegs sich so weit erstreckt, um daraus auf die Erzeugung an sich zweckmäßiger Naturformen zu schließen (weil auch ohne sie das System der Natur nach empirischen Gesetzen, welches allein die Urteilskraft zu postulieren Grund hatte, möglich ist), und diese lediglich durch Erfahrung gegeben werden müssen: so bleibt es doch, weil wir einmal der Natur in ihren besonderen Gesetzen ein Prinzip der Zweckmäßigkeit unterzulegen Grund haben, immer möglich und erlaubt, wenn uns die Erfahrung zweckmäßige Formen an ihren Produkten zeigt, dieselbe eben demselben Grunde, als worauf die erste beruhen mag, zuzuschreiben" (EE, S. 31).

Erst das Verständnis des teleologischen Urteilens als systematischem Denken eröffnet die Möglichkeit einer sinnvollen Unterscheidung von Welt und Natur: „In der Allgemeinen Naturgeschichte und Theorie des Himmels (1755) geht Kant von einer Zerstreuung, einem Chaos der Materie aus, das durch Newtons Gesetz der allgemeinen Attraktion zu einem geordneten Universum gebildet wird. Die Ordnung des Universums entsteht also nicht wie bei den Atomisten durch Zufall, sondern aufgrund des gesetzmäßigen Wirkens von Kräften. Neben Newtons Gravitationskraft benötigt Kant für seine Weltentstehungstheorie noch eine Zurückstoßungskraft, die von Newton nicht als solche thematisiert wurde. Kant folgt in seiner Verwendung des Begriffs der allgemeinen Attraktion nicht exakt dem Newtonschen Verständnis, sondern eher der Attraktionskraft der Alchemisten und der Cambridger Neuplatoniker (R. Cudworth). Newtons Ansicht verkehrt er geradezu in ihr Gegenteil, wenn er Epikurs Prinzip der inneren Schwerkraft der Materie akzeptiert und meint, daß diese Schwerkraft nicht sehr von Newtons verschieden sei. Die so uminterpretierte Newtonsche Attraktionskraft, die nun als inhärente Kraft der Materie gedeutet wird, schließt nach Kant die kosmischen Abläufe zu einem geordneten, harmonischen Ganzen zusammen, ohne daß es – im Unterschied zu Newton – besonderer göttlicher Eingriffe bedarf. Kant beschreibt nicht wie Newton Gesetzmäßigkeiten einzelner Bahnen, sondern ein dynamisches Gesamtsystem von Körpern, das in ständiger Wandlung begriffen ist und aufgrund eines ständigen Werdens und Vergehens immer weiter besteht. Das Originelle des Kantischen Gedankengangs besteht darin, daß er einen Vorgang der Selbstorganisation eines Systems von Körpern beschreibt, das aufgrund weniger angebbarer natürlicher Ausgangsbedingungen sich zu einem dynamischen Gleichgewicht stabilisiert".[109] Natur ist

---

[109] Wolfgang Bonsiepen: Die Begründung einer Naturphilosophie bei Kant, Schelling, Fries und Hegel. Mathematische versus spekulative Naturphilosophie. Frankfurt a.M. 1997, S. 43. Den Schluß auf die zentrale Rolle der teleologischen Urteilskraft zieht Bonsiepen freilich nicht. Das ist nicht verwunderlich, weil Kant in der „Naturgeschichte und Theorie des Himmels" (1755) Teleologie mit Theologie verknüpft, d.h. Teleologie gar nicht als Bedingung der Möglichkeit von Organisation (teleologische Denkungsart) thematisiert, sondern insofern sie sich als Kausalität in der Natur selbst kundtut. Alles jedoch, was sich in der Natur kundtut, muß deshalb, weil es sich in ihr kundtut, naturkausal erklärbar sein. Deshalb ist die Teleologie als in der Natur sich kundtuende Kausalität Mechanik: „Ich habe, nachdem ich die Welt in das einfachste Chaos versetzt, keine anderen Kräfte als die Anziehungs- und Zurückstoßungskraft zur Entwicklung der großen Ordnung der Natur angewandt, zwei Kräfte, welche beide gleich gewiß, gleich einfach und zugleich gleich ursprünglich und allgemeine sind" (A XLVI); und fast triumphierend fügt Kant hinzu: „Beide sind aus der Newtonischen Weltweisheit entlehnt". Die genannten Anfangsbedingungen reichen hin, die Gestalt der Welt nach bloß mechanischen Gesetzen mit einer Zwangsläufigkeit zu erklären, die es dem Denker erlaubt, gleichsam nur beobachtend neben der Entwicklung zu stehen: „Ich nehme die Materie aller Welt in einer allgemeinen Zerstreuung an und mache aus derselben ein vollkommnes Chaos. Ich sehe nach den ausgemachten Gesetzen der Attraktion den Stoff sich bilden und durch die Zurückstoßung ihre Bewegung modifizieren. Ich genieße das Vergnügen, ohne Beihilfe willkürlicher Erdichtungen, unter der Veranlassung ausgemachter Bewegungsgesetze sich ein wohlgeordnetes Ganzes erzeugen zu sehen, welches demjenigen Weltsystem so ähnlich sieht, das wir vor Augen haben, daß ich mich nicht entbrechen kann, es vor dasselbe zu halten" (A XXII). In der Tat fällt es schwer, bei so viel Begeisterung für die Mechanik der Weltentstehung an eine Lücke in dieser Erklärungsart zu glauben, die es nötig machte, zur Erklärung derselben Welt ein weiteres Prinzip heranzuziehen. Kant sieht sich 1755 auch keineswegs diesem Problem gegenüber als vielmehr dem, seine mechanistische Theorie gegen

den Vorwurf der Gottlosigkeit zu verwahren, und darauf hinzuweisen, daß die Mechanik selbst ein Zeugnis der Existenz Gottes ist: „Die Materie, die der Urstoff aller Dinge ist, ist also an gewisse Gesetze gebunden, welchen sie frei überlassen notwendig schöne Verbindungen hervorbringen muß. Sie hat keine Freiheit, von diesem Plane der Vollkommenheit abzuweichen. Da sie also sich in einer höchst weisen Absicht unterworfen befindet, so muß sie notwendig in solche übereinstimmende Verhältnisse durch eine über sie herrschende erste Ursache versetzt worden sein, und es ist ein Gott eben deswegen, weil die Natur auch selbst im Chaos nicht anders als regelmäßig und ordentlich verfahren kann" (A XXVIII). Kant ist es hier also um die Abwehr des Arguments zu tun, daß, „wenn der Weltbau mit aller Ordnung und Schönheit nur eine Wirkung der ihren allgemeinen Bewegungsgesetzen überlassenen Materie ist, wenn blinde Mechanik der Naturkräfte sich aus dem Chaos so herrlich zu entwickeln weiß und zu solcher Vollkommenheit von selber gelangt" (A XI), dann „der Beweis des göttlichen Urhebers, den man aus dem Anblicke der Schönheit des Weltgebäudes ziehet, völlig entkräftet" (ebd.) sei. Das Gegenteil ist der Fall, denn die Allgewalt des Mechanismus ist keineswegs ungebrochen: „Kann man aber wohl von den geringsten Pflanzen oder Insekten sich solcher Vorteile rühmen" (A XXXIV), nämlich sie bloß aus mechanischen Gründen zu erklären und auszurufen, „gebt mir Materie, ich will euch zeigen, wie eine Raupe erzeuget werden könne" (ebd.). „Man darf es sich also nicht befremden lassen, wenn ich mich unterstehe zu sagen: daß eher die Bildung aller Himmelskörper, die Ursache ihrer Bewegungen, kurz, der Ursprung der ganzen gegenwärtigen Verfassung des Weltbaues, werde können eingesehen werden, ehe die Erzeugung eines einzigen Krauts oder einer Raupe, aus mechanischen Gründen, deutlich und vollständig kund werden wird" (A XXXV). Schon für den Kant von 1755 ist es also gar keine offene Frage mehr, daß das Paradigma der Naturkausalität die Welt als Einheit und dennoch nicht vollständig erklärt. – Eine interessante Vermittlerrolle zwischen den theologischen Ansätzen der früheren Schriften und der KdtU kommt dem Aufsatz von 1788 „Über den Gebrauch teleologischer Prinzipien in der Philosophie" zu, der mit der Unterscheidung von Welt und Natur beginnt: „Wenn man unter Natur den Inbegriff von allem versteht, was nach Gesetzen bestimmt existiert, die Welt (als eigentlich so genannte Natur) mit ihrer obersten Ursache zusammengenommen, so kann es die Naturforschung (die im ersten Falle Physik, im zweiten Metaphysik heißt) auf zweien Wegen versuchen, entweder auf dem bloß theoretischen oder auf dem teleologischen Wege, auf dem letztern aber, als Physik, nur solche Zwecke, die uns durch Erfahrung bekannt werden können, als Metaphysik dagegen, ihrem Berufe angemessen, nur einen Zweck, der durch reine Vernunft feststeht, zu ihrer Absicht gebrauchen" (A 36). Natur ist Sinnenwelt, Welt im Unterschied zur Natur jedoch ist Sinnenwelt hinsichtlich ihrer obersten Ursache betrachtet, und zwar einer Ursache, die deshalb, weil sie als oberste Ursache *der Natur insgesamt* vorgestellt wird und gerade nicht als eine Ursache *in* der Natur, etwas Außernatürliches sein muß. Die Bedingung, durch die Sinnenwelt (Natur) möglich ist, ist dieser Sinnenwelt selbst transzendent; dieselbe Bedingung aus der Perspektive des Vermögens, durch das Natur möglich wird, betrachtet, ist transzendental, denn die Bedingungen der Möglichkeit von Natur sind im reinen Verstand angesiedelt und in ihrer Funktion der Ermöglichung von Natur transzendental. Eben dieselben Bedingungen sind aus der Perspektive der Natur selbst transzendent, denn hierin ist eine ontologische Perspektive eingenommen, die von der in der Frage nach der Leistungsfähigkeit des menschlichen Erkenntnisvermögens enthaltenen Perspektive auf die Natur als einem hinsichtlich seiner Möglichkeit für den Menschen erst aufzuzeigenden Objekt ganz verschieden ist und stattdessen den Standort innerhalb dieses Objektes selbst fingiert. Diejenige Wissenschaft, die die Natur als nach Gesetzen bestimmt erkennt, die sie gleichzeitig als Gesetze der Natur ansehen kann, ohne auf transzendentale Bedingungen zurückzugreifen – auch wenn diese Gesetze wie die Natur überhaupt solchen Bedingungen unterliegen – ist Physik. Physik ist auf das Innere der Natur mehr als eine Systematik reiner Verstandesgesetze (natura formaliter specatata), weil diese Verstandesgrundsätze der Erkenntnis der Natur dienen, deren Anwendung, soll sie mehr sein als eine bloß tautologische Selbstbestätigung der Grundsätze des reinen Verstandes, zu einer Vermehrung der Gesetze und damit zu einer Ausweitung dessen, was systematisch begriffen werden muß, führt. Die Natur, insofern sie aus den Handlungen des nicht mehr allein reinen Verstandes folgt, bildet ein System aus Sätzen, das mehr ist als das System der reinen Verstandesgrundsätze allein. Damit Natur in dieser weiteren Bedeutung – als (natura materialiter spectata) – auch ein System und nicht bloß ein Aggregat ausmacht, bedarf es des Rückgriffs auf ein Prinzip der Erkenntnis, das jenseits bloßer Verstandesgrundsätze ist. Dieses Prinzip kann nur ein Prinzip der Urteilskraft sein, weil die Urteilskraft das Vermögen einer besonderen Form der Reflexion ist, die einem Prinzip folgt, durch das es möglich ist, Natur jenseits der konstitutiven Akte des reinen Verstandes (wenn auch im steten und unausweichlichen Rückgriff auf diesen) als ein System empirisch zu erkennen, das Welt genannt werden kann. „Wir haben in der Kritik der reinen Vernunft gesehen, daß die gesamte Natur, als der Inbegriff aller Gegenstände der Erfahrung, ein System nach transzendentalen Gesetzen (...) ausmache. (...) Daraus folgt aber nicht, daß die Natur, auch nach empirischen Gesetzen, ein für das menschliche Erkenntnisvermögen faßliches System sei, und der durchgängige systematische Zusammenhang ihrer Erscheinungen in einer Erfahrung, mithin diese selber als System, den Menschen möglich sei" (EE, S. 21). Urteilskraft unterstellt der Natur die Form eines Systems, durch die auch jede singuläre natürliche Gesetzmäßigkeit a priori Teil des systematischen Ganzen der Welt ist: „Diese an sich (nach allen Verstandesbegriffen) zufällige Gesetzmäßigkeit, welche die Urteilskraft (nur ihr selbst zu Gunsten) von der Natur präsumiert und an ihr voraussetzt, ist eine formale Zweckmäßigkeit der Natur, die wir an ihr schlechterdings annehmen, wodurch aber weder ein theoretisches Erkenntnis der Natur, noch ein praktisches Prinzip der Freiheit gegründet, gleichwohl aber doch für die Beurteilung und Nachforschung der Natur ein Prinzip gegeben wird, um zu besondern Erfahrungen die allgemeinen Gesetze zu suchen, nach welchem wir sie anzustellen haben, um jene systematische Verknüpfung

---

verwiesen und steht der Metaphysik gegenüber, die dieselbe Natur als Welt zu begreifen sucht, nämlich als unter einer obersten Ursache stehend, die der Natur transzendent ist, die sie aber als transzendental auszuweisen vermag. Metaphysik in diesem Sinne soll der Naturerklärung dienen, und diese Naturbetrachtung ist metaphysisch, weil sie die oberste Ursache der Natur insgesamt zu denken sucht, also die Natur transzendental transzendiert. Die Grundlegung der Teleologie als transzendentaler Transzendenz der Natur bestimmt Sinnenwelt als in der Vernunft verankertes Denken der Einheit der Welt. Unter diesem Gesichtspunkt ist es erlaubt, den Unterschied von Natur und Welt auf den Unterschied einer theoretischen von einer teleologischen Betrachtung der äußeren Dinge, diesen jedoch seinerseits auf die Unterscheidung von Verstand und Vernunft zurückzuführen.

heraus zu bringen, die zu einer zusammenhängenden Erfahrung notwendig ist, und die wir a priori anzunehmen Ursache haben" (EE, S. 17).

In diesem Verfahren der Urteilskraft liegt keine Vorwegnahme solcher Naturgesetze, die sich nur empirisch ableiten lassen, sondern die a priori unausweichliche Annahme, daß auch solchen Gesetzen der Charakter des Gesetzmäßigen zukommt, und daß auch diese Gesetze Teil eines systematischen Gesamtgefüges sein können, das Welt genannt werden kann[110]. In der veröffentlichten Fassung der „Einleitung in die Kritik der Urteilskraft" formuliert Kant dieses Prinzip der Urteilskraft genauer aus: Es kann „kein anderes sein, als: daß, da allgemeine Naturgesetze ihren Grund in unserem Verstande haben, der sie der Natur (ob zwar nur nach dem allgemeinen Begriffe von ihr als Natur) vorschreibt, die besondern empirischen Gesetze in Ansehung dessen, was in ihnen durch jene unbestimmt gelassen ist, nach einer solchen Einheit betrachtet werden müssen, als ob gleichfalls ein Verstand (wenn gleich nicht der unsrige) sie zum Behuf unserer Erkenntnisvermögen, um ein System der Erfahrung nach besonderen Naturgesetzen möglich zu machen, gegeben hätte" (KdU, A XXV/B XXVII). Die Maxime der Urteilskraft, der Natur die Form einer Systematik überhaupt zuzusprechen, ist eine theoretische Maxime, ohne dadurch schon Prinzip einer theoretischen Erkenntnis zu sein.[111] Sie ist eine theoretische Maxime in dem Sinne, daß sie nicht praktisch ist: Sie ist keine praktische Maxime, auch wenn sie sich in ihrer Formulierung des Vergleichs mit der Hervorbringung durch einen Verstand bedient (also wenigstens einer allgemeinen

---

[110] „Das Besondere des Gesetzesbegriffs der neuzeitlichen Naturwissenschaft liegt darin, daß sie Gesetze nicht einfach vorfindet, sondern die Gesetzmäßigkeit der Natur vorweg zum Prinzip macht" (Wolfgang Bonsiepen: Die Begründung einer Naturphilosophie bei Kant, Schelling, Fries und Hegel. Mathematische versus spekulative Naturphilosophie. Frankfurt a.M. 1997, S. 26). Die Transzendentalphilosophie kann sich nun nicht einfach damit zufriedengeben, die durchgängige und prinzipielle Gesetzmäßigkeit der Natur auch in ihren besonderen Gesetzen schlicht vorauszusetzen, sondern sie muß jenes Prinzip als Prinzip der Vernunft aufzeigen. Das macht Sinn, denn daß die Natur auch in ihren besonderen Gesetzen prinzipiell gesetzmäßig ist, daß also besondere Gesetze überhaupt möglich sind, kann aus der Innenperspektive der Naturforschung nicht erwiesen, sondern muß für diese Forschung immer schon vorausgesetzt werden. In der Unterscheidung von Natur und Welt ist auf diese Unterschiedlichkeit von Innen- und Außenperspektive dessen, was Naturforschung betreibt, abgehoben.

[111]Die Benennung des in dem Zitat ausgeführten Programms der Urteilskraft, Natur als Hervorbringung eines nicht-menschlichen Verstandes anzusehen, um so Natur als alle Besonderheiten umfassendes System zu ermöglichen, als „Maxime der Urteilskraft" stammt von mir. Kant selbst scheint diese Bezeichnung für die in § 40 der KdU dargelegte Maxime des An-der-Stelle-jedes-anderen-Denkens reservieren zu wollen. Die in dem § 40 dargelegte Theorie und deren Stellung im Rahmen der Kritik der Urteilskraft untersuche ich hier nicht weiter; daß die Bezeichnung einer Maxime der Urteilskraft für das von mir hier hervorgehobene Verfahren der reflektierenden Urteilskraft sinnvoll ist, scheint mir nach dem oben über das Verhältnis von Prinzip, Gesetz und Maxime Ausgeführten offensichtlich zu sein.

Form der Praxis), weil der Verstand, dem dort eine hervorbringende Handlung unterstellt wird, nicht der menschliche Verstand ist, sondern ein anderer, bloß gedachter. Es kann deshalb auch keine Rede davon sein, in der Maxime würde das Dasein besonderer Dinge in der Natur, die Gestalt besonderer, die Natur beschreibender Gesetze oder die Natur insgesamt auf die Praxis eines Verstandes zurückgeführt, und damit das systematische Denken wiederum von singulären teleologischen Urteilen, oder gar einem singulären teleologischen Urteil im Hinblick auf einen bloß hypothetischen Gegenstand – Gott als Urheber der Welt – abhängig gemacht; was die Maxime allerdings unterstellt – und zwar aus einer Notwendigkeit heraus, die im menschlichen Denken ihren Grund hat und deshalb subjektiv (transzendental) notwendig ist –, ist eine insgesamt systematische Form der Natur. Das macht diese Maxime zu einem theoretischen Prinzip, ohne daß die subjektive Notwendigkeit schon eine theoretische Erkenntnis a priori der Wirklichkeit dieser Form beinhalten könnte – denn das wäre schlicht zirkulär.

Die Einheit der Welt als System aller transzendentalen und empirischen Naturgesetze der Beschreibung alles in Raum und Zeit Seienden muß auf ein Verständnis der Vernunft als Organ zurückgreifen. Die Vernunft ist das Organ der Architektonik:

> „Ich verstehe unter einer Architektonik die Kunst der Systeme (...) Unter der Regierung der Vernunft dürfen unsere Erkenntnisse überhaupt keine Rhapsodie, sondern sie müssen ein System ausmachen, in welchem sie allein die wesentlichen Zwecke derselben unterstützen und befördern können. Ich verstehe aber unter einem Systeme die Einheit der mannigfaltigen Erkenntnisse unter einer Idee. Diese ist der Vernunftbegriff von der Form eines Ganzen, so fern durch denselben der Umfang des Mannigfaltigen so wohl, als die Stelle der Teile untereinander, a priori bestimmt wird. Der szientifische Vernunftbegriff enthält also den Zweck und die Form des Ganzen, das mit demselben kongruiert. Die Einheit des Zwecks, worauf sich alle Teile und in der Idee desselben auch unter einander beziehen, macht, daß ein jeder Teil bei der Kenntnis der übrigen vermißt werden kann, und keine zufällige Hinzusetzung, oder unbestimmte Größe der Vollkommenheit, die nicht ihre a priori bestimmte Grenzen habe, stattfindet. Das Ganze ist also gegliedert (articulatio) und nicht gehäuft (coacervatio); es kann zwar innerlich (per intus susceptionem), aber nicht äußerlich (per appositionem) wachsen, wie ein tierischer Körper, dessen Wachstum kein Glied hinzusetzt, sondern, ohne Veränderung der Proportion, ein jedes zu seinen Zwecken stärker und tüchtiger macht" (KdrV, A 832/B 860).

Die „Kritik des Organs, nämlich der reinen Vernunft selbst", die Kant in der Vorrede B zur KdrV ankündigt (B XXXVI), dient damit dem Erweis, daß die Rede von der Vernunft als Organ keine bloße Metapher ist, sondern der Charakter des Organischen – und damit, nach dem bisher Gesagten, auch des Systematischen und Architektonischen

– der Vernunft wirklich zukommt[112]. Vernunft ist das Organ der systematischen Erkenntnis. Erst im (organischen) System der (teleologischen) Urteilskraft ist die Natur als
ein Akt der Architektonik der Vernunft als absolute Einheit alles dessen, was in Raum
und Zeit ist, hergestellt, „denn Einheit der Natur in Zeit und Raume und Einheit der
uns möglichen Erfahrung ist einerlei, weil jene ein Inbegriff bloßer Erscheinungen
(Vorstellungsarten) ist, welcher seine objektive Realität lediglich in der Erfahrung haben
kann, die, als System, selbst nach empirischen Gesetzen, möglich sein muß, wenn man
sich jene (wie es denn geschehen muß) wie ein System denkt" (EE, S. 22). Der Erweis
der Vernunft als Organ bedeutet also zunächst, daß die Mittel und Wege, durch die die
Vernunft die Erkenntnis über die bloß singuläre empirische Erkenntnis hinaus zu befördern trachtet, systematische Mittel und Wege sind, an deren Ende die Erkenntnis der
Natur als System, d.h. als Welt steht. Vernunft ist demnach das Organon – das Werk-

---

[112] Die Rede von der Vernunft als einem Organ bezieht sich auf die Vernunft jenseits der Trennung in theoretische und praktische Vernunft. Dies wird zum einen durch die Tatsache belegt, daß
Kant sich dieser Rede nicht nur im Rahmen der theoretischen, sondern auch der praktischen
Philosophie bedient. So dient das Verständnis der Vernunft als Naturanlage dem bekannten Abweis des Begriffs der Glückseligkeit als Grundlage: „In den Naturanlagen eines organisierten, d..i.
zweckmäßig zum Leben eingerichteten Wesens nehmen wir es als Grundsatz an, daß kein Werkzeug zu irgend einem Zwecke in demselben angetroffen werde, als was auch zu demselben das
schicklichste und ihm am meisten angemessen ist. Wäre nun an einem Wesen, das Vernunft und
einen Willen hat, seine (...) Glückseligkeit der eigentliche Zweck der Natur, so hätte sie ihre Veran-
staltung dazu sehr schlecht getroffen, sich die Vernunft des Geschöpfs zur Ausrichterin dieser
ihrer Absicht zu ersehen" (GzMdS, BA 4). Kants Argument zielt nicht auf die Zwecklosigkeit der
Vernunftanlage ab, sondern darauf, daß die Vernunft einem anderen Zweck zu dienen hat, nämlich
der menschlichen Moralität. Obwohl Kant zurecht betont, daß „die Absicht der weislich uns versorgenden Natur, bei der Einrichtung unserer Vernunft, eigentlich nur aufs Moralische gestellet"
(KdrV, A 801/B 829) ist, ist der Charakter der Vernunft als Organ im Grunde jenseits von theoretischer und praktischer Vernunft. Wenn Kant Aristoteles kritisiert, weil dieser in seiner Philosophie „dieselben Grundsätze, die im Sinnlichen gelten, (ohne daß er den gefährlichen Sprung, den
er hier zu tun hatte, bemerkte) auch aufs Übersinnliche [ausdehnte], bis wohin seine Kategorien
nicht zulangten" (Über einen neuen Ton i. d. Philosophie, A 397), und als Abhilfe einfordert, „die
Vernunft, nach den zwei Feldern derselben, dem theoretischen und praktischen, [in sich selbst]
vorher einzuteilen und zu messen" (ebd.), so tut dies der Tatsache keinen Abbruch, daß hier ein
einziges „Organ des Denkens" (ebd.) eingeteilt wird. – Die Einteilung der Vernunft in eine theoretische und eine praktische ist ein Akt der Heuristik. Das die theoretische und praktische Philosophie (als Vernunftdisziplinen der philosophischen Wissenschaft) verklammernde Thema ist die
Orientierung; das der Unterscheidung von theoretischer und praktischer Vernunft zugrundeliegende Wesen der Vernunft ist das Vermögen des teleologischen Denkens. Vernunft als teleologisches Denken ist entweder die Fähigkeit, nach einem (frei gewählten oder vorgegebenen) Zweck
seinen Willen auszurichten, oder die Fähigkeit, Welt als eine systematische Einheit aller ihrer
Gesetze (auch der empirischen) zu erfassen. Das erste beschreibt die Disziplin der praktischen
Vernunft in ihren Teilen der Technologie und Nomologie, das zweite die Disziplin der theoretischen Philosophie als Ontologie. Aber die Entwicklung dieser über Kant hinausgehenden
Systematik muß einer anderen Untersuchung vorbehalten bleiben.

zeug – zur Herstellung des Systems der Natur. Werkzeug ist die Vernunft jedoch in einer besonderen Weise, weil das System der Natur, das aus Vernunft hergestellt wird, nicht weniger ein System der Vernunft selbst ist. Darin ist die Vernunft von dem Hammer, dessen man sich bedient, um einen Nagel in die Wand zu schlagen, fundamental verschieden, denn der Hammer wird nicht den Vorsatz fassen oder in sich finden, einen Nagel in die Wand zu schlagen, um daran dann ein Bild zu befestigen. Gerade eine solche Identität von Werkzeug, Werkzeugbenutzer und dem Zweck, dem die Benutzung des Werkzeugs dient, ist im Falle der Vernunft gegeben, denn die Vernunft bringt die Natur als System hervor, indem sie eine interne Struktur ihrer selbst – also ihre eigene Systematik – in der Natur wiederkehren läßt. Ein solches Verfahren ist nur in dem Falle nicht einfach zirkulär, in dem die Vernunft sich hierin selbst als Teil dessen begreift, das sie beschreibt. Das kann die Vernunft nur tun, indem sie sich selbst als Naturzweck versteht, also über sich selbst ein Urteil von bloß regulativer Geltungskraft fällt, nämlich das Urteil, daß alles in ihr wechselseitig Mittel und Zweck ist. Hierin liegt eine Charakterisierung der Vernunft, die einem flachen Verständnis der Kantschen Rede von „oberen" und „unteren" Erkenntnisvermögen widerspricht, die etwa in der Anschauung nur die Bereitstellung des Materials höherer Erkenntnis erblicken und Erkenntnis als eine hierarchisch geordnete Stufenleiter verstehen will. Vernunft als Organ in dem Sinne eines selbst systematisch-architektonischen Ganzen ist gleichwohl die Vorstellung der Vernunft von einem Werkzeug zur Erkenntnis, allerdings eines Werkzeugs das sich selbst gebraucht: Vernunft ist theoretisch autonom.

Theoretische Autonomie der Vernunft als Urteilskraft bedeutet eine Selbstverortung der Vernunft als Naturzweck, die eine regulative Idee bleiben muß, weil sie aus der Vernunft selbst erfolgt mit denjenigen Mitteln, die die Kritik der Vernunft als nur von regulativer Gültigkeit beschrieben hatte. Die Rede von der „Naturbestimmung unserer Vernunft" (KdrV, Vorrede, A XIII) spielt in der KdrV freilich nur insofern eine Rolle, als sich aus der Festellung des Sachverhalts, daß die Vernunft „das besondere Schicksal in einer Gattung ihrer Erkenntnisse [hat]: daß sie durch Fragen belästigt wird, die sie nicht abweisen kann, denn sie sind ihr durch die Natur der Vernunft selbst aufgegeben, die sie aber auch nicht abweisen kann, denn sie übersteigen alles Vermögen der menschlichen Vernunft" (KdrV, Vorrede, A VII) eine Aufgabe für die Wissenschaft der Philosophie ergeben soll, nämlich „die Pflicht der Philosophie (...): das Blendwerk (...) aufzuheben" (KdrV, Vorrede, A XIII), nicht jedoch eine Thematisierung des Tatbestandes selbst, der in der KdrV als eine anthropologische Gegebenheit schlicht vorausgesetzt wird. Zwar muß schon die KdrV letztlich die Vernunft als Organ charakterisieren, denn „in der Tat ist auch reine Vernunft eine so vollkommene Einheit: daß, wenn das Prinzip derselben auch nur zu einer einzigen aller der Fragen, die ihr durch ihre eigene Natur aufgegeben sind, unzureichend wäre, man dieses immerhin nur wegwerfen könnte, weil es alsdann auch keiner der übrigen mit völliger Zuverlässigkeit gewachsen sein würde" (KdrV, Vorrede, A XIII). Die interne Charakteristik der Vernunft als Organ beinhaltet eine Antwort auf die Frage „woher (...) denn die Natur unsere Vernunft mit der rastlosen Bestrebung heimgesucht [hat], ihm als einer ihrer wichtigsten Angelegenheiten nachzuspüren?" (KdrV, Vorrede, B XV), eine Antwort, die allerdings im Rahmen der KdrV nicht erfolgen kann; dies vermag erst vor dem Hintergrund der KdtU zu geschehen.[113]

Die Selbstdiagnose der Vernunft hinsichtlich ihrer Dialektik nimmt immer das Naturgegebensein der Vernunft als Organ in Anspruch, und zwar sowohl hinsichtlich eines der Vernunft innewohnenden Hanges zur dialektischen Übertretung ihrer eigenen Beschränkungen als auch hinsichtlich des erst in Vermeidung jedes dialektischen Überschwangs zutage tretenden positiven Gehalts der Vernunftideen, aber sie tut es, ohne der – doch wohl legitimen – Frage nach dem Woher dieses Charakters der Vernunft nachzugehen: „Alles, was die Natur selbst anordnet, ist zu irgend einer Absicht gut. (...) Die Einwürfe wider die Überredungen und den Eigendünkel unserer bloß spekulativen Vernunft, sind selbst durch die Natur dieser Vernunft aufgegeben, und müssen also ihre gute Bestimmung und Absicht haben, die man nicht in den Wind schlagen muß" (KdrV, A 743/B 771).[114] Dennoch ist der Weg einer Beantwortung der Frage nach dem „Wo-

---

[113] In diesem Sinne bildet die KdtU in der Tat das Zentrum der Transzendentalphilosophie: Sie ist das Zentrum, weil erst vor dem Hintergrund der Untersuchung der menschlichen Fähigkeit zum teleologischen Urteilen der Status der Vernunft als Naturzweck verständlich gemacht werden kann. Dieser Status hat in der Fähigkeit zum systematischen Denken seinen Erkenntnisgrund, d.h. die Vernunft kann, wenn sie intern zweckmäßig ist, nur teleologisch erklärt, also als Organ erkannt werden. Als Organ ist die Vernunft aber unabweisbar Naturzweck. Es ist jedoch wichtig, sich klarzumachen, daß diese Bestimmung wiederum nur durch ein singuläres teleologisches Urteil vorgenommen werden kann, und deshalb problematisch bleiben muß. – Klar scheint mir indes zu sein, daß der KdtU nicht deshalb eine zentrale Stellung zukommt, weil sie eine Vermittlerrolle zwischen zwei Disziplinen der Philosophie wahrnimmt (das ist m.E. nach wirklich ganz sekundär), sondern deshalb, weil nur vor dem Hintergrund des in ihr Dargelegten die Vernunft sowohl hinsichtlich ihrer internen Struktur als auch ihres äußeren Daseins thematisiert werden kann.

[114] In der KdrV findet sich eine Fülle von Textstellen, die mit der Vernunft als Naturzweck argumentieren, freilich ohne hierin den Charakter der Vernunft als Naturzweck selbst zu thematisieren: „Es gibt eine gewisse Unlauterkeit in der menschlichen Natur, die am Ende doch, wie alles, was von der Natur kommt, eine Anlage zu guten Zwecken enthalten muß ..." (KdrV, A 747/B 775). Weiterhin: „Die Vernunft wird durch einen Hang ihrer Natur getrieben, über den Erfahrungsgebrauch hinaus zu gehen, sich in einem reinen Gebrauche und vermittelst bloßer Ideen zu den äußersten Grenzen aller Erkenntnis hinaus zu wagen, und nur allererst in der Vollendung ihres Kreises, in einem für sich bestehenden systematischen Ganzen, Ruhe zu finden. Ist nun diese Bestrebung bloß auf ihr spekulatives, oder vielmehr einzig und allein auf ihr praktisches Interesse gegründet? Ich will das Glück, welches die reine Vernunft in spekulativer Absicht macht, jetzt bei Seite setzen, und frage nur nach denen Aufgaben, deren Auflösung ihren letzten Zweck ausmacht, sie mag diesen nun erreichen oder nicht, und in Ansehung dessen alle andere bloß den Wert der Mittel haben. Diese höchsten Zwecke werden, nach der Natur der Vernunft, wiederum Einheit

her" des organischen Charakters unserer Vernunft nicht eine ad-hoc-Thematisierung dieser Frage selbst, sondern ein Durchgang durch die Kritik der Vernunft, denn erst die Kritik der Vernunft macht es unausweichlich, die Natur der reinen spekulativen Vernunft als einen „wahren Gliederbau" zu charakterisieren, „worin alles Organ ist, nämlich alles um eines willen und ein jedes einzelne um aller willen, mithin jede noch so kleine Gebrechlichkeit, sie sei ein Fehler (Irrtum) oder Mangel, sich im Gebrauche unausbleiblich verraten muß" (KdrV, Vorrede, B XXXVII). Damit ist die Vernunft nicht ein Gegenstand von der Art derer, die wir uns aufgrund unserer historisch-kontingenten Situation nur als Organ vorzustellen vermögen, sondern ein Gegenstand, dessen Form nur im Rückgriff auf ein singuläres teleologisches Urteils verständlich gemacht werden kann. Vernunft als intern organisiert zu erkennen (nicht bloß zu vermuten), und: Vernunft als einen Naturzweck, wenn auch nur problematisch, anzusehen, ist der KdtU zufolge einerlei[115].

---

haben müssen, um dasjenige Interesse der Menschheit, welches keinem höheren untergeordnet ist, vereinigt zu befördern. Die Endabsicht, worauf die Spekulation der Vernunft im transzendentalen Gebrauche zuletzt hinausläuft, betrifft drei Gegenstände ..." (KdrV, A 797/B 825). – „Die ganze Zurüstung also der Vernunft, in der Bearbeitung, die man reine Philosophie nennen kann, ist in der Tat nur auf die drei gedachten Probleme gerichtet. Diese selber aber haben wiederum die entferntere Absicht, nämlich, was zu tun sei, wenn der Wille frei, wenn ein Gott und eine künftige Welt ist. Da dieses nun unser Verhalten in Beziehung auf den höchsten Zweck betrifft, so ist die letzte Absicht der weislich uns versorgenden Natur, bei der Einrichtung unserer Vernunft, eigentlich nur aus Moralische gerichtet" (KdrV, A 800/B 827). – „Aber diese systematische Einheit der Zwecke in dieser Welt der Intelligenzen, welche, obzwar, als bloße Natur, nur Sinnenwelt, als ein System der Freiheit aber intelligibele, d.i. moralische Welt (regnum gratiae) genannt werden kann, führet unausbleiblich auch auf die zweckmäßige Einheit aller Dinge, die dieses große Ganze ausmachen, nach allgemeinen Naturgesetzen, so wie die erstere nach allgemeinen und notwendigen Sittengesetzen, und vereinigt die praktische Vernunft mit der spekulativen. Die Welt muß als aus einer Idee entsprungen vorgestellet werden, wenn sie mit demjenigen Vernunftgebrauch, ohne welchen wir uns selbst der Vernunft unwürdig halten würden, nämlich dem moralischen, als welcher durchaus auf der Idee des höchsten Guts beruht, zusammenstimmen soll. Dadurch bekommt alle Naturforschung eine Richtung nach der Form eines Systems der Zwecke, und wird in ihrer höchsten Ausbreitung Physikotheologie. Diese aber, da sie doch von sittlicher Ordnung, als einer in dem Wesen der Freiheit gegründeten und nicht durch äußere Gebote zufällig gestifteten Einheit, anhob, bringt die Zweckmäßigkeit der Natur auf Gründe, die a priori mit der inneren Möglichkeit der Dinge unzertrennlich verknüpft sein müssen, und dadurch auf eine transzendentale Theologie ..." (KdrV, A 815/B 843).

[115] Den Status der Vernunft als Naturzweck unter dem Hinweis auf ihre Fähigkeit zum systematischen Denken für erwiesen zu halten, wäre jedoch ein schlichter Paralogismus, denn hierin würde der Übertritt vollzogen von der Vernunft, die in einem Akt eines singulären teleologischen Urteils urteilt, zu der Vernunft als Objekt des Urteils. Vernunft als Objekt des Urteils kann immer nur Gegenstand eines singulären teleologischen Urteils sein, und deshalb bleibt die Selbstverortung der Vernunft als Naturzweck ein problematisches Urteil.

Das Wesen des teleologischen Denkens ist das systematische Denken, nicht das Erkennen des einen oder anderen singulären Naturdinges (wenn es auch als Gattung oder Klasse von Gegenständen genommen ist) als Naturzweck. Im Bereich des theoretischen Vernunftgebrauchs allein bleibt also die Selbstverortung der Vernunft als Naturzweck, und damit auch die Einheit der Natur als Einheit der Welt, die auf diese Selbstverortung als einem singulären teleologischen Urteil zurückgreifen muß, problematisch. Erst an dieser Stelle wird der Hinweis auf das praktische Vermögen der Vernunft nötig, denn es ist dieses praktische Vermögen der Vernunft, das erlaubt, der Vernunft ein ihr „eigentümliches Gebiet, nämlich die Ordnung der Zwecke" zuzusprechen; diese Ordnung der Zwecke ist jedoch „zugleich eine Ordnung der Natur": „Nach der Analogie mit der Natur lebender Wesen in dieser Welt, an welchen die Vernunft es notwendig zum Grundsatze annehmen muß, daß kein Organ, kein Vermögen, kein Antrieb, also nichts Entbehrliches, oder für den Gebrauch Unproportionertes, mithin Unzweckmäßiges anzutreffen, sondern alles seiner Bestimmung im Leben genau angemessen sei, zu urteilen, müßte der Mensch, der doch allein den letzten Endzweck von allem diesem in sich enthalten kann, das einzige Geschöpf sein, welches davon ausgenommen wäre" (KdrV, B 425). Das moralische Gesetz in mir ist freilich auch nicht der Seinsgrund, sondern nur der Erkenntnisgrund des organischen Charakters der Vernunft, der es mir erlaubt, den bestirnten Himmel über mir zu bewundern: weil nur aufgrund der Fähigkeit der Vernunft zur Systematik, die ihrerseits nur möglich ist, weil die Vernunft ein Organ ist, die Ansammlung von Lichtern einen Himmel macht, den ich als über mir seiend wahrnehmen kann. „Was können wir für einen Gebrauch von unserem Verstande machen, selbst in Ansehung der Erfahrung, wenn wir uns nicht Zwecke vorsetzen? Die höchsten Zwecke aber sind die der Moralität, und diese kann uns nur reine Vernunft zu erkennen geben. Mit diesen nun versehen, und an dem Leitfaden derselben, können wir von der Kenntnis der Natur selbst keinen zweckmäßigen Gebrauch in Ansehung der Erkenntnis machen, wo die Natur nicht selbst zweckmäßige Einheit hingelegt hat; *denn ohne diese hätten wir sogar selbst keine Vernunft,* [Herv. v. mir] weil wir keine Schule für dieselbe haben würden, und keine Kultur durch Gegenstände, welche den Stoff zu solchen Begriffen darböten" (KdrV, A 816/B 844).

NACHWEISE

A. Werke Kants.

- Werke in 12 Bd. hrsg. von Wilhelm Weischedel. Frankfurt am Main (Suhrkamp) 1977.

- Vorlesungen über die Metaphysik. Nachdruck der Ausgabe von Pölitz von 1821. Darmstadt (Wissenschaftliche Buchgesellschaft) 1975.

- [Vorlesung über] Philosophische Enzyklopädie. Akademie-Ausgabe Bd. 29. Berlin 1980.

- Nachträge zur KdrV (1. Auflage). Akademie-Ausgabe Bd. 23. Berlin 1955.

- Kants handschriftlicher Nachlaß – Logik. Akademie-Ausgabe Bd. 26. Berlin und Leipzig 1924.

- Kants handschriftlicher Nachlaß – Metaphysik. Akademie-Ausgabe Bd. 27. Berlin und Leipzig 1928.

Kants Werke sind wie folgt abgekürzt:
KdrV = Kritik der reinen Vernunft
KdpV = Kritik der praktischen Vernunft
KdU = Kritik der Urteilskraft
KdtU = Kritik der teleologischen Urteilskraft
VMPh = Vorlesungen über Metaphysik
De mundi = De mundi sensibilis atque intelligibilis forma et principiis
Anthr. / Anthropologie = Anthropologie in pragmatischer Hinsicht
MAdN = Metaphysische Anfangsgründe der Naturwissenschaft
Prol. = Prolegomena zu einer jeden künftigen Metaphysik, die als Wissenschaft wird auftreten können
Logik = Immanuel Kants Logik. Ein Handbuch zu Vorlesungen.
FdM = Über die von der Königl. Akademie der Wissenschaften zu Berlin für das Jahr 1791 ausgesetzte Priesfrage: Welches sind die wirklichen Fortschritte, die die Metaphysik seit Leibnizens und Wolffs Zeiten in Deutschland gemacht hat?
Gedanken = Gedanken von der wahren Schätzung der lebenidigen Kräfte
Nova Dil. = Principiorum primorum cognitionis metaphysicae nova dilucidatio
BG = Der einzig mögliche Beweisgrund zu einer Demonstration des Daseins Gottes
GiR, Gegenden = Von dem ersten Grunde des Unterschiedes der Gegenden im Raume

B. Forschungsliteratur.

Al-Azm, Sadik: The Origins of Kant's Arguments in the Antinomies. Oxford 1972

Antonopoulos, Georg: Der Mensch als Bürger zweier Welten. Ein Beitrag zur Entwicklungsgeschichte von Kants Philosophie. Bonn 1958.

Antweiler, Anton: Die Anfangslosigkeit der Welt nach Thomas von Aquin und Kant. Trier 1961.

Aristoteles: Aristoteles' Metaphysik. hrsg. von Horst Seidl. Hamburg 1989.

Aristoteles: Aristoteles' Physik. Vorlesung über Natur. hrsg. von Hans Günter Zekl. Hamburg 1987.

Axelos, Christos: Kausalverknüpfung und objektive Sukzession bei Kant. Studia Philosophica 18 (1958), S. 15-26.

Bartuschat, Wolfgang: Zum systematischen Ort von Kants Kritik der Urteilskraft. Frankfurt am Main 1972.

Bauer-Drevermann, Ingrid: Der Begriff der Zufälligkeit in der KdU. Kant-Studien 56 (1965), S. 497-504.

Beck, Lewis White: On „Just Seeing" the Ship Move. in: Essays on Kant and Hume. New Haven and London 1978, S. 137-140.

Beck, Lewis White: The Second Analogy and the Principle of Indeterminacy. in: Essays on Kant and Hume. New Haven and London 1978, S. 156-164.

Bennett, Jonathan: The Difference between Right and Left. American Philosophical Quaterly 7 (1970), S. 175-191.

Bonsiepen, Wolfgang: Die Begründung einer Naturphilosophie bei Kant, Schelling, Fries und Hegel. Mathematische versus spekulative Naturphilosophie. Frankfurt a.M. 1997.

Bröcker, Walter: Kants Beweis des Kausalgesetzes. Kant-Studien 78 (1987), S. 314-317.

Buchdahl, Gerd: The Kantian „Dynamic of Reason" with special Reference to the Place of Causality in Kant's System. in: Beck, Louis White: Kant Studies Today. La Salle, Illinois 1969, S. 341-374.

Buroker, Jill Vance: Space and Incongruence. Dordrecht 1981.

Caimi, Mario: Über eine wenig beachtete Deduktion der regulativen Ideen. Kant-Studien 86 (1995), S. 308-320.

Cassirer, Ernst: Zur modernen Physik: Zur Einsteinschen Relativitätstheorie (1921), Determinismus und Indeterminismus in der modernen Physik (1936). Darmstadt 1994[7].

Ditfurth, Hoimar von: Der Geist fiel nicht vom Himmel. München 1980.

Ditfurth, Hoimar von: Wir sind nicht nur von dieser Welt. Naturwissenschaft, Religion und die Zukunft des Menschen. Hamburg 1981.

Ditfurth, Hoimar von: Im Anfang war der Wasserstoff. Hamburg 1972.

Drieschner, Michael: Einführung in die Naturphilosophie. Darmstadt 1981.

Düsing, Klaus: Die Teleologie in Kants Weltbegriff. Bonn 1968.

Earman, John: Kant, Inkongruente Gegenstücke und das Wesen der Zeit und Raum-Zeit. Ratio 13 (1971), S. 1-18.

Einstein, Albert/Infeld, Leopold: Die Evolution der Physik. Reinbek 1956.

Einstein, Albert: Über die spezielle und die allgemeine Relativitästheorie. Braunschweig/Wiesbaden 1988.

Einstein, Albert: Mein Weltbild. Frankfurt am Main 1970.

Enskat, Rainer: Kants Theorie des geometrischen Gegenstandes. Untersuchungen über die Voraussetzunen der Entdeckbarkeit geometrischer Gegenstände bei Kant. Berlin/New York 1978.

Friedman, Michael: Kant and the Exact Sciences. Cambridge (Mass.)/London (engl.) 1992.

Gfeller, Thomas: Wie tragfähig ist der teleologische Brückenschlag? Zu Kants Kritik der teleologischen Urteilskraft. Zeitschrift für Philosophische Forschung 52 (1998), S. 215-236.

Gloy, Karen: Die Kantische Theorie der Naturwissenschaft. Eine Strukturanalyse ihrer Möglichkeit, ihres Umfangs und ihrer Grenzen. Berlin/New York 1976.

Grabsch, Wolfgang: Zum Begriff der Zeit bei Kant. Diss. Hamburg 1988.

Gram, M.S.: Kant's First Aninomy.
in: Beck, Louis White: Kant Studies Today. La Salle, Illinois 1969, S.210-229.

Gueroult, Martial: Die Struktur der zweiten Analogie der Erfahrung.
in: Kritik und Metaphysik. Festschrift für Heinz Heimsoeth. Hrsg. Kaulbach/Ritter. Berlin 1966, S. 10-20.

Hawking, Stephen W.: Eine kurze Geschichte der Zeit. Die Suche nach der Urkraft des Universums. Übers. v. Hainer Kober. Reinbek 1988.

Hawking, Stephen W.: Einsteins Traum. Expeditionen an die Grenzen der Raumzeit. Übers. v. Hainer Kober. Reinbek 1993.

Heidegger, Martin: Die Frage nach dem Ding. Zu Kants Lehre von den transzendentalen Grundsätzen. Tübingen 1987.

Heidegger, Martin: Kant und das Problem der Metaphysik. Farnkfurt a.M. 1991.

Heidegger, Martin: Sein und Zeit. Tübingen 1986.

Heinrich, Richard: Kants Erfahrungsraum. Metaphysischer Ursprung und kritische Entwicklung. Freiburg, München 1986.

Heisenberg, Werner: Der Teil und das Ganze. Gespräche im Umkreis der Atomphysik. München 1993[13].

Heisenberg, Werner: Physik und Philosophie. Frankfurt am Main 1984.

Heisenberg, Werner: Quantentheorie und Philosophie. Stuttgart 1979.

Heisenberg, Werner: Das Naturbild der heutigen Physik. Hamburg 1965.

Henke, Ernst: Zeit und Erfahrung. Eine konstruktive Interpretation des Zeitbegriffs der Kritik der reinen Vernunft. Meisenheim am Glan 1978.

Herman, István: Kants Teleologie. Budapest 1972.

Hiltscher, R.: Kant und das Problem der Einheit. Würzburg 1987.

Hinderks, Hermann: Über die Gegenstandsbegriffe in der Kritik der reinen Vernunft. Basel 1948.

Hinsch, Wilfried: Erfahrung und Selbstbewußtsein. Zur Kategoriendeduktion bei Kant. Hamburg 1986.

Hintikka, Jaako: Kant on the Mathematical Method.
in: Beck, Lewis White: Kant Studies Today. LaSalle, Illinois 1969, S. 117-140.

Hoffmann, Banesh: Einsteins Ideen. Das Relativitätsprinzip und seine historischen Wurzeln. Heidelberg 1992.

Hoppe, Hansgeorg: Synthesis bei Kant. Berlin/New York 1983.

Karja, Harald: Heuristische Elemente der KdtU. Diss. Heidelberg 1975.

Kaulbach, Friedrich: Die Metaphysik des Raumes bei Leibniz und Kant. Köln 1960.

Krämling, Gerhard: Die systembildende Rolle von Ästhetik und Kulturphilosophie bei Kant. München 1985.

Kreimendahl, Lothar: Kant – Der Durchbruch von 1769. Köln 1990.

Löw, Reinhard: Philosophie des Lebendigen. Der Begriff des Organischen bei Kant, sein Grund und seine Aktualität. Frankfurt am Main 1980.

Lütterfelds, Wilhelm: Kants Dialektik der Erfahrung. Zur antinomischen Struktur der endlichen Erkenntnis. Meisenheim am Glan 1977.

Martin, Gottfried: Immanuel Kant. Ontologie und Wissenschaftstheorie. Berlin 1969.

Mc.Farland, J. D.: Kant's Concept of Teleology. Edinburgh 1970.

Mc.Laughlin, Peter: Kants Kritik der teleologischen Urteilskraft. Bonn 1989.

Morrison, Margaret: Community and Coexistence. Kant's Third Analogy of Experience. Kant-Studien 89 (1998), S. 257-277.

Mühlhölzer, Felix, Das Phänomen der inkongruenten Gegenstücke aus kantischer und heutiger Sicht. Kant-Studien 83 (1992), S. 436-453.

Murphy, Jeffrie G.: Kants zweite Analogie als Antwort auf Hume.
in: Farr, Wolfgang: Hume und Kant. Freiburg/München 1982, S. 150-155.

Newton, Isaac: Mathematische Grundlagen der Naturphilosophie.
Hrsg. von Ed Dellian. Hamburg 1988.

Oppenheimer, Julius Robert: Wissenschaft und allgemeines Denken. Reinbek 1955.

Penrose, Roger: Computerdenken. Des Kaisers neue Kleider oder die Debatte um Künstliche Intelligenz, Bewußtsein und die Gesetze der Physik. Heidelberg 1991.

Peter, Joachim: Das transzendentale Prinzip der Urteilskraft. Eine Untersuchung zur Funktion und Struktur der reflektierenden Urteilskraft bei Kant. Berlin/New York 1992.

Plaas, Peter: Kants Theorie der Naturiwssenschaft. Eine Untersuchung zur Vorrede von Kants Metaphysischen Anfangsgründen der Naturwissenschaft. Diss. Hamburg 1965.

Pleines, Jürgen-Eckardt: Teleologie. Ein philosophisches Problem in Geschichte und Gegenwart. Würzburg 1994.

Popper, Karl: Logik der Forschung. Tübingen 1994[10].

Rohs, Peter: Transzendentale Ästhetik. Meisenheim am Glan 1973.

Rosner, Andreas: Kants zweite Analogie der Erfahrung. Ein Beispiel für Satzklassentransformationen in iterierten Beschreibungen.
Kant-Studien 88 (1997), S. 257-279.

Russell, Bertrand: Das ABC der Relativitätstheorie. Frankfurt am Main 1989.

Sachta, Peter: Die Theorie der Kausalität in Kants KdrV. Meisenheim am Glan 1975.

Sala, Giovanni Batista: Der ‚reale Verstandesgebrauch‘ in der Inauguraldissertation Kants von 1770. Kant-Studien 69 (1978), S.1-16.

Schäfer, Lothar: Kants Metaphysik der Natur. Berlin 1966.

Schiemann, Gregor: Totalität oder Zweckmäßigkeit? Kants Ringen mit dem Mannigfaltigen der Erfahrung im Ausgang der Vernunftkritik.
Kant-Studien 83 (1992), S. 294-303.

Schindler, Walter: Die reflexive Struktur objektiver Erkenntnis. Eine Untersuchung zum Zeitbegriff der KdrV. München 1979.

Schmucker, Josef: Das Weltproblem in Kants KdrV. Kommentar und Strukturanalyse des ersten Buches und des zweiten Hauptstücks des zweiten Buches der transzendentalen Dialektik. Bonn 1990.

Scholz, H.: Eine Topologie der Zeit im Kantischen Sinne, Dialectica 9 (1955), S. 66-113.

Simon, Josef: Teleologisches Reflektieren und kausales Bestimmen.
Zeitschrift für philosophische Forschung 30 (1976), S. 369-388.

Spaemann, Robert/Löw, Reinhard: Die Frage Wozu? Geschichte und Wiederentdeckung des teleologischen Denkens. München/Zürich 1981/1985.

Stegmüller, Wolfgang: Zur Frage der kausalen Notwendigkeit. Bemerkungen über Hume und Kant. in: Farr, Wolfgang: Hume und Kant. Freiburg/München 1982, S. 130-142.

Steinhardt, Werner: Kants Entwicklung der Kausaltheorie. Ein Beitrag zur Interpretation der zweiten Analogie der Erfahrung. Diss. Hamburg 1980.

Suchting, W.A.: Kant's Second Analogy of Experience.
in: Beck, Louis White: Kant Studies Today. La Salle, Illinois 1969, S. 322-340.

Tetling, Klaus: Raumanschauung, Deduktion und Grundsätze. Zu einem
Problemzusammenhang in Kants KdrV. Diss. Wuppertal 1990.

Thöle, Bernhard: Kant und das Problem der Gesetzmäßigkeit der Natur.
Berlin/New York 1991.

Tonelli, Georgio: Von den verschiedenen Bedeutungen des Wortes Zweckmäßigkeit
in der KdU. Kant-Studien 49 (1957/58), S. 154-166.

Vieillard-Baron, Jean-Louis: L'espace et le temps chez Kant: Difficultés et critique.
Kant-Studien 89 (1998), S. 129-144.

Vollmer, Gerhard: Evolutionäre Erkenntnistheorie. Angeborene Erkenntnisstrukturen
im Kontext von Biologie, Psychologie, Linguistik, Philosophie und
Wissenschaftstheorie. Stuttgart 1983.

Walsh, W.H.: Kant on the Perception of Time.
in: Beck, Louis White: Kant Studies Today. La Salle, Illinois 1969, S. 160-180

Wandschneider, Dieter.: Kants Problem der Realisierungsbedingungen organischer
Zweckmäßigkeit und seine systemtheoretische Auflösung.
Zeitschrift für allgemeine Wissenschaftstheorie 19 (1988), S. 86-101.

Watkins, Eric: Kant's Third Analogy of Experience. Kant-Studien 88 (1997), S. 406-441.

Weizsäcker, Carl Friedrich von: Die Einheit der Natur. München 1995.

Weizsäcker, Carl Friedrich von: Zeit und Wissen. München 1992.

Weizsäcker, Carl Friedrich von: Die Geschichte der Natur. Zürich, 1958[4].

Weizsäcker, Carl Friedrich von: Aufbau der Physik. München 1994[3].

Weizsäcker, Carl Friedrich von: Zum Weltbild der Physik. Stuttgart 1976.

Wettstein, Ronald Harri: Kants Prinzip der Urteilskraft. Königstein/Ts. 1981.

Whitrow, G.J.: The Natural Philosophy of Time, London 1961.

Wild, Wolfgang: Wie kam die Zeit in die Welt? Der Zeitbegriff der Physik.
in: Weis, Kurt (Hrsg.): Was ist Zeit? München 1995.

Wyller, Truls: Kausalität und singuläre Referenz: Eine sprachphilosophische
Rekonstruktion des empirischen Realismus bei Kant. Kant-Studien 88 (1997), S. 1-15.

Zocher, Rudolf: Zu Kants transzendentaler Deduktion der Ideen der reinen
Vernunft. Zeitschrift für philosophische Forschung 12 (1958), S. 43-58.

Zöller, Günter: Theoretische Gegenstandsbeziehung bei Kant. Zur systematischen
Bedeutung der Termini ‚objektive Realität' und ‚objektive Gültigkeit' in der KdrV.
Berlin/New York 1984.